高等院校小学教育专业教材

U0652182

小学教育心理学

主　编　屈晓兰　周正怀

副主编　凌　宇　米　兰

华东师范大学出版社

·上海·

图书在版编目（CIP）数据

小学教育心理学/屈晓兰,周正怀主编. —上海：华东师
范大学出版社,2016.5
高等院校小学教育专业教材
ISBN 978 - 7 - 5675 - 5315 - 6

Ⅰ.①小…　Ⅱ.①屈…②周…　Ⅲ.①小学－教育心
理学－高等学校－教材　Ⅳ.①G44

中国版本图书馆 CIP 数据核字（2016）第 123168 号

高等院校小学教育专业教材
小学教育心理学

主　　编　屈晓兰　周正怀
项目编辑　邓华琼
审读编辑　邓华琼
责任校对　王丽平
装帧设计　俞　越　卢晓红

出版发行　华东师范大学出版社
社　　址　上海市中山北路 3663 号　邮编 200062
网　　址　www.ecnupress.com.cn
电　　话　021 - 60821666　行政传真 021 - 62572105
客服电话　021 - 62865537　门市（邮购）电话 021 - 62869887
地　　址　上海市中山北路 3663 号华东师范大学校内先锋路口
网　　店　http://hdsdcbs.tmall.com

印 刷 者　常熟市大宏印刷有限公司
开　　本　787 毫米×1092 毫米　1/16
印　　张　21
字　　数　486 千字
版　　次　2016 年 8 月第 1 版
印　　次　2022 年 12 月第 13 次
书　　号　ISBN 978 - 7 - 5675 - 5315 - 6/G·9553
定　　价　42.00 元

出 版 人　王　焰

前　言

　　小学阶段是个体认知、人格与社会性发展一个非常重要的阶段。小学教师要有效地完成培养小学生的任务,科学地进行教育和教学,必须了解并掌握小学生的心理发展规律和阶段特征,学会在教学中应用小学生的心理发展规律,促进小学生的全面发展。小学教育心理学能为小学教师的专业成长提供极大帮助,因其是一门研究小学教育情境中学与教的基本心理规律的科学。

　　本教材涵盖小学教育心理学基础知识,整合了教育心理学领域最新的研究成果,系统地阐述了教育、教学过程中的心理学问题,重引导、促探究,具有一定的系统性和创新性。此外,本教材结构脉络清晰,各章衔接紧密;内容的组织实现学科内在逻辑与学生认识逻辑的统一;兼具心理学学科的学术性、基础性与心理学学科的应用性、实践性。

　　本教材基于《教师教育课程标准(试行)》,力图与小学教育实践相结合,帮助学习者掌握小学教育心理学领域的基本原理及各种理论流派的观点,深化其对小学教育心理学基础知识和原理的掌握,提高学习者将小学教育心理学的基本原理运用于小学教育实践的能力。同时,顺应最新《中小学国家教师资格考试暂行办法》,兼顾小学教师资格考试科目《综合素质》《教育教学知识与能力》,内容设计覆盖考点,针对性强。课后配有真题与习题,并配有参考答案与解析,所学知识能得到及时巩固强化,学生在课程学习的同时,又能轻松应考。本教材适用对象为高等院校小教专业学生、小学教师及教育管理人员、小学教师资格证申请者。

　　本书由屈晓兰组织编写,并负责全书的结构和章节的设定。湖南第一师范学院屈晓兰、长沙师范学院周正怀、湖南农业大学凌宇分工合作,负责对全书具体内容进行修改和审定。各章撰写的具体分工是:第一章、第四章、第七章由屈晓兰撰写;第二章由周正怀撰写;第三章、第五章、第九章由湖南怀化职业技术学院米兰撰写;第六章由湖南第一师范学院孟红撰写;第八章由湖南第一师范学院王国锋撰写;第十章、第十三章由长沙师范学院彭洋洋撰写;第十一章由湖南第一师范学院陈欢撰写;第十二章由长沙师范学院雷晓撰写。

在本书的编写过程中，我们参阅了国内外众多的研究文献和与教育心理学相关的著作，在此对本书所引用著作和文献的作者表示诚挚的感谢。湖南第一师范学院2013级心理学1班的孔奉玉、欧阳帆、李姣、马荣棠，2014级心理学1班的全体同学以及2015级心理学1班的陈屈峰做了大量的资料收集、错别字更正工作，在此一并表示感谢。

虽然本书经过编者多次讨论、多次修改审定才最终定稿，但由于掌握的资料不全面，加上理论水平有限，难免存在不足甚至错误，敬请同行、专家和广大读者批评指正。

屈晓兰

2016 年 6 月

目录

目

录

第一章　小学教育心理学概述

学习目标

1. 掌握教育心理学及小学教育心理学的定义。
2. 了解小学教育心理学的研究对象和研究内容。
3. 了解教育心理学的产生与发展。
4. 理解小学教育心理学研究方法,掌握各种方法的优缺点。
5. 认识学习小学教育心理学的意义。

内容脉络

```
                           ┌─────────────────────┐
                           │  小学教育心理学概述  │
                           └─────────────────────┘

┌──────────────────────────────┐          ┌──────────────────────────────┐
│      小学教育心理学的          │          │   小学教育心理学的研究方法     │
│   研究对象与研究内容           │          │ • 小学教育心理学研究的原则     │
│ • 教育心理学的定义及学科特点   │          │ • 小学教育心理学研究方法       │
│ • 小学教育心理学的研究对象与研  │          │    ■ 观察法                    │
│   究内容                       │          │    ■ 调查法                    │
└──────────────────────────────┘          │    ■ 实验法                    │
                                           └──────────────────────────────┘

┌──────────────────────────────┐          ┌──────────────────────────────┐
│   教育心理学的产生与发展        │          │  学习小学教育心理学的意义      │
│ • 教育心理学的产生             │          │ • 丰富教育心理学理论           │
│ • 教育心理学的发展             │          │ • 为教学实践提供理论支持       │
│ • 小学教育心理学的发展         │          │ • 促进教师自身发展             │
└──────────────────────────────┘          │ • 促进小学教育改革             │
                                           └──────────────────────────────┘
```

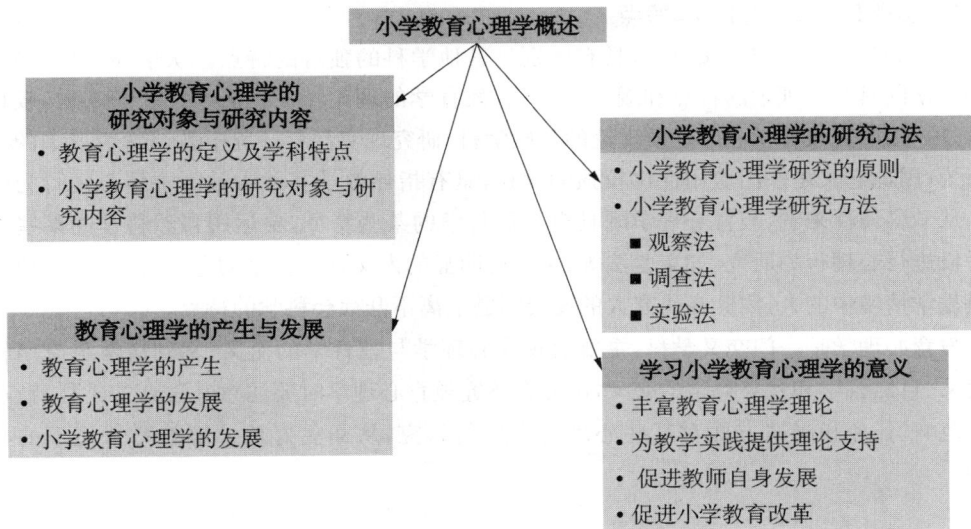

　　小学教师要有效地完成培养小学生的任务,只有了解并掌握小学生的心理发展规律和年龄特征,并在教学中有效运用小学生的心理发展规律,才能科学地进行教育和教学,促进小学生的全面发展。

第一节　小学教育心理学的研究对象与研究内容

　　小学教育心理学作为教育心理学的一个分支,是将教育心理学的理论和观点应用到小学教育实际教学中的产物,因此,要了解小学教育心理学的对象和任务,必须先学习教育心理学的学科性质。

一、教育心理学的定义及学科特点

（一）教育心理学的定义

教育心理学是心理学与教育相结合的产物。自从有了人类社会，便出现了以传递人类知识经验和改善人类本性为目的的教育。心理学是研究心理现象的科学，其中心理现象包括个体心理现象和群体心理现象。教育情境中，个体心理现象包括学生和教师的认知、动机、情绪、能力和人格等，群体心理现象包括学习心理、教学心理、同伴关系、师生关系、班级管理等。教育心理学的奠基者桑代克（E. L. Thorndike）提出，教育心理学主要研究人类的本性，及这种本性是如何通过后天的学习与教育发展变化的，从而产生个体差异。

教育心理学就是研究教育情境中学与教的基本心理规律的科学。

教育心理学主要探讨学生学习过程的心理规律和影响学生学习的各种心理因素，如学习动机、学习迁移、师生关系、教师心理、教学心理、学与教之间的相互作用等，其最终目的在于促进学生的学习。

（二）教育心理学的学科特点

教育心理学是一门交叉科学，具有区别于其他学科的独特的特点。从学科范畴来看，教育心理学既具有心理学的特点和规范，又具有教育学的理论特征。从学科任务来看，教育心理学是一门研究教育学和心理学理论的基础学科，研究现实教育环境中教与学情境中的心理与行为，因此它又是一门应用性比较强的学科，具有指导教学实践中教学主体心理行为的任务。从学科属性来看，教育心理学既具有自然科学的某些特征，要运用自然科学的某些方法和手段进行心理行为研究，如实验法等；也具有明显的人文社会科学的色彩，它的主要研究对象是教学情境中的人，因此在研究人的发展问题上离不开社会科学的特点。

教育心理学是一门交叉学科，主要表现在心理学与教育学的交叉、基础科学与应用科学的交叉、自然科学和社会科学的交叉，因此在研究教育心理学时要注意其独有的学科特点，注重从范畴、任务和属性方面对某些心理行为进行研究，从而更好地了解教育情境下的心理行为。

二、小学教育心理学的研究对象

小学教育心理学就是研究小学教育情境中学与教的基本心理规律的科学。

小学教育心理学研究小学生在教育影响下形成道德品质、掌握知识和技能、发展智力和个性的心理现象；研究教育教学过程中教师心理活动的规律，教师的教育和教学设计与模式；研究小学生的个别差异以及与之相应的教育方法，并阐明教育与小学生心理发展的相互作用以及教育工作中的其他方面的心理学问题。

三、小学教育心理学的研究内容

当前国内小学教育心理学研究内容主要包括七个方面：小学教育心理学概述、教育心理学的基本理论、小学生学习心理、小学教学心理、小学教学评价、小学教师心理、小学管理心理等。小学教育心理学的具体研究范畴是围绕学与教相互作用过程而展开的。学与教相互作用过程是一个系统过程,该系统包括小学生、小学教师、小学教学内容、教学媒体和教学环境五种要素;由学习过程、教学过程和评价/反思过程这三种活动过程交织在一起。①

(一) 学习与教学的要素

1. 小学生

在小学教学情境中,小学生是学习的主体因素,是小学教育过程中最活跃、最丰富多彩的变量,任何小学课堂教学都必须通过小学生才能起作用。小学阶段是个体认知、人格和能力等发展的重要时期。小学生这一要素主要从两个方面影响小学的学与教的过程。(1)个体心理差异。就算是同一年龄、同一性别的小学生,其知识经验、认知能力、学习方式、兴趣、需要、学习习惯等均可能存在显著差异。(2)群体心理差异。包括年龄差异、性别差异和社会文化差异等。以年龄差异为例,小学生的心理发展具有不同的阶段性,不同年龄的小学生群体在思维水平、记忆能力、品德等方面都存在显著差异。小学教育心理学研究的主体是小学生,因此最主要的研究点应该着眼于小学生。小学阶段最重要的任务是学习,因此需对小学生的学习动机、知识技能的掌握、学习迁移与知识的应用、学习策略进行探讨,全面揭示小学生的学习心理,进而更好地制定有效的教学策略,指导小学生学习。此外,小学阶段是道德品质发展的关键时期,良好的道德品质有助于小学生人格的形成以及良好行为习惯的养成。小学生的思想品德的形成和发展需要教师正确引导和培养,其中主要包括道德认识、道德情感、道德意志和道德行为的形成与发展。

小学教育心理学只有针对小学生学习心理进行多方面的探究,才能最终达到有效指导并解决小学儿童教育实际中的各种心理学问题。学校教育面临着很多实际的问题,如小学生良好心理素质的培养问题,新形势下如何提高学校德育工作的成效问题,父母离异子女的社会性发展与教育问题,学习困难学生转化问题,小学生心理障碍与心理辅导问题等,教育心理学工作者应该运用本学科中的相关原理,开展应用性研究,并在此基础上提出有益的观点和建议,为教育实践服务。

2. 小学教师

在小学教育过程中,需要按照特定的教育教学目标来最有效地组织教育教学,教师在其中起着关键作用。教学过程中小学教师除了利用自己的人格、品德等潜移默化影响小学生之外,还需要懂得如何因材施教,帮助小学生学习。同时,教师本身应是好的学习者,要善于反思,善于总结。小学教育心理学对小学教师的研究通常涉及敬业精神、专业知识、专业技能、教学风格等基本心理特性。

在实际的教学活动中,教师是整个教学的主导,他们制定教学计划和教学内容,实施教学策略,引导小学生学习,管理小学生在教学中的行为。作为教学活动的主导,教师不仅要传授知识,制定教学计划以及提高教学水平,教师还应该积极地寻求角色定位,认识到自己角色的

---

① 学习考试用书研发中心编著. 小学教育心理学[M]. 北京:清华大学出版社,2013:2—4.

重要性,在小学生中树立威信,并与小学生搞好关系,关心小学生的成长,关注自身素质的提高以及自我价值的实现。

3. 教学内容

教学内容是学与教相互作用过程中有意传递的主要信息,一般包括课程标准、教材和课程等。教学内容是由社会发展所提出的要求决定的。小学教育心理学需研究在一定的社会条件、教育体系下,不同的学校要给小学生传授什么样的社会经验和知识,设置什么样的课程,给予小学生怎样的思想教育,把小学生培养成什么样的人。

4. 教学媒体

教学媒体是教学内容的载体,是教学内容的表现形式,是师生之间传递信息的工具,如实物、口头语言、图表、图像以及动画等。教学媒体往往要通过一定的物质手段来实现,如书本、板书、投影仪、录像、多媒体以及计算机等。传统教学媒体一般指黑板、粉笔、教科书等。现代教学媒体主要指电子媒体,由两个相互联系的要素构成:一是硬件或现代教学设备,即用以储存和传递教学信息的多种教学机器;二是软件,又叫教材,即录制或承载了教学信息的各种片、带、软盘等。小学教育心理学关注小学课堂中教学媒体对教学内容的呈现方式和容量、教学组织形式以及对小学生学习方法的影响等。

5. 教学环境

教学环境是一个由多种不同要素构成的复杂系统,广义的教学环境是指影响学校教学活动的全部条件(包括物质的和精神的),它包括了物理环境和心理环境。狭义的教学环境特指班级内影响教学的全部条件,包括课堂纪律、班级规模、座位模式、班级气氛、师生关系、同学关系、校风班风等。教学环境是小学生所接触到的社会环境的主要组成部分,影响小学生的认知、情感和社会性的发展等。教师要想提高教学效果,就须为小学生创设一个生动、温馨、丰富、新颖的教学环境。如何创设教学环境以及教学环境对小学生的学习影响如何等等,是小学教育心理学关注的内容。

(二)学习过程

学习过程指小学生在教学情境中通过与教师、同学以及教学信息的相互作用获得知识、技能和态度的过程。小学生的学习过程是小学教育心理学研究的核心内容。学习过程的内容包括学习的实质、类型、动机、迁移等。学习是一个小学生自己建构知识的过程,这个过程中,需要针对小学生的学习动机、已有的知识经验基础、学习方式、学习特点等,调动其学习积极性,激发其学习动机,实现教学目标。

(三)教学过程

教学过程,即教学活动的展开过程。是教师根据一定的社会要求和小学生身心发展的特点,借助一定的教学条件,指导小学生主要通过认识教学内容从而认识客观世界,并在此基础之上实现自我发展的过程。

教学过程是一种特殊的认识过程,也是一个促进小学生身心发展的过程。在教学过程中,除了考虑小学生的基础外,小学生的学习特点也是完成教学目标所必须考虑的。教师选择教学方法必须考虑小学生心理发展的一般规律,如注意、记忆、思维发展等规律,以及学习中的个体差异,做到因材施教。此外,教师还需进行教学管理,调节教学过程,以确保教学的有效性。

(四)评价/反思过程

评价/反思是教师以学生和自身的活动为思考对象,对学生和自己作出的行为、决策以及由此所产生的结果进行审视和分析的过程,是一种通过提高参与者的自我决策水平来促进能力发展的途径。每个老师在教学风格、个性、适应性以及对学生的期望等方面存在很大差异,评价/反思过程能够促进教师认识到自己教育教学的成功与不足,对优化教育教学,提高教师教育教学水平起到了非常重要的作用。评价/反思过程包括在教学之前对教学设计效果的预测和评判,教学过程中对教学的监测和分析,教学之后的监测和反思。

在学与教的过程中,上述五种因素共同影响三个过程,而且三个过程交织在一起,相互影响。小学生的学习过程是以自身先前知识和学习发展水平为基础的,是在教学过程背景下进行的,学习的进展随教学的质量而变化。反过来,教学过程要以学习过程为基础而进行,并随小学生的学习进展情况而不断作出调整。同时,教学过程还需根据教师自身的特点、教学内容的难易、教学媒体和环境情况加以调节。评价/反思过程随学习过程和教学过程的进行而侧重于不同方面,反过来又促进学习和教学过程。

四、本书的结构与特点

本书共分四部分,分别为概述、教师与学生心理、学生的学习心理以及教师的教学心理。第一章"概述"主要阐述教育心理学的定义、产生与发展,以及小学教育心理学的研究对象、研究内容和研究方法的问题;第二部分为"教师与学生心理",分三章阐述教师心理、小学生心理以及问题解决与创造力等问题;第三部分为"学习心理",分七章阐述学习理论、小学生学习动机与兴趣、小学生知识学习、小学生学习迁移、小学生技能学习、小学生学习策略与学习习惯、小学生品德与亲社会发展等内容。第四部分为"教学心理",分两章阐述小学教学设计心理和小学课堂管理心理。这样,本书形成了一个较为严密、系统的小学教育心理学体系。

第二节 教育心理学的产生与发展

教育心理学的历史,就是心理学与教育学结合并逐步形成一个独立分支的历史。1879年冯特(W. Wundt)在德国莱比锡大学建立第一个心理学实验室,标志着心理学从哲学中脱离出来,成为一门独立的学科。教育心理学在整个发展过程中有两条线索:一条是,在实验室中研究人类及动物学习的规律;另一条是在学校和社会现实情境中探索人类学习的规律,并提出改进教学和学习的主张。教育心理学的发展遵循学科发展的一般规律,最初附属于普通心理学或融合于发展心理学,逐渐成为一门独立的学科并形成比较完整的体系。

一、教育心理学的产生

与心理学一样,教育心理学有着短暂的历史和漫长的过去。教育心理学思想可以追溯到古希腊、古罗马时代,伟大的思想家柏拉图(Plato)、亚里士多德(Aristotle)以及17世纪欧洲教育家夸美纽斯(W. A. Comenius),19世纪初期的裴斯泰洛齐(J. H. Pestalozzi)、赫尔巴特(J. F. Herbart)等都具有教育心理学思想。而早在我国儒家思想中,有关学习过程的博学、审问、慎思,以及关于教师理解学生、启发诱导、因材施教等思想,也都包含了教育心理学的理念。

19世纪下半叶,随着第一次工业革命的结束,世界各主要资本主义国家进入垄断资本主义阶段。由于各国政治经济发生巨大变化,文化教育也得到飞速发展,因而客观上推动了心理科学和教育科学的向前发展,为心理科学和教育科学结合提供了可能。除此之外,心理科学的发展也为教育心理学的产生创造了条件:赫尔姆霍兹(Helmholtz)反应时间的测定与视觉听觉研究,韦伯(E. H. Webber)、费希纳(G. T. Fechner)心理物理学的研究,高尔顿(F. Galton)进行的自由联想实验和心理测验的心理学研究,冯特科学心理学的创立,他们的研究既是普通心理学实验研究的开端,也为以后实证教育心理学提供了重要的研究范式。

与此同时,试图以心理学的观点来论证教育过程的著作不断增多,1806年,赫尔巴特出版了《普通教育学》一书。试图从心理学的角度来阐述教育的一些重要问题,特别是教学的理论问题。全书共三部分,第一部分为"教育心理学的一般目的",第二部分为"多方面的兴趣",第三部分为"性格的道德力量"。分别从教育的目的、教育及性格形成等方面阐述教育问题。此后,赫尔巴特又写了《教育学教授纲要》,对上述一系列教育心理学思想作了补充与发挥。

被称为"俄罗斯教育心理学的奠基人"的俄国教育家乌申斯基(УЩИНСКИЙ)于1867—1869年出版了《人是教育的对象》。这部著作被认为"奠定了俄国教育科学的科学研究基础"。乌申斯基认为,要正确进行教育,就必须正确了解教育对象,要研究人的生理和心理特点,研究社会对人的影响。《人是教育的对象》对人的生理和心理作了唯物主义的阐释。作者依据当时的科学成就深入细致地分析了教学—教育过程中心理现象的各个方面和各个环节,特别是对耐心、惊奇和疑惑等心灵—内心感知,对性格的培养以及劳动作用等问题提出了精辟的见解,揭示了人的身心发展的规律性,为教学—教育工作提供了心理学和生理学根据。

同时,关于学习问题的心理学实验也逐渐开展起来,在实验基础上编辑出版的著作也越来越多。在20世纪以前,随着心理学体系的建立,实验法的引入,运用科学的心理学观点和方法解决教育实践中的问题成为可能。但由于相关研究还不够充分,教育心理学应该研究哪些内容意见并不统一。

1903年,美国教育心理学创始人桑代克出版了《教育心理学》一书,标志着传统教育心理学内容的确立,至此,教育心理学作为一门独立学科得以公认。桑代克也因此被认为是美国教育心理学的奠基人。桑代克的《教育心理学》分为三部分,第一部分讲人类的本性,第二部分讲学习心理,第三部分讲个别差异及其原因。这一著作奠定了教育心理学发展的基础,1913—1914年桑代克又把《教育心理学》扩充到了三大卷,西方教育心理学的体系由此确立。以后30年间美国出版的同类著作,几乎都师承桑代克的体系。

二、教育心理学的发展

教育心理学发展过程中出现了两次高潮。一次是 20 世纪初从历史悠久的教育心理学思想发展成为一门独立的学科,即教育心理学的诞生;第二次是 20 世纪五六十年代教育心理学走出发展的低谷,逐步走向成熟和完善。[①]

(一)西方教育心理学的发展

19 世纪末,美国社会涌入了大量移民,青少年儿童也随之增多,但各地的学校因规模有限,一时无法接收所有的儿童入学。大部分学龄儿童游荡在社会上,加上美国童工法的限制,亦不能在社会上就业,给社会的稳定和发展带来了严重的隐患。为缓解这一社会矛盾,美国政府扩建公立学校,并制定入学法,使这些学龄少年回归到学校。虽然社会矛盾得以解决,但学校教育体系却因此问题频发,运用心理方法解决问题青少年成为当时社会的迫切需要。1896 年,威特默(L. R. Witmer)在宾夕法尼亚州建立了世界上第一家心理诊所,向学习行为有问题的少年提供心理服务,开创了学校心理学的先河。1915 年,康涅狄格州聘请格塞尔(A. L. Gesell)为学校的心理学家,他是世界上第一个成为学校心理学家的人。之后,心理学在学校的运用如雨后春笋般发展起来。1946 年,美国心理学会第 54 届年会成立学校心理分会,从此,心理学在学校的运用成为一门独立的学科被社会认可,也有了全国性的专门机构。

20 世纪 20—50 年代是教育心理学的重要发展时期,教育心理学吸收了发展心理学、学科心理学的研究成果,对人的社会适应能力、心理卫生展开研究,提出了程序教学和机器教学,推动了教育教学改革。到 60 年代中期,随着托尔曼(E. C. Tolman)、格式塔认知学派的兴起,教育心理学逐渐开始从行为主义到认知学派的转变。其中行为主义的心理学思想影响教育心理学的理论主要有桑代克的试误说、斯金纳的操作条件反应说、赫尔(C. Hull)的内驱力降低理论等;认知心理学思想影响教育心理学主要理论有托尔曼的认知符号理论、班杜拉的观察学习理论、苛勒(W. Kohler)的顿悟说、皮亚杰(J. Piaget)的认知建构与发展理论、布鲁纳(J. S. Bruner)的认知发现说、奥苏伯尔(D. P. Ausubel)的认知同化说、加涅(R. M. Gagne)的学习条件论、韦纳(B. Weiner)的归因理论等。20 世纪 60 年代,人本主义教育思想逐渐渗透到教育心理学中,形成了著名的教育心理学流派——人本主义流派,代表人物有马斯洛(A. H. Maslow)、罗杰斯(C. R. Rogers)等,其主要教育思想为重视人的自尊、人的价值观。罗杰斯"以人为中心"的理论是人本主义心理学教育观的核心和基础,该理论冲破了传统教育模式和美国现存教育制度的束缚,把尊重人、理解人、相信人提到了教育的首位,促进了当代西方教育改革运动的发展。

20 世纪 80 年代以后,随着皮亚杰认知发展理论和维果斯基(L. Vygotsky)的社会建构主义理论传入美国,加之认知心理学研究的影响,人们对学习概念的理解发生了很大变化,对学习和教学过程及其条件研究越来越深入,并且越来越注重为教学实践服务,发展了许多有效的教学模式,如合作学习等。

---

① 张红梅,朱丹. 小学教育心理学[M]. 北京:北京师范大学出版社,2013:5—8.

布鲁纳在 1994 年美国教育研究会的特邀专题报告中,精辟地总结了教育心理学 80 年代以后的成果,其主要表现在如下几个方面:(1)主动性研究。研究如何使学生主动参与教与学的过程,并对自身的心理活动作更多的控制。(2)反思性研究。研究如何促使学生从内部理解所学内容的意义,并对学习进行自我调节。(3)合作性研究。研究如何使学生共享教与学中所涉及的人类资源,如何在一定背景下将学生组织起来一起学习。(4)社会文化研究。研究社会文化背景知识是如何影响学习与结果的。(5)信息技术教育应用的研究。

(二)苏联教育心理学的发展

十月革命后,苏联教育心理学界尝试用马列主义观点来改造教育心理学,但是直到 20 世纪 30 年代,苏联的教育心理学主要是用普通心理学研究中获得的材料去解释学校生活中的实际问题。20 世纪 30 年代以后,苏联教育心理学的发展主要体现在对理论观点的探索方面。20 世纪 40—50 年代末,苏联教育心理学的显著特点是重视结合教育教学实际的研究,广泛采用自然实验法和教育经验总结法,综合性研究占主导地位,主要的贡献是研究了学科心理和知识的掌握。苏联的教育心理学家们虽然把马列主义作为指导教育心理学的理论基础,反对机械地把动物学习理论运用到人类的教育情境中,但是由于过分强调马列主义的作用,没有表现出一定的灵活性和创造力,因而导致对西方的教育心理学存在着矫枉过正的倾向,甚至对整个教育心理学理论问题的研究也有所忽视。

(三)中国教育心理学的发展

教育心理学虽由西方引入中国,但我国从春秋战国时期开始就有了教育心理的思想。如,论述环境与教育对儿童成长的作用:"性相近也,习相远也。"(《论语·阳货》)"譬犹练丝,染之蓝则青;染之丹则赤……夫人之性,犹蓬纱也,在所渐染而善恶变矣。"(王充《论衡·率性篇》)论述主动学习:"业精于勤,荒于嬉;行成于思,毁于随。"(韩愈《进学解》)论述学习的重要性:"不学自知,不问自晓,古今行事未之有也。"(王充《论衡·实知篇》)论述学习动机作用:"为学须先立志。志既立,则学问可次第着力。"(朱熹《朱子全书》)论述学习目的:"学至于行之而止矣。"(《荀子·儒效》)论述学习循序渐进原则:"学者读书,先于易晓处沉涵熟复,切已致思,则其他难晓者涣然冰释矣。若先看难处,终不能达。"(陆九渊《语录》)论述因材施教:"与人论学,亦须随人分限所及……","如草木之始萌芽,舒畅之则条达,摧挠之则衰萎"(王阳明:《传习录》)。其中以孔子的思想最为著名,他提出的诸如发展论、差异论和知学论思想,均是实践与思想相结合的产物。孔子认为,学习有七个阶段,立志、博学、审问、慎思、明辨、时习与笃行,这与现代学习的五个过程对应,即动机、感知、理解、巩固与应用。除孔子外,孟子也提出了这方面见解,如循序渐进、专心致志、持之以恒。韩愈认为学习有三个阶段:打基础、深造及大成阶段。朱熹认为学习的意义在于:学习可以"穷理",学习可以"变化气质"。我国古代的这些教育心理思想虽有一定的合理性,但缺乏相关的实证研究依据。

到了 20 世纪二三十年代,我国教育心理学主要是追随西方的潮流,翻译和介绍了多种版本的教科书。这个时期,我国早期心理学家廖世承于 1924 年编写了我国第一本《教育心理学》教材。新中国成立后,我国的教育心理学发生了明显的转折,即由原来的向西方教育心理学学习转变为学习苏联的教育心理学,并根据马列主义的原理和方法对以前的教育心理学进行了改造,进而建立起了我国的教育心理学体系。同时我国的教育心理学工作者努力地以辩证唯物主义为指导,结合我国的教育教学实际开展了许多研究。由于从事教育心理学研究的人员不断增加,以及对教育心理学研究的不断深入和成果的不断涌现,1962 年中国心理学会成立了教育心理学专业委员会。1963 年潘菽主编了建国后的第一本《教育心理学》,我国的师范院校运用此教材相继开设了教育心理学课程。十年"文革"期间我国教育心理学的教学和研究工作被迫中断,基本上处于停滞阶段。改革开放后,我国的师范院校相继恢复开设了教育心理学课程,教育心理学的研究机构、队伍和领域都得到了空前的发展,并由原来的一边倒向苏联过渡为既向苏联学习也向西方学习。改革开放以来,国外许多著名的教育心理学家的主要论著都被翻译成中文,我国学者在批判吸收其研究成果的基础上,结合我国的教育教学实际,开展了独立的教育心理学研究,编写了一大批有我国特色的教育心理学专著。

三、小学教育心理学的发展

小学教育心理学是心理学与小学教育相结合的产物。小学教育心理学作为一门独立的心理学分支学科,诞生于 19 世纪末 20 世纪初。19 世纪末,实验心理学的兴起极大地推动了儿童教育问题的研究,当时欧洲一些教育家和心理学家开始利用实验、统计以及测量的方法研究儿童身心发展以及教育上的一些问题。在对小学儿童的身心发展过程和特点进行研究后,他们提出教材和教法应心理化,教学活动应个性化;他们在开展智力测验的基础上,提出运用测验来了解小学生的智力水平,把测验广泛应用于班级教学的组织、课程的制定、教材的编制以及教学方法的改革。

20 世纪 20—50 年代是小学教育心理学的发展时期。发展的总趋势是,广泛汲取心理学各领域和各流派的理论观点、方法和成果,并将其纳入小学教育心理学自身的结构体系之中。约在 20 世纪 60 年代,小学教育心理学进入了建立其系统的理论体系的时期,致力于阐明如何有效地教和如何有效地学的问题;各派兼收并蓄,不再因彼此的明显分歧而坚持理论之争;加强与小学教育实践密切联系,切实解决各种实际问题。

第三节　小学教育心理学的研究方法

小学教育心理学是教育心理学领域的一个重要分支,也是教育心理学在小学教学实践中的具体应用。因此小学教育心理学首先要遵循教育心理学研究的原则,并结合小学生的身心发展特征以及小学教育实践成果,采用适宜的方法进行研究。[①]

一、小学教育心理学研究的原则

(一)客观性原则

客观性原则是指教育心理学研究要贯彻实事求是的精神,即根据教育心理现象的本来面

① 张大均主编. 教育心理学(第三版)[M]. 北京:人民教育出版社,2015:13—15.

貌来研究其本质、规律与机制。

坚持客观性原则就是在进行教育研究时要避免个人主观臆断、虚构和夸张等，要从科学问题出发，采用科学的方法探索某一教育现象的产生原因、内部过程及其可能产生的变化，用事实阐明教育教学问题，从而揭示教育教学规律。

在小学教育心理学研究中，要根据小学生的社会生活和教育条件以及小学生的个体状态进行研究，通过对客观刺激、心理过程以及行为反应的探索揭示各种心理现象的本质。研究者在实际的研究过程应注意以下几点：

1. 研究计划制定的客观性

在制定研究计划时，研究者要从客观实际出发，坚持实事求是的态度。具体表现为：（1）要对小学生身心状况以及社会教育条件进行全面的分析，把握小学生的心理发展规律，找准要研究的问题，有针对性地解决小学生所面临的问题与困惑。（2）在制定研究计划时要清楚地认识到现阶段研究所具备的条件。如在采用实验法或调查法时，要考虑是否拥有可开展实验的资源，实验室器材是否完善可用，研究人员是否专业以及研究经费是否充足，还要考虑被试如何选择，是否有相关人员支持等。这些都是实际研究过程中会面临的问题，只有充分考虑这些因素，从客观实际出发才能合理地制定研究计划，为下一步的研究做准备。

2. 资料收集与采集的客观性

在收集资料过程中，研究人员要根据实际的研究内容、步骤以及预期的结果如实而详尽地记录作用于被试的各种刺激以及被试的外显行为，不能凭主观经验去推测被试的行为反应，也不能擅改被试的行为反应，研究者必须真实地记录观察到的事实。此外，数据的采集过程应尽可能做到客观准确，采用被试的口头报告、教师的判断以及档案资料采集等方法，确保收集到的第一手资料客观、准确和全面。资料收集和数据采集的客观，有助于研究者数据处理和行为分析更精准，这样研究者才能真正把握教师和小学生的心理规律。

3. 结果处理和分析的客观性

对资料的处理与分析应该尽可能地根据客观标准来进行，如采用专业的数据分析软件，或者征询多位专家对结果的分析。当所得的结果与研究假设相违背或不一致时，更应该谨慎地处理，不能为了验证自己的假设而肆意篡改数据或编造结论。

（二）教育性原则

教育性原则是指在小学教育心理学的研究过程中所采用的研究方法和研究手段应以促进小学生心理健康发展为目标，一切教育研究都必须符合教育的要求，不能违背小学生身心发展规律，甚至伤害小学生心理健康。

小学教育心理学研究的目的不仅在于要得到研究结果，更重要的目的在于揭示小学生的心理发展规律，从而为小学生的身心健康发展提供帮助和指导。具体而言，要贯彻小学教育心理学研究的教育性原则，研究者应在以下工作中作出努力：

（1）研究课题和方案的选择与设计不仅要重视教育教学质量的提高，也要关注小学生良好的品德行为习惯形成和人格培养。因此，小学教育心理学的研究始终要紧扣教学和学生这两个方面。

（2）在研究实施过程中，要重视各研究环节，根据小学生的年龄特征选择符合该年龄阶段小学生个性特点的研究主题，重视小学生的身心发展需要，在研究过程中，尽量使参与研究的小学生能获得有意义的教育，坚决避免给小学生的成长带来负面影响和伤害。这与心理学研究的道德性原则也是相契合的。

（三）系统性原则

系统性原则指研究心理学问题要从实际教学情景出发考察个体的心理与行为，在整体、动态和发展中探讨各心理因素之间的关系，从而认识整个心理结构。

人的心理过程是一个统一的、复杂的、动态的发展的以及有层次的系统。因此，小学教育心理学应该从教育系统整体出发，全面系统地探讨个体的心理发生发展规律，避免片面、静止以及孤立地理解这些心理现象，对人的心理进行分层探讨，揭示出支配人的心理层次的规律。对教育中的心理现象作出动态分析，以探明心理现象产生的原因、过程及作用机制。贯彻系统性原则，研究者应做到以下几点：

1. 理论与实际相结合

小学教育心理学的研究应当从我国小学教育事业所面临的实际问题出发，充分考虑小学生的实际需要，解决教育教学中出现的各种问题。同时，研究者要充分利用已有的教育教学理论基础为教育实践服务，用理论指导实践，用实践获得的资料进一步丰富理论基础。

2. 一般与个别相结合

小学生心理发展是普遍性与特殊性的结合，既具有一般儿童普遍的心理特点，如小学期是思想品德、创新能力和学习活动发展的关键时期，但在这些能力的培养过程中，又各自具有不同的发展速度和先后顺序。因此，在小学教育心理学的研究过程中，既要看到学生的一般性，更要关注每一个个体。

3. 内外因相结合

人的心理发展是内外因相结合而决定的，内因是心理发展最根本的原因，而外因是次要因素，内因决定外因，外因通过内因起作用。小学教育心理学的研究要求研究者既要看到外部客观因素对心理变化产生的影响，又要研究内部的生理和心理因素对教育行为的影响，只有用整体、系统的观点对内外因加以综合分析，才能全面准确地探索教育规律和小学生的心理发展规律。

4. 纵向研究与横向研究相统一

系统性原则还要求研究者在研究中把纵向研究和横向研究统一起来，不仅要揭示个体心理发展各年龄阶段的特征，包括学习、记忆、想象和思维等，探讨小学生在纵向发展上各自具有的共性，同时也应该从横向研究探讨小学生的个体差异，对比他们各自心理发展的差异性。从横向和纵向来研究个体的心理发展，既看到不同阶段的年龄特征，又看到各年龄特征的个体差异，可以全面而细致地研究小学生的教育心理问题。

二、小学教育心理学研究方法

小学生心理研究中，常常会因为研究目的、内容及时间、地点、研究人员以及被试等条件的不同而采用不同的研究方法。同时，在进行具体详细的研究之前，有必要根据研究需要选择不同的研究类型。在现有研究中，研究类型主要有两种分类，一种把心理学研究分为横断研究、纵向研究和聚合交叉研究；另一种分为整体研究和分析研究。

（一）研究类型

1. 横断研究、纵向研究和聚合交叉研究

横断和纵向研究是根据研究的时间来划分的。横断研究是在同一时间内对某个年龄段或某几个年龄段的小学儿童的心理发展水平进行研究比较。现有研究大都是采用这种类型。例如，要研究小学四年级学生的阅读理解能力，可以给一组9岁儿童一段阅读材料，让他们进行阅读，之后回答问题，找出这一年龄段学生的各种阅读水平。又例如，要了解小学儿童的数学运算能力，可以给6岁的儿童100以内的各种数字运算，让他们进行计算，最后找出这一年龄段的运算水平。横断研究的优点在于：能在同一时间内对大量的研究对象进行考察，能收集到大量的研究资料；可以在较短的时间内找出同一年龄或不同年龄心理发展水平的特点，并从中分析出各阶段小学生的心理发展规律，获得的信息量大，经济且费时短。横断研究的不足为，只能探讨小学生某一阶段的心理发展规律，无法获得个体发展趋势或发展变化的数据资料。

纵向研究是对研究个体或研究群体的心理发展进行较长时间的追踪研究，以考察研究对象连续的心理发展过程，从而揭示研究对象的心理发展规律。例如，要研究小学生注意力发展过程，可以从一年级开始，对其进行长期系统的观察，直到小学阶段结束，通过观察研究总结出小学生注意力的特点和规律，提出提高小学生注意力的有效措施。纵向研究优点是，能系统详尽地考察学生的某一心理发展的连续过程以及量变和质变的规律。然而，纵向研究也具有一定的局限：（1）纵向研究的时间较长，不易同时进行大量的研究，并且纵向研究的花费较大。（2）纵向研究需要对某一或某些研究对象进行长期调查，所以研究对象容易流失，并且其心理特征会随时间而发生某些不易控制的变化。（3）反复测查可能影响被试的发展，影响被试的情绪，从而影响数据的可靠性。（4）纵向研究中影响被试的各种条件不易被查明，因而不易对被试进行前后比较。

聚合交叉研究是将横断研究和纵向研究结合在一起的研究方法，如案例1-1。[①]

案例1-1　　　　　　　　　　　聚合交叉研究实例

林崇德教授采用聚合交叉研究对小学儿童数的概念与运算能力发展进行了研究。该研究选取了450名一至三年级的小学生，运用课堂测验或数学竞赛的方式，对研究对象进行观察和问卷测查。然后利用三年时间进行纵向追踪，在三年时间内完成了对一至五年级小学儿童的全部追踪研究，不仅缩短了时间，而且获得了有关小学儿童数的概念与运算能力变化的数据。

---

① 林崇德. 小学儿童数概念与运算能力发展的研究[J]. 心理学报，1981，03：289—298.

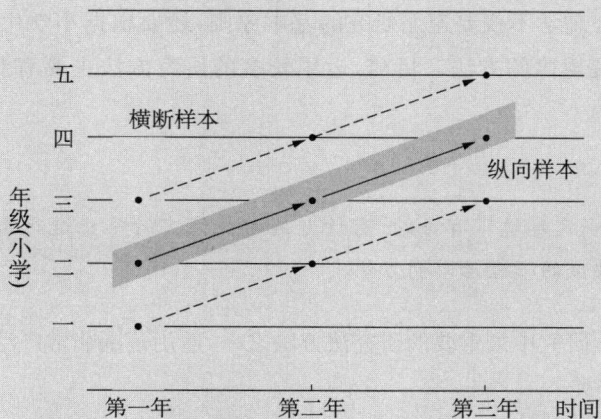

图 1-1　聚合交叉研究设计图示

　　聚合交叉研究克服了横断研究和纵向研究的不足,吸取了它们各自的长处,既能够进行大面积测查,又能掌握心理发展的连续过程及其特点,克服了纵向研究样本少、受时间限制等问题。因此聚合交叉研究使两种方法取长补短,使发展研究充分考虑到发展过程的复杂性,同时兼顾到教育与发展的关系。

2. 整体研究和分析研究

　　整体研究也叫做系统研究,就是把儿童心理作为一个整体结构来研究,主要是研究儿童心理发展的整个面貌,从整体上把握儿童身心发展的特点与规律。例如,要对小学儿童的智力发展水平进行考察,就可以对他们的注意能力、记忆能力、想象能力、思维水平等进行全面的考察。整体研究的方法可以供指导,然而,这种类型的研究比较复杂,需要从理论和设计上做足准备才行,否则容易顾此失彼,无法充分而深刻地看到发展的全貌。

　　分析研究是对小学儿童心理发展中某一个别的、局部的、比较小的问题进行比较深入的研究,这种类型的研究能比较细化地探讨小学生的心理特征,是现有研究中比较常用的方法。例如,在整体分析中,研究者想要考察小学生的智力发展情况,可以从各方面入手进行考察。而分析研究就只需要关注其中的一方面,如可以研究小学儿童的创新思维发展能力或者对他们的记忆能力进行考察,分析研究便于对某一心理机能进行比较深入的考察,能详细地发现小学生某一机能的特点和规律。然而,这种类型的研究容易忽视整体的作用,会把小学生的心理发展特征片面化,而不能看到整体与局部的关系。

　　在心理研究中,整体研究和分析研究都是必要的。一方面,人的心理发展是一个整体,各心理机能之间是相互影响相互制约的,从整体上把握心理发展过程能更好地从宏观上了解心理发展的规律与本质;另一方面,各心理发展机能又是相互独立的,各自分属于不同的研究范畴,对各部分进行深入研究才能更好地把握整体,因为整体由局部构成,没有局部就没有整体。所以,在研究小学教育心理学过程中,要重视整体与局部的相互结合,并在科学方法论指导基础上正确地处理整体与局部的关系,全面、细致、深入地研究小学儿童的身心发展特征。

（二）具体研究方法

研究小学教育心理学不仅要遵循研究的基本原则,还要根据小学生的身心发展特点采取适合他们心理发展规律的方法。目前,运用较多的研究方法主要有观察法、调查法和实验法。

1. 观察法

观察法是指在一定环境下有目的、有计划地对被试言行举止进行系统的观察、记录和分析,以此来判断被试的心理活动的方法。

观察法是心理学研究中最重要的研究法方法之一,适用范围非常广泛。

（1）观察法的分类

由于观察的目的不同,现阶段对观察法的分类各异,主要有以下几种分类:

① 参与观察法与非参与观察法

研究者根据观察者是否参与被观察者的活动把观察法分为参与观察法与非参与观察法。参与观察法是指观察者和被观察者一起生活、学习和工作,在密切的相互接触和直接体验中倾听和观察他们的言行。运用此法时观察者要避免让被观察者觉察到自己正在被观察,并且在记录观察者的资料和数据时要非常谨慎。非参与观察法则不要求研究者直接进入到被观察者的日常生活,即观察者通常置身于被观察者的世界之外,作为旁观者了解事物的发展动态。这种方法能及时记录被观察者的行为表现,客观地分析被观察者的行为特征。非参与观察法是一种使用较为普遍的方法。

② 全面观察法和重点观察法

研究者根据观察内容把观察法分为全面观察法和重点观察法。全面观察法是指观察儿童在一定时期内全部的心理表现。全面观察法由于要观察小学生较多的心理行为表现,因此观察的时间比较长。例如,学校要了解小学生的创造能力而对小学生的日常学习活动各方面进行观察,这就是全面观察法。重点观察法是指有重点地观察儿童在一定时期内某一活动过程的心理行为表现。例如,教师要了解小学生在课堂上主动回答问题的行为表现,因此教师会在上课期间有意识地对小学生的举手行为进行观察记录。全面观察法和重点观察法是根据不同研究目的来划分的,因此在实际的教育研究中要根据不同的研究课题和研究目的来进行选择。

③ 长期观察法和定期观察法

研究者根据观察的时间把观察法分为长期观察法和定期观察法。长期观察法一般历时几周、几个月甚至若干年,相当于一种纵向研究,有时也称为日记法。长期观察历时较长,耗费的人力、物力、财力较大,但得到的研究结果也更具有说服力。定期观察法是指为研究个体的某种心理特点而进行定期的观察,如为研究四年级小学生的同伴交往能力,可以每周观察一次,每次观察一个小时,观察若干次,并把所有的观察材料加以记录分析。定期观察法能在较少耗费的基础上考察个体的某种心理活动,具有一定的实用性和可操作性。目前的许多研究都采用定期观察法来研究儿童的心理发展。

④ 直接观察法和间接观察法

研究者根据观察的方式把观察法分为直接观察法和间接观察法。直接观察法是指对所发生的事或人的行为的直接观察和记录。在观察过程中，调查人员所处的地位是被动的，也就是说调查人员对所观察的事件或行为不加以控制或干涉。例如，研究者要考察不同年级小学生的品德发展水平，在课堂上对不同年级小学生的表现进行观察记录。而间接观察法是指在教育心理学中研究者借助仪器对小学生的心理行为表现进行观察，这种观察法可能是由于实验目的，或者实验条件不允许观察者进行直接或现场观察而需要借助一定的仪器，如录音笔、摄像机等，这种方法较少受观察者个人因素影响，能比较客观地总结被观察者的行为表现。

（2）观察法的优缺点

观察法是通过观察被试行为表现来探讨个体的心理活动规律的一种方法，在小学研究中的使用较为普遍。

观察法的优点主要体现在：一是获得的材料比较真实。观察法是在自然环境下对被观察者的言语行为进行观察，能观察到被试在自然状态下的行为表现。二是可以同时对多个年龄阶段的被试进行观察，并且被试没有受到其他外界因素的干扰，因此获得的资料信息比较丰富，被试的表现更自然，研究结果不会受到污染。三是观察法是观察者对被试当前的行为进行的观察，具有即时性，能够捕捉到正在发生的现象，同时也能搜集到一些无法言表的材料。四是适用面非常广。不仅能用于不同年龄段的小学生，而且也可以对小学生的各个心理特征和心理活动的行为表现进行观察，可广泛用于小学教育心理学的研究中。

观察法虽然在研究小学生心理活动上能给研究者带来一定方便，但观察法在许多方面也具有缺点。一是研究者只能被动地观察被试的行为表现，往往难以观察到自己想要的资料，并且被试的反应也并不一定是普遍的反应，而有可能只是偶发的；二是观察法难以控制其他无关因素的影响，这需要研究者具备一定的分析过滤信息的能力，并且研究者也比较难以搜集材料，这在一定程度上为研究带来了很大的困难；三是观察法观察到的只是小学生的外部行为，并没有直接测到小学生的心理活动过程，因此观察法带来的只是相关性的结论，而不能得出因果结论，这也是许多实证研究选择实验法而非观察法的原因。

（3）使用观察法的注意事项

观察法是一种较为简单的心理学研究方法，但是该种方法也受到许多因素的影响，如实验者的期望效应、被试的实验者效应等。因此，在具体的实施过程中研究者还是应该对以下几方面引起注意：首先，研究者要选择特定的观察内容，观察面不宜太广，选择具有代表性的对象即可。其次，观察时最好是选择合适的观察仪器，随时记录被试的行为变化，最好使用一些录音、录像器材。再者，观察的时间不宜过长，可以采用时间抽样的方法，对同一种行为可以进行重复地观察验证。最后，在实施观察法时最好不让被试知道他们在被人观察，以免影响他们的真实行为，如可以使用单盲实验，即采用单向玻璃进行观察，以此减少被试的觉知。

2. 调查法

> 调查法是指为了达到研究目的,通过多种方式对研究对象的某一心理行为进行多方面的数据搜集,并作出分析、综合,从而了解研究对象的心理活动的方法。

调查法的方法和途径非常多,如采用问卷法来调查小学生的学习状况,或者采用面对面交谈的方式来搜集信息。现有调查法主要有访谈调查法和问卷调查法。

（1）访谈调查法

访谈调查法简称访谈法,是指研究人员通过与被调查者直接交谈,了解被调查者的心理状态的研究方法。在访谈调查时,研究者与被调查对象常常进行面对面的交流,有时也采用电话访谈或网络访谈形式。访谈中,研究者采用结构化或者半结构化的问题对被调查者进行询问,以此获得想要的资料和结果。此方法针对性强,灵活方便,并且真实可靠,便于深入了解人或事件的多种内部和外部原因。然而访谈法也具有一些缺点,如需要花费较大的人力、物力以及时间;访谈法需要研究人员具有较为专业的访谈能力,能根据访谈对象的回答进行灵活应变;此外,访谈法的调查范围比较窄,一次只能对几个对象进行访谈。面对面访谈、电话访谈和网络视频访谈三种形式中,以面对面访谈的效果最好,网络视频访谈效果次之,电话访谈效果相对较差。

（2）问卷调查法

问卷调查法简称问卷法,是用书面问题让小学生填写,从而调查小学生的某一种心理和行为活动的方法。例如,要考察小学生的阅读兴趣或阅读能力,可以采用问卷的形式进行调查,然后再对收集的资料进行分析并得出结论。

问卷法的优势体现在:一方面,问卷法简单方便,能在同一时间收集到大量的样本数据,使得研究对象具有广泛性和代表性,能够克服小样本不具有推广性的缺点;另一方面,问卷法能获得第一手的资料,比较直接,针对性强,同时能测试出被试的心理状况,同质被试可以进行反复测量。问卷法主要存在以下不足:首先,被试的主观性过大,需要被试对调查研究真诚作答,有些被试容易受自我防御心理的影响而不愿意根据自己的真实情况填写,从而影响研究结果的真实性;其次,问卷调查的社会称许性过大,被试可能会根据社会所期望的方向作答,会导致研究结果失真;再次,问卷法需要被试具备一定的自我意识能力和文字能力,在对低年级的小学生进行问卷调查时存在一定的阅读困难;最后,问卷法的设计比较复杂,相对于观察法更加困难,因为问卷法在信度和效度上都存在质疑,并不一定能真实地测量到被试的内心状态。

对小学生使用问卷调查法,在编制问卷时应该注意许多问题。首先,针对小学生的问卷题目不宜过多,问卷题目过多会给小学生带来认知负担,降低可信度;其次,在编制问卷题目过程中,要求文字要浅显易懂,表述清晰明确,适合小学生的年龄特征;再者,在编制问卷时要采用一定数量的检测项目用于检测被试作答时是否是真实的,并且要尽量避免社会称许性问题;最后,问卷编制好以后要进行一定范围内的试测,检验问卷的信效度,在保证信效度的前提下才能进行正式的施测。[1][2]

---

① 张大均.教育心理学(第三版)[M].北京:人民教育出版社,2015:16.
② 张红梅,朱丹.小学教育心理学[M].北京:北京师范大学出版社,2013:17.

3. 实验法

> 实验法是指实验者在严格控制实验条件的情况下,操纵教育情境中的一些变量,并借助于专门的实验仪器设备来研究被试的心理现象的方法。

实验法通常分为自然实验法和实验室实验法。

（1）实验室实验法

实验室实验法是指在特定的实验室环境下,借助于专门的实验仪器来探究某些心理学现象的方法。实验室实验法严格控制实验条件,尤其是对无关因素的控制甚为严密,对被试的某些心理行为都是采用精密的仪器,如眼动仪、测谎仪、脑电等来进行记录。实验室实验最主要的优点在于严格控制实验条件,所获得的实验数据更加真实可靠。同时,实验室实验还能得出因果性的结论,这比观察法和调查法具有更强的说服力。然而,实验室实验法是在实验室进行的,脱离了实际的生活环境,人为性较大,其得出的结论缺乏生态性,也难以推广到其他的情境中去;这种实验方法也难以全面真实地考察到被试的心理现象。

（2）自然实验法

自然实验法是指在日常教育学习环境中,根据研究目的,控制某些条件,以观察被试心理活动表现的研究方法。例如,为了探讨小学各年级儿童的口头言语能力和书面言语能力发展的水平,则可以结合教学实践对不同年级的小学生编制一系列的阅读材料,学习完这些阅读材料以后要完成相应的背诵和书写作业,对小学生背诵和书写作业情况整理和分析,可以看出不同年级儿童的口头表达能力和书面语言表达能力的发展,以及应采取什么样的策略才能更好地促进书面和口头言语能力的进步。自然实验室法的优点主要表现在,与实验室实验法相比,更加接近教育实际情况,能比较好地反映教育过程中心理现象的真实情况并解决其中的心理问题;同观察法相比,具有较强的主动性和较高的严密性。虽然它是在尽量保持教育过程的实际情境下进行的,但它又通过控制和改变某些变量而给被试心理活动以必要的影响,使之发生预期的变化,所以有利于研究者得到所需要的实验结果。自然实验法在教育心理学研究中应用颇广。

（3）实验法的优缺点

实验法通过控制实验条件,操纵某些心理变量来探讨某种因素对于被试心理行为的影响。与其他研究方法相比,实验法具有以下优点:首先,实验法严格控制实验环境,避免了无关因素对实验结果的影响,获得的资料是研究者真正想要的结果,因此实验法的针对性更强;其次,实验法是研究者按照实验目的严格设计的,因此实验可以随时进行重复验证;最后,实验法控制了其他无关因素的影响,因此可以得出的结论因果关系明确。实验法也存在一定的局限性:一方面,实验法缺乏一定的生态效度,人为性过大,导致实验结果的外部效度低下。实验法研究的环境是人为设置的,这些人为设置的环境增强了研究者对于研究的控制力有利于确立明确的因果关系,但同时意味着研究离现实比较远,实验室中的社会过程不能代替现实世界中的社会过程。另一方面,实验法也容易受主观因素的影响,被试的期望可能导致被试向别人所期望的方向改变。在实验研究中,研究人员可能会有意无意地给被试以某种暗示,某些被试因此会有意去迎合研究者的期望,可能出现实验对象的行为受到研究者影响的情况,造成一种虚假的因果关系。

4. 其他的研究方法

（1）个案研究法

个案研究法是对某一个体或某一群体的问题进行持续研究的方法。通常用来对某些教育心理问题产生和发展的原因进行剖析,并提出相应的解决措施。

个案研究有时与纵向的追踪研究相结合,系统地记载被试某些心理活动的发展状况。个案研究比较适用于特殊的案例,如探讨学生的特殊能力、学习困难儿童的发展特点、超常儿童以及具有问题行为的儿童等。研究中要求研究者对个案的材料收集齐全,并有针对性地了解个案的问题状况,提出有意义的意见。在个案研究过程中,研究者除了了解个案的各种情况,还应该多与这些个体进行交流与沟通,与他们建立良好的关系,使他们能充分相信研究者,这样才能获得真实的资料,进而使得研究更加顺利。

（2）作品分析法

作品分析法是通过小学生的作品来分析小学生心理活动的一种方法。小学生的作品包括作文、日记、绘画、手工艺品、学科作业等,研究者可以通过分析其中一种作品来了解小学生的心理特征。例如要了解小学生言语和思维发展水平,可以通过对小学生的作文和日记进行分析;要分析小学生的理想和道德水平,则可以通过分析他们的绘画作品来得以实现。作品分析在现有的研究中应用较少,因为该种方法需要研究者具有较高的作品分析能力,同时作品分析方法主观性较强,较难真正地反映出小学生的学习心理特征。

在进行小学教育心理学研究中,通常使用的方法并不是单一的,而是根据研究需要和研究目的选用方法。一般都是综合采用多种方法,如以某种方法为主,以其他方法为辅,或者交错地使用多种方法。多种方法的配合使用更能有效地了解小学生的心理与行为。

第四节 学习小学教育心理学的意义

一、丰富教育心理学理论

小学教育心理学是教育心理学一个重要的分支,它是把教育心理学的理论知识应用到小学教育中而形成的,其中包含了小学生的学习动机、学习策略、知识技能、创造能力、思想品德以及班级群体等内容,这些内容都采用教育心理学所倡导的方法与过程来进行探讨。在对小学生心理行为现象进行考察的过程中,教育心理学理论得到了充分地运用,而且小学阶段独特的年龄特征也为教育心理学提供了新的研究重点与研究问题,这必将进一步丰富教育心理学理论。

二、为教学实践提供理论支持

小学教育心理学重点在于探讨小学阶段学生的各种心理和行为规律,包括这一年龄段所共有的个性特征,即小学生的身体、心理、学习问题,包括学习动机、学习策略、学习迁移等,小学生的品德发展问题以及小学生在群体活动,如班集体中的行为表现。通过对这些问题的深入研究,可以帮助教育实践者了解小学生心理发展规律,进而为制定相应的教学目的、教学内容、教学方法和教学计划提供理论支持。此外,研究和学习小学教育心理学也能为教师了解小学生的差异性提供依据。例如,教师在分析小学生阅读能力差的原因时,不会单单认为是小学生不努力而导致阅读能力下降,教师会从小学生的学习策略和学习动机方面进行分析,找到真正的原因,并采取相应的引导和训练策略,加强小学生阅读能力训练。因此,学习小学教育心理学不仅能为教师教学实践提供一定的指导,同时能对小学生的学习问题提供有针对性的措施,达到因材施教的目的。综合起来看,小学教育心理学通常在如下方面为小学教育提供理论指导:(1)确定教学目标;(2)了解小学生特点;(3)运用学习过程的心理规律;(4)教学方法的选择与执行;(5)教学测量与评价。

同时,小学教育心理学对教育实践具有描述、解释、预测和控制的作用,其在教学实践中能够起到如下几个方面的作用:(1)帮助教师准确地了解小学生学习等问题。为教师了解小学生学习困难的成因提供多种方法。小学生学习困难的原因是多方面的,通过教育心理学的学习,可以为教师全面了解小学生的情况提供依据。(2)为实际教学提供科学的理论指导。教育心理学为实际教学提供了一般性的原则或技术,教师可结合实际教学将这些原则转变为具体的教学程序或活动。同时,有助于教师对教育现象形成新的科学知识。(3)帮助教师预测并干预小学生学习。利用教育心理学原理,教师不仅可以正确分析、了解小学生,还可以采取相应的干预措施,达到预期的结果。有助于教师准确地了解小学生。小学生的原有水平是达到教学目标的出发点和教学依据,教育心理学可以提供教师了解小学生已有知识、经验和水平的方法,从而有针对性地采取措施,有的放矢,因材施教。(4)帮助教师结合实际教学进行研究。教育心理学不仅为实际教育活动提供一般性的理论指导,还可以帮助教师进行教学研究。

三、促进教师自身发展

在小学教育中,小学教师肩负着重要职责。"工欲善其事,必先利其器",小学教师要做好自己的工作,必须学好小学教育心理学。

小学教师是小学教育教学活动中的主导,不仅为小学生传授知识,也为小学生的成长提供指导。现阶段,随着我国对教育事业的日益重视,教师的角色发生了重大变化,教师不再只是传道授业解惑的角色,而且在开发学生学习潜能,培养学生创新思维和创新能力,以及掌握先进的学习策略上都应该发挥重要的引导作用。现代教学对教师教学提出了更高的要求,所以教师不仅要进一步巩固和加深对科学知识的掌握,把最先进的学习方法和思维传授给学生,不断改进和创新自己的教学方法,努力提高自身建设,并根据教学需求和时代特点与时俱进,提升教学能力、教学水平和教学素质,同时,教师还要不断地加强自身修养,教师的道德素质和形象直接影响学生的道德发展。尤其是小学阶段的学生,正处于品德发展的关键时期,教师良好的言行举止能为小学生提供好的榜样。所以,学习小学教育心理学为教师规范自身言行举止提供了一定的指导。只有具备充足知识储备和良好道德修养的教师才有助于小学生的良性发展,才能为教育事业的蒸蒸日上提供保障。

小学教育心理学中所揭示的学习规律,原则上也适合于小学教师自己的学习。小学教师的知识更新、道德修养、人格完善都是通过学习实现的。小学教师如能够自觉地运用教育心理学的有关原理,就可以大大提高学习的成效。例如教师可以运用动机原理来进行自我激励,以增强学习积极性;运用认知过程的有关知识,提高信息加工与储存的能力、完善个人的认知结构;运用心理卫生知识和心理辅导技术,以增进个人的心理健康等。

四、促进小学教育改革

教育改革是当代教育事业的头等大事。当前小学教育存在各种问题,例如教学手段仍然单一落后;教学计划与教学内容与小学生的实际学习状况并不匹配;教学模式相对滞后,不能有针对性地组织教学环节等。学习小学教育心理学有助于解决小学教育中存在的问题,促进教育改革取得更大成效。因为小学教育心理学不仅探讨了学生在小学时期的年龄特征,包括他们的能力、思维和性格等,而且提供了小学阶段学生的学习状况,包括学习动机、学习策略、知识技能掌握、创新心理和品德心理等。小学生的这些身心特征和学习特征能为教育改革提供一定的参考,从而提高教育改革的科学性和有效性。此外,小学教育心理学还涵盖了小学教学设计和小学教师心理等内容,这些内容较为全面地阐述了教师在实际教学活动中应该如何组织教学内容,以及如何控制自己的行为和正确认识自己的角色,这在一定程度上为教育改革的进一步发展提供了实践基础。

思考题

1. 小学教育心理学研究的客观性原则指的是什么?

2. 聚合交叉研究的优点是什么?

3. 观察法有哪些优缺点?

4. 学习小学教育心理学意义何在?

5. 结合下列实例谈谈自然实验法。

扫一扫二维码
轻松获取答案

王芳是某小学三年级英语老师,教了三甲班和三乙班的英语。最近参加了一个习题集的改编工作。她想看一下新编的三年级英语习题集是否比老版的习题集更适合小学生学习,因而在自己所教的两个班进行了实验。实验前,她对三甲班和三乙班进行了英语测验,发现两个班的测验成绩差异不显著。然后,她让三甲班做老习题集,三乙班做新习题集,两个班的同学都是在上课的时间做,做完后,她都进行了批改。另外,两个班的学习情况如早读、上课等形式均一致。一个学期学下来,两个班的英语期末成绩有显著差异,三甲班的成绩明显低于三乙班,于是,她认为新的习题集更适合三年级学生的英语学习。

一、单项选择题

1. 1924 年，我国第一本《教育心理学》教科书出版，该书的编写者是（　　）。
   A．陶行知　　　　　B．廖世承　　　　C．潘菽　　　　　D．蔡元培

2. 想了解学生对数学的兴趣，把问题"你喜欢数学吗？为什么？"印在纸上，进行调查了解，这种方法属于（　　）。
   A．访谈法　　　　　B．开放式问卷法　C．封闭式问卷法　D．实验法

3. 学与教的过程中有意传递的主要信息部分是（　　）。
   A．教学媒体　　　　B．教师　　　　　C．教学内容　　　D．教学方法

4. 通过对学生家庭作业或课堂练习、论文、日记、手工制作的模型、绘画等各种作品进行考查分析，并形成某种判断和决策的过程称为（　　）。
   A．个案研究　　　　B．观察分析　　　C．作品分析　　　D．逸事记录

5. 教育心理学研究中所采用的手段和方法应能促进学生身心健康发展，这属于（　　）。
   A．实践性原则　　　B．教育性原则　　C．系统性原则　　D．客观性原则

6. 在自然情境中研究小学生的心理现象，但难以确定因果关系的研究方法是（　　）。
   A．观察法　　　　　B．问卷法　　　　C．自然实验法　　D．实验室实验法

7. 教育心理学初创时期大致在（　　）。
   A．20 世纪 20 年代　　　　　　　　B．20 世纪 20—50 年代
   C．20 世纪 60—70 年代　　　　　　D．20 世纪 80 年代以后

8. 教育心理学研究的核心内容是（　　）。
   A．学习内容　　　　B．学习方法　　　C．学习过程　　　D．学习目标

9. 被称为"西方教育心理学的奠基人"，并确立了科学体系的是（　　），其在 1903 年出版了著名的《教育心理学》一书，标志着教育心理学的形成。
   A．桑代克　　　　　B．冯特　　　　　C．华生　　　　　D．苛勒

10. 关于小学教育心理学的研究对象，最准确的表述是小学教育心理学是研究（　　）。
    A．小学教育中教与学的心理活动
    B．小学教育中的教与学及其与环境相互作用的心理活动及其规律
    C．小学教育中人的本性及其改变的规律
    D．以上答案全部正确

11. 在学校教育中，起关键作用的是（　　）。
    A．教学媒体　　　　B．教师　　　　　C．学生　　　　　D．教学环境

12. 以下哪种研究方法的主要特点是严格控制条件并可以反复验证（　　）。
    A．实验法　　　　　B．测验法　　　　C．观察法　　　D．调查法

13. （　　）是西方第一本以"教育心理学"命名的著作。
    A．卡普捷列夫的《教育心理学》（1877 年）
    B．彼得罗夫斯基的《年龄与教育心理学》（1972 年）

C．布隆斯基的《科学的心理学概论》(1921 年)

D．桑代克的《教育心理学》(1903 年)

14. 被称为"俄罗斯教育心理学的奠基人"俄国教育家(　　)于 1867—1869 年出版了《人是教育的对象》。这本著作被认为"奠定了俄国教育科学的科学研究基础"。

A．乌申斯基　　　B．赞可夫　　　C．维果斯基　　　D．卡普捷列夫

15. 学校教育互动系统中的三个核心因素为(　　)

A．教师、学生、学校　　　　　　B．教、学、环境

C．教师、学生、课程　　　　　　D．教师、学生、领导

16. 教育心理学与其他科学研究都应该遵循的原则是(　　)。

A．客观性原则　　B．系统性原则　　C．教育性原则　　D．发展性原则

二、多项选择题

1. 教育心理学是一门交叉学科,它关注许多方面,包括(　　)。

A．发展与教育　　　　　　　　B．学习与教学

C．认识与个性　　　　　　　　D．一致与差异

E．教育与教学

2. 教学媒体包括(　　)。

A．书本　　　　B．录像　　　　C．图片　　　　D．教师的口语与体感语

E．计算机网络

3. 描述性的研究方法主要有(　　)。

A．观察法　　　　B．归纳法　　　　C．调查法　　　　D．演绎法

E．分析法

4. 教学环境包括(　　)。

A．基础条件　　　B．师生关系　　　C．上下级关系　　　D．物质环境

E．社会环境

5. 教育心理学研究的基本原则有(　　)。

A．道德性原则　　B．系统性原则　　C．教育性原则　　D．客观性原则

E．以上均不正确

6. 构成教学的基本因素有(　　)。

A．教师　　　　B．学生　　　　C．课程内容　　　　D．政策

E．以上均不正确

7. 学与教相互作用的过程是一个系统过程,由(　　)几种活动过程交织在一起。

A．学习过程　　　B．实践过程　　　C．教学过程　　　D．评价/反思过程

8. 1994 年,布鲁纳将教育心理学的发展成果概括为(　　)。

A．主动性研究　　　　　　　　B．反思性研究

C．合作性研究　　　　　　　　D．探索性研究

E．社会文化研究

三、判断题

1. 实验法是在教育的实际情况下按照研究的目的而控制某些条件、改变某些条件，以观察被测试者心理活动的方法。 （   ）

2. 由于自然实验是在教育的真实情况下进行的，所以它所得出的结果比较接近实际。 （   ）

3. 观察法是在自然条件下，对心理现象和行为进行有目的、有计划的考察、记录和分析的方法。 （   ）

四、填空题

1. 学与教相互作用的过程包括学习过程、教学过程以及_____过程。

2. 教育心理学是研究学校情境中_____的基本心理规律的学科。

3. 教育心理学对教学实践具有描述、预测和_____作用。

4. 教学环境包括_____环境和_____环境两个方面。

五、名词解释题

1. 教学环境

2. 教学过程

3. 教学内容

4. 小学教育心理学

5. 问卷调查法

6. 自然实验法

六、问答题

1. 简要说明 20 世纪 80 年代后教育心理学的发展成果。

2. 教育心理学应在哪几个方面提供理论指导？

3. 简述教育心理学与普通心理学之间的关系。

七、论述题

论述教育心理学对实践的指导作用。

扫一扫二维码
轻松获取答案

进一步阅读的文献

1. 皮连生. 教育心理学(第四版)[M]. 上海：上海教育出版社，2011.

2. 张大均. 教育心理学(第三版)[M]. 北京：人民教育出版社，2015.

3. 学习考试用书研发中心. 小学教育心理学[M]. 北京：清华大学出版社，2013.

4. 岑国桢. 教育心理学(第二版)[M]. 北京：中国人民大学出版社，2011.

5. 桑青松. 教育心理学[M]. 北京：北京师范大学出版社，2008.

6. [美]安尼塔·伍尔福克著. 伍新春，张军，季娇译. 教育心理学(第 12 版)[M]. 北京：中国人民大学出版社，2015.

第一章 小学教育心理学概述

23

第二章　小学教师心理

学习目标

1. 掌握教师角色的内涵，理解国内外教师角色，联系实际认识基础教育课程改革背景下和翻转课堂中教师的角色。

2. 掌握小学教师的一般心理素质和职业心理素质。

3. 掌握教师威信的内涵，理解教师威信的作用，联系实际运用小学教师威信的提升策略。

4. 掌握小学教师专业能力的内容，了解教师专业发展的阶段，理解新手教师和专家型教师专业能力的差异，能结合实际掌握教师专业发展的途径与方法。

5. 掌握教师心理健康的标准和理解小学教师心理健康的主要问题以及心理健康维护的策略。

内容脉络

```
                        小学教师心理

  小学教师的角色                          小学教师的专业能力与成长
  · 教师角色的特点                        · 小学教师专业能力的内容
  · 国内外教师角色                        · 小学教师专业能力的发展
                                          · 小学教师专业发展的途径与
      小学教师的心理素质                      方法
      · 小学教师的认知素质
      · 小学教师的人格品质
      · 小学教师的适应能力                       小学教师的心理健康维护
                                              · 教师心理健康的标准
                                              · 小学教师心理健康的主要问题
          小学教师的威信                      · 小学教师心理健康的维护
          · 教师威信概述
          · 小学教师威信提升的策略
```

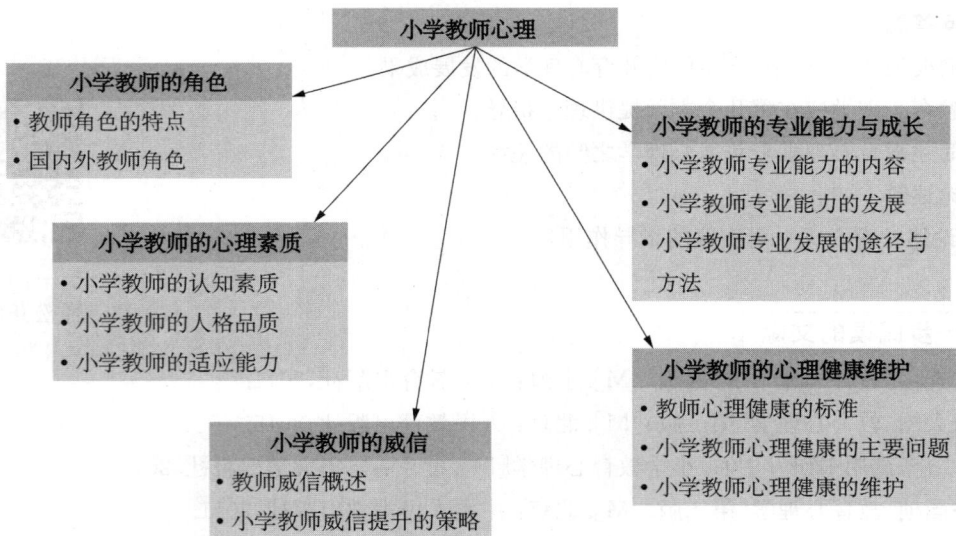

教师是社会上特殊的一个群体，是向学生传递人类积累的文化科学知识和进行思想品德教育，把学生培养成为社会所需要的人才的专业人员。教师可以从事教育规划和管理、教师培训、教育材料的准备、教育研究和科学研究或职业指导等工作。小学教师的角色认同、专业素质与能力发展、心理健康的状况不仅关系到自身的成长与发展，更关系到小学儿童的成长。

第一节　小学教师的角色

当前,我国的教育改革不断向纵深方向发展,特别是素质教育和新课程改革更是从根本上变革着教育活动内部和外部的各种关系,从而要求教师主动适应角色变化,并有效地进行角色转换。为适应终身教育和教师专业化的要求,教师必须从传统的角色观中解放出来,在培养人才、促进学生发展的同时也实现自身的专业发展,实现对自身生命意义的建构和提升。因此,正确认识教师角色对提高教育质量,以及促进教师的专业化发展都有着积极意义。

一、教师角色的特点

(一) 角色的定义

任何一种社会地位或身份的人,都有一整套由其身份所规定的行为方式,当个体在履行与其社会地位、身份相适应的社会职能时,其心理与行为必然要符合相应的心理规范与行为方式,即扮演相应的角色。角色包括三种含义:(1)作为一种行为模式,每一种社会行为都是特写的社会角色的体现;(2)作为一种社会地位或身份,角色行为真实地反映出个体在群体生活和社会关系体系中所处的地位;(3)作为一种社会期望,角色是符合社会期望的,按照社会所规定的行为规范、责任和义务等去行动。

角色是个人在特定的社会环境中的相应社会身份和社会地位,并按照一定的社会期望,运用一定权力来履行相应社会职责的行为。

角色概念引入教育领域,教师角色理论开始兴起。人们运用教师角色理论来阐释教育活动中各种社会关系对教师行为的重要影响。教育社会学家比德尔(B. Ddle)在前人的基础上将教师角色界定为三种类型:教师角色即教师行为,教师角色即教师的社会地位,教师角色即对教师的期望。在众多的研究中,教师角色一般被认为是教师的行为。

> 教师角色是指处在教育系统中的教师所表现出来的、由其特殊地位决定的符合社会对教师期望的行为模式。

(二) 教师角色的特点

教师作为从事教育教学活动的专业工作者,其身份具有特殊性,相应地,他们在从事专业工作时就必须遵守特定行为规范,从而使得教师在角色行为上表现出不同于其他职业的特点。

1. 自主性

教师职业是在社会分工的基础上为满足一定社会政治、经济和文化的要求而产生和存在的,因此,教师必须按照特定的社会要求从事教书育人工作。但是,教师在从事具体的教育教学活动时,可以在遵照社会总体要求的前提下,自主选择达到目标的方式和途径。在课堂教学情境中,教师更具有课程与教学的相对自主权。在课程设计、教学过程、学生动机、学生管理、学生评价等方面享有"法理"权威；同时，教师有权独立制定适合自己的专业发展目标、计划和行动方案等。教师角色的自主性还表现为，无论是同事还是行政人员都不能妨碍这种权威。

2. 个体性

相对于社会上其他职业的从业者来说，教师角色行为表现出更为明显的个体性特点。这反映在两个方面：（1）教师的劳动对象指向一个个学生，要使每个学生都能在教师的培养下成长起来，教师必须充分了解学生，并依据每一个学生的个性发展的需求与水平，因材施教和个性化教学。（2）教师的行为方式本身也具有一种较强的个体性特征。客观上，教师工作在时间和空间上都是以个人活动为主，教学成绩的提高与自身的发展主要靠个体的活动来加以完成。因此，其工作过程不可避免地表现出一定的个体性。

3. 人格化特征

教师所从事的是培养人的活动。为实现这一目的，教师不仅要通过自己掌握的知识影响学生，还要通过自己的人格和道德力量，以及自己的言传身教去影响和感染学生。教师人格在教育工作中发挥着重要的作用。崇高的教师人格对于影响学生的心灵来说是无价的。教师的这一角色特征，需要教师注意自己的人格和道德方面的修养，在实践中充分发挥自己的崇高人格在教育中的感化作用。

4. 多样性和发展性

教师生活在多个空间里，在不同的舞台上扮演着不同的角色。教师角色是作为学校成员的教师和作为社会成员的教师这两类角色交错、冲突而又协调共存的统一体。在社会生活中，教师作为一名普通社会成员享有公民应有的权利和义务，扮演着"学生的导师"和"公众的模范"等角色。在学校教育中，教师不仅要充当"教员"的角色，而且还是"领导者"、"心理保健者"、"纪律执行者"、"青少年的知己和朋友"，等等。每一种角色对教师都有特定的要求，教师如果不能很好地承担某一种规定的角色，就难以胜任自己的工作。

5. 弥散性和模糊性

在教育教学活动中，教师承担着促使儿童社会化、激发他们的学习热情，传递一定的价值规范，唤醒他们对社会及个人的责任感，并且能对事实和知识进行批判性的分析等职责。但是，学生的兴趣、行为、态度和价值观等的改变很难断定是哪个教师劳动的直接结果，从而使教师角色的责任表现出一定的弥散性和模糊性，并由此引发教师角色的内在冲突，即教师个人希望看到自己角色扮演的成果的需要，与他的角色扮演中许多成果的"无形性"之间的矛盾，教师很难从自己的工作中获得满足感。

二、国外现、当代教师的角色

20世纪70年代以来，兴起于西方的一些重要理论流派对教师角色进行了深入的探讨。建构主义理论、人本主义理论、实用主义理论、批判教育理论等从不同的维度和情境出发来审视现代教师的角色（参见表2-1）。

表 2-1 理论流派与西方现代教师角色观

理论流派		主要代表人物	教师角色观
建构主义	认知建构主义	皮亚杰	学生学习的促进者
	社会建构主义	维果斯基	学习的促进者、学生建构知识的合作者、学习者、探究者、有力量的思想者
人本主义		罗杰斯	权威,知识的拥有者和学习的促进者
		库姆斯(C. H. Coombs)	引导者、教学艺术家
实用主义		Joseph Schwable、Donald Schon	学习者、反思型实践者
批判教育		Althusser、Michael Apple、Sandra Walker	变革者、国家官僚机构的成员,技术人员

按照教师所处的空间的作用和地位,当代西方对教师角色的描述基于四个向度,即社会因素、学校、课堂情境和个人发展诉求,因而形成了以下四类角色:

(1) 社会角色——教师是促进民族、国家及社会发展和经济发展者;

(2) 学校角色——教师是学生家长、教师同事、教学管理人员(如校长等)和社区的合伙人,或者说合作者、合伙人。

(3) 课堂教学角色——教师是"教学专家"和学生学习的"引领者"。

(4) 自我职业角色——教师自我职业认同和自我角色重塑。

三、国内教师角色

(一) 一般意义上的教师角色

在我国,人们对现代教师角色有一个一般的看法和认同。从这个角度看,教师角色可以概括为:人类文化的传递者,新生一代灵魂的塑造者,学生心理的保健者,学习者和学者,人际关系的艺术家以及教学的领导者和管理者等。

1. 人类文化的传递者

教师具有乐教精神,善于激发学生学习动机;具有一定的科学文化知识水平和合理的知识结构;掌握精湛的教学艺术,谙熟现代教育设备的使用;能高效地指导学生学习,发展学生的思维创新能力。在教学过程中,教师传授给学生的知识技能一要"博",即给学生以丰富的知识,打开学生的知识眼界;二要"深",即给学生以富有规律性的知识,引导学生深入学习;三要"新",即给学生以带有时代感的知识,帮助学生掌握探索未知世界的基础知识。

2. 新生一代灵魂的塑造者

教师善于观察和分析每个学生的特点,有的放矢地进行教育;善于估计情势,预料学生的发展方向,以便使教育走在他们发展的前面;注意引导学生的自我教育,善于将集体教育和个别教育有机结合起来;能充分地考虑学生的个别差异,因材施教。

3. 学生心理的保健者

教师具备生理、心理卫生知识,能有效地对学生的心理问题进行准确鉴定、治疗和矫正;

进行生活指导和心理咨询,预防各种不健康心理状况,把学生从各种心理障碍中解放出来;区分品德不良与个性缺陷,爱护学生,尊重学生,根据情况拟定适当的指导和治疗方案。

知识链接 2 - 1　　　　　　　　　　　**教师角色理解的偏差**

教师角色的错位:

先知:老师是权威,无所不知。

圣人:老师是道德楷模。

法官:对学生的争执作出裁判。

侦探:必须全面了解班级情况。

保姆:学生在校发生的事情教师要负责。

骗子:要做社会认可的教师。

告密者:让社会知道学生的现状。

替罪羊:教师要为教育问题负责。

---

4. 学习者和学者

教师作为学生学习的导航人,必须具有既博又专的知识素养,并注意知识结构的不断更新,使之具有"精、深、新、广"的特点;注意持续学习,学会终身备课;教学相长,善于向学生学习;善于进行教育科研,做一名"学者型教师"和"专家型教师"。

5. 人际关系的艺术家

强调建立民主平等、和谐合作的师生关系;提倡"角色心理位置互换",平等待人,以身作则,做学生的知己和朋友;协调教师、家长、学校、社会之间的关系和影响,使之一体化,产生最佳的教育合力,对学生进行良好的教育。

6. 教学的领导者和管理者

建立教学常规和各项规章制度,维护正常的教学秩序,确保教育教学工作顺利展开;倡导自觉纪律,树立学生集体观念,使之由他律走向自律,充分发挥集体凝聚力;指导学生参与自身的管理;建立教师威信,将尊重学生与严格要求相结合。

(二)新课程改革背景下的小学教师角色转换

随着基础教育课程改革工作的全面实施,新课程已经逐步走进城乡中小学的真实生活;教师的教学方式从灌输到引导,工作方式从孤立到合作,师生关系从控制到对话。而教师角色是以教师教学行为为主要表征的,教师的行为方式及行为模式发生了变化,教师必须重新理解和塑造自己的职业角色。

1. 由课程规范的复制者转变为新课程的创造者、设计者和评价者

新课程的管理已经从中央统一管理改变为中央、地方与学校三级管理。这从根本上扭转了教师在课程建设中的尴尬境地,充分调动教师作为课程主体的积极性,赋予了教师全方位参与课程研究和开发的权利。这就要求教师必须调整自己的角色,由原来的课程规范的复制者转变为新课程的创造者、设计者和评价者。

2. 由传统知识的传授者转变为新课程条件下的知识传授者

传统的知识观是狭义的知识观，包括经验知识和理论知识。教师在传统的知识传授者角色的支配下开展教学工作，"以知识传授为中心"，信息交流的方式是单向的，教师以知识传授为主，学生的情感、态度、价值观得不到教师的关注，学生的任务和责任就是彻底的"应试"和接受评定。

新课程建立在现代知识观基础上，现代的知识观强调，知识是丰富多彩的，如既包括陈述性知识，也包括程序性知识、策略性知识。教学强调"以学生发展为中心"，由重传递向重发展转变；由重统一规格教育向学生差异性教育转变；由重教师的"教"向重学生的"学"转变；由重结果向重过程转变；由单向信息交流向综合信息交流转变；由居高临下向平等融洽转变；由教学模式化向教学个性化转变；由执教者、管理者向学生学习的参与者、促进者和指导者转变。

3. 由"单一学科型教师"转变为"跨学科型"教师

在小学，新课程以综合课程为主，同时设置综合实践活动课程。单一学科型教师无法适应新课程的教学工作，教师必须改善自己的知识结构，扩大自己的知识面，成为综合型、通才型、跨学科型的教师。

4. 由"知识的搬运工"转变为"充满实践智慧的专业人员"

实施新课程以后，课程环境发生了很大变化。新课程强调教师、学生、内容、环境四个因素的整合。课程变成了一种动态的、生长性的"生态环境"，是四因素相互之间持续互动的动态过程。教师不再是"知识的搬运工"，要关注多方面发展，采取合作学习、探究式学习等方式，要具有批判思维，在仿真的、现实生活中的背景下基于选择、决策地学习。这种复杂多变的教学要求教师具有良好的专业素质和教学实践智慧。

5. 由课程执行者转变为课程研究者、开发者

传统的课程背景下，教师"游离"于课程决策、课程编制之外，只是教学大纲、教学计划和教科书的忠实执行者。新课程确立了国家课程、地方课程、校本课程三级课程管理政策，课程不再全部由国家统一制定，而有 10％～12％ 的课时量留给了地方和学校来开发和实施，同时增设了 6％～8％ 的综合实践活动。教师应该也必须在课程改革中发挥主体作用，在很大程度上成为课程的创造者和开发者。

6. 由"导师"转变为"学友"

新课程倡导专家型教师，但不提倡教师站在专家的高度去要求学生。教师要有甘当小学生的勇气，与学生共建课堂，与学生一起学习、一起快乐、一起分享、一起成长。教师不仅要成为学生的良师，更要成为学生的学友。

7. 由"灵魂工程师"转变为"精神教练"

长期以来，人们把教师比作"人类灵魂的工程师"。其实教师不应该作学生灵魂的设计者，而应该作学生灵魂的铸造者、净化者。教师要成为学生"心智的激励唤醒者"而不是"灵魂的预设者"，要成为学生的"精神教练"。

8. 由"信息源"转变为"信息平台"

传统的教学中，教师成为学生取之不尽的"知识源泉"，缺乏师生互动，更缺乏生生互动。在新课程中，教师不仅要输出信息，而且要交换信息，更要接受学生输出的信息。教师要促成课堂中信息的双向或多向交流,因而教师要成为课堂中信息交换的平台。

9. 由课堂的"统治者"转变为"平等的首席"

教师不能把课堂视为自己的课堂,而应该把课堂还给学生。教师不能做课堂的统治者,因为统治者总免不了令人"惧怕"。教师应该从统治的"神坛"上走下来,与学生融为一体。在新课程中教师不再是居高临下的,而是与学生站在同一个平台上互动探究,在平等的交流中作"裁判",在激烈的争论中做"首席"。

(三)翻转课堂中教师的角色定位

在翻转课堂中,学生运用网络、教师制作的微视频以及其他的学习资源在课前完成知识的学习,知识内化则在课堂中经老师的帮助与同学的协助而完成,课堂变成了老师与学生、学生与学生之间互动的平台。因此在翻转课堂中教师角色发生了很大的变化,如何定位并完成好教师的新角色,成为翻转课堂能否翻转成功的关键。

1. 教师是翻转课堂教学内容结构化、板块化的设计师

无论翻转课堂采取哪种教学模式,教师都应设计好以下几个教学环节:"微视频"制作,"学习任务清单"制作,自主学习情况反馈,交流讨论以及内化与提升。教师在课前应重点制作好"微视频"并设计好"学习任务清单",学习任务应针对性强,有梯度,紧扣微视频,激发学生从微视频或查找资料中完成任务的兴趣。课堂上,学生自主学习后通过交流讨论解决问题,发挥学生的主体性;同时教师必须对学生的自主学习情况进行检测与反馈,最后教师应对学生在掌握基本知识的基础上进行必要的能力提升。在教学过程中教师应让每一个教学活动都能为学生自主学习提供最大化的帮助。

2. 教师是学情数据的分析师及和谐交流情境的营造者

翻转课堂把传统教学结构颠倒了,学生接受知识在课外,内化知识在课堂,如何及时掌握学生接受知识的情况,教师应扮演好学情数据分析师的角色,掌握学生自主学习情况,即课前的学习任务清单的反馈情况与课间的课堂内化知识的反馈情况。学生自主学习,分组讨论时,教师要学会和学生交流,引导学生讨论,激发学生自主探究学习的兴趣,营造学生想说、敢说、必须说的情境。

3. 教师应成为学生个性化一对一的辅导者

翻转课堂的价值取向是学生的个性化学习。在课堂上,学生可以将课前学习时遇到的疑问和困难反映给教师,从教师那里得到解答。教师也能够通过网络学习平台监控学生的学习进度和学习任务完成情况,了解学生的进展和弱项,然后对学生进行针对性强的个别指导,翻转课堂要求教师必须扮演好个性化一对一的辅导者。

第二节   小学教师的心理素质

小学教育是各级各类教育的基础:为提高国民素质奠定基础,为各级各类人才的培养奠定基础,为儿童、少年一生的发展奠定基础。小学教师重任在肩,其心理素质状况对学生素质的发展将产生重要影响。因此,探究教师健全的心理素质及其结构,关注和加强教师心理素

小学教育心理学

30

质的培养就成为现代教师心理研究和当前教师教育发展的一个重要课题。

> 心理素质是以个体的生理条件和已有知识经验为基础,将外在获得的刺激内化成稳定的、基本的、衍生的、发展整合的并与人的适应行为和创造行为密切联系的心理品质。[①]

心理素质结构主要包括认知素质、人格品质和适应能力等三个要素。其中,认知素质是心理素质结构中的操作成分,人格品质是心理素质结构中的动力成分,适应能力反映的是个体心理素质结构中的功能价值。因此,人的心理素质是一个由认知因素、个性因素和适应性因素构成的心理品质系统。

一、小学教师的认知素质

认知素质是教师在认知活动中表现出来的、直接影响教师认知活动的机制和水平的心理因素,是教师心理素质结构的最基本的成分。教师的认知素质主要包括教师的智力品质、知识结构、教学监控能力等。

(一)教师的智力品质

教师工作是一种复杂的脑力劳动,为了使教学工作有效进行,教师必须具备一定程度的智力水平。智力超过某一关键水平以后,它不再起显著作用,而其他认知因素或人格特征就起更大的决定作用。因此,教师的智力是教师从事教育教学工作应具备的基本心理素质,是教师从事教育教学工作的认知基础。它应当包括敏锐的观察力、准确的记忆力、丰富的想象力、优良的思维品质等。

(二)教师的知识结构

教师的知识结构是教师认知活动的基础,小学教师具备丰富的知识是其有效开展教育的前提。教师的知识结构是指为完成教师职业所需的专业知识系统。从教师知识结构的功能出发,可以将教师的知识结构分为四个方面:本体性知识、条件性知识、实践性知识和文化知识,这四个方面共同构成教师的知识结构。

1. 本体性知识

它是指教师所具有的特定的学科知识,如语文知识、数学知识等,是个体成为一个好教师的必要条件。内容上应包括:教师应对学科的基础知识有广泛而准确的理解,熟练掌握相关的技能、技巧;教师要基本了解与所教学科相关的知识点、相关性质以及逻辑关系;教师需要了解该学科的发展历史和趋势,对于社会、人类发展的价值以及在人类生活实践中的多种表现形态;教师需要掌握每一门学科所提供的独特的认识世界的视角、域界、层次及思维的工具与方法等。

[①] 张大均,冯正直,郭成,陈旭. 关于学生心理素质教育的几个问题[J]. 西南师范大学学报(社会科学版),2000,(3):57.

2. 条件性知识

它是指为更好完成职业活动所需的工具性知识,即个体在什么时候、为什么以及在何种条件下才能更好地运用陈述性知识和程序性知识的一种知识类型。教育学和心理学知识被称为教师成功地进行教育教学的条件性知识,它是广大教师顺利进行教学的重要保障。

3. 实践性知识

它是教师积累的教学经验,是指教师在实现教学目的的行为中所具有的课堂情景知识以及与之相关的知识。实践性知识受个体经历的影响,这种知识的表达包含丰富的细节,并以个体化的语言而存在。教师的教学并非一个程式化的过程,只有针对学生的特点和具体情况恰当的工作,才能表现出教师的教育机智。

教师知识结构的上述三方面是紧密联系的:本体性知识是教学活动的实体部分,条件性知识对本体性知识的传授起到理论支撑作用,而实践性知识对本体性知识的传递起到实践性指导作用。

4. 文化知识

教师丰富的文化知识不仅能扩展学生的精神世界,而且能激发学生的求知欲,事实上,学生的全面发展在很大程度上取决于教师具有广泛而深刻的文化背景知识。具体说,教师的文化知识包括:基本哲学理论知识,包括辩证唯物主义和历史唯物主义的知识;现代科学和技术的一般常识,包括现代学科的一般原理和现代技术的本质内涵;社会科学的理论与观点,例如法律的知识、民主的思想、经济学的观点和社会学的方法等。

(三) 教学监控能力

课堂教学监控能力是教师教学能力的核心组成部分,实施课堂教学监控,是教师开展高效课堂教学活动的保证。教学监控能力是指教师为了保证教学的成功,达到预期的教学目标,而在教学的全过程中,将教学活动本身作为意识的对象,不断地对其进行积极主动计划、检查、评价、控制和调节的能力。教师课堂教学监控主要包括教师的元认知监控和教师对学生学习活动的监控,元认知是指个体对自身认知过程进行自我反省、自我控制与自我调节。

关于教学监控能力的培养与作用,申继亮、辛涛(1996)采用角色改变技术、教学反馈技术和现场指导技术等方法作为干预手段的研究表明,采用该干预手段能明显地促进教师教学监控能力的发展;教学监控能力的发展会促进其教学认知水平的提高和教学行为的改善;教学监控能力的发展最终会显著地促进学生学科能力的发展,也会明显地提高学生的学习成绩。[1]李运华、曹汉斌(2014)通过对小学教师进行问卷和访谈调研发现,小学教师课堂教学监控能力普遍较弱,且两极分化严重;教师远未养成课堂"反思"习惯;学情监控能力缺乏尤为突出;不同教龄、不同课程、不同区域教师的课堂教学监控能力水平又存在显著差异。[2]

---

[1] 申继亮,辛涛. 关于教师监控能力的培养研究[J]. 北京师范大学学报(社会科学版),1996,(1):42—43.
[2] 李运华,曹汉斌. 小学教师课堂教学监控能力提升策略[J]. 中国教育学刊,2014,(6):89—91.

二、小学教师的人格品质

（一）小学教师健全的人格品质的构成

健全的人格品质是合格教师必备的心理素质。人格品质是指人在对待客观事物和在活动中表现出来的个性心理特征。它虽不直接参与对客观事物认知的具体操作，但是具有动力和调节机能，居于心理素质的核心地位。它不但影响其自身教育教学活动效果，而且在很大程度上决定其能否有效地促进学生个性的健康发展。从教师职业要求来看，成熟的教师人格品质表现在成熟的自我意识、情感品质、意志品质、动力品质、创新品质等方面。

1. 成熟的自我意识

自我意识处于核心地位，它从意识层面上支配、调节着人的行为。个体能否真实地、客观地认识自我、对待自我，是衡量其自我意识成熟与否的基本标志。从自我认知维度看，成熟的教师一般能在客观的自我观察的基础上，进行实事求是的自我分析，作出恰当的自我评价，形成主观自我与客观自我相统一的自我形象。从自我体验维度看，成熟的教师一般都能通过积极的自我感受，形成适度的自爱、自尊、自信、自强等心理品质，有强烈的责任感、义务感和贡献感，自觉地根据自己职业信念激励自己，全身心投入到教书育人的活动之中。从自我控制的维度来看，成熟的教师的自我控制能力强，能自觉抵制各种不利因素的刺激和影响，善于进行自我批评，能"见贤而自省"，善于进行自我调节，适应新的环境。

2. 教师的情感品质

教师的情感是丰富的，尤其是教师的职业情感更具特色，是构成教师心理素质的动力因素之一。小学教师的情感品质是教师在教育教学活动的过程中具有准确地理解自身的情绪情感、控制自身的情绪情感和表达自身的情绪情感的能力。主要表现在：挖掘教材中情感因子的能力、调控自身情感的能力、与学生情感沟通的爱心。其中，起着主要影响作用的是教师能够准确地调控自身情绪情感的能力。

从教学的性质来看，教学不仅是一项师生相互交往的双边互动过程，也是一种特殊的情绪情感交流的过程。课堂教学过程中，教师既要关注学生积极性、主动性和能动性的调动，又要通过自身人格和魅力的展示，感染学生的情绪、激励学生学习积极性。这样才能更好地实现教师对自身价值的追求，提高自身对职业幸福感的理解并产生心理的幸福感。

3. 教师的意志品质

教师工作艰苦复杂，具有长期性，没有坚强的意志，是难以完成教育教学任务的。教师的意志品质主要有：明确的目的性和实现目的的坚定意志，处理问题的果断性和坚定性，解决矛盾时的沉着、自制、耐心和坚持性，充沛的精力和顽强的毅力。简言之，就是不怕困难，知难而进；沉着自制，善于支配情感；长期不懈，持之以恒。实践证明，意志坚强的教师能以充沛的精力和顽强的毅力努力工作，遇到挫折不泄气，面对困难不退缩，最终取得良好的教育教学效果。

4. 教师的动力品质

教师的动力品质主要表现在成就动机和求知欲上。成就动机是激励教师对教育教学工作力求获得成功的一种内在驱动力，它在成就需要的基础上产生。而求知欲是教师积极渴望认知世界，获得科学文化知识及不断探索真理，并带有情绪色彩的愿望。它们是推动教师成长和发展的内在动力。

5. 教师的创新品质

创新是社会和时代发展的根本要求，也是现代教育对教师的基本要求。富有创新精神的教师，在教学过程的各个环节中表现出如下特征：教学理念的开放性，教学设计的灵活多样，教学信息传输的经济、迅速性，重视分散思维和直觉思维的训练，教学中善于将知识转化为能力，具有较高的教育机智。

（二）小学教师健全人格品质的现实表现

吴素梅（2002）的研究认为，小学教师人格品质较优，多数人属于平和—外向型人格，心理健康水平较好。具体表现为以下特点：开朗乐群、情绪稳定、轻松兴奋、敢作敢为、对人对事热心而富有感情、思想自由开放、随和易与人相处、自律性较强。但小学教师缺乏实施素质教育所必备的一些重要人格品质，如知识面窄、抽象思考力弱、独立性差、创造性水平较低等。[1]

小学教师现代人格是一般公民现代人格在小学教育活动中的特殊表现，这种专业层面的现代人格表现在：[2]

（1）具有开放性气质。教师更加富于开放性地认识教育内容、教育对象、教育过程、教育者自身等因素，注重信息的获取和利用；

（2）具有教育效能感，对解决教育中的困难充满信心和力量；

（3）对教育问题形成自己独立的意见和见解而不盲从权威；

（4）持有普遍主义的态度，公平公正、民主平等地对待每个学生；

（5）广泛参与学校事务和学生活动，注重与其他教师的合作，具有团队精神；

（6）在反思教育和教学经验的基础上重视教育理论的作用，以经验为基础又不局限于经验；

（7）有进一步发展自己专业的愿望，珍惜时间，规划自己的未来发展。

其特点反映了小学教师现代人格的历史性与时代性的统一，一般性与专业性的统一，稳定性和可变性的统一。

三、小学教师的适应能力

适应能力是指个体在社会化过程中，以一定的心理特质要素（认知因素和个性因素）为基础，通过与外部环境交互作用，选择、适应和改变环境，使自身与环境和谐协调的能力。它是心理素质结构中最具衍生功能的因素。它是认知因素和个性因素在各种社会环境中的综合反映，是个体生存和发展的必要心理素质之一。教师的适应能力主要包括自我定向适应和社会定向适应。

自我定向适应是指教师在对内在心理过程的控制、理解和调适等适应过程中所表现出来

---

① 吴素梅. 小学教师人格特征现状研究［J］. 健康心理学杂志，2002，（5）：329—330.
② 王本余. 试论小学教师现代人格的基本特征［J］. 江苏教育学院学报（社会科学版），2006，（3）：4.

的习惯性行为倾向。主要包括：①生活适应，指教师具有生活自理能力，能够适应教师职业的生活，包括生活环境的适应和生活自理能力；②生理适应，指教师能够适应生理上的变化，具有合理的性观念，形成健康的性意识和性行为，包括生理变化适应、性观念和性心理调适；③职业适应，指教师能够根据自己的能力、气质、兴趣、性格等调整职业价值观，主动学习，增强教育教学能力，最终在职业活动中获得满足；④学习适应，指教师拥有正确的终身学习观念，对继续教育或在职进修充满热情，能够根据学习目标、学习环境和学习内容等的变化而不断调整自己的学习计划和学习方式。

社会定向适应是指教师在对外在环境的学习、应对和防御等适应过程中所表现出来的习惯性行为倾向。主要包括：①社会环境适应，指教师对社会的现状和未来有比较正确清晰的认识，采取现实的态度，并用积极主动的方式保持与社会的协调一致，包括社会认同感、社会参与性和社会接纳性等；②人际环境适应，指教师能够改善人际环境，建立和谐的人际关系，包括对师生关系、亲子关系、亲戚关系、邻里关系、同事关系、上下级关系和异性关系等的适应；③应激情境适应，指教师面对挫折与失败而采取的行为反应、归因和自我调节方式，包括应激反应和应对策略。

第三节　小学教师的威信

教师的威信需依靠教师个人的学识才智、育人成果、社会贡献而获得，重在通过教育实践活动进行自我培养和提高。任何威信都有人际心理关系的内容。教师建立和提高自己的威信，有助于疏通与学生的心理关系，建立融洽和谐的人际心理关系。

一、教师威信概述

威信即威望和信誉，是指人群中客观存在的一种具有让众人尊敬和信赖的优良品质的心理现象，体现为内在的素质和外在的影响力。

> 教师威信是指教师个人或者组织，改变、控制人们心理和行为的影响力，是教师通过自身的教育教学行为从而在学生心目中树立的威望与信誉。[1]

(一)教师威信的内涵

教师威信实质上是一种来自学生的信服力，它并不是来源于教师的外在威严，而是教师通过良好的思想品德、教学能力、教学态度以及民主作风，在学生心目中树立起的一种积极的精神感召力量。教师的威信主要包括：职业威信、人格威信、学识威信、情感威信和仪表威信。职业威信是指教师在职业活动中，常常会因其优良的心理素质而赢得小学生的信赖与尊敬，小学生的这种信赖与尊敬是教师威信的具体表征。人格威信主要是指教师良好的人格素养及道德品质获得了学生对其品行上的尊重。学识威信是指教师渊博的知识和高超的教育

---

① 林崇德,杨治良,黄希庭.心理学大辞典[Z].上海：上海教育出版社.2003：604—605.

教学技巧对学生的深刻启迪及引导。情感威信是指教师对学生的意愿、情感、想法和价值观等的尊重，并在此基础上与小学生建立良好的师生关系，从而形成和谐的情感氛围及适宜的学习情境。仪表威信侧重于教师良好的仪表风范及合理的教态对学生产生的潜移默化的影响。

威信不同于"威严"。"威信"是教师知识、能力和个性品质在学生的心理上产生的效应，是以教师良好的品质、作风、知识、能力自然地影响小学生，使小学生自觉自愿信服、尊重教师。"威严"是以教师的职权威慑、压服小学生，只能使小学生产生惧怕和回避心理，不仅不可能在小学生心目中产生威信，反而压抑了小学生的身心发展，损害了教师的形象，对教育教学起到负面的作用。

教师威信不同于教师"权威"。"威信"有赖于教师良好的内在素质对小学生的影响，强调的是一种使小学生主动尊敬并信赖的自然影响力。"权威"不仅指权力威势，还包括威信、威望。教师权威是指"教师依据在教育领域里的相关法律法规和学校的规章制度对学生进行控制与管理，小学生在学习、生活等方面需服从并依赖于教师"[①]。虽然教师威信与教师权威有一定的相关性，但教师威信是一种使小学生主动顺从信服的精神感召力，来源于教师自身的学识、品质、道德、魅力等内在的因素，与权力地位没有必然的联系；而教师权威则受教育法律法规、学校规章制度、教育传统以及社会等外在因素的制约，与权力存在必然联系。

（二）教师威信的特点

1. 内在性

教师威信的内在性主要表现在教师对学生的感召力和影响力是内在的，教师的威信除了建立在教学工作以外，更重要的是教师的人格品德能被学生所推崇和敬仰，在学生心中树立威信，并影响学生的言行和道德品质。威信不同于一般外表的威风、严厉，威信会潜移默化地影响学生，产生强大的精神感召力量。

2. 持久性

教师威信一旦形成，就具有很强的影响力，这种影响力可以产生一种约束力延续学生的一生，具有持久性。我们说"师恩难忘"也正是这个道理。威信高的教师不管任何时候，总能影响到他曾经的学生，没有威信的教师往往不能给学生留下深刻的印象。学生离开校园，总会想起在他心中有一定威信的老师，老师工作的思维习惯、言行举止、人际交往风格等都会受到学生的效仿，也慢慢变成了学生自己的风格。

3. 实践性

教师威信是在长期艰苦的教育教学实践中建立起来的。教育教学实践活动不断地向教师提出各种要求，比如教师要有崇高的理想、高尚的品德；教师要有渊博的学识、精通所教学科等。这必然会促使教师更加深入思索，仔细研究，不断学习，增强修养，从而使自己得到锻炼和提高，使自己从不成熟走向成熟，直至在学生心目中树立起较高威信。

---

① 胡朝兵，张大均. 论教师的权威、威信与教育影响力[J]. 教育理论与实践，2004，（2）：23.

4. 敏感性

树立良好的教师威信不易,保持就更难,这种脆弱性、敏感性,要求教师时刻注意自己的每一句话,每一个行动,时刻注意维护和发展自己的威信,一旦威信丧失,重新树立威信需要付出加倍的努力。所以教师不仅要设法设立威信,更要保持威信,只有师生之间永远保持着和谐的、易于沟通的、友好的、相互信任的关系,教师威信才能长久存在并不断提高,想做到这一点,对教师的素质要求特别高,教师必须使自己的品德、心理素质和业务能力永远处于积极发展的状态,时刻严格要求自己,不断改正错误、完善自己才能树立持久的威信。

(三)教师威信的作用

教师威信是教师成功地扮演教育者角色、顺利完成教育使命的重要条件,教师的威信是影响教育教学效果的重要条件,是完成教育任务的一种重要的推动力量。作为一种无形的教育力量,教师威信会在教育教学中起到以下作用。

1. 影响学生学习效果的提高

教师的威信就是教师在学生心目中的威望与信誉,是一种可以使教师对学生施加的影响产生积极效果的感召力,教师的人格、能力、学识及教育艺术能引起学生的信服和崇拜。有威信的教师能使学生产生信任的心理感受,对于他们的指导,学生会更积极主动地接受。有威信的教师,学生对他们的崇敬、信赖和爱戴心理,常常会无意识地迁移到学习上来,因而比较喜欢这些老师所教的学科,并确信他们所讲授的知识的真实性和科学性,容易把它转化为自己的知识和信念,学习效果一般比较好。否则学生在心理上往往敬而远之,甚至十分反感,产生轻蔑的态度和抵触情绪,不愿虚心向教师学习,甚至不愿听教师说话,直接导致学习效果的低劣。

2. 影响学生的思想品德和行为习惯的形成

学生良好的思想品德需要教师去陶冶和塑造,而不良的思想品德需要教师去矫正和改造。陶冶或矫正、塑造或改造,其效果不仅有赖于教师的正确指导,而且也有赖于教师威信的高低。有威信的教师更容易发挥榜样的示范作用,常常被学生自觉或不自觉地视为心目中的榜样而加以模仿。教师一旦成为学生的榜样,学生就会产生处处向教师模仿的意向。有威信的教师一言一行都能起到教育作用,这样的"言传"和"身教",无形当中塑造着学生的思想品性,从而增强了学生在学习与培养自己优良品质上的积极性。有威信的教师的表扬和奖励,能促使学生增强思想品德修养的积极性和主动性;有威信的教师的批评和惩罚,也能唤起学生的悔悟、自责和内疚,促使学生下决心去改正缺点和错误。

3. 影响学生的情感体验

教师的表扬或批评能唤起学生相应的情感体验。有威信的教师的表扬,能引起学生愉快和自豪感,其批评也能引起学生的悔悟、自责和内疚感,这样的情感体验有利于强化学生的行为方式,对思想和行为的塑造具有推波助澜的作用,因而能够放大教育的效果。

4. 有助于教师积极心理的形成

教师威信是指教师在职业活动中建立起来的、众所共仰的道德声望,是使学生感到尊敬而信服的精神感召力量。教师威信有着强大的影响力,他与教育良心、教育公正、教育人道等相互融合,是教师职业道德必不可少的部分。教师只有具备高尚的道德品质、丰富的专业知识、精湛的教学艺术、真挚的思想情感才能得到大家的认可,才能树立自己的威信。因素质优良而建立起来的威信有助于教师积极心理的形成,面对工作有满足感和成就感。没有高尚的品格情操,没有渊博的知识和造诣,威信无从谈起。

已有研究表明,教师威信主要表现在教育热情、思想品格、知识水平、教学能力、工作态度、教育作风六个方面。不同年龄的学生对以上六个方面的重视程度不同。小学生喜欢的教师是:教学方法灵活,活泼,开朗,能与学生一起学习和游戏,对学生宽容热心。不喜欢的教师是:教学方法呆板,好训斥人,有偏心。

二、小学教师威信提升的策略

(一)更新知识结构,增强学识修养

作为专业人员的小学教师,要想在学生中树立较高的威信,深厚的学识修养是基础。教师的根本任务是促进学生的生命成长及精神世界的丰富,这就要求教师要有多种层次的知识,并要有对知识的开发、转换和整合的能力。

1. 强化本体性知识

本体性知识即学科知识,是教学活动的基础,学生的年级越高,教师的威信越是取决于其所具有的特定的学科知识。不但应通过不断学习强化其学科知识,全面掌握课程标准、教学参考书所要求的知识,更应该注重了解其所任学科的历史渊源以及发展趋势,还要做到对本学科的适当延伸和拓展,吸收新信息,不断更新和充实自己。只有这样,才能居高临下、创造性地处理教材,从而更好地引导学生。

2. 丰富人文科学知识

教师除了需要具备精湛的学科知识之外,还应该不断丰富文化科学知识。努力做到既学有所专,又广泛涉猎。知识渊博的教师不仅能帮助学生丰富他们的精神世界,而且还能激发和调动他们的求知欲,也容易赢得学生由衷的钦佩和尊重,威信自然就树立起来了。

3. 灵活运用条件性知识

条件性知识即教师所具有的有关教育理论的知识,能够指导教师进行教学活动,是教师成功教学的重要保障,也是搞好教书育人的必备条件之一。如果说前面所提到的本体性知识和文化知识是教师进行教学的"原料",那么教育理论知识就是教学过程中的"工具"。不断学习丰富教育理论知识,掌握教学过程中的规律和方法,了解学生的心理发展,更重要的是要学会理论与实践的结合,在教学过程中自觉遵循教学规律,选择适合学生身心发展规律的教学方法,有的放矢地进行工作,从而取得良好的教学效果。

(二)反思课堂实践,提升教学技能

在课堂教学过程中,教师除了要具备扎实的基本功,还要精通本体性知识,博采相关知识,而且要提高学科教学水平,用高超的教学艺术和驾轻就熟的教学技巧让学生体会到课堂中的生机与活力。教师的授课水平越高,学生学习的动力就会随之变得越足,教师就越容易树立威信。教师要将教育新理念与教学实践相融合,运用各种新的教学手段给课堂增添乐

趣,提升课堂教学技能。"作为一名教师,最困难的任务之一就是要认识到最诚挚的愿望不一定能确保最完美的教学。人与人之间的关系使得教与学变得错综复杂,这种复杂状态向教师发起了挑战,促使他们不断地反思自己的教学实践。"①教师的反思一般有四种方式:

1. 撰写反思日志

撰写反思日志对于提高教师的反思意识和问题意识,无疑来说是一种最直接、最有效的方式。反思日志是教师将课堂实践中的某些方面以记日志的形式呈现出来。写反思日志的过程,也是教师较为系统地回顾和分析自己教学实践的过程。反思日志能够促进教师不断对自己的教学行为进行反思和评价,提高对自己教学活动的察觉力,发现存在的问题,从而提出改进的方案,为今后的教学实践指明努力的方向。反思日志的内容可以从自己实际的教育教学中寻找灵感,形式也是灵活多变的,可以选择记录成故事性的随笔,例如写整节课中自己是如何导入、如何设计、如何提问的,与学生的互动情况怎么样;采取了哪些有效的方法,有哪些收获等。

2. 听取学生意见

学生是教师的镜子,通过学生这面镜子,教师可以更加清晰正确地看待自己,同时也能够更好地分析和了解自己的教学行为,从而及时更新对教学的认识。如果教师能够发扬民主,师生之间就能够互相理解、真诚相处,有助于建立起民主和谐融洽的师生关系。教师的教学能力是直接作用于学生的,教师只有在得到了学生的认同和肯定之后,才会取得相应的教学效果。值得注意的是教师需要提供给学生一个敢于向老师提意见的民主氛围,但不能被学生提出的意见所束缚,要正确对待学生意见。对于学生提出的合理意见,应当虚心采纳,纠正自己工作中的失误,同时应给予鼓励;对于一些存在问题的意见,不能伤害学生的自尊心与积极性,要让学生感受到教师对自己的尊重。

3. 进行教学观摩

通过与其他教师协作交流,进行教学观摩,折射出自身日常教学的影像,也是自我反思的一种有效方式。积极观摩经验丰富教师、专家的课堂,有效吸取其中讲课的精华之处,并与自己的讲课方式相对比,明确自己需改进和提高的地方。

4. 参加教育科研

科研也是培养教师反思能力的有效途径。有助于教师更加透彻地理解教育教学中的规律,提高理论指导教学实践的能力。在日常的教学中和自己的亲身经历中唤醒问题意识,着重研究在日常教学中存在的困惑和疑难问题,从而能更加高效高质地进行教学实践,同时也能提升自己的科研素养。如将研究成果运用到教学中,更有利于教师赢得学生的信任和敬佩感,教师威信随之树立。

(三)培养教育机智,提高应变能力

课堂是千变万化的,虽然教师在上课之前准备充分,但学生的想法往往千奇百怪,课堂上不可避免地总会出现一些计划之外或者意想不到的事情。课堂突发事件的处理,直接关系到

①［美］伊冯娜·金茨勒著.贺红译.新教师最佳实践指南［M］.上海:华东师范大学出版社,2009:6.

教育活动的开展和教师威信的树立。一个有威信的教师,必定是能够轻松应对课堂突发问题、化解课堂不和谐音符的教师。因此,培养教育机智,提高处理问题的能力,也是十分必要的。

教育机智是"教师迅速、恰当且随机应变地处理课堂突发事件的能力"①。具有教育机智的教师,能够运用自身临场的应变能力做到"化险为夷",在不影响教学的情况下,变偶然因素为有利的教育时机。教学过程对教师的教育机智提出了极大的挑战,教育机智反映了教师的教学风格,是一种较高超的教学艺术。

课堂偶发事件对教师来说,是一种严峻的挑战,只有经过及时、巧妙地处理之后,才能对教学起到增效的作用。一般来说,课堂偶发事件包括教师教学行为的失误和学生行为的失当。从表现形式来看,教师教学行为的失误主要有板书的失误、教学语言的失误、操作(如实验的演示、教具的使用等)的失误等。学生行为的失当是指学生扰乱课堂秩序,违反课堂纪律,从而导致教学无法顺利进行的行为。课堂上出现的无论是教师教学行为的失误,还是学生行为的失当,都要求教师要做到以下四点:

1. 要保持沉着冷静

当突发情况出现的时候,教师要学会控制自己的情绪,不能惊慌失措,更不能头脑发热而意气用事。要用理智来平复自己的心情,保持乐观自信的健康情绪,避免冲动暴躁的消极心理,在尽可能短的时间内想到化解问题的办法从而控制问题的持续发展。

2. 要随机应变

当突发情况出现的时候,应该迅速辨明状况,果断采取措施,化解尴尬;要学会适时地改变话题,转移学生的注意力;用幽默的方法化解窘境,不但能补救失误,而且也能起到调节课堂气氛的作用。课堂突发情况难以避免,最重要的是如何处理,能否做到随机应变、灵活化解。

3. 要因势利导

这就要求教师要有敏锐的发现力,要充分理解学生心理的发展趋势;能够发现学生的优点和缺点,在充分了解学生的基础上引导学生扬长避短;要善意地去对待他们,尊重学生的感受,肯定学生的长处,通过对学生的点拨,使他们自己认识到自身失当之处并主动改正。

4. 要对症下药,有的放矢

培养教育机智的前提是对学生的充分了解。小学生是感情丰富、性格鲜明的独立个体。教师在上好课的同时,也应该尽量做到对每个学生的特点、知识、能力、兴趣爱好等了如指掌,对不同的学生采用不同的方式,对症下药,有的放矢。例如,对课堂上搞恶作剧的学生,如果性格较外向,可以采用直接式的批评;反之,则应在课下进行单独的指引和教导。教师对学生的批评应以爱和尊重为前提,增强理智感,才会取得满意的教育效果。

(四) 明确教师角色,建立理性师爱观

爱贯穿于教育的方方面面,是教育的灵魂所在。师生之间的关系不仅是知识的授受与分

---

① 刘野. 教育机智的内涵及其运用策略[J]. 教育科学,2008,(2):5.

享,也是思想的碰撞以及情感的交融,交流中应该充满着"春风化雨,润物无声"的师爱。师爱,即教师对学生的真实的、全身心的、无保留的爱。教师真挚的感情每时每刻打动着学生,从而使学生自然而然、不知不觉地产生情感上的共鸣,建构教师威信。只有学生愿意接受并信赖的教师,才是真正的教师,才能称之为学生的朋友、向导和引路人。

所谓理性的师爱,要求教师学会宽严有度。"宽"不是意味着放任、纵容,"严"也并不完全等同于严厉或苛责。宽严有度,"度"指的就是分寸。要爱而不宠,要严之有情、严慈相济,要严而有格、宽而有度。

课堂的神圣之处在于其不仅是一个知识传递的平台,更是师生情感交流的载体。课堂充满着教师与学生的互动,沟通从心开始,理性的师爱就要求教师应当从内心升华出自己的爱,了解、尊重、指引并严格要求学生。

1. 了解

理性的师爱是建立在对学生了解的基础之上。了解学生,不仅要了解学生在学业上的进步与困难,也应该了解学生在心理与情感上的问题与困惑。交流中要放下教师的架子,蹲下身来,学会倾听,才能明白学生的内心世界和真实想法,才能打开学生的心扉,走进学生的心灵。

2. 尊重

处于成长奠基期的小学生,知识上不丰富,心理上不成熟,而且敏感而脆弱,耐挫能力弱。尤其是所谓的"问题学生",在课堂中不能让他们处在遗忘的角落,教师要积极地去创设问题情境,调动学生的积极性,引导他们回答问题,并相应地给出鼓励、赞赏或者纠正,让他们真正感受到爱与尊重。理性的师爱观还要求教师摒弃"以成绩论高低"的思想,有博爱精神,公正、公平地对待每位学生。

3. 指引

教师运用爱的艺术,让学生感受到教师的爱,经过这种无形的指引和感染,教师便会获得学生对这种爱的反馈。教师热爱学生,在教学教育中会提出自己对学生的期望,经过努力,学生会如教师期盼的那般不断取得进步。一个合格的教师,既应当是一个优秀的引导者,更应该是一个高明的潜伏者,"潜伏"在学生里,扮演着朋友与心理辅导者的角色。每一个学生都是一个独立的个体,求知若渴,都有着与别人不同的、独特的性格和见解,在学生尝试着向教师敞开心扉,畅所欲言的时候,教师不能高高在上地对学生进行斥责或是教条般的说教,而应站在学生的立场,接受学生的奇思妙想,在不伤害学生自尊或者积极性的前提下,指引学生迈向正确的阶梯。

4. 要求

教师还应对学生提出合理且严格的要求,这也是理性师爱的表达方式。这种要求是建立在理解与尊重的基础之上,严要有度,严格要求要有分寸。要求过低,不会引起学生的注意;要求过高或者过急,则会欲速则不达,学生反而会进行反抗,更容易产生误会和矛盾。教师应充分发挥自己的人格魅力,用心感受、准确把握,恰当地给予学生理性的师爱,在爱的前提下严格要求,引起学生情感上对教师的信赖,达到心与心的交流,从而树立起真正的教师威信。"必须使教育孩子、热爱孩子和尊重孩子、严格要求他们、同他们交朋友——这一切成为你精神生活的实质。"①只有懂得如何去爱学生的教师,才是有威信的。

(五) 注重自身细节,形成良好教态

教师的教态能够反映其内心世界,是其精神气质的自然显现,具有良好教态的教师,不仅能使学生自然地产生一种愉快的心理,而且也能感染到学生。一个表现得体、充满自信,在讲课中富有朝气和激情的教师,能使学生集中注意力,再辅之以适当的手势语,学生会紧跟教师步伐,认真聆听教师的讲解,而不需督促。同时,教师的动作、表情、眼神、手势等无声语言的暗示与沟通功能,对于良好课堂氛围的营造提供了极有利的条件。

1. 展现适宜的面部表情

课堂上与学生进行的是面对面的交流,教师对学生的情感,如喜欢、信任、尊重或者反感、厌恶等,都能通过面部表情显示出来,教师无需用语言表达,学生便能体会到。上课中,不应只是一味地讲课,以完成教学任务为目标,而应关注学生的不同表现,多采用肯定的面部表情,在学生正确回答问题的时候及时给予赞许的眼神,在学生有疑问不解的时候,应多加注意并及时调整;在学生遇到困难挫折、有消极情绪时,应及时向学生投以鼓励的和信任的目光;在学生开小差或有影响课堂秩序的行为发生的时候,应用眼神暗示,而不是言辞激烈的训斥学生。在课堂教学中,师生之间适当相宜的目光接触有助于教师得到教学效果的反馈,也能使学生与教师在情感、思路和知识上达到互动与共鸣。

2. 运用合理的手势语

讲课时正确运用手势很重要。不是所有的手势都对教学效果产生促进作用,手势运用不当,会适得其反,无法取得预期的效果。任何情况使用的手势语都应当尽量表现得自然,能让学生在关注这些手势语的过程中迅速理解教师要传递的教学目的,例如在讲课过程中难免会出现学生交头接耳或做小动作的情况,这个时候,教师用手轻点几下黑板暗示学生应把注意力放到黑板的内容上,远比大声训斥学生"不要讲话、不要搞小动作"所取得的效果更明显、有效。

3. 呈现恰当的身体语言

教师的身体姿势在课堂中也属于一种重要的举止,在一定程度上反映了教师对课堂的投入程度。教师站在讲台上代表的是一种健康、积极、向上的形象,站姿一定要舒展大方、精力充沛。要随着所讲授的内容和课堂不同情境的变化及时改变站姿,学会运用恰当适宜的动作和站姿来辅助自己的语言表达。在教室的适量走动是必要的,但也需把握"度",来回走动过于频繁,会导致学生的注意力跟随教师的走动而不稳定,影响听课的效果。

教师良好的教态,都体现着对学生的关心、鼓励、尊重和期望,恰到好处的教态能显示出教师的威望与风度,能够收到无言之教的效果。能感动学生的力量不仅来源于教师亲切的话语,更需要教师在各种教态中自然显露出尊重、关心之情。教师更应该在平常的教学过程中从细节抓起,形成良好教态,给学生带来潜移默化的影响,赢得在学生心目中的威信。

---

① [苏]苏霍姆林斯基著. 王义高译. 给教师的一百条建议[M]. 天津:天津人民出版社,1981:270.

第四节　小学教师的专业能力与成长

　　1966年国际劳工组织和联合国教科文组织《关于教师地位的建议》明确指出,"应把教育工作视为专门的职业,这种职业要求教师经过严格的、持续的学习,获得并保持专门的知识和特别的技术"。1993年颁布的《中华人民共和国教师法》明确规定,"教师是履行教育教学职责的专业人员,承担教书育人、培养社会主义事业建设者和接班人、提高民族素质的使命"。小学教师作为专业人员,其专业素质的基本结构包括专业精神、专业知识、专业能力和专业技能等。这四个基本结构之间不是孤立的存在或简单的相加,而是相互影响、相互制约、相互渗透的有机统一整体,以下只关注小学教师的专业能力及其发展。

一、小学教师专业能力的内容

　　专业是指一群人经过专门教育或训练、具有较高和独特的专门知识与技术、按照一定专业标准进行专门化的处理活动,从而解决人生和社会问题,促进社会进步并获得相应报酬和社会地位的专门职业。

　　教师专业能力是指教师以一定的专业知识和基本的专业技能为基础,在教育教学活动中形成并表现出来的、直接影响教育教学活动成效和质量、决定教育教学活动实施与完成所必须具备的个性心理特征的总和。

(一)专业能力的内涵

　　理解专业能力的概念,首先要理解专业、专业发展。一般来说,专业的特征包括:具有不可或缺的社会功能,具有完善的专业理论和成熟的专业技能,具有高度的专业自主权和权威性的专业组织,专业人员需经过长期、严格的专业培养与发展。

　　教师专业发展是指教师个体的专业知识、专业能力、专业情意、专业自主、专业价值观、专业发展意识等方面由低到高、逐渐符合教师专业人员标准的过程。主要指专业知识与能力的丰富与娴熟,专业信念与理想的坚持与追求,专业情感与态度的深厚与积极,教学风格和品质的独特与卓越。它们在教师专业发展中相互联系,相互促进而有机融为一体。其中,专业知识和专业能力是教师专业发展的基础,专业精神是教师专业发展的动力,专业伦理是教师专业发展的保障,专业智慧是教师专业发展的最高追求和集中体现。

　　理解教师专业能力的内涵,需要把握三个要点:专业能力是通过教师的教学活动表现出来的;专业能力是一种专业的综合能力,包含多种具体的能力;专业能力是教师专业素质的核心部分,对教师的专业发展具有很强的指导性意义。

(二)小学教师专业能力的主要内容

　　根据《小学教师专业标准》的规定,小学教师的专业能力主要包括教育教学设计、组织与

实施、激励与评价、沟通与合作以及反思与发展等方面,具体内容如下:

1. 教育教学设计能力

包括在学习钻研课程计划、课程标准和教材的基础上合理制定小学生个体与集体的教育教学计划(包括学年教学计划、学期教学计划、单元教学计划和课时教学计划);合理利用教学资源,科学编写教学方案;合理设计主题鲜明、丰富多彩的班级和少先队活动。

2. 组织与实施能力

包括建立良好的师生关系,帮助小学生建立良好的同伴关系;创设适宜的教学情境,根据小学生的反应及时调整教学活动;调动小学生学习积极性,结合小学生已有的知识和经验激发学习兴趣;发挥小学生主体性,灵活运用启发式、探究式、讨论式、参与式等教学方式;发挥好少先队组织生活、集体活动、信息传播等教育功能;将现代教育技术手段整合应用到教学中;较好使用口头语言、肢体语言与书面语言,使用普通话教学,规范书写钢笔字、粉笔字、毛笔字;妥善应对突发事件;鉴别小学生行为和思想动向,用科学的方法有效防止和矫正不良行为。

3. 激励与评价能力

包括对小学生日常表现进行观察与判断,发现和赏识每一位小学生的点滴进步;灵活使用多元评价方式,给予小学生恰当的评价和指导;引导小学生进行积极的自我评价;利用评价结果不断改进教育教学工作。

4. 沟通与合作能力

包括使用符合小学生特点的语言进行教育教学工作;善于倾听,和蔼可亲,与小学生进行有效沟通;与同事合作交流,分享经验和资源,共同发展;与家长进行有效沟通合作,共同促进小学生发展;协助小学与社区建立合作互助的良好关系。

5. 反思与发展能力

包括主动收集分析相关信息,不断进行反思,改进教育教学工作;针对教育教学工作中的现实需要与问题,进行探索和研究;制定专业发展规划,积极参加专业培训,不断提高自身专业素质。

二、小学教师专业能力的发展

(一)教师专业发展的阶段

教师专业发展是指教师内在专业结构不断更新、演进与丰富,成为成熟专业人员的过程。教师专业发展的过程,实质上就是教师专业素质的提高过程,更多的是从个人发展的角度强调对自己职业发展目标作出设想,通过学习、进修和对实践的反思、改进等来提高教育教学能力,最大限度地实现自己的人生价值。关于教师专业能力发展过程或阶段的研究颇多,概括来看,可以归纳如下:

1. 新手教师阶段:实现理论知识的物质存在形式向心理存在形式转化

一般是指毕业三年以内的教师。由于缺乏教育实践经验,也缺少相应的知识储备,很难对所学的理论知识进行自我建构。其主要任务是将理论知识的物质存在形式向心理存在形式转化,知识的表征形式是从文字符号转化为心理图式。主要学习教育改革与师德修养、班主任工作、课程标准与教材分析、教学常规、评课和说课技术、教学研究的途径与方法等。

2. 胜任教师阶段：实现理论知识向实践性知识的转化

从事教学工作 3—5 年的教师，基本可以胜任自己的工作，能够达到胜任教师的岗位要求。其主要任务是生成实践性知识，提高自身的实践能力，实现理论知识向实践性知识的转型。主要学习师生沟通艺术、新课程背景下发展性教师评价体系的构建和教学方法的改革、小学生自主学习（合作学习、研究性学习等）的方法指导、教育研究方法、小学生心理健康问题、信息技术等，以便了解我国教育改革与发展的动态，增强学习意识、角色意识、竞争意识和创新意识；改善心智模式，提高再学习能力、教育教学能力和教研能力。

3. 熟练教师阶段：实践性知识的定向迁移

熟练教师多数是学校的中青年骨干教师，其主要任务是把自己的工作实践提升转化为实践性知识，通过自己的心理加工和改造，把别人的实践性知识定向迁移为自己的实践性知识，并纳入到自己的心理图式之中。在理论知识上主要追求延展性的知识，体现出前沿性、创造性、研修性和高素质、高水平、高起点等特点。主要学习现代教育理论和教改研究（特别是特级教师的教学风格研究）、素质教育研究、中外教育教学的比较研究、人文与自然科学发展的新知识等。科研上强调课题研究的选题、研究过程和结题报告等方面的指导；教学技能上强调教学评价和教学测评技术、现代信息技术与学科教学的整合和互联网未来教育；学科延展上强调教学艺术的理论、学习心理的学习等。达到了解教育发展的最新动态，树立科学的教育发展观，具备良好的创新与改革意识，拓宽和提高自己的人文、科学素养与信息素养，初步形成具有个性特色的教学风格。

4. 专家型教师阶段：从实践性知识到理论知识的转化

此阶段教师在学科教学、教研、教改方面都有非常丰富的成功经验，并在地方享有广泛的声誉。其主要任务是提高生产知识的自觉性和反思意识，实现实践性知识向理论知识的转型。主要是加强对教师专业发展各个阶段知识转型的范式的研究，在帮助教师获得知识的同时，积极地生产和创造知识，即对自己的教育教学经验或案例加以总结和提升，把自己大量的处于隐性状态的实践性知识转化成显性状态的比较容易被别人认识和接受的理论知识。实现由知识的消费者向知识的生产者和创造者转变，进一步扩大实践性知识的影响力。

（二）专家型教师的主要特征

1. 专家型教师的内涵

专家概念有广义和狭义之分。广义的专家是指在某个领域（或方面）有专长的人；狭义的专家特指对某种学术、技能有特长、有专门研究的人。"专家"表达了三层意思：专家是以某一学科、某一领域为限的；专家是相对于该领域或学科内的非专家而言的；专家是指有某种专长的人。

专家型教师一般指从教 15 年或以上，具有教学专长的教师。其中教学专长的获得是专

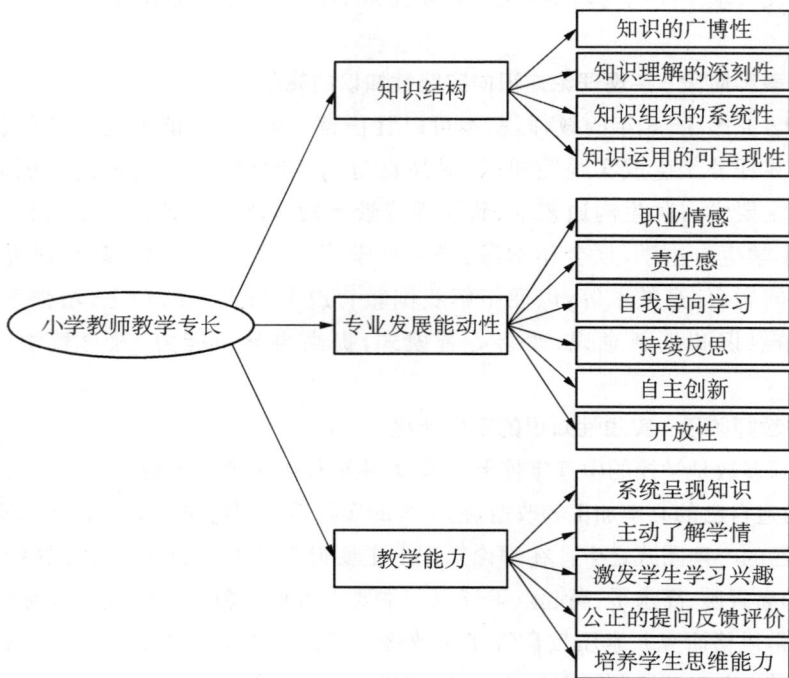

图 2-1 小学教师教学专长的构成

家型教师的重要特征。小学教师"教学专长"是指教学专长是小学教师基于个体知识、专业经验、对实践的反思和在反思基础上的创新活动而形成的有效解决教育教学问题的个人特征的总和,它包含知识结构、教学能力、专业发展能动性三种构成要素。①

2. 专家型教师的基本特征

依据对多种文献资料的把握,我们将专家型教师的特征归纳为:

(1) 具有优良的知识结构。现代认知心理学将知识划分为陈述性知识、程序性知识和策略性知识三大类。以此分析,专家型教师的陈述性知识是以命题结构和图式的形式出现,知识组织得完整,解决问题时能及时有效地提取出来;程序性知识体现为教学常规工作程序已高度熟练,达到自动化的水平,很少或不需要有意控制;具有良好的策略性知识,能使教学顺利进行,实现预定教学目标。

(2) 高效率解决教学领域问题。根据现有研究可作如下解释:首先,专家型教师既善于利用认知资源,能够在有限的认知资源内较少作认知努力就可以完成更多的任务,又能将节省的认知资源投入到更高水平的认知活动中去;其次,专家型教师善于监控自己的认知执行过程,接触问题时具有计划性,善于自我观察,主动自我评价并随时进行自我调整。因此,专家型教师的问题解决效率更高。

(3) 善于创造性地解决问题,有很强的洞察力。专家型教师更能创造性解决问题,教学

---

① 蔡永红,申晓月,王莉.小学教师教学专长的构成研究[J].教育学报,2015,(1):43.

方法既新颖又恰当,往往能够产生独创的、有洞察力的解决方法。创造性问题解决中的"洞察力"与斯滕伯格(R. J. Sternberg)等提出的认知的选择性编码、选择性联合、选择性比较相对应,这些为有洞察力地解决问题提供了心理基础。

(4)完善的教学监控能力。教学过程中,专家型教师则在关注目标达成度的同时,能不断地对教学进行积极的检查、评价、控制、反馈和调节,执行教学计划有序而灵活,教学内容、学生行为、课堂气氛等诸因素都是他们思维活动的对象。专家型教师完善的教学监控能力部分地取决于人们能迅速机敏地概括实例或提供实例,并且能够将学生提出的问题和教学目标联系起来。

(5)较强的个人教学效能感。这是由新手型教师成长为专家型教师的一个必要条件。专家型教师由于教学实践的丰富、教学经验的积累以及同行教师对其教学风格及其成绩的认可,角色形象已日益完善。因此,他们的自信心不断增强,对自己所从事的职业充满了自豪,个人教学效能感也就显示出较强的态势。

以上所述是专家型教师共同的典型特征,而现实中的专家型教师并非具有完全统一的模式,不同年龄、性格、兴趣和能力特征的专家型教师可能有相当不同的教学风格、教学方法和态度。因此,专家型教师是指在教学领域中,具有丰富的和组织化了的专门知识,能高效率地解决教学中的各种问题,富有职业的、敏锐的洞察力和创造力的教师。

(三)新手教师和专家型教师的区别

一般认为,新手教师和专家型教师的主要区别体现在:课前计划的差异、课堂教学过程的差异、课后评价差异、其他差异等。具体区别见表2-2。

表2-2　专家型教师和新手型教师的区别

	内容	新手教师	专家型教师
课前计划的差异	课时计划内容	把大量的时间用在课时计划的一些细节上	只是突出了课程的主要步骤和教学内容,并未涉及一些细节
	教学的细节	往往依赖于课程的目标,仅限于课堂中的一些活动或一些已知的课程知识,而不能够把课堂教学计划与课堂情境中的学生行为联系起来	由课堂教学活动中学生的行为决定
	课程计划制订	仅仅按照课时计划去做并努力完成,不会随着课堂情境的变化来修正计划	根据学生的先前知识来安排教学进度,有很大的灵活性
	备课	不能预测计划执行时的情况	有一定的预见性
	课时计划修改与演练	在临上课之前针对课时计划做一下演练。在两个平行班教同样的课时,新教师往往利用课间来修改课时计划	修改与演练所需的大部分时间都是在正式计划的时间之外

内容		新手教师	专家型教师
课堂教学过程的差异	课堂规则制定与执行	较为含糊,难以坚持执行	明确,并能坚持执行
	学生注意维持	往往没有暗示(提示)就变换课堂活动;遇到突发的事情,就会自己停下课来,且希望学生忽略这些干扰	有一套完善的维持学生注意的方法
	教材内容呈现	回顾先前的知识有随意性,较难选择与教学内容适应的教学方法	注重回顾先前的知识,并能根据教学内容选择适当的教学方法
	课堂练习	仅把练习当做必经的步骤,把维持课堂纪律看作是最重要的事情	将练习看作检查学生学习的手段,最关心学生是否学会了刚才教的知识
	家庭作业检查	不规范,随意性大,花费的时间长,效率低	有一套检查作业的规范化、自动化的常规程序,花费时间短,效率高
	对问题的回顾与总结	以自己为中心,更多地考虑教学的有效性,如解释是否清晰,例子是否恰当,板书是否规范,以及回答学生问题的能力如何	以学生为中心的,对学生的学习效果尤为关注;对学生课堂上的行为原因作出反思
	教学策略运用	或缺乏或不会运用教学策略	具有丰富的教学策略,并能灵活运用
课后评价	关注焦点	更多地关注课堂中发生的细节	更多谈论学生对新教材的理解和课堂中值得注意的活动
其他差异	师生关系	希望平等对待学生,但缺乏方法和策略,容易流于形式	能热情、平等地对待学生,师生关系融洽,具有强烈的成就体验
	人格魅力	缺乏自信,容易因课堂意外事件影响情绪	有注重实际和自信心强的人格特点,能更好地控制和调节情绪,具有教学机智,并在课后评估和反思
	职业道德	有较好的情感投入和责任意识,任务感强	对职业的情感投入程度高,职业义务感和责任感强

三、小学教师专业发展的途径与方法

根据国内外的现有研究,我们认为,促进教师成长与发展,成为专家型教师的基本途径主要有:

(一)发挥教师的主体意识,自主学习和发展

1. 加强理论学习,优化知识结构

教育职业同其他职业不一样,是一种"学习"的职业,教师学习的视野要尽量开阔,在这样

的积累历练中,教师才会从生命价值的高度充分体悟终身教育的真谛,才能促使自己成为"学者型"教师。

教师只有坚持自主学习系统的教育教学理论知识,才能随时了解教育教学的新近发展动态,掌握新的教学方法,学习使用最新教学技术,及时吸纳所教学科和教育学科的最新研究成果,扬弃自己知识结构和观念系统中陈旧和不合时宜的成分,进行知识和观念的更新重构,进而在较高层次上更新知识结构,提升专业能力。

理论学习的内容包括陈述性知识和程序性知识。学习的方式多种多样,可以学习专业书籍、报纸杂志、网络、大学选修课程,也可参加"国培计划"、"省培计划"、校本培训等各类培训,更可与同事、同行分享与交流学习经验。

2. 树立研究意识,努力成为践行研究者角色

在教师专业发展中,教师的自我专业发展意识起着独特的作用,教师本人需将外在影响因素转化为自身发展的动力,努力使自己成为一名研究者。教师成为研究者,并不是要求教师在日常教学工作之外"另起炉灶",进行深入的学术研究,而是以解决日常教学实践问题为目标,开展做与教融为一体的研究。

教师应该有较强的钻研意识,善于发现问题,勇于反思自己的教学实践。教师可以从自己的教学实践和教学积累中找到问题,以及通过整理自己的亲身感受和困惑来发现问题;也可以结合新的教学观念、思想,与自己的教学实践加以对照,通过比较自己的做法与别人的经验来发现问题;或者在与学生、家长的讨论中发现问题。教师要学习一定的教育科学理论和研究方法;提倡教师采用行动研究、叙事研究、个案研究的方法进行教学研究。在教育教学的具体实践中检验、锻炼提高自身的说课能力、语言表达能力、教育教学组织管理能力、教育教学交往能力、教育教学反思能力、教育教学研究能力和创新能力。

3. 借鉴他人经验,加快自身发展

教育教学工作中充满了各种不确定性,理论学习不一定能解决实践中的疑难问题,还必须从"做中学",必须借鉴优秀教师的教育教学经验。课堂教学观摩就是一种典型的"做中学"的专业发展途径,可分为组织化观摩和非组织化观摩。[①]

组织化观摩是有计划、有目的的观摩,适用于新手教师和教学经验欠缺的年轻教师,可以是现场观摩(如组织听课)或观看优秀教师的教学录像。观摩旨在促进教师专业性发展而非考核考评,必须重视同事、同级之间的互助指导。

非组织化观摩则要求观摩者有相当完备的理论知识和洞察力。如案例教学就是通过对一个个含有问题的、具体真实的教育情境的描述,引导学习者(这里主要指教师)对其进行讨论的一种教学方法,是传递理论、原理的最强有力的方式。案例教学不仅能促使教师对理论运用的方式、原因等作更深入的思考,而且还能将先前案例中的理论转变成解决新情形、新问题的变式。

4. 参与行动研究,提高自身素质

行动研究是指由教学第一线的教师、教学管理人员和专家学者共同合作,在实践过程中

---

① 张大均,郭成主编. 教学心理学纲要[M]. 北京:人民教育出版社,2006:50—52.

解决实际问题,以改善教育环境,提高教师和教育管理人员的教育实践及其对自己实践工作的认识的活动。在行动研究中,"问题即课题,工作即研究,教师即专家,效果即成果",因而是一种把行动和研究结合起来解决实际问题的方法,是一种旨在改进的方法,其价值注重实际问题的解决状况。

行动研究的步骤一般是:(1)发现和界定问题。在教学中遇到困难、产生怀疑、感到费解时,可进一步分析疑难的性质、关系及可能原因,并确定疑难问题的范围。(2)提出假设。当教师遇到疑难时会在头脑中产生可能的解释,但这还不是用以研究的假设,需收集、分析和整理有关文献资料,了解他人对此类问题的研究假设、方法、工具、程序和结论,并结合自己的问题形成可验证的假设和研究方案。具体包括:确定研究对象(取样),选择研究工具(调查问卷或量表、教材、教法等),确定研究方法(调查法、观察法、访谈法、文献分析法或实验法),拟订研究程序。因此提出假设不仅包括提出自己对问题的解释,还需要确定验证假设的办法。(3)检验假设。按第二步中设想的方案实施,收集并分析研究结果(如问卷调查或实验数据)。(4)获得结论。通过分析资料和数据,提出建议及推广办法。以上四个步骤首尾相接,螺旋上升,循环发展。

5. 进行教学反思,提高教学能力

美国心理学家波斯纳(M. I. Posner)曾提出教师的成长公式是"经验 + 反思 = 成长"。我国心理学家林崇德也提出"优秀教师 = 教学过程 + 反思"的公式。有研究表明,高水平的课后评估和反思能力的获得是熟手型教师向专家型教师转化的关键变量,反思是立足于自我之外,批判地考察自己的行为及情境。教师的自我反思是以自己的实践过程为思考对象,对自己的行动、决策及其结果进行审视和分析。反思不仅是一种能力,更是一种意识,是教师职业生活的态度和方式。反思既能促进教师的自我觉察水平提高,又有助于教师向专家型发展。

基于专业成长的教师反思可从自我指向和任务指向两个角度入手:自我指向反思是对自我进行反思,如反思自己的教学观念是否符合现代教学思想,自己对教师这一职业是否具有强烈的责任感,在教育教学活动中是否情绪稳定、热爱学生,自己的特征适合哪些教学方法,是否分析了学生的能力起始水平、学习风格,是否了解学生的背景等等。任务指向的反思是对自身的教学目标、教学任务、教学策略的使用等因素进行反思。如能否用明确、具体、有针对性的关键词来表示教学目标,能否说出学生在学习后的具体行为变化,针对新课、练习课、复习课等不同类型的课如何选择教学方法,今天对课堂突发事件的处理方式是否恰当,等等。有意识地运用,摸索出有效教学活动和策略,以形成自己的教学风格。

新手型教师的反思能力养成可以从对其自身教学技能的反思开始。最初通过阅读形成较完整的教育教学理论体系,以便教学实际中分析即时的教学情境,有意识地运用理论作指导,以形成关于教学的认知图式。同时需要参考优秀教师的典型课例,分析各种教学技能的类型、特点、效果;然后选择不同课型,如学习新课、练习课、复习课等进行教案设计。在教学实践中就教学方法的具体问题和教学策略及时请教专家型教师,并针对具体问题进行调整和改进。

一般型教师的反思训练可从反思自身教学基本技能是否达到教学技巧的水平开始。要注意收集任何教学活动必不可少的教学策略,适合自己的教学方法,应对课堂突发事件的策略,知觉学生的非言语线索等。然后根据专家型教师对自身教学行为的评价,找到自身的差

距,以提高教学监控能力的有效性和教学策略把握的自觉性。因此,教师应该注意在与其他教师的交流中反观自己的意识与行为,加深对自己的了解、对教学过程的体验,既要反思在教学各环节中自己是否熟练应用各技能,也要反思隐藏在教学实践背后的深层教育教学观念和思想。

（二）建立、完善教师专业发展的支持体系

1. 构建教师共同体,增强交流互动

构建教师实践共同体,可集结教师群体的力量,促使教师共同发展。学校可以在现有条件下采取实际措施,在学校内部为教师创建学习共同体;可以实现教学过程各个环节的合作和打破学科界限的教师群体的合作。从内容上看,教师可以学习怎样充分利用当地资源培养学生,挖掘当地特色的文化教育资源,建设校本课程。这样不仅使教师获得了更多更好的学习机会,而且可以增加学习者之间的交流互动,达成教师与学生共同受益。

2. 倡导校本培训,促进专业成长

不论农村还是城市,小学教师的任务重,有机会外出培训的教师总体较少,学习时间有限。校本培训使全校教师都能在工作中参与多样化的校内培训活动,并能在良好的学习氛围中提高自身素质,促进学校教育健康发展。校本培训能比较有效地解决经费不足、工学矛盾等问题,因而是促进小学教师专业发展的重要途径。校本培训的开展方式是多种多样的,主要有校校联片培训、中心学校辐射培训、"先导"小组式研究等。

3. 创造教育技术环境,做到与时俱进

学校可为教师创造参与教育技术的环境。本着一线教师的实践优势和高校教师的理论优势相结合的原则,可以利用 QQ 群、博客圈、微信圈、虚拟社区和网络学习平台等方式组建教师学习实践共同体,在这个共同体中教师可以通过组织"同步课堂"、异步论坛等系统评课,可以开展案例教学等取长补短,共同借鉴。农村小学教师可以在这个过程中得到同行的鼓励和专家的指导,解决实践中遇到的问题,这样,不用走出去也能了解新课程的理念,与时俱进。

小学教师在网络上书写自己的教学体会,说明、记载、诠释和反省自己的教学活动,可以在数字化交流环境中充分交流、自由表述。同时,教师还可以浏览其他教师的博客,观看和收集同行的教育叙事,找到同行间教育教学实践的精髓,促进自身素质的提升。通过这种形式,不仅见证了教师自身专业成长的心路历程,而且通过信息化手段的使用,农村小学教师还可以为其专业发展寻求资金帮助和专家指导。

4. 发挥教师主体作用,创立科学有效的激励机制

有效的小学教师专业发展激励机制需要学校为教师营造一个良好的服务和合作氛围。教师专业发展评价机制的建立,关键是注重发挥教师的主体作用。通过教师的积极参与,科学拟定评价指标,使教师更容易接受评价内容,从而实现评价机制和教师心理认可的统一。各激励主体要合理利用各种激励方式,实现各种激励机制的和谐统一。[①]

（1）要重视精神激励以满足教师的高层次需要。可以通过目标激励等方式来激发小学

---

① 王发辉. 中小学教师专业发展激励机制探析[J]. 基础教育研究,2013,(4):17.

教师的专业发展动机,可以利用民主参与激励等方式激发小学教师的专业发展热情,可以采用信息激励等方式来扩展小学教师的专业知识,可以使用荣誉激励等方式来提升小学教师的专业精神,以实现更高水平的激励。

(2)重视教师的自我激励。自我激励应该是最能体现教师自己专业发展意愿的激励方式。自我激励方式的使用实现了激励主体(教师自身)与激励客体(教师自身)的完美统一,其对教师专业发展的激励作用比其他任何激励方式都有效,因为这时追求专业发展已成为发自教师内心的需求。因此,教师要重视自我暗示等自我激励方式的使用。

(3)要加强社会和家庭层面激励的应用。调查得知,社会和家庭因素对小学教师的专业发展具有一定的影响作用。家人的鼓励和支持,社会各界的认可和社会舆论的关注都能激发和推动小学教师的专业发展活动。因此,在推进小学教师专业发展过程中,要加强社会和家庭层面激励的应用。

(4)要处理好教师激励各个环节的关系。为确保小学教师专业发展激励机制的有效性,就必须依据教师专业发展各个阶段的不同特征和教师的需要,采取相对应的激励策略。小学教师专业发展主要包含职前适应期、职初锻炼期、职后成长期、专业成熟期和专业消退期五个阶段。而与之相对应的五种激励方式是目标设置激励、期望激励、利益激励、荣誉激励和情感激励。这五种激励机制并不是孤立不相关的,它们是互补交融的,只是在某一个特殊的专业发展阶段特别适合采用与之相匹配的某种激励机制而已。

第五节　小学教师的心理健康维护

教师作为学校心理健康教育的主力军和推动者,教师心理健康在心理健康教育中具有重要意义,尤其是在学校心理健康教育中,其价值超越了教师的知识本身。教师的人格与心理健康比教师的专业学科知识和教学方法更为重要,教师不仅在对学生传授知识,更是在塑造人格。

一、教师心理健康的标准

> 心理健康是指个体在与各种环境的相互作用中,在内外条件许可范围内,主体能不断调整自身心理结构,自觉保持心理上、社会上的正常或良好适应的一种持续而积极的心理功能状态。

(一)心理健康的内涵

尽管国内外关于心理健康的定义林林总总,但仍存在共同点:(1)基本上都承认心理健康是一种心理状态;(2)大都视心理健康为一种内外协调统一的良好状态;(2)都把适应(尤其是社会适应)良好看作是心理健康的重要表现或重要特征;(4)都强调心理健康是一种积极向上发展的心理状态。

心理健康不仅指没有心理疾病或变态,不仅指个体社会生活适应良好,还指人格的完善和心理潜能的充分发挥,亦即在一定的客观条件下将个人心境发挥成最佳状态。

——联合国世界卫生组织(WHO)

心理健康是指在身体、智能以及情感上与他人心理不相矛盾的范围内,将个人的心境发展到最佳状态。

——第三届(1948)国际心理卫生大会

心理健康是指个人心理在本身及环境条件许可范围内所能达到的最佳功能状态,但不是十全十美的绝对状态。

——《简明不列颠百科全书》

心理健康是一种持续的心理状态,当事者在那种状态下能作出良好的适应,具有生命的活力,且能充分发展其身心的潜能。这乃是一种积极的丰富的状况,不只是免于心理疾病而已。

——心理学家英格里希(H. B. English)

心理健康是指人对内部环境具有安全感,对外部环境能以社会认可的形式适应的这样一种心理状态。

——日本学者松田岩男

心理健康应有满意的心境,和谐的人际关系,人格完整,个人与社会协调,情绪稳定。

——中国台湾学者钱苹(1980)

(二) 教师心理健康的教育价值

教师是学生心目中的"重要他人",是学生认同的楷模,在师生日常互动中,最能发挥潜移默化的效应。

1. 影响课堂教学效果

在教学过程中,教师的人格特征与心理状况是一种不可忽视的教学力量,它将直接影响着学生的非智力因素,如兴趣、动机、情绪、意志、性格等,进而影响课堂教学效果。首先,教师对工作充满热情,对教学表现出浓厚的兴趣,他们不仅能主动地接近和了解学生,研究教学规律,而且能通过各种途径激起学生的求知欲,激发学生对学习的兴趣。其次,教师在课堂上轻松愉快的心境,可以让学生产生愉快的情感体验,使学生的创造性思维及想象力明显提高;相反,如果教师表现出情绪低落、精神萎靡不振或暴躁易怒等不良的状态,就会使课堂心理气氛紧张,使学生感到压抑,思维活动受束缚。

2. 影响学生的心理健康和人格健全发展

在学校教育中,教师心理健康不仅能对学生心理健康的发展产生直接的、积极的影响,而且有助于教师形成较强的心理健康教育能力。首先,教师和学生朝夕相处,教师的一言一行,都是学生模仿的榜样,教师心态良好,意志坚强,有进取心、同情心、创造力,人际关系协调,人格完善,能迅速调节不良情绪,就能与学生建立良好的师生关系,能以自身健全的人格力量和健康的心理去影响学生,使学生在潜移默化中养成良好的心理品质;反之,人格不完善、心理不健康的教师,常常是赏罚无度,喜怒无常,冷漠粗暴,很容易引起学生情绪困扰,适应不良,甚至发生心理障碍和形成消极的人格特征。

其次,学生成长过程中出现的心理问题需要人格健全、心理健康的教师的指导。青少年学生正处于心理发展的关键时期,但由于他们身心发展还未成熟,大脑兴奋与抑制不平衡,生活经验少,自控力差,又缺乏分辨力,因此,在生活和学习中往往容易产生程度不同的心理障碍、交往障碍和青春期情绪困惑等问题。只有心理健康的教师,才能使这些问题得到及时、有效的解决。

3. 影响师生关系的和谐

教师是学生的心理健康的辅导者和"保健医生"。在师生的共同交往相处中,心理健康的教师往往能尊重、理解学生,平等地对待学生,建立民主、平等的师生关系和开放、创新的学习气氛。这样,可使学生快乐、自信、勤奋、活泼,从而建立起和谐的师生关系。

此外,教师良好的心理品质和人格特征,对学生有强烈的吸引作用,使学生"亲其师,信其道",愉快地向教师学习,甚至把教师作为崇拜偶像藏在自己心灵的深处。这种良好的师生关系的形成,可以激发学生的学习动机,有利于课堂教学效果的提高。

(三)教师心理健康的标准

关于教师心理健康的标准,很多研究者提出很多有价值的观点。以下是中央教育科学研究所心理研究中心主任俞国良(2013)提出的教师心理健康标准:

1. 对教师角色认同

热爱教育工作,勤于教育工作,能积极投入到工作中去,将自身的才能在教育工作中表现出来并由此获得成就感和满足感,并免除不必要的忧虑。

2. 有良好和谐的人际关系

具体表现在:了解交往双方彼此的权利和义务,将相互之间的关系建立在互惠的基础上,个人的思想、目标、行为能与社会要求相互协调;能客观地了解和评价别人,不以貌取人,也不以偏概全;与人相处时,尊重、信任、赞美、喜悦等正面态度多于仇恨、疑惧、妒忌、厌恶等反面态度;积极与他人做真诚沟通。教师良好的人际关系在师生互动中表现为师生关系融洽,教师能建立自己的威信,善于领导学生,能够理解并乐于帮助学生,不满、惩戒、犹豫行为较少。

3. 正确地了解自我、体验自我和控制自我

对现实环境有正确的感知,能平衡自我与现实、理想与现实的关系。在教育活动中主要表现为:能根据自身的实际情况确定工作目标和个人抱负;具有较高的个人教育效能感;能在教学活动中进行自我监控,并据此调整自己的教育观念,完善自己的知识结构,做出更适当的教学行为;能通过他人认识自己,学生及同事的评价与自我评价较为一致;具有自我控制、自我调适的能力。

4. 具有教育独创性

在教学活动中不断学习,不断进步,不断创造。能根据学生的生理、心理和社会性特点,富有创造性地理解教材、选择教学方法、设计教学环节、使用教学语言、布置作业等。

5. 在教育活动和日常生活中均能真实地感受情绪并恰如其分地控制情绪

由于教师劳动和服务的对象是人,因此情绪健康对于教师而言尤为重要。具体表现在:保持乐观积极的心态;不将生活中不愉快的情绪带入课堂,不迁怒于学生;能冷静地处理课堂

情境中的不良事件;克制偏爱情绪,一视同仁地对待学生;不将工作中的不良情绪带入家庭。

二、小学教师心理健康的主要问题

小学教师的心理健康问题归纳起来主要表现在职业行为问题、适应不良问题、人际关系问题、生理—心理症状四个方面。

(一)职业行为问题

一般把教师的职业行为问题分为五类:(1)怨职型。此类教师的教育职业是不得已而为之的,怨天尤人。在具体教学过程中抱怨学生条件差、班级人数多、待遇低、压力大等。对教学不能全力投入,常责怪上级无能,人际关系紧张,利益面前斤斤计较,工作马虎。(2)自我型。此类教师以自我为中心,自私自利,目中无人,人际关系恶劣。(3)异常型。此类教师由于长期自我中心,久而久之导致情绪极端不稳定,心理异常。表现为独来独往,不能控制自己的喜怒哀乐,性格反复无常,管教方式不一,令学生无所适从。(4)暴戾型。此类教师很难相处,稍不如意就责骂甚至拳脚相加。对学生施以体罚,傲慢、唯我独尊、盛气凌人。(5)不良型。此类教师生活方式不健康、挑拨是非、恶意中伤,在学生中行为放荡、粗俗,有损教师形象。

在整个教师职业生涯发展过程中,最常见的心理问题是教师的职业倦怠问题。教师的职业倦怠是教师不能顺利应付工作应激的一种反应,主要表现为三种行为反应:

(1)情绪衰竭。自认为情绪资源耗尽,对工作缺乏冲动,有挫败感、紧张感,甚至害怕工作。(2)个性丧失。冷漠无情,玩世不恭,对他人敏感性降低。(3)成就感低。感受其行为和努力都是白费、没有价值。学者研究发现,小学教师的个人成就感显著高于中学教师,非人性化程度明显低于中学教师,高中教师比小学、初中教师具有更强烈的情绪枯竭感。教龄为5—10年的小学教师和教龄为11—20年的中学教师,最容易出现情绪枯竭。

(二)适应不良问题

适应是个人与环境之间的互动关系。即个人与环境方面的要求取得协调一致所表现的状态与过程。适应不良就是个人与环境不能取得协调一致。适应与发展是人生的两大任务。因此只有适应良好的个体才能顺利成长与发展,反之,就会出现各种各样的问题。

教师适应不良问题主要表现在:(1)理想与现实之间的差距。教师是崇高而神圣的职业,而且教师也满腔热情地投入其中,但是现实总是不令人满意。(2)外界对教育的影响与冲击很大,有些甚至违背教育规律,但还是要无奈地接受。(3)人际关系紧张,情绪波动。(4)学科知识不足,缺乏进修提高机会。

(三)人际关系问题

人际交往是良好人际关系的基础。良好的人际关系状况是个体心理发展、个性保持健康和生活具有幸福感的重要条件之一。然而教师交往中常出现一些问题,有调查发现,教师在校内除工作关系外,经常与他人交往的只有16.99%,在校外经常和他人交往的只有11.49%。教师人际交往问题主要表现在:对交往的重要性认识不清,很少与人交往和沟通;缺乏必要的交往技能和手段,交往容易受阻;不良个性特征阻碍了正常交往,如自负、自闭、自我评价过高、怀疑心理、苛刻等。

(四) 生理—心理症状

教师的心理健康问题还常常表现出一些生理—心理症状,主要有:

(1) 抑郁。通常表现为情绪的衰竭,长期的精神不振或疲乏,对外界事物失去兴趣,对学生淡漠等。

(2) 焦虑。主要表现为:持续的忧虑和高度的警觉,如过分担心自己的人身安全问题;弥散性的、非特异性的焦虑,如说不出具体原因的不安全感,无法入睡等;预期焦虑,如不怎么关心现在正在发生的事,而是担心以后可能发生的事。

(3) 在抑郁和焦虑之间变动。当一种心理状态变得不能忍受时,另一种心理状态便占据了主导地位。这些心理行为问题通常伴随着一些身体上的症状,如失眠、食欲不振、咽喉肿痛、腰部酸痛、恶心、心跳过速、头痛等。如果不及时地疏导或宣泄自己的不良情绪,或情绪归因不当,则很可能会产生更深层次的心理行为问题。如有的教师开始失去自信和控制感,成就动机和自我效能感降低,从而产生内疚感并自责。有些教师则将自己的不良情绪及教学上的失败归于学生、家长或领导,变得易激惹,好发脾气,对外界持敌视、抱怨的态度。通常这些心理行为问题都是交叠在一起的,而且不断地发生变化,如有些教师时而感到愧疚,时而感到愤怒。

(4) 神经症。这是一种由于心理因素造成的常见病。一般没有任何可以查明的器质性病变,但又确实有心理异常的表现,甚至可以表现得非常严重。它是一组非器质性的轻型大脑功能失调的心理疾病的总称。不过病人对自己的病有充分的知觉能力,并能主动求医,有生活自理能力,社会适应能力和工作能力基本没有缺损。神经症在社会群众中广泛存在,教师表现的也较多。主要表现为,胃肠神经官能症、心脏神经官能症、强迫症、焦虑症、神经衰弱及恐怖症。

关于小学教师心理健康存在的问题,比较有代表性的是周业敏的观点(知识链接2-3)。[①]

知识链接2-3　　周业敏(2014)的研究:小学教师的心理健康问题

1. 职业压力大,产生紧张感。
2. 教学工作量大,超负荷劳动产生倦怠感。
3. 课改与实际操作矛盾,产生才智枯竭感。
4. 独生子女难管教,产生无能感。
5. 待遇低,与他人相比较心理不平衡,产生失落感。
6. 社会、家长不理解、不支持,产生自卑感。
7. 自身缺乏心理知识和自我调适,产生情绪淡漠感。
8. 人际关系失调,产生嫉妒感。

---

① 周业敏. 小学教师心理健康现状与对策初探[J]. 中小学教师培训,2014,(3):55—56.

三、小学教师心理健康的维护

教师的心理健康教育工程是一项关系素质教育成败的重点工程。教师心理健康的维护和促进不仅需要教师本人的积极努力，同时也离不开学校和社会的协同支持。社会和学校应努力创造条件、充分发挥自己的作用来维护教师的心理健康。

（一）形成教师个体心理自助能力

在生活中，每个人都不可避免要面对压力，而压力是造成身心疾病的重要原因之一，是影响教师心理健康的最主要因素之一。因此，我们必须正确认识压力，努力提高自己应对压力的技能技巧。

1. 培养正确的压力观

帮助教师正确认识压力，更好地应对压力，消除由压力产生的心理负荷。通过压力不可避免观、积极与消极影响并存的压力辩证观、压力可控观的培养，勇敢地面对压力，接受压力的挑战，充分利用各种有利条件，是有效应对压力的先决条件。

2. 改善自我观念

帮助教师正确认识自我，对自己有清楚全面的认识，能够正确、客观地认识和评价自己。为克服自高自大、妄自菲薄等不良心态，处理好人际关系，教师应努力从多侧面、多渠道了解自己。要积极从周围的环境中提取有关自我的真实反馈，形成良好的自我认知。避免两种情况：一是过分地夸大自己的优点，用优点去掩盖缺点；二是过分地强调了自己的劣势，看不到自己积极的一面，行动时因自卑而畏缩不前。这两种情况都是对自身实际心理状态的歪曲，都会对心理健康产生不良影响。

要确立良好的自我意象，还应无条件地接受认同自己的教师身份、自己的职业。职业是个体社会性自我的有机组成部分，是个体自我价值充分实现的根本途径，因此，对自己所从事的职业的认同程度，会影响个体对自己的评价，从而影响个体的自我意象。教师要热爱教师职业，从中获得成功的快乐，提高职业的满意度。

3. 正确应对挫折和压力

仅仅正确认识压力还不够，还必须学会驾驭压力的技术。只有这样，才能保持心理健康、适应瞬息万变的社会环境。教师要学会正确对待心理挫折，要有正确的态度和妥善的方法，这些方法包括：自我克制、情绪合理释放、升华、代偿、精神转移等。

4. 建立积极的思维方式和内在对话

自我内在对话是一种自己说、自己听的自我沟通过程，一个人对自己说的话决定了他要做的事。有着各种心理障碍的人所使用的自我对话通常是消极的、自我批判和自我毁灭的，如"不得了了"、"糟糕透了"、"没法活了"等，解决的办法是发展积极的内在对话（见图 2-2）。

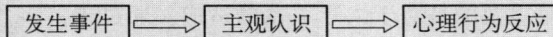

发生事件 ⟹ 主观认识 ⟹ 心理行为反应

我们的烦恼不是源于我们的遭遇，而是源于我们对世界的看法。

图 2-2　对消极事件的合理认识

在看到事物不利方面的同时,更应该看到它有利的方面。这种看问题的方式,容易使教师增强信心,振奋起来,并对之作出积极的反应。当不良情绪已经发生的时候,除了通过行为上的改变加以调控,如尽情参加自己喜欢的文体活动,或找朋友尽情倾诉等,还可进行认知重建。

5. 采取合理有效的工作方式,学会休闲

教师在学校教育中所担负的是一种复杂的脑力劳动,教师必须采取科学有效的工作方式,才能使自己轻松愉快地工作和生活,以维护心理健康。一是教师要在工作中逐渐形成一种积极乐观的生活和工作态度。二是教师应掌握时间管理技巧。进行任务分析和时间的组织和预算,将目标分成轻重缓急等层次,建立一张科学可行的时间表,从而使工作、生活更有效率,减轻过重负荷。三是教师应当注意适度用脑,避免持续疲劳,同时还要注意饮食营养,关心脑健康。此外,工作之余要学会体闲,根据自己的兴趣爱好参加各种文体活动,使业余生活丰富多彩,以此调节情绪,增进心理健康。

(二)优化教师心理健康的学校环境

1. 实行人性化管理,增强教师的职业满意感

学校环境是教师最经常、最重要、最直接的工作与生活场所,教师的教育活动主要是在学校中进行的。因此,要切实有效地改善教师的心理环境,还必须从改变不良的学校环境入手。人性化管理的主要措施有:(1)增强管理的民主意识。不断改进工作作风,不断强化教师是学校主人的意识;虚心听取教师对学校发展目标,各项考核制度的见解、意见,吸纳有建设性的意见或建议,鼓励教师以主人翁的姿态积极参与教育教学改革。(2)教师评价目标的人本化。要用发展性的标准评价教师,而不是以学生成绩或升学率"一刀切",所以对教师工作业绩的认定应该细化到知、情、意、行四个领域的实践中。(3)强化尊重教师意识。尊重教师主体地位和个体的价值,公平、公正办事,为教师营造宽松和谐的工作氛围。(4)关心教师疾苦,尽可能地帮助教师解决工作、学习、家庭的实际困难。从生命关怀的角度做好学校人性化的管理,能充分调动起教师的工作积极性;为教师创设一个温馨、和谐、舒适的环境,能不断增强教师的职业满意感。

2. 重视教师心理健康教育,增强教师的自我调适感

学校可以利用业余时间或寒暑假,通过邀请心理健康教育专家来校做专题讲座、组织部分教师外出参加专门的心理健康教育培训、定期为教师做心理健康辅导等形式,帮助教师了解心理科学知识,掌握一定的心理调节技术,运用应对职业压力的策略。当遇到心理困扰和挫折时,善于通过宣泄、激励、补偿、转移、升华、暗示等方法疏导自己的不良情绪,化压力为动力,促进本职工作。

3. 开展丰富多彩的活动,增强教师的人际和谐感

人类的心理适应,最重要的是对于人际关系的适应。通过丰富多彩的活动,如教师的集体健身活动、文娱表演、书画比赛、校际联谊活动、外出参观旅游活动等,在工作之余给他们创造放松的机会,使教师乐于合群,主动交往,情绪乐观,善于与人相处,始终保持积极的生活态度,感受集体的和谐欢乐。从而让教师感受到工作的乐趣,增强了教师的人际和谐感,进而维持并增进教师的心理健康。

4. 健全教师心理健康的校内保障系统

（1）制订和实施符合本校实际的教师心理辅导计划

学校应该把心理健康教育列入教师继续教育的内容之中。如上所述，通过开设专家讲座、观看录像、参加心理健康培训等继续教育形式，帮助教师掌握应对职业压力的策略和心理调适的方法，促进教师心理健康。

学校还应为教师建立心理档案，使辅导工作能科学地进行。对建档中发现心理健康问题较严重的教师，应联系综合医院的心理医生为其诊断，工作上也应给予照顾；对于中轻度心理障碍的教师，可请心理卫生专家，定期为他们及其他需要的教师提供心理健康咨询和心理辅导，让教师的烦恼、郁闷心情有渠道宣泄和排遣，为维护教师的心理健康提供保障。

（2）学校领导要建立家、校沟通的交流机制

教师是家庭中的一员，既受家庭的影响，又影响着家庭。因此，要形成良好家庭、学校相互沟通的机制。一方面，让家庭理解学校，理解教师的工作，并尽可能获得他们的大力支持和帮助，尽可能减轻教师的家庭负担，为教师营造一个轻松、温馨、快乐的家。另一方面，学校领导要了解教师的家庭，理解教师家庭的难处，尽可能配合家庭，为教师的家庭解决力所能及的问题，努力帮助教师消除家庭的后顾之忧，使教师能更轻松、更专心地工作。

思考题

1. 本章主要概念：教师角色、教师威信、教师专业能力、心理素质、心理健康。

2. 为适应翻转课堂进入中小学的现实，教师的角色应有哪些变化。

3. 简述教师威信的特点与作用。

4. 分析一位最受你尊敬的教师的威信是如何树立起来的。

5. 简述教师专业能力的主要内容。

6. 结合实际分析教师如何维护自身的心理健康。

7. 教师的心理素质有哪些具体内容？分析本课程的学习对个人心理素质发展的影响。

扫一扫二维码
轻松获取答案

样题

一、单项选择题

1. 提出教师成长公式"经验＋反思＝成长"的是（　　）。

    A. 加涅   B. 布卢姆   C. 波斯纳   D. 罗森塔尔

2. 教师角色扮演的先决条件是（　　）。

    A. 角色认知   B. 角色体验   C. 角色期待   D. 角色评价

3. 教师为了保证教学达到预期目标，在教学的全过程中将教学活动本身作为意识对象，不断对其主动积极的计划、检查、评价、反馈、控制和调节的能力称为（　　）

    A. 教学反馈能力   B. 自我教育能力   C. 自我完善能力   D. 教学监控能力

4. 教师知识结构的核心是（　　　）。

    A．相关学科知识　　B．条件性知识　　　C．实践性知识　　　D．本体性知识

5. 以下不属于教师教学能力的是（　　　）。

    A．教学认知能力　　B．教学操作能力　　C．自我反省能力　　D．教学监控能力

二、多项选择题

1. 教师的威信包括（　　　）。

    A．职业威信　　　　　B．人格威信　　　　　C．知识威信

    D．人品威信　　　　　E．专业威信

2. 专家型教师与手新教师在课堂教学过程中的差别主要表现在（　　　）。

    A．课堂规划的制定与执行　　　　　B．教材的呈现

    C．课堂练习　　　　　　　　　　　D．吸引学生的注意力

    E．教学策略的运用

3. 学生一般把教师的角色定位为（　　　），学生集体的组织者、领导者、管理者。

    A．学生的楷模　　　　　　　　　　B．父母的代理人

    C．知识的传递者　　　　　　　　　D．灵魂的工程师

    E．以上均正确

4. 影响教师威信形成的客观因素是多方面的，其中最主要的是（　　　）。

    A．教师职业的社会地位　　　　　　B．教师职业的经济地位

    C．学生对教师职业的态度　　　　　D．社会对教师职业的态度

    E．以上均正确

三、填空题

1. 与年轻教师相比，专家型教师的课时计划特点是突出了课时的_____和_____。

2. 引起学生注意是教学过程中的首要事件。教师可以通过三种方式来引导学生的注意，分别是_____、_____和_____。

3. 心理健康标准是_____的具体化。

四、判断题

专家型教师的课时简洁、灵活，以教师为中心。　　　　　　　　　　（　　　）

五、简答题

基础教育教程改革要求小学教师进行哪些角色转变？

扫一扫二维码
轻松获取答案

六、论述题

谈谈专家型教师与新手教师在教学中的差异。

   进一步阅读的文献

1. 叶澜，白益民等.教师角色与教师发展新探［M］.北京：教育科学出版社，2001.

2. ［美］克里斯顿·纳尔森，吉姆·贝利著.刘坤译.教师职业的9个角色（白金版）［M］.北京：中国青年出版社，2011.

3. 王晓春.做一个聪明的教师：教师思维方式案例点评[M].上海：华东师范大学出版社,2007.

4. 张晓峰,李英丽.怎样树立在学生中的威信[M].合肥：安徽人民出版社,2012.

5. 刘祥.青年教师的心灵成长之旅[M].北京：中国轻工业出版社,2012.

6. 雷玲.教师生活：优秀教师的8种心理素质[M].上海：华东师范大学出版社,2013.

7. [美]简妮·爱丽丝·奥姆罗德著.雷雳,柳铭心等译.教育心理学精要：指导有效教学的主要理念(第3版)[M].北京：中国人民大学出版社,2013.

第三章　小学生心理概述

学习目标

1. 了解心理发展的定义和特征。
2. 理解小学生认知发展的特点和社会性发展的特点。
3. 掌握小学生心理发展的个别差异及如何因材施教。

内容脉络

```
                        小学生心理概述

小学生认知发展的一般特点                      小学生社会性发展的一般特点
 • 心理发展概述                               • 小学生社会认知
 • 认知发展概述                               • 小学生人际关系
 • 小学生认知发展的一般
   特点
                    小学生心理的个别差异
                        与因材施教
                     • 小学生人格差异及教育
                     • 小学生性别差异及教育
                     • 小学生认知方式差异及教育
```

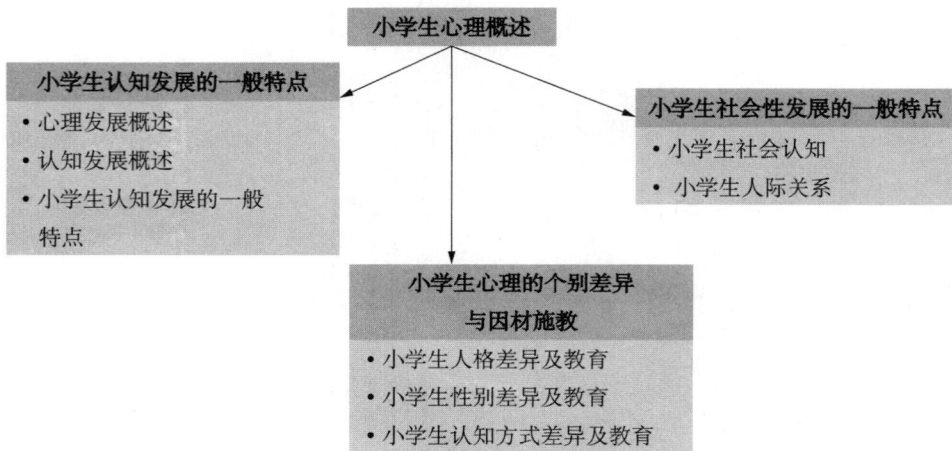

　　一般来说,人的心理发展同其他事物的发展过程一样,是一个从低级到高级、从简单到复杂、从量变到质变的过程。随着小学生年龄的增长,在新的学习生活和教育影响下,他们的心理不断发展,表现出一些新的特点。掌握这些特点,对于教师教育教学工作十分必要。

第一节　小学生认知发展的一般特点

一、心理发展概述

　　心理发展是指个体从出生、成熟、衰老直至死亡的整个生命进程所发生的一系列心理变化。

　　人的心理发展具有以下四个基本特征：连续性和阶段性、定向性和顺序性、不平衡性和差异性。[①]

---

① 学习考试用书研发中心编著.小学教育心理学[M].北京：清华大学出版社,2013：13—14.

连续性和阶段性是指个体心理发展在某些年龄阶段会因为持续发展的积累而出现某种心理特质的突发性变化或出现新的心理特征,从而表现出阶段性的特点。

定向性和顺序性是指在正常条件下,心理发展总是遵循一定模式,具有一定方向性和先后顺序性。这一发展顺序是不可逆的,每一发展阶段也不可逾越,每个个体都必须以同样的顺序,从低向高地经历发展每个阶段。比如,学习语言,都是从咿呀学语开始,然后出现单个的字,再出现词,最后发展成句子,这个过程是不可逆的。

不平衡性是指心理发展因进行的速度、到达的时间和最终到达的高度不同而表现出来的多样化的发展模式。首先,不同的心理现象的发展速度、发展的起止时间与达到的成熟时期是不同的。比如,1—3岁是口头语言发展的关键期,但思维发展却晚得多,直到小学中年级,个体才到具体思维向抽象逻辑思维转变的关键期。其次,同一种心理技能在发展的不同时期也有不同的速度。

差异性是指虽然个体的心理发展必须经历一些共同的基本阶段,但发展起始时间有早有晚,发展速度有快有慢,每个个体的发展曲线虽有相同的发展趋势,但是绝不会完全吻合。

二、认知发展概述

(一)认知发展的含义

认知是指那些能使个体获得知识、解决问题的操作方法和能力。这种对认知的解释,既包含了一种动态性的加工过程(认识),也包含了一种静态性的内容结构(知识)。而认知发展是指个体获得知识和解决问题的能力随时间的推移而发生变化的过程和现象。从信息加工的观点来看,认知发展就是人的信息加工系统不断改进的过程,既包括感知、思维、记忆、言语等认知过程及其品质的发展,也包括认知结构的发展及解决问题等能力的发展。

(二)认知发展的特征

瑞士心理学家皮亚杰提出的认知发展阶段具有以下特征:(1)连续性和阶段性。认知发展是一个内在结构连续组织和再组织的过程,过程的进行是连续的,但由于各种因素的相互作用,心理发展表现出明显的阶段性。(2)结构性。认知发展的每个阶段都有其独特的、相对稳定的认知结构,它决定着该阶段的主要认知特征,并与其它认知发展阶段相区别。(3)次序不变性。认知发展各阶段是从低向高逐渐出现的,这个次序是不能改变的,前一个阶段是后一个阶段的必要条件,后一个阶段是前一个阶段质的飞跃。由于环境、教育、文化以及主体的动机等各种因素的影响,具体到每个儿童的认知发展,则可能提前或推迟。(4)交叉性。在认知发展过程中,两个阶段之间不是截然分开的,而是有一定的交叉。

(三)认知发展的阶段[①]

皮亚杰的认知发展观的要点有:认知发展产生于儿童对物质世界的直接反应和积极操作;认知发展有赖于每个儿童头脑中特有的心理结构即图式,也反映在图式的变化上;认知的

---

① 皮连生主编. 教育心理学(第四版)[M]. 上海:上海教育出版社,2011:252—253.

发展变化是通过适应和组织两个过程实现的。适应(adaptation),是个体直接操作外部环境来建构图式以适应环境,它是对外的。组织(organization),是个体在头脑中重新统合已有图式来建构内部联系更紧密和心智功能更有力的新图式系统,它是内生的。人从出生到成人的认知发展不是一个数量不断增加的简单累积过程,而是伴随着认知结构的不断重构,彼此衔接,依次发生,不能超越也不可逆转。认知发展可分为四个阶段(见表3-1)。

表3-1 皮亚杰认知发展阶段

阶段	大致年龄	阶段的主要特征
感知运动阶段	0—2岁	从被动反应到积极而有意的主动反应;"客体永久性"概念形成,通过操纵物体来了解其属性;该阶段奠定了以后复杂认知结构的基础
前运算阶段	2—7岁	发展了运用符号来表征客观物体的能力,认知具有如下特点:具体形象性、不可逆性、刻板性、自我中心主义
具体运算阶段	7—11岁	掌握了一定的逻辑运算能力,但只能将逻辑运算应用于具体事物,还不能扩展到抽象的概念;此阶段儿童的认知具有以下特点:守恒性、逆向性、结合性、同一性和重复性
形式运算阶段	11岁以后	能够进行抽象思维和纯符号思维,此阶段个体认知发展的特点是具有假设—演绎推理能力、命题推理能力、组合分析能力

三、小学生认知发展的一般特点

(一)小学生感知的发展[①]

1. 感觉的发展

感觉是人脑对直接作用于感觉器官的客观事物的个别属性的反映。小学生感觉的发展主要在视觉、听觉、运动觉等方面。研究表明,6—7岁的儿童脑重量已达到成人的90%,大脑皮层的枕叶、颞叶、顶叶、额叶逐渐成熟,但感觉和知觉的发展还没有完成。

(1)视觉的发展

小学生视觉的发展主要表现在颜色视觉、视敏度和视觉感受性等方面。小学生的颜色视觉随年龄的增长而不断发展。研究发现,6岁儿童已能分辨黄、红、橙、绿、白、蓝、紫等颜色,但正确率较低,对同一颜色的深浅难以辨认。但通过训练可以提高,例如,有实验用颜色深浅不同的20个毛线团对20个孩子进行训练,每天训练20次,每次按颜色深浅顺序排列5遍。如果出现了错误就纠正。经过4天训练,结果为:红色能辨别12种,黄色能辨别10种。还有研究认为,对小学生加以训练,视觉的感觉能力可以提高60%以上。颜色的辨别能力在整个视觉活动中占有很重要的地位。

视敏度是指视觉辨别物体细节的能力,即视力。小学时期,儿童的视力调节能力已有较好的发展,10岁儿童眼球晶状体屈光度的变化幅度最大,调节能力最强。小学期间,儿童的视觉感受性获得显著的发展。如7岁儿童的颜色感受性为100%,而10—12岁儿童和7岁儿

① 冯准. 小学心理学[M]. 重庆:西南师范大学出版社,2013:22.

童比起来,增长率可提高 60%。在视觉和听觉方面,7—15 岁儿童的差别感受性的增长要比绝对感受性的增长高很多倍。施建农等人(2004)的研究还发现,7—12 岁儿童随年龄的增长,视觉搜索能力提高,视觉搜索的反应时间逐渐缩短。[①] 可见,小学阶段儿童视觉的可塑性非常强,应抓住时机,多给予儿童视觉方面的训练,帮助其视觉能力的发展。

(2) 听觉的发展

儿童的听觉感受性同样随年龄的增长而不断增长。研究表明,儿童辨别音调高低的能力,从 6—19 岁有显著提高,见表 3-2。

表 3-2　各年龄阶段辨别音调能力　（单位:Hz）

年龄	7 岁	8 岁	9 岁	10 岁	19 岁
辨音能力	1.4	1.6	2.6	3.7	5.2

从表 3-2 可以看出,小学生的听觉在学校教育影响下不断得到发展。听觉发展也包括小学生在学习语言的过程中,正确地分辨各种语音,如 sh 和 s、ch 和 c、d 和 t、n 和 l,以及汉语中四声的辨别、近音字的区分等;音乐学习中,精确地分辨各种音调、音强、音色等。这些都体现了儿童声音感知能力的发展。

(3) 运动觉的发展

在运动觉方面,身体关节肌肉运动的感觉,特别是手的运动觉的发展,对于儿童学习具有重大意义。因为书写、绘画、制作、体操、表演等动作都需要手的运动觉的发展。

小学阶段,儿童手部的关节肌肉虽然有了显著发展,但未完全成熟。他们的腕骨、掌骨、指骨等的成熟要到 14—16 岁才能完成。小学生手的骨骼、肌肉的发展,为手的运动觉的发展,提供了物质基础。教师要循序渐进地对小学生进行有关训练(如写字练习),以培养小学生手的运动的精确性和灵活性,这对以后空间知觉的发展和动作技能的学习都是非常重要的。

2. 知觉的发展

知觉是人脑对直接作用于感觉器官的客观事物的整体属性的反映。人们通常把知觉分为:空间知觉、时间知觉和运动知觉。小学生的空间知觉和时间知觉的发展较为明显。

(1) 空间知觉

空间知觉是人脑对物体的大小、形状、方位、距离等空间特性的反映。总体而言,小学生的空间知觉能力随年龄的增长而增强,在空间能力的加工方式、加工精确性及加工策略上均存在性别差异,而加工速度不存在性别差异。[②]

刚入学的儿童对几何图形及概念已有初步了解,掌握几何图形和几何概念与儿童的"接近程度"有关。如对"梯形"图形的认识不如其他图形,是由于儿童平时不常接触"梯形"的缘故。在方位知觉上,小学生能较好地辨别前后、上下、左右等方位知觉,但对左右方位的辨别未达到完善程度。因为左右方位与其他方位相比较而言,相对性更突出,常常要和具体事物

① 施建农,恽梅,瞿京华,李新兵.7—12 岁儿童视觉搜索能力的发展[J].心理与行为研究,2004,01:337—341.
② 许燕,张厚粲.小学生空间能力及其发展倾向的性别差异研究[J].心理科学,2000,02:160—164.

相联系,才能辨别。据调查,6 岁儿童在执行向左转的口令时有 30％的孩子不能完成。一般来说,要到 9—11 岁,儿童才能在抽象概括水平上掌握左右概念的相对性。

(2) 时间知觉

时间知觉是对客观现象的顺序性和延续性的反映。儿童的时间知觉要比空间知觉发展得慢些。小学生对与自己的生活学习活动关系密切的时间概念比较容易掌握,如一节课、上午、下午等。对比较小的时间概念(如几分钟、几秒钟等)和比较大的时间概念(如一星期、一个月、一年)不易掌握。黄希庭等(1979)从时距估计方面入手,研究了 5—8 岁儿童对时间间隔的估计,结果表明,7 岁儿童开始利用时间标尺,8 岁儿童能主动利用时间标尺,时间知觉的准确度接近成人的水平,但对长时距的估计,其准确性和稳定性不及成人。特别是对几年、一个世纪、年代等,往往更难理解。例如,一年级有的儿童问:"古时候妈妈生出来没有?"一个二年级学生说:"古代就是奶奶小的时候。"一个三年级女生问父亲:"你见过皇帝吗?"可见,在小学阶段,儿童对比较长的时间单位的观念还没有充分形成,他们掌握历史事件的时间就更困难些。

总的来说,小学生的知觉发展呈现以下几个特点:

(1) 知觉的目的性增强

刚入学的小学生还具有学前儿童的特点,在知觉过程中,无意性、情绪性仍很明显,往往会受客观的无关因素,如强烈的刺激、感兴趣的对象、情绪色彩很浓的对象等影响,从而转移了知觉的目标。随着入学后的常规训练和学习活动的开展,儿童的知觉目的性得到了发展。到了中年级,儿童在一定程度上能够排除情绪的干扰,逐渐能够支配自己的知觉过程。高年级儿童知觉的有意性明显,他们善于从知觉对象中分出基本需要知觉的东西,并能有效地观察事物。

(2) 知觉的持续性加强

儿童知觉的持续性和稳定性是随着年龄的增长而提高的。有人认为,5—7 岁儿童的知觉持续时间大约为 15 分钟左右。7—10 岁的儿童则可达到 25 分钟左右。如果教师善于安排和组织教学活动,小学儿童是完全可以坚持 40 分钟课堂学习的。好动是儿童的天性,教师要善于引导和组织儿童知觉持续性的培养。

(3) 知觉的精确度更高

刚入学的儿童,往往只限于对事物外表的认知,而不会仔细地进行观察,如一年级的小学生很容易把相似的数字(如 6 和 9)、字母(如 b 和 d)和文字(如王和主)混淆起来。他们不善于看出事物的主要方面和特征以及各部分的联系。中高年级的学生逐渐学会比较精确地分析事物的特征,学会区分事物的主要特征和次要特征,学会概括各个部分间的关系。总之,小学生的知觉分析综合能力是从笼统的、不精确的分析综合逐步发展到精确的、精细的分析与综合水平。若以成人的知觉精确度为 100 计算,4—5 岁为 23.8％,5—6 岁为 58.8％,6—7 岁为 63.8％,7—8 岁为 78.89％,8—9 岁为 82.5％,9—10 岁为 85％。这说明,小学生的知觉分析综合能力在教学活动中不断地得到发展。

(4) 整体知觉不断发展

小学低年级学生在知觉事物时,往往只限于对部分的认知,而不能从整体全面地把握事物。例如，向儿童呈现一些图形，虽然每个图形显得似乎是一个整体，但它的个别部分描绘得很突出。观察儿童是对部分作出反应还是对整体作出反应。结果发现，5—6岁儿童只对部分进行反应，回答"两只长颈鹿"、"两根胡萝卜"等；而7—8岁的儿童对部分和整体都有反应。不过，这时儿童往往还未把部分和整体连结起来。一般来说，直到8—9岁，才能把各个部分同时整合为一个整体。例如，一个8岁的儿童说："我看见了一个用水果做成的人。"

（二）小学生记忆发展

记忆是人们在头脑中积累和保存个体经验的心理过程，是人脑对外界输入信息进行识记、保持和再现的过程，其中再现包括再认和回忆。记忆在人的生活中具有重大意义。有了记忆，人类才能积累知识，丰富经验。没有记忆，一切心理现象都不可能发展。儿童入学以后，教师经常会对学生提出一系列的记忆要求，记忆力有了很大的发展。

1. 小学生记忆量的发展

小学生记忆量的发展主要表现在记忆广度和记忆保持时间两个方面。

记忆广度是指儿童在单位时间内所记住材料的最大数量。儿童的记忆广度随年龄的增长而不断扩大。研究表明，学前儿童和小学儿童能同时识记15个单词，学前儿童平均只能识记3—5个，而小学儿童平均能识记6—8个。小学高年级儿童所能记忆的材料的数量增加较快。

记忆保持时间是指从识记材料开始到能对材料回忆之间的间隔时间。儿童记忆保持时间随着年龄的增加而延长，此外，儿童记忆保持时间的长短还受很多因素的影响，例如，儿童是否对材料感兴趣，对记忆对象的感知是否清晰，记忆对象能否引起儿童的情绪体验，以及对识记材料是否理解等。一般而言，凡是儿童感兴趣，能引起儿童强烈情绪体验的或儿童易于理解的事物，其记忆保持时间较长一些。小学教师在教学中应注意这些因素。

2. 小学生记忆质的发展

小学生的记忆能力正在发生着本质的变化，主要表现为：

（1）小学生无意记忆和有意记忆的发展

无意记忆是指没有明确目的，且不需要付出意志努力的记忆；有意记忆指有预定目的，并付出意志努力的记忆。

小学低年级学生的记忆是无意记忆占主导地位。实验研究发现，在幼儿和小学低年级儿童中存在明显的记忆偶发现象，当我们要求儿童记住某样东西时，他往往会同时记住和这样东西一道出现的其他东西。例如，实验人员把画有各种熟悉物体的图片呈现给儿童，图片颜色各异，要求他们记住卡片上的物体并复述出来，结果发现，小学低年级儿童不仅能够复述呈现在卡片上的物体的名称，对图片颜色的复述成绩也很好。偶发记忆现象是无意记忆的一种表现，教师可以巧妙地利用这种现象来促进学生的学习。例如，学字词时，字词上都标有拼音，这样学生在通过有意记忆记住字词的同时，又利用无意记忆巩固了拼音的读写。

小学生的有意记忆在三年级以后逐渐占主导地位。北京师范大学心理系儿童心理组和天津师范大学教科所儿童心理组(1983)在协作研究中分别比较了二年级与四年级小学生的有意记忆和无意记忆正确回忆的百分比,发现二年级学生的有意记忆为43.0%,无意记忆为42.8%;四年级学生的有意记忆为51.5%,无意记忆为43.8%。这说明,到小学四年级两者差别明显,学习目的逐渐明确,记忆的自觉性、积极性日益增强。四年级学生有意记忆的成绩开始超过无意记忆的成绩,记忆中的偶发现象也开始减少。到了小学高年级,儿童有意记忆的发展逐步赶上了无意记忆的发展。总之,随着年龄增长,小学生记忆的目的性、抗干扰性越来越强,且渐渐能够自己确定记忆任务,为完成越来越繁重、复杂的学习任务提供了保证。

(2) 小学生机械识记和意义识记的发展

机械识记是指没有理解材料或事物的意义,依据其外部联系而进行的识记。意义识记是指在理解材料或事物的基础上,依据其内在联系,运用已有的知识经验而进行的识记,即理解识记。

小学低年级学生由于抽象逻辑思维尚未发展,不善于对记忆的材料进行思维加工,因而较多地运用机械识记。例如,小学生在刚学汉语拼音时,大多都能按字母表的顺序流畅地读出拼音字母,但当你从中挑出一个字母让他们认读时,却常常读不出。这时,他们会回到字母表的开头处,沿着字母表的顺序找,一直读到那个字母的位置才恍然大悟。这就是典型的机械识记。随着知识经验的丰富,言语和思维的发展,小学生的意义识记日益增强,他们学会了用多种记忆方法和策略来促进意义识记。这些方法和策略包括复述和组织。

复述是小学生常采用的记忆方法。弗拉维尔(J. Flavell,1969)曾做过一个实验,他向小学生呈现一系列卡片,要求他们记住卡片上的内容。结果发现,当图片呈现时,有一半左右的二年级学生和所有的五年级学生都在自言自语地复述。这说明,小学生已经能够使用复述策略进行意义识记,但不同的是,小学低年级儿童倾向于从头到尾地复述和再三重复,而小学高年级学生大多是把同类的或有联系的东西放在一起重复,这说明小学高年级学生记忆过程出现了组织倾向。

组织是一种重要的意义识记策略。它是指儿童把学过的材料分门别类加以整理,是材料条理化、概括化、系统化的过程。例如,在记单词表时,他们会把"床、桌子、椅子"等词用"家具"一词来概括,把"牛、羊、兔子、老虎"等用"动物"来概括。经过分类和概括,原来琐碎的内容就组合成了较大的信息块,称为"组块"。组块的形成会增加记忆的容量和记忆的稳定性。

整个小学阶段,小学生的机械和意义识记都有不同程度的发展。我国学者对小学二年级和四年级学生意义识记和机械识记的效果比较发现,小学生意义识记的效果都优于机械识记,并且两种识记都随年级增高而发展。

(3) 小学生形象记忆和语词记忆的发展

形象记忆是以感知过的事物的形象为内容的记忆。语词记忆是对事物的关系以及事物本身的意义和性质等为内容的记忆。前者与人的形象思维密切联系,后者与人的抽象思维密切联系。小学生的知识经验较少,形象思维占优势,以形象记忆为主。我国学者开展了让小学生记忆三种不同性质材料的实验,延缓重现的结果见图3-1。

从图中可以看出:其一,无论何种性质材料的记忆都随小学生的年龄增长而提高;其二,任何年级的小学生都表现出形象记忆最容易,具体词次之,抽象词最难;其三,从增长速度看,小学生的形象记忆增长速度慢,抽象词记忆增长速度快;其四,从差异看,小学低年级形象记忆和抽象词记忆差异大,到小学高年级,差异缩小。

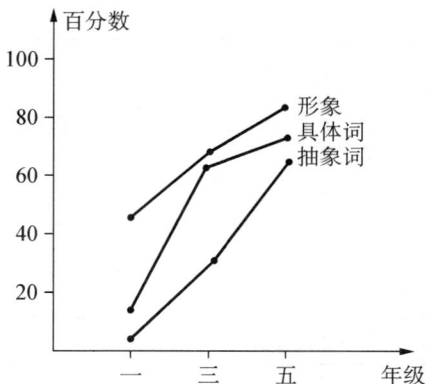

图3-1 三种不同性质材料延缓重现的百分数

小学阶段是由形象记忆为主逐步过渡到以词的抽象逻辑记忆为主。儿童记忆的发展,只是在不同年龄阶段,二者所占的优势不同。小学低年级儿童的形象记忆占优势,他们对具体形象材料的记忆效果优于对言语材料的记忆效果。有人曾经将长度相同的一篇故事和论述文读给一年级学生听,然后进行测验,结果是故事内容的保持量远远超过论述文的保持量。我们都注意到在小学低年级课本中,配有很多与课文内容相应的插图,这些插图形象直观、色彩鲜明,它们的作用就是帮助小学生记忆课文中的言语和符号材料。随着年级的升高,他们对抽象言语材料识记的增长率逐渐超过了对具体形象材料识记的增长率,但他们对抽象言语材料的记忆仍然以具体事物为基础,只有到了中学以后,他们的抽象记忆才可以摆脱具体事物的支撑。

(4)瞬时记忆、短时记忆和长时记忆的发展

当客观刺激停止使用后,感觉信息在极短的时间内保存下来,这种记忆叫瞬时记忆或感觉记忆,它是记忆系统的开始阶段。瞬时记忆的储存时间大约为0.25秒—2秒。如果这些感觉信息进一步受注意,则进入短时记忆。短时记忆的保持时间约为5秒到2分钟,容量为7±2组块。长时记忆是指信息经过深度加工后,在头脑中长时间保留下来,储存时间从1分钟以上到许多年,甚至终生不忘,容量没有限度。由此可见,这三种记忆在保持时间和记忆容量方面存在着本质的差异。对小学生记忆发展的研究,多集中在短时记忆的研究上。许智权(1986)对小学生的瞬时记忆广度的研究结果表明,小学阶段随着年级的升高,学生对三种记忆材料(数字、字母、部首)的瞬时记忆广度增加。陈辉(1988)对小学生短时记忆的研究结果见表3-3。

表3-3 小学生各种材料的短时记忆容量比较 （单位：个）

材料 \ 年级	二年级	五年级
单字	3	4
双字词	3	4
四字成语	1	3

材料＼年级	二年级	五年级
无关两字	1	2
一位数	4	6
两位数	2	3
实物图形	3	3
复杂集合图形	1	2

表3-3中数据表明，小学生的短时记忆容量受记忆材料、年龄等因素的影响，无论何种性质的记忆材料，五年级儿童短时记忆容量都比二年级大。

3. 小学生记忆能力的发展

（1）再认能力的发展

当过去经验过的事物再次呈现时仍能被认识，即称为再认。德克斯等（Dirks & Neisser，1977）曾给小学一年级、三年级、六年级的学生出示一大堆玩具，然后拿走一部分玩具，又加入一部分新玩具，要求被试说出这堆玩具有什么变化。结果发现，再认能力随年龄的增长而发展。曼德勒等（Mandler & Robinson，1978）更为具体地研究了小学生在特定情景下再认能力的年龄差异。他们给小学一年级、三年级、五年级的儿童出示一些画有多种家具的照片，每个年级的被试分为两组。第一组被试看到的家具照片的摆放与真实生活情景相似（给儿童设置意义识记的场景），第二组被试看到的家具照片的摆放是随机的，与真实生活情景有差别（设置机械识记的场景），结果发现，第二组被试的再认成绩没有表现出明显的年龄差异，而第一组被试的再认成绩则随年龄的增长，再认能力增强。这说明年长儿童比年幼儿童更善于利用自己已有的知识经验去指导当前的记忆活动。

（2）回忆能力的发展

回忆是指过去经验过的事物不在面前而在头脑中再次重现并加以确认的过程。由于回忆不存在原有刺激物的提示作用，因此，回忆比再认困难。回忆分为两类，一类是线索回忆，指回忆有某种较为具体的外在线索的帮助；另一类是自由回忆，指回忆的线索较为笼统或抽象。一般来说，小学生回忆能力随年龄的增长而提高，对外在线索的依赖性也越来越小。科尔等人（Cole，Frankel & Sharp，1974）曾对6岁、9岁、14岁儿童的回忆能力进行了测查，结果表明，不同年龄阶段的儿童对记忆材料表现出不同的"系列位置效应"。所有被试在回忆时都表现出了近因效应，9岁和14岁儿童还同时表现出了首因效应。小学生的回忆能力随年龄的增长而增强。此外，利本（Liben，1981）对小学一至五年级学生的研究结果表明，处于具体运算阶段的儿童比处于前运算阶段的儿童的回忆准确性高；处于前运算水平的儿童在对刺激进行编码的时候就发生了对信息的曲解情况。

（3）元记忆的发展

元记忆是人对自己记忆和记忆过程的认识。例如，如果小学生意识到他们的记忆是有局限的，有些东西比另一些东西更容易记忆，有些策略比另一些策略更有效，儿童就有了元记忆,这种能力是随着年龄的增长而发展的。有研究表明,7 岁以下的儿童意识不到记忆策略对他们记忆的用处,即使他们知道有意义联系的记忆内容比没有意义联系的记忆内容更容易记,他们也说不出原因。7—9 岁的儿童能够认识到复述和组织策略对记忆都有效,11 岁的儿童已能认识到组织策略比复述更加有效。这说明年龄越大的儿童更有能力去了解自己的记忆过程,较强的元记忆能力使他们能选择更适合的策略来完成任务,也能更好的监测自己的记忆过程。

(三) 小学生想象的发展

想象是在客观事物的影响和言语的调节下,对已有的表象进行改造并重新组合成新形象的心理过程。小学生的想象能力是随着生活经验的不断丰富,并在学校教学的影响下不断得到发展的。

1. 从无意想象发展到有意想象

在小学低年级教学中经常可以看到,随着客观情景和条件的变化,事物的某些非本质属性往往会促使儿童产生自由联想或出现开小差的现象。有位教师上数学课时举例说:"妈妈吃了 4 块糖,弟弟吃了 2 块糖,妈妈比弟弟多吃几块糖?"学生哄堂而起说:"妈妈不会这样的。"这就是孩子的自由联想的表现。到了小学高年级,由于在教学中教师要求儿童按照教学内容进行各种想象活动,例如作文课的写作,数学课的解题,所以有意想象迅速增长,想象能力的稳定性不断得到发展。

2. 从再造想象发展到创造想象

再造想象就是根据某一事物的图样或图解式的言语描述在头脑中产生跟原来客观事物的形象比较接近的新形象,即原有事物在头脑中的"复制品"。创造想象则是大脑将原有表象进行组合、加工改造成独特的新形象。小学低年级学生以再造想象为主,想象的内容最初往往具有实在事物的复制和简单重现的性质,创造加工成分不多,如在复述或游戏中,他们常常重复或模仿成人的动作。而随着年龄的增长,知识经验的不断积累,表象的不断丰富,创造想象日益发展起来,例如,许多学校针对高年级小学生开设"小小科学家"之类的兴趣班,自己动手创造一些小工艺和模型设计;在写作中,不再重复教师或课文所叙述的内容或故事,不再一味地仿照例文,而是能创造出故事的新内容和新形象。

3. 从以幻想成分为主逐步过渡到符合现实为主

越是年级低,他们的幻想成分越多。幼儿园和小学一年级的儿童由于认识水平低,所以他们以幻想为主,想象内容常脱离现实,往往把他们所认识的事物随意加以扩大或缩小,甚至可以随自己的主观意向而变动,他们往往把幻想当作现实。所以,他们喜欢童话故事,对童话、神话信以为真,并被描述的情节所感染。例如,他们看了电影《宝葫芦的秘密》,就希望自己也拥有那么一个宝葫芦。随着教学活动的发展和思维水平的提高,小学生的想象到了三年级以后逐步过渡到以现实为主的阶段。他们的兴趣逐步从童话故事的迷恋转而喜爱那些更富于现实性的英雄故事、游记、惊险小说等,想象的内容逐步走向精确、完整,逐渐符合客观现实。

(四)小学生思维的发展

思维是客观事物在人脑中的概括和间接反映,它反映事物内在联系和发展变化的规律。如前所述,皮亚杰认为儿童的思维既有连续性又有阶段性,发展阶段既不能逾越,也不能逆转,他将思维发展分成四个阶段,小学生正处于"具体运算阶段",这一阶段出现的标志是"守恒"概念的形成。该阶段的儿童已经能进行逻辑思维,具有了抽象的概念,能够进行逻辑推理(见表3-4)。

表3-4　不同年级学生的逻辑思维能力

年级	典型的年龄特征	事例	建议策略
一至二年级	● 出现类包含,在简单任务中出现守恒 ● 对逻辑推理任务进行解释并使结论合理化的能力逐渐增强	5岁的露辛达可以自信而准确地分辨出两摞25便士的硬币各有5枚,但是当大人把其中一摞摊开放时,她就认为摊开的这摞有更多便士,原因是:看起来更远,更多	● 练习用多种方式给物体分类 ● 确认儿童是否达到了数量守恒,若未达到,就让他们解释一下他们的推理,同时让他们解释为什么其他人会认为数量没有变化
三至五年级	● 在更有挑战性的任务中出现守恒(例如,重量守恒),守恒的全面发展一直持续到青少年期 ● 出现对与实物和日常事件相关的简单分数的理解能力 ● 偶尔出现的抽象和假设思维	向四年级的学生呈现一个切成12片的比萨,他们很容易就可以确定一半比萨(6片)和1/3比萨(4片)。但是当老师把分数的这种具体描述换成严格的符号表征,一些学生就开始有困难了。他们只能简单地记住,而不是懂得逻辑意义	● 为具体的事例、图片和实践活动增加口头解释 ● 讲解简单的分数时,把它与日常物体联系起来 ● 让学生参与简单的科学调查活动,关注熟悉的物体和现象
六至八年级	● 对抽象的、假设的以及与事实相反的情境的逻辑推理能力日益增强 ● 具有检验假设、分离和控制变量的能力,结论有时会受证实偏向的影响 ● 理解和处理比例问题的能力日益增强 ● 具有解释谚语、修辞等形象语言的能力	七年级的科学教师让学生做实验来确定3个变量(重量、绳长、初始坠落的高度)中的哪个或哪几个会影响钟摆的摆动速度。一个由4个学生组成的小组始终在实验中同时变化重量和绳长,最终他们得出了错误的结论:钟摆的重量是决定性因素	● 介绍不同学科中核心的抽象概念和原理,但是要用某种方式让它们具体化 ● 让学生推测众所周知的谚语的意思 ● 布置需要使用简单分数、比率或是小数的作业 ● 让学生做简单的实验来回答有关因果关系的问题;鼓励他们一次只改变一个变量

总的来说,小学阶段的思维具有思维系统的多维性、思维发展的动态性、思维方向的可逆性的特点。

1. 思维系统的多维性

儿童思维系统的发展是从种属系统的分析综合发展到按问题的需要进行分析、归类和组合。例如,学前儿童提的问题多数是"这是什么"、"那是什么",是以种属系统来认识客观事物的。小学儿童则可以按问题需要来组合各种知识,在不同的要求下可以有不同的组合归类方式。例如,对于一个白色的长方形玩具,他们既可以把它归入"白色"物体一类,也可以把它归入"长方形"物体一类。这说明他们可以从多个维度对事物进行分类,这是思维发展的重要指标。按种属系统来归类概括或按需要来重新组合,思维就发生了变化。在小学识字教学中,形声字、同音字等归类,就是根据不同要求来处理同一个字、同一个词的。因此,它对于思维系统的发展可以起到良好的促进作用。

2. 思维发展的动态性

小学生思维由形象思维向抽象思维过渡,是思维发展过程中的"飞跃"。

儿童入学后的分析、综合、比较能力都有较大幅度的提高。他们逐渐学会了同时考虑事物变化的多种因素和条件并加以分析、比较,但小学生特别是低年级学生基本上是以具体形象思维为主,需要借助具体事物的表象来解决问题。例如,在数学的计算中,小学生往往需要实物或手指的帮助才能运算。他们对事物的概括多是直观形象水平的概括,往往注意的是事物的外部的、直接的、具体形象的特征,即直观形象水平,例如关于"鸟"的概念,他们可以概括为"鸟是会飞的"。

随着年龄的增长,智力的发展和知识的积累,到了三、四年级,小学生的抽象思维能力有了明显的发展。一般认为,小学生思维发展的关键年龄出现在大约四年级(10—11 岁)。这一阶段的学生,他们思维中的直观形象水平虽然仍占重要比重,但抽象成分有所增加,成为直观形象水平向抽象概括水平过渡的阶段,他们能区分出事物之间的本质区别,能离开事物的形象进行抽象。例如,弗拉维尔曾经做过一个实验,他先让儿童看一辆红色的玩具小汽车,然后当着儿童的面将汽车置于过滤镜之下,使之看起来好像是黑色的。当问儿童汽车的颜色时,3 岁儿童回答是"黑色的",而 9 岁儿童回答是"红色的"。这说明,处于小学阶段的儿童能对事物的本质特征进行反应。所以,小学四年级是儿童思维从直观形象进入本质抽象的"中间地带",也是关键阶段。

随着儿童抽象思维的发展,思维的基本过程逐渐完善。到了小学高年级,儿童思维中的具体形象成分逐渐减少,抽象逻辑成分日益增加,抽象逻辑思维逐渐占主导地位。正因为如此,高年级学生才逐步学会分出概念中本质与非本质的东西,掌握初步的科学定义,能够根据抽象的前提进行推理。刘建清(1995)的研究发现,9—12 岁小学生的类比推理能力的发展较为迅速。同时,能够考虑事物变化的多种因素和条件,能够在概念和表象的基础上进行更高水平的分析、综合和比较。

3. 思维方向的可逆性

这是守恒观念出现的关键。一般情况下,小学生的思维方向,开始都是顺向的,然后才逐步发展到逆向。所谓顺向就是按事物发生过程或动作发生的顺序来思考。逆向就是从事物的结果追溯到原因或从当前追溯到过去。低年级小学生基本上还处于低级的顺向思维阶段。所以小学一年级应用题多是从顺向开始。例如:"姐姐买了 8 支铅笔,给了弟弟 3 支,还剩下几支?"这是顺向应用题,小学生比较容易理解和运算。又如,"姐姐给了弟弟 3 支铅笔,还剩 5 支,姐姐原来买了几支?"这是逆向应用题,这类应用题看来是很简单的 10 以内的加法,但是由于它不符合低年级儿童的思维方向,因此小学一年级学生大部分不会做,随着年龄的增长,逆向思维才日益发展。

（五）小学生言语发展

言语是人们在交际和活动中应用语言的过程和产物。言语一般分为三类：口头言语、书面言语和内部言语。小学儿童在学前已初步具备了口头言语表达的能力，入学后不仅口头言语能力得到了进一步的发展，而且书面言语和内部言语也迅速发展起来。

1. 小学生口头言语的发展

口头言语有两种主要形式：对话言语和独白言语。对话言语是指两个或多个人直接进行交际的言语活动，具有精确性、简略性和应变性。独白言语是说话者独自进行的言语活动。据研究，6岁儿童已掌握了2 500—3 500个口头词汇，这些词汇量能够保证儿童同成人的正常交际，为以后的学习奠定了基础。入学后，小学生口头言语水平得到迅速发展。一年级新生以对话言语占主导地位。二至三年级独白言语发展起来，四至五年级口头言语表达能力初步完善，并合乎一定的语法规则。[①]

教师要有意识地培养小学生的口头言语能力，例如，利用看图说话、口头造句、回答问题等机会，不仅要求学生能准确发音、语调正确，而且要求学生能够恰当地选择词汇、组织材料、表达连贯且合乎言语规则。

2. 小学生书面言语的发展

书面言语是指用文字表达的言语。儿童真正掌握书面言语是从小学开始的。最初书面言语落后于口头言语，约从四年级开始，书面叙述的词汇量和相应年级口头叙述的词汇量的比例为106∶76，书面言语的发展逐渐超过口头言语，主要表现在识字、阅读和写作等方面。

（1）识字

识字即对文字符号的识别和理解。学前时期为儿童的识字准备了最初的条件，进入小学后，识字活动占据了儿童的大部分时间。各年龄段小学生都能胜任教学对他们的识字要求，且发展趋势良好。黄仁发对我国小学生识字量的研究表明，小学一年级的识字率为81.75%，五年级为97.11%。但小学生的识字发展不平衡，年级越低，优劣的两极分化越大。

掌握字形是识字过程中的重点和难点。舒华等（2000）对小学儿童识字的研究发现，小学儿童很早就意识到汉字的结构以及声旁和形旁在表音、表义功能上的分工。随着年级的升高，声旁一致性对猜测不熟悉汉字读音的影响增强；小学四年级语文能力较强的儿童已经开始意识到声旁的一致性，六年级儿童几乎都具备了声旁的一致性意识。

（2）阅读

阅读是一项由多种心理因素构成的复杂的心理活动过程。小学低年级学生由于识字不够熟练以及知识经验的限制，常常是一个字或一个词地读，还不能整句阅读。随着年龄的增长，儿童逐步学会读出整个的词或句子，但因对词或句子还缺少精确的分析和理解，以致常发生念错或理解不清楚甚至错误的情况。有资料表明，小学二年级学生对双字词的书面形式有了初步的感性认识。到小学高年级，能将读出的音和对词句的理解统一起来，能流畅地朗读，但还不是很完善。李毓秋和张厚粲（2001）对小学高年级学生阅读理解能力的研究发现：小学高年级学生阅读理解能力的结构由七种成分构成，即归纳概括、句意整合、情感理解、评价

---

① 冯维. 小学心理学[M]. 重庆：西南师范大学出版社，2013：40.

赏析、推理学习、词汇量、综合应用。不同年级的学生在上述各成分上都表现出显著差异。阅读理解能力在小学四年级到六年级之间发展速度较快。

（3）写作

写作是书面言语的高级形式。小学生写作的发展经历三个阶段：一是准备阶段，低年级主要是口述，如口头造句、看图讲述等。二是过渡阶段，一方面从口述向书面叙述过渡，即写话；另一方面从阅读向写作过渡，如模仿作文、改写、缩写等。三是独立写作阶段，儿童根据题目的要求自己独立写文章，这要中年级以后才能达到。小学生的写作能力以一定的口头表达能力和阅读能力为基础，也与他们对语法、修辞以及写作技巧的掌握有关。教师通过培养和训练小学生的写作构思技能，可以促进他们写作水平的提高。[①]

3. 小学生内部言语的发展

内部言语是一种对自己发出的言语，是思考时的言语活动。内部言语的最大特点是言语发音的隐蔽性。小学生内部言语的发展大致经历三个时期：出声思维时期、过渡时期和无声思维时期。初入学的小学生，还不会在脑中默默思考，在读课文或计算数学题时，往往是"唱读"或边自言自语边演算。通过教师的培养与训练，儿童逐步学会应用内部言语进行无声思维。

启发学生独立思考是培养小学生内部言语能力的重要方法。教师在教学中要有意识地指导学生如何去思考问题，也要给学生创造独立思考的机会。例如，教师提出问题后，不要求学生立即回答，而让他们"想一想"。内部言语是抽象逻辑思维形成的重要标准，它是与抽象逻辑思维、独立思考、默读和自觉行动联系密切的一种高级的言语能力。随着小学生自我意识的发展，到了高年级时其内部言语得到了迅速发展。但应注意，人的内部言语的发展不是在小学阶段就能全部完成的，它需要人的终生努力。

（六）小学生注意发展

注意的品质包括注意的范围、注意的分配、注意的稳定性、注意的转移。在良好的教育影响下，小学生注意的品质在有意注意的过程中不断发展并表现出不同的特点。

1. 注意范围的发展

注意的范围又叫注意广度，它是指较短时间内（约几秒钟）感知客体对象的数量。心理实验的结果表明：小学生平均只能看到2—3个客体，成人能看到4—6个客体。小学生注意广度相对较窄，随着年龄增长、知识经验的丰富而逐渐扩大。

注意的范围大小和一个人的知识经验有关。由于小学生经验较少，他们的注意范围要比成人小，尤其是小学低年级学生的注意范围更狭窄。例如，小学低年级学生在阅读时常是一个字一个字地阅读，他们的注意范围较小。随着知识经验的增长，阅读技能的形成，到了小学高年级，儿童开始以词为单位阅读，再逐渐扩大到整个句子。注意范围的大小，还和知觉对象的特点有关。知觉的对象排列得越整齐，越有规律，比较集中，注意的范围就大，如小学生对颜色相同的字母比对颜色不同的字母注意的范围要大些。因而，材料的性质和组织方式是影

---

① 伍新春. 小学六年级学生写作构思策略培养的实验研究[J]. 心理发展与教育，2001，04：52—56、64.

响注意范围的重要因素。研究表明,小学生对 4 个汉字的估计正确率低于 4 个点子数;在对 4 个点子的估计中,横向排列的正确率低于散状排列,散状排列的正确率又低于分组排列。因为材料的适当组织有利于注意范围的提高,在实际教学中,教师将分散的笔画组织成字,或将单个的字组织成词,或将词连成适当的句子都会提高小学生注意的范围。

2. 注意分配的发展

注意分配是指同一时间内把注意分配给两种或两种以上不同对象的能力。例如,学生边听讲,边做笔记。儿童对注意的分配随年龄而发展,但发展较为平缓。小学低年级学生,特别是一年级学生,明显地表现出不善于分配注意的现象。例如,刚学写字的儿童,常常集中注意在写字上,而忽略了坐的姿势,或者铅笔拿得不对等。这说明小学低年级学生在同一时间的注意只能集中在一种对象上,还不能对注意进行有效的分配。随着学习活动和其他活动范围的扩大,小学生逐渐发展了注意分配的能力。到小学高年级,由于经常性的学习行为习惯训练,注意的分配有了很大的发展。

3. 注意稳定性的发展

注意稳定性是指在一定时间内把注意集中保持在某一事物或某种操作活动上。小学生注意稳定性的发展速度超过幼儿期和中学阶段。小学儿童注意稳定性随年龄增长而增长,7—10 岁约为 20 分钟,10—12 岁约为 25 分钟,12 岁以上儿童注意的稳定性约为 30 分钟。注意的稳定性除了和年龄有关以外,也存在着性别差异,女生的稳定性一般高于男生。

一般说来,小学生尤其是低年级小学生的注意稳定性较差,他们容易被新颖、奇特、突发的无关刺激所吸引,容易分心。例如,一位老师提出这样的问题:在白玫瑰上有两只蝴蝶,在红玫瑰上有两只蝴蝶,一共有几只蝴蝶?出乎教师意料之外,一年级小学生的注意从应用题的解答转向了蝴蝶。一个孩子忍不住说出声来"我在夏天捉过蝴蝶……",这时,有好几个孩子小声说:"我也捉过……""我也捉过……"产生注意分散的现象。

教师要有意识地让小学生在活动中交替使用不同的感官和运动器官,使学生保持长久的注意,这样也能减少疲劳,有益小学生身心健康的发展。另外,让小学生明确他们所进行活动的任务的目的也有利于小学生的注意稳定性。只要教师把一堂课组织得很好,小学生在 45 分钟以内是能够保持注意稳定,以较好的精神状态坚持听课的。

4. 注意转移的发展

注意的转移就是有意识地把注意从一种对象(或活动)转移到另一种对象和活动上来。小学生注意转移的能力较差,如小学生下课时玩了游戏,上课时难以把注意从爱好的游戏活动转移到上课的活动上来。在教育和教学活动的影响下,随着小学生的神经系统发育的逐步完善以及个体知识经验的积累和智力的发展,到三、四年级以后,小学生的注意的转移能力逐渐得到发展。

总的来说,小学生注意发展的特点主要有三个方面:

(1)无意注意占优势,有意注意在发展

在个体发展中,无意注意的发生先于有意注意。小学低年级学生的认识活动往往依赖于无意注意,主要受到刺激物的性质、强度等影响,如新奇、鲜艳的图像,有趣的情节以及教师形象生动的语言等均容易引起小学生注意。而且,小学生所注意的往往是他们直接感兴趣的读、写、算等学习过程,学校开展的活动以及教师本身,而不是活动的结果、知识能力方面。小学四、五年级,小学生的有意注意逐渐发展起来,并占据主导地位。小学中、高年级学生在一定程度上能自己组织和控制自己的注意,但就整个小学阶段来说,无意注意仍起着一定的作用。学校教育教学活动对小学生有意注意的发展起了较大作用:教师向学生提出要求,并创造条件让学生逐步学会按照教学任务的需要自觉地组织和维持自己的注意。

(2)对具体材料的注意占优势,对抽象材料的注意在发展

小学生,特别是低年级的小学生抽象思维正处于初步发展时期,具体形象思维还占有相当优势。因此,直观的、具体的事物比较容易吸引小学生的注意,而抽象的概念或道理,不大容易引起小学生的注意。小学生一般还不能把注意集中在事物的主要的、本质的方面,而常把注意分散到一些具体的次要方面,并常被一些不相干的或新奇的细节所吸引。随着年级的升高,出现了以词为基础的第二信号系统和抽象逻辑思维能力的发展,他们对抽象的教材内容的注意也逐渐发展起来。

(3)注意常有明显的情绪色彩

小学生由于大脑与神经系统活动的内抑制能力没有充分形成,因而一个兴奋中心的形成往往波及其他器官的活动,导致面部表情、手脚乃至全身都会配合活动。注意的外部表现明显,常流露出多种多样的情绪色彩。如听得入神时,面部表情显出一本正经的样子;听得高兴时喜形于色,笑逐颜开;听得非常激动时,会情不自禁地手舞足蹈起来。小学生注意的这一特点,给我们的启示是:教学中教师如能及时掌握学生情绪的表现,可以判断学生是否在认真听讲。教学中能引起情绪色彩的材料、教师生动的语言等容易"稳住"小学生的注意。随着小学生年龄的增长,对情绪的控制能力增强,情绪外露也就不那么明显了。

第二节　小学生社会性发展的一般特点

社会性发展是指个体在其生物特性基础上,在与社会生活环境相互作用的过程中,掌握社会规范,形成社会技能,学习社会角色,获得社会性需要、态度、价值,发展社会行为,从而更好地适应社会环境。儿童进入小学以后,开始接受正规系统的学校教育,他们不仅通过课堂学习获得许多社会规则和行为规范,通过参加各种社会集体活动和与师生、同伴交往发展社会技能,学会控制自己的行为,他们的社会性发展也呈现新的特征,集中表现在社会认知和人际关系等方面。

一、小学生社会认知

社会认知的发展,是个体对自己、对他人、对人际关系的理解和认识,随着年龄的增长而发生变化。儿童的社会认知在婴儿期就已得到了萌芽和初步发展。进入小学后,其内容变得更加复杂起来,在对他人、人际等方面的认识上都有了迅速的发展。

(一)对自己的认知
个体对自己的认知主要在自我评价和自我体验两方面。

1. 自我评价

儿童自我评价能力在幼儿期已经产生,进入小学以后,儿童的评价对象、评价内容和评价范围进一步扩大。哈特(S. Harter, 1987)研究发现,小学儿童的自我评价往往涉及学业成绩、运动能力、社会接纳性、身体外表、行为表现五个独立的领域,这表明小学儿童的自我概念结构向多元化发展。8—11岁起,儿童自我概念的描述和评价的依据从具体情感、态度、外表特质向重视人格特征转变。进入青春期,他们的自我概念变得更为抽象。但对小学生而言,身体外表依然是他们进行自我评价所依据的最重要因素。哈特(1982)的研究还表明,小学儿童对自我的评价与教师评价、同伴评价较为一致,表明小学生已能较客观地评价自己。

我国学者王宪清(1982)认为,小学生的自我评价有以下特点:从受外部条件的制约过渡到受内部道德认识的制约,大约从四年级起,儿童开始运用道德原则来评价自己和他人的行为;从注重行为的直接后果过渡到注重行为的动机,转折年龄在9岁左右;从注重行为的直接后果过渡到注重行为或后果的性质,儿童逐步形成"人比物重要"的概念;自我评价的独立性日渐发展,并且有了一定批判性;从对具体行为的评价到有了一定的概括程度的、涉及某些个性品质的评价。同时,小学生的自我评价还存在明显的性别差异,我国台湾心理学家杨国枢(1977)在对小学四、五、六年级儿童自我概念的研究中发现:男生自我评价较稳定,女生却是年龄越大,自我评价越低。

2. 自我体验

自我体验指自我意识中的情绪、情感方面,如自尊感、内疚感、羞愧感和自豪感等。在整个小学阶段,儿童的自我体验与自我评价的发展具有很高的一致性,随着儿童自我评价能力的提高,他们的自我体验也越来越深刻。

在儿童的自我体验中,最值得重视的是自尊感。自尊感是自我意识中具有评价意义的情感成分,是与自尊需要相联系的对自我的态度体验。它是个体对自身价值的评价,会随时间而变化。儿童在小学低年级刚开始社会比较时,其自尊会有所下降。四年级以后他们的自尊会稳步上升,青春期后他们都会有自信和自豪的表现。自尊需要得到满足,将会使人感到自信,体验到自我价值,并产生积极的自我评价。有研究表明,高自尊感与生活满意感和幸福感相关,低自尊感则与压抑、焦虑、学校生活和社会关系不适应相关。

(二)对他人的认知

个体对他人的认知,表现在对他人行为的意图动机、对他人的人格特征、对他人的社会身份诸方面的理解上。学龄初期,儿童对"与己异类"的人群会持有消极的态度和偏见。学龄中期,儿童能以不同的方式进行社会分类,偏见会下降。总的来说,小学生对他人的认知从了解他人的外部具体特征向了解他人的一般心理特征发展。例如7岁以下的儿童通常用姓名、身体特征及行为等来描述一个人,他们对人的评价也仅仅是用好、坏等词汇。从8岁开始,描述行为特征、心理品质、信念、态度、价值观的抽象形容词逐渐增加,而且越来越多地抽取出不同时间和场合下的行为规律,推测他人行为的动机。

心理学家C·巴伦波(C. Barenboim, 1981)就学龄儿童对他人的印象认知提出了一个三阶段的发展模型:(1)行为比较阶段(6—8岁)。儿童常常将对象的具体行为加以比较,如"莉莉比莎莎爱说话"、"小红是我们班上跳舞跳得最好的"。在此阶段之前,儿童还不善于运用比较方式,而是使用绝对化的描述。(2)心理特点阶段(8—10岁)。当儿童观察到对象行为的一定规律时,对这个对象的印象就开始依据其现有的稳定的心理特点。(3)心理比较阶段(10—12岁)。儿童已开始从一些重要的心理维度上对认识的对象加以比较和对照。例如"张冉比黄惠更害羞"就是一种心理比较。

(三) 对人际关系的认知

儿童对权威关系的认知反映了儿童对成人—儿童关系的认识特点。达蒙(W. Damon,1971)采用道德两难故事法研究了4—10岁儿童权威认知的发展。结果发现,5—6岁的儿童把权威看成是"必须服从的内在权利",因为权威具有完全的优势、较强的社会威力或身体力量。大约8岁左右,儿童开始出现一种比较成熟的看法,认为权威是一种相互关系,应该服从权威,因为他们对儿童有所帮助。到9岁时,儿童服从权威基本上是自愿的和合作的,权威和地位低下的人具有相同的权利。到11或12岁时,儿童认为权威关系是完全合作性的,是由一致或同意建立起来的,并与特殊的情境有关。由此可见,儿童权威认知的发展是一个逐渐走向成熟的过程。儿童权威认知的发展,不仅伴随着公平感、平等感的日益增强,而且表现了理智成分的递增,情绪冲动的递减。①

儿童对友谊的认识逐渐发展。6—7岁的儿童认为朋友就是一起玩耍的伙伴;9—11岁儿童强调相互同情和相互帮助,认为忠诚是朋友的重要特征,朋友关系应该是比较稳定的,选择朋友的依据开始转向积极的人格特点(如勇敢、善良或忠诚)及志趣相投。

二、小学生人际关系

与儿童社会性发展紧密相联系的有两种主要的人际关系。一种是纵向的等级关系,即和比自己有更大智慧的人形成依恋关系。这种等级关系最明显的例子是亲子关系,其次是师生关系。等级关系的特点是通过交流,由年长的个人对儿童予以控制,而儿童也服从控制,在这种意义上,年长者(父母或教师)基本上是给予者,儿童基本上是接受者。这种关系能让小学生情绪上安定,同时学习社会技能。另一种是横向的平等关系,即和自己有同样社会能力的人的关系,同伴关系是这种横向联系的例子。这种横向的同伴关系使儿童学会与和自己各方面相等的人相互协调,掌握与同伴协作和竞争的复杂情况,建立亲密的朋友关系。

(一) 小学生的亲子关系

儿童入学以后,与父母的关系发生了很大变化,表现为儿童与父母的交往时间、交往内容和交往方式都有所改变。

交往时间上,与学前期相比,小学儿童与父母在一起的时间相对减少,父母关注儿童的时间也相对减少;儿童对父母的依恋和依赖程度减弱。据一项研究表明,5—12岁儿童的父母比学前儿童的父母在教导儿童、与儿童谈话、为儿童阅读、与儿童一起做游戏等交往的时间减

---

① 安秋玲. 儿童对权威关系的认知发展初步研究[D]. 华东师范大学,2011:6—8.

少了一半（Hill & Staford，1980）。入学后的儿童与同伴、教师的联系逐渐增多，对父母的依恋不如婴幼儿强烈，也不像青少年那样独立。

在交往内容上，小学儿童的父母更多关注孩子的学业和品德。如辅导学习、检查作业，与孩子讨论学校里发生的事情，讨论同伴交往问题、日常行为举止的适当性等。这个时期，亲子间开始转向复杂的问题处理，许多问题都可能导致亲子间感情上的变化。因此，这些无论对父母还是对孩子来说都是新的考验。

在交往方式上，父母的控制性在小学阶段开始减弱，由直接控制逐步转为引导、教育儿童自我控制和自我监督。研究表明，随着儿童年龄的增长，他们开始独立思考问题。虽然很大程度上他们还摆脱不了对父母的依赖性，想寻求父母的指导，但越来越倾向于自己作决定。根据麦考比（E. E. Maccoby）的研究，父母对儿童的控制随着年龄增长而逐步减弱，儿童的自我决策权越来越强，6—12岁期间出现了共同控制的局面。这时父母有三个主要职责：在一定距离里监督和引导儿童的行为；有效地利用与儿童直接交往的时间；加强儿童的自我监督和教儿童知道如何寻求指导。不过，总体上，小学阶段的儿童与父母的关系仍然保持着亲密关系，父母仍是孩子安全的"避风港"。

（二）师生关系

师生关系是师生间建立的一种多层次的立体结构模式，是儿童人际关系的一种重要形式。师生关系对儿童的学校适应、社会性行为、自我意识、学习成绩等均有显著的影响。

1. 学生对老师的态度

小学生是带着对老师无比崇敬和敬畏的心理步入校门的。低年级小学生视老师为绝对权威，对老师的话（尤其在学业方面）言听计从，教师的话甚至比家长的话更有权威性。但是随着年龄的增长、儿童的独立性和评价能力的发展，儿童对老师的态度开始发生变化。特别是到了三年级以后，小学生不再无条件地服从、信任老师了。他们开始对老师做出评价，得出"老师的话不一定都对"的结论。同时，对不同的老师会表现出不同的喜好。调查发现，小学生最喜欢的往往是"讲课有趣、喜欢体育运动、严格、耐心、工整、知识丰富、能为同学着想"的教师。四、五年级是师生关系发生重大变化的时期。究其原因，是小学生社会认知能力不断提高，对教师的认知也更具有批判性的眼光，开始客观评判教师的行为。对他们喜欢的老师会报以积极的反应，而且也十分重视这些老师的评价。对不喜欢的老师，儿童往往予以消极的反应。此外，男女学生在师生关系的亲密性和反应性上有显著差异，女生的师生关系比男生更为积极。女生更倾向与老师交往，与老师保持良好的师生关系，这可能与女生有较强的交往倾向和归属感、男生更倾向独立和自主有关。因此，小学阶段，特别是中、高年级，教师一定要处理好与儿童的关系，一定要想办法使儿童真正能够"亲其师"。

2. 老师对学生的影响

教师对学生的影响体现在教师对学生的期望上。期望是对人或事物的未来状况所作的推断。老师一般根据学生的性别、身体特征、社会经济地位、家庭状况、兴趣爱好、学业表现等信息来对学生形成期望。罗森塔尔效应表明，教师对小学生的积极期望可以影响学生的学习成绩及智力发展。美国哈佛大学心理学家R·罗森塔尔（R. Rosenthal，1968），对美国旧金山一所小学一至六年级学生实施了实验。他先将所有儿童进行了测试，然后随机抽取了20％的儿童，告诉老师，这是经心理鉴定为"最有发展前途"的学生。一年半后，对儿童各方面资料的收集表明，这20％的学生 IQ 的增加比控制组大，其中一、二年级的差别特别显著。这种情况之所以出现，是因为老师把自己的期待传递给他们，给予实验组学生更多的关心、帮助和指导。教师对学生有较高的期望，因而会对学生有和蔼、愉快的态度，经常表现友好的行为，微笑、点头、注视学生，与学生有较多的谈话，对学生给予密切关注，并经常表扬学生。这种和谐的师生关系所产生的不仅是学生分数的提高，而且使学生具有更强的自信心、与日俱增的创造性，以及对他人更喜爱、更亲近的态度。因此，教师应该根据这条规律，在教育过程中针对学生的个别特点，寄予恰当的期望。

罗森塔尔还指出，自我实现预言效应的发生是受多种因素影响的。但是，一般而言，教师如果做到：（1）与学生形成良好的师生关系和营造一种温和的学习气氛；（2）对学生的成绩给予及时和正确的反馈；（3）教给他们更多（和更难）的知识；（4）给他们更多的机会去作出反应和提出问题。那么就会在很大程度上提高学生的水平，实现教育者的预期。

（三）小学生的同伴关系

在儿童社会化发展的过程中，同伴的作用不可低估。儿童与同伴的关系在原则上是一种平等关系，随年龄的增长，当儿童进入同伴领域后，他才发现相互影响的可能性。于是，儿童逐渐从对父母的服从中挣脱出来，更多地与同龄伙伴交往。赖特（Wright）曾对一组儿童进行了追踪研究，从 2 岁追踪到 11 岁，结果发现随年龄增长，儿童与成人相互作用的次数在减少，与同伴相互作用的次数在增加，11 岁时两者恰好相等。

1. 同伴关系的变化

同伴关系是小学生除亲子关系外的一种重要社会关系，是小学生实现社会化的重要手段。进入小学以后同伴交往的形式及特点都产生了新的变化。

（1）明显的依从性

儿童对同伴的依从性有一个明显的变化，同伴影响的发展呈倒马鞍形，两头低，中间高。即幼儿园的孩子最少依从，7—10 岁的孩子最易依从，而再大一些的孩子甚至成人在依从性上居中。

在小学生中，同伴之间的相互影响很大，绝大多数小学生都宁愿选择与大多数同伴一致的行为，即使知道不正确也要附和，即使是高年级学生也有一些人是如此。贝伦德（Berend）1950 年曾研究了儿童对同龄伙伴压力的反应，他让 7—13 岁的儿童参加了一项简单的测验，测验时每次一人，要求他比较 12 对卡片上的各线条的长度。他们已在班上参加过这种测验。但在第二次时，受观察的儿童是在一间有 8 个同班最聪明的孩子在内的屋里进行测量的，而这 8 个聪明孩子事先都被通知在 12 个回答中做错 7 个。实验结果发现，所有被试中有半数左右的儿童受同伴压力的影响作出了错误回答，尽管这些儿童在第一次测验时都已作了正确回答，当这些儿童感到同伴压力而作了错误回答时，内心是苦恼不安的，但在外部行为上仍表现出对同伴的遵从。这与学生寻找同伴的强烈冲动，但又害怕被同伴抛弃的心理有关。同龄人的一致意见对儿童产生较大的心理压力，迫使儿童放弃自己的想法去依从同龄人。总之，小学儿童同伴关系是从初入学的自我中心状态，发展到低、中年级儿童的普遍依从，再发展到高年级儿童的社会独立性增强，能较为灵活地协调同伴间的关系。这种发展是与儿童认知发展的水平相一致的。

（2）情感因素强烈

在小学生的同伴交往中，情感因素十分重要，超过了理智因素。在对小学生择友心理的调查中发现，占第一位的友谊标准是"同忧愁、同欢乐，互相关心"。情感成分居于突出地位，所以，有时在小学生中出现为朋友去做不应该做的事，或帮助朋友欺骗老师和家长。

（3）不稳定性

小学生的同伴交往随意性较大，且受外部客观因素的影响显著，因此稳定性差。在小学生中，彼此接近、共同活动、接触频繁是交友的重要因素。而一旦客观情境发生变化，他们之间的友好关系就中断。

2. 小学生的同伴交往

同伴交往是儿童社会性发展的一种重要手段，在小学生生活中占据了重要地位。小学生的同伴交往主要分为友谊关系和同伴团体两个方面。

（1）小学生的友谊

友谊是指与同伴、同学等建立起来的一种特殊亲密的关系，即朋友关系。美国著名的儿童心理学家塞尔曼（R. L. Selman，1980）的研究表明，小学阶段的友谊属于双向帮助阶段，儿童对友谊的交互性有了一定的了解，但是功利性体现仍然明显，此时的儿童还不能做到共患难。

小学时期同伴交往的一个比较明显的特点是个体之间可以建立比较亲密的、稳定的同伴关系。据一项多达 800 人的调查发现，78％的三至五年级儿童至少有一个互选的好朋友，55％的儿童有一个最好的朋友（Parker & Asher，1993）；此时的小学生也很重视与同伴建立友谊关系；当朋友在场时，其学习和活动会更加快乐。不过，在对友谊和朋友的认识上，不同年龄阶段存在差异。例如，我国学者李淑湘、陈会昌和陈英和（1997）采用结构访谈法对我国6—15 岁儿童对友谊特性的认知状况做了研究，结果发现儿童对友谊特性的认知发展有明显年龄差异：6—8 岁只能认识友谊特性中一些外在的、行为的特征；之后才逐渐认识到那些内在的、情感的特征，并且是与外在的特征一起走向深入的。

小学生的友谊从不稳定到相对稳定。低年级儿童的友谊还没有很好发展起来。他们的友谊通常建立在外部生活环境和偶然共同兴趣的基础上，如同坐一桌，一起跳橡皮筋等，所以，他们之间的友好关系很容易受外部因素的影响。中年级开始，儿童之间逐渐形成了建立在共同兴趣基础上的比较持久的友好关系。中、高年级同学选择朋友逐渐从外在因素转向内在因素，如性格好、学习好、互相关心、有共同的兴趣爱好等。

此外，在友谊关系上，男女儿童存在显著的差异。三至五年级的女孩的好朋友个数比男孩多；在描述朋友关系时，女孩比男孩更多地描述到关心、亲密、冲突解决等方面的内容；男孩在与朋友活动和游戏上明显多于女孩；在对朋友之间的冲突解决上，女孩认知高于男孩。此外，小学生的友谊大多在同性儿童中展开（S. Ellis，et al.，1987）。

（2）小学生的同伴团体

同伴团体，是指个体之间遵循一定的规则、完成共同的目标，执行一定行为标准的多人结合体。小学时期是开始形成同伴团体的时期。同伴团体具有几个显著特点：在一定规则基础上进行相互交往；限制其成员的归属感；具有或明或暗的行为标准；在共同目标下形成了一定的组织，这种组织的结构可能是松散的，也可能是严密的。小学期间的同伴团体对儿童具有重要影响，它为儿童提供了学习与同伴交往的机会。在团体活动中，儿童学习处理各种关系中的社会问题，学会按照同伴团体的标准建立合适的反应模式来组织自己的行为，社会交往技能进一步扩展和提高。同伴团体还可以为儿童提供形成和评价自我概念的机会，同伴的拒绝与接受反应使儿童对自己有了更清楚的认识。

儿童的同伴团体，按照其组织方式可以分为两大类：有组织的集体和自发的团体。有组织的集体一般是在学校或者其他组织帮助下形成的。小学生的集体主要是班集体。刚入学的儿童，还没有形成真正的集体，最多只算是人为编凑的、松散的集合。到了一年级下学期，儿童的集体关系和集体意识才初步形成。二年级的儿童已能明确意识到自己是班集体的一员，逐步把集体的要求转变为自己的要求，把班集体的利益看作是自己的利益。这个时期，班级儿童逐步分化。与此同时，班集体内部成员开始出现分化，一部分学生成为集体活动中的积极分子，另一部分学生成为班集体中的基本群众，这时班集体的组织和纪律得到巩固和加强，形成真正意义上的集体。随着年级的递升，小学儿童集体活动的范围逐步扩大，儿童更能够处理个人和集体的关系，能够自觉服从集体，维护集体的利益，小学生的集体意识越来越强。

自发团体的结构相当松散，形式也多种多样。小学低年级儿童中还没有形成小团体，但也可看到班上一些同学常在一起玩或互相帮助，表现出结伙行为。但他们的结伙行为偶然性较大，如因上学同路、座位靠近等，结合不稳定。到了小学中年级，由于学生对事物的兴趣、态度和看法日益分化，他们逐渐具备了结伙的心理基础，并逐渐分化出集团的首领，开始形成小团体。在学生的小团体中，一般有主要人物，男生一般是体育尖子、学习好的学生，女生则主要是学习好、肯为大伙办事的人。小团体的活动男生一般以冒险、猎奇等户外活动为多，女生则多为读书、趣味活动等室内活动。自发团体按其倾向性不同，可分为亲社会团体、反社会团体和非社会团体等类型。亲社会团体有助于培养儿童良好的道德品质，如学雷锋小组、社会公益小组等。反社会团体对个体的发展危害极大，如流氓团伙、抢劫团伙等。而非社会团体则指置身于社会问题之外、建立在共同的娱乐活动基础上的组织，如学习兴趣小组、舞蹈小组等。

总之，无论是有组织的集体，还是自发形成的团体，都对儿童的个性发展产生重要的影响。因此，在教育中，应该重视儿童的同伴团体。一方面积极建设正规的集体，另一方面要合理引导儿童向健康的团体发展，避免不良同伴团体的形成。

（四）小学生的异性关系

青春期以前的小学生，都倾向于选择同性同伴，这种现象在小学阶段呈上升趋势。此外，在小学生的同伴交往中，还会出现一些有趣的现象。有些男生尤其是低年级男生，常常采取制造事端的方式与女生接触，如在课间把女生的文具藏起来，在课桌中间画一条界线等，表明这些男生对女生特有的兴趣。随着年龄的增长,男女生会表现出微妙的变化,如表现出拘谨、腼腆、故意的漠不关心等。男女生开始对异性同伴产生朦胧的神秘感和渴望。异性学生之间充满神秘感,互相吸引,互相欣赏,这是儿童走向成熟的表现,也是容易产生问题的症结所在。

小学高年级学生正处于性别角色分化和性意识急速发展的时期,其发展一般经历以下过程:

1. 对性知识和异性的探求和了解

进入青春期后,随着第二性征的出现,两性身心差异拉大。自我性意识觉醒使学生对异性颇感好奇、敏感,迫切希望掌握性知识,对自己和异性的生理变化进行探求和了解。小学生对性知识和异性的了解渴望主要指向男女生殖器的构造、性生理现象、生殖及性行为、解脱性烦恼的方法等。

2. 对异性的疏离与排斥

小学生对异性的兴趣与爱恋,有一个逐渐产生、发展的过程。其前兆往往表现为对异性的疏离与排斥。青春初期,由于对异性、角色的心理认同感增强,以及对第二性征发育现象的不安与烦恼,不少儿童对异性产生心理封锁,同性交往趋向增强。同时,由于完全缺乏与异性交往的技巧,对异性的陌生、畏惧感尚未消除,不安和羞涩使一些学生以反向的方式来表达自己对异性的关注,就出现了常见的"心相近而形相远"的现象。

3. 对异性的关注与接近

进入青春期的男女生,随着生理发育的日益成熟及性意识的萌发,对异性产生好感、爱慕,并渴望与之接近、交往,这是极为正常的心理。对异性向往的心理发展结果便是接近异性的行为,其表现主要为:其一,修饰打扮自己,以良好的自我形象吸引异性的注意。这一阶段注意自己衣着打扮、容貌身姿者明显增多,且女生多于男生。其二,以各种理由接近异性,以男子气或女性化表现来博取异性的喜欢。男女学生愿意一起活动、游玩、运动、学习,主动接近异性者增多。

4. 对异性的追求与爱恋

随着对异性的关注增多,学生会感受到异性吸引的情感撞击。当这种心理较为专一地指向某一异性时,便进入了纯洁、朦胧、幼稚的所谓早恋阶段,并产生相应的追求行为。学生心里萌发的异性吸引,是性心理和性生理走向成熟的必然结果,是一种正常的自然表现。对学生而言,异性同学间的正常交往不仅有利于学习的进步,而且有利于个性的全面发展。一般来讲,既有同性朋友又有异性朋友的学生,往往性格比较开朗,为人诚恳热情,乐于帮助同学,自制力也比较强。而那些只有同性朋友的学生,往往缺乏健全的情感体验,不具备与异性沟通的社会交往能力,社会范围和生活圈子也比较狭小,人格发展不甚完善。

渴望、喜欢与异性交往是青春期学生性心理发展的必然。有些学生因为缺乏与异性交往的技能和经验,影响了与异性进行正常的接触和交往,出现异性交往的问题:其一,交往过度。造成这一问题的原因,除了生理发育的必然,还反映出学校、家庭教育的问题。如在单亲家庭孩子身上表现得比较明显,这是因为孩子缺乏父爱或母爱,就会从异性身上寻求满足。有些男孩就会从异性身上寻求温暖和理解,女孩则寻找关心和依靠。其二,交往紧张。很多孩子特别是女孩子本来性格活泼,喜欢结交朋友,但由于对正常的异性交往和早恋的区别没有正确的认识,在与异性交往时顾虑重重,直至产生退缩行为,正常的活动也不敢参与,造成异性交往障碍。

第三节　小学生心理的个别差异与因材施教

　　研究和了解小学生心理的个别差异的根本目的,是为了能有针对性地对小学生进行引导和教育,实现因材施教。两千多年前,我国伟大的教育家孔子就提出了因材施教的思想并付诸实践,培养出 72 个"高材生"。例如,孔子在分析和评价他的几个学生时说:"高柴愚笨,曾参迟钝,颛(zhuān)孙师偏激,仲由鲁莽。"有一次,仲由问孔子:"听到了就行动吗?"孔子说:"不能。"冉求也问孔子:"听到了就去行动吗?"孔子说:"去行动吧!"公西华见孔子对同一个问题作出两种回答有些疑惑不解,便去问孔子:"为什么两个人的问题相同而您的答复却相反呢? 我想向您请教。"孔子回答说:"冉求平日做事胆小怕事、退缩不前,因此我要为他壮胆。仲由好强,胆大妄为,我要约束和劝阻他。"可见,孔子就是在了解学生的个性差异的基础上进行因材施教的。

一、小学生人格差异及教育

　　在心理学中,人格是构成一个人的思想、情感及行为方式的特有的统合模式。这个模式中包含了一个人区别于他人的稳定而统一的心理品质。每个人的人格都有其独特性,小学生的人格差异有多种表现,气质差异、性格差异是核心的两个方面。

(一)小学生气质差异及教育
1. 小学生气质差异
　　气质是小学生与生俱来的心理差异,它表现在学习与生活的多个方面,不以活动的内容为转移而发生较大的变化。小学老师需了解学生的气质类型和特点,进行有针对性的教育。

　　古希腊医生希波克拉底(Hippocrates)将人的气质分为胆汁质、多血质、粘液质和抑郁质四种类型。我国研究发现,小学生中各种气质类型的人都有,其分布是不均衡的,粘液质的学生所占比例最大;男生中胆汁质和胆汁-多血质的人要多于女生,女生中抑郁质和粘液-抑郁质的人要多于男生。中国儿童青少年的气质分布与发展研究协作研究组(1990)曾对我国儿童青少年的气质分布进行调查研究,发现胆汁质类型的三年级小学生为 16.38%,五年级为 16.16%,从小学五年级至初中二年级这种气质类型的学生呈显著下降的趋势;粘液质类型的三年级小学生为 20.26%,五年级为 18.78%;多血质类型的三年级小学生为 9.69%,五年级为 9.61%。张劲松(2000)、欧阳林静(2008)等人的研究表明,小学生的气质特点从 7 岁左右开始稳定,气质的性别差异随年龄增大而逐渐显现出来;8—12 岁的男生与女生相比活动量较高,可预见性较低,反应较强烈,坚持性较低。刘文(2002)的研究也发现,在活动性和情绪性上男生高于女生,而女生的专注性高于男生。小学生气质类型的差异如下(见表 3-5)。

表 3－5　气质类型的行为特征

气质类型	高级神经活动类型	高级神经活动过程	行 为 表 现
胆汁质	兴奋型	强、不平衡	开朗、热情、大方、直率、勇敢、进取心强,但易发脾气、粗心大意
多血质	活泼型	强、平衡、灵活	活泼、机敏、有同情心、爱交际,但马虎、情绪变化不定、注意力易转移
粘液质	安静型	强、平衡、不灵活	沉着、冷静、坚毅、踏实,但缺乏朝气、反应缓慢、冷酷、倔犟、拖拉
抑郁质	抑制型	弱	细心、守纪律、坚定,但孤僻、胆小、无主见、多疑

2. 教育的对策

小学生的气质虽然具有较大的稳定性,但通过教育能够改变学生气质中不好的一面,发扬其长处。教师要尊重学生的差异,正确认识学生的气质,了解学生的气质特点并针对这些特点因材施教。

(1)要根据学生气质特点,采取不同的教育方法

教师要深入了解学生的气质,根据学生的不同气质特点采取不同的教育方法。例如,胆汁质的学生直率、容易冲动、不够冷静,教师可以采取直截了当的方式进行教育,但不宜激怒他们,对他们的批评要以理服人,使其能够口服心服。多血质学生活泼、反应快,但做事缺乏恒心,可采用多种教育方式,但要定期提醒,对其缺点严厉批评;教师要注意提醒他们认真踏实,坚持到底,防止其见异思迁;创造条件,多给他们活动的机会。粘液质学生反应缓慢,教师要耐心教育,让他们有充分考虑和反应的时间。抑郁质学生敏感,教师对他们的教育要委婉亲切,多关心、鼓励他们,而不宜在公开场合指责,进行过于严厉的批评。

(2)正确认识学生气质,帮助学生扬长避短

教师应当认识到学生的气质并没有好坏之分,每种气质类型都有优点和缺点。教师要教育学生正确对待气质,加强修养,帮助克服气质的消极面、发扬积极面,促使学生更好地发展。例如,在发扬胆汁质学生豪放、勇于进取等气质特点的同时,要注意帮助其克服容易冲动的缺点,培养其自制力以及坚持到底的精神;在发扬多血质学生朝气蓬勃、足智多谋的气质特点的同时,应鼓励他们勇于克服困难,培养其扎实专一的精神,防止见异思迁;在发扬粘液质的学生行事稳重、工作踏实等气质特点的同时,要注意避免其冷淡、固执和拖拉,培养其生气勃勃、热情开朗的个性;在发扬抑郁质的学生认真、细致等气质特点的同时,要鼓励他们多与人交往与沟通,提高他们的自信心,培养他们的积极情绪及自尊自强等个性品质。

在学习活动的要求和安排上也要因人而异。例如,对胆汁质或多血质的儿童可以要求和安排较长时间的学习任务。抑郁质的儿童容易疲劳,需要更多的休息,因此,学习的持续时间就不宜过长。总之,教师要针对不同气质类型的学生进行适宜教育,促进其心理发展。

（二）小学生性格差异及教育

1. 小学生性格差异

在儿童的学习和受教育的活动过程中,客观事物和种种教育影响,通过儿童自身的认识、情感和意志活动,形成一定的态度体系,并以一定的模式经常表现在其行为活动中,形成其特有的行为方式,这就是儿童的性格特征。

朱智贤(1990)的研究发现,小学生的性格发展随年龄的增长而变化,但其发展速度表现出不平衡、不等速的特点。二至四年级学生的性格发展较慢,为性格发展的稳定时期;四至六年级学生的性格发展较快,性格特点日益丰富,为性格的快速发展时期;到六年级,青春期身心的巨变对学生的性格发展产生深刻的影响。因此,小学六年级是学生性格发展的关键期。

小学生的性格总体遵循由低到高的发展趋势。学生的性格的情绪特征不断发展,情绪的强度和持久性发展很快,在六年级出现高峰。性格的意志特征的发展曲线是平直的,性格的理智特征的总体趋势是二至四年级呈稳定发展,四至六年级呈迅速发展。高华(2000)的研究发现,在好奇心的性格特征上,二、四、六年级学生相互间的均数比较差异都非常显著,说明各年级学生的好奇心发展迅速。而进取心的性格特征是二年级学生发展迅速,进入四年级后则发展缓慢,但较之二年级有很大的进步。二、四、六年级学生在独立性的性格特征上差异不显著,说明他们的依赖性较重。学习成绩好的学生具有强烈的独立性、好奇心和进取心的性格特征,女生的进取心胜于男生。小学生性格类型差异见表3-6。

表 3 - 6　性格类型的主要特征

划分方式	性格类型	主 要 特 征
控制程度	理智型	冷静、自制力强、善于控制自己的情绪,但容易畏首畏尾,缺少冲劲
	情绪型	热情、大胆、情绪反应敏感,但情绪容易起伏,易冲动,注意力不够稳定,兴趣易转移
独立程度	独立型	独立,意志坚强,独自发现和解决问题,固执己见,不易合群
	顺从型	服从,随和,独立性差,依赖性强,易受暗示,紧急情况下容易惊慌失措
个性倾向性	外向型	活泼开朗,善交际,喜怒形于色,不喜欢独自学习,自制力和坚持性不足,有时表现出粗心、不谨慎等
	内向型	安静,含蓄,不善交际,善于忍耐克制,富有想象力,应变能力弱,容易优柔寡断,显得孤僻、胆怯等

2. 教育的对策

在儿童的各种课内课外的学习活动中,各种性格特征往往又会以不同的结合方式表现出来,有时以某一性格特征为主,有时又以另一性格特征为主。由于各种性格特征之间存在一定的内在联系,老师有时就可以根据儿童某一种性格特征推知他在某种场合下可能的表现。这样就可以把引导工作做到活动的前面,防止不良行为的出现。

教学中,小学生的性格常常影响他们对知识和技能的掌握。比如,一个学生有刻苦、顽强的性格特征,尽管学习基础不好,也能取得较好的成绩。而另一个学生虽求知欲望,但独立性差,容易受暗示,人云亦云,这样他在学习中就难以取得好成绩。针对他们的情况,需采取不同的措施。如鼓励前一个学生刻苦学习的精神,在基础知识方面适当补漏;对后一个学生就需要加强独立性的培养,引导他独立思考和解决问题。这样,他们的学习成绩就都能得到较大幅度的提高。根据儿童性格上的缺陷,有的要从放低要求、提高成绩出发,培养和增强其学习信心;有的要在知识上查漏补缺;有的要改变包办做法,让孩子自己去克服一些困难;有的要严格要求,培养其持久性和自制能力。

还要根据小学生的性格差异,帮助他们形成积极的性格特质。学生的性格差异是复杂多样的,除表现为性格特征的差异外,还可以表现为性格积极因素和消极因素的并存。比如,一个学生热情、乐于助人,但做事虎头蛇尾;又如,一个学生在学校表现勤奋、爱劳动、能自制,而回到家里却懒惰、任性等。因此,对学生的性格不可轻易下结论,要进行全面的了解分析,抓住其性格的本质方面,综合分析,做出正确鉴定。只有这样,教育才能真正有的放矢。

二、小学生性别差异及教育

(一) 小学生性别差异

在我国,男女学生学习的性别差异越来越引起关注。自二十世纪九十年代开始,随着学业优势不断扩展和延伸,女生几乎在所有学科领域及在各级教育水平上的学业成绩都赶上甚至超过了男生。人们认为现行的教育体制可能更加适合女生的发展,更能发挥女生的优势,而不利于男生优势项目的发挥。此外,人们也开始思考男女学生自身的性别差异是否也带来了学习上的差异。由于遗传和生理上的不同,再加上社会环境、教育和实践活动的影响,比如教师根据学生的性别采取不同的对待方式,男生和女生在能力、性格和社会行为等方面可能表现出不同的心理活动和心理特点。

1. 认知功能差异

现有研究发现,女生在口语能力任务中,比如拼写和理解上的能力平均高于男生,而男生在实践和操作活动上的能力比女生强。在基本技能和模型建造方面,男女生存在很大的差异,而在推理和问题解决方面,差异相对来讲低一些。有研究者在关于认知能力的研究中考查了男女生在视觉空间能力、口语能力、情景记忆能力和人脸识别能力四个维度上的性别差异,结果表明女生在言语生成、情境记忆和人脸识别任务时相比于男生存在明显的高水平,而男生在视觉空间任务,包括视觉空间记忆任务上更有优势。

男生比女生在抽象概念的学习方式上表现出更大的兴趣,女生更多地运用记忆和背诵的学习策略。在学习环境中,女生更喜欢使用语言和与人合作,而男生喜欢设计、创造和建造物体。在学习中,女生的机械记忆和背诵能力比男生强,对具体事物的记忆较为精确,短时记忆也优于男生,男生理解记忆和抽象记忆较强。

2. 学习成绩差异

有关儿童学习的研究表明,男女儿童学习的平均成绩差异不大,但成绩连续分布的两端,男生明显高于女生,也就是说,男生成绩分布较为分散,优、劣二者人数都超过了女生,而女生成绩分布则较为均衡。我国有研究人员用 5 套思考应用题为材料,对 2759 名小学一至五年级的男女学生进行数学思维能力测验,结果发现,在解答比较简单的题目时,各年级男女生差异不大,女生的正确率略高于男生;在解答较为复杂的题目时,男生的正确率略高于女生。

3. 课堂表现差异

在课堂中,男生比女生更活跃,女生比男生更有可能寻求教师的认同;男生注意力保持时间较短,情感欠成熟,与女生相比,男生易产生许多不良行为,更有可能对学校和教师持否定态度。但是,男、女生在与教师接触时都不轻易表露消极情感。另外,两种不同类型的性别偏见影响了学生的学习。一是教师更多地关注男生,男生在课堂上发言的机会比女生多并且受到更多的表扬、反馈和评价;二是男女的性别刻板印象,可能使得女生在数学课堂学习中带有更多的焦虑。

(二)教育的对策

面对小学生的性别差异,作为教师必须克服一些偏见,并采取一定措施,因"性"施教。

1. 克服性别刻板印象

性别刻板印象是传统的、被广泛接受的对两性的生物属性、心理特质和角色行为的较为固定的看法、期望和要求。研究表明,性别刻板印象在婴儿出生时就从父母身上表现出来了。这种早期由于性别刻板印象而导致的认知差异,无疑会影响父母对孩子未来的行为的期望和社会化过程。性别刻板印象不仅表现在父母身上,而且在教师身上也是存在的。有人曾对小学一、二年级的教师做过研究,结果发现,攻击行为常常被认为是典型的男孩行为,依赖行为对两性都不典型,但有依赖性的女孩比有依赖性的男孩更为老师所喜欢。

性别刻板印象往往使我们的认识不符合男女群体的实际特点,或者容易导致我们对某些学生的非本质特征做出概括,形成偏见,得出不正确的判断。因此,教师既要把握男女学生所属群体的一般特征,又应注意每个学生的特殊性,给予具体的深入分析。

2. 正确期望与评价性别角色

教师的行为也包括教师对学生的期望与评价。研究表明,教师对男女学生不同角色的期望与评价,可导致学生的学习成绩差异。有证据表明,教师期望成绩优良的男生在成年期取得的成就大于成绩优良的女生。一般来说,人们觉得女生在课堂上比男生听话,比男生容易达到学习要求。作为教师,应该正确认识男女学生的性别差异,对他们的期望不受性别偏见的影响,而且应当正确、公正的评价男女学生,破除思维定势,实事求是,但需具体对象具体分析。

3. 指导男女学生自我社会化

儿童的性别角色的社会化过程是一个主动的过程,在这一过程中,儿童通过观察学习进行模仿,通过认知加工发展性别的概念。有关研究表明,教师很可能在三个重要方面作出贡献:(1)男女教师通过他们的能力塑造了各种不同角色的典范;(2)教师通过各种直接或者间接的方式,对男女两性学生寄予不同的目标和期望;(3)教师促进了男女两性学生之间不同活动的发展。

这三个方面揭示了教师在儿童性别角色社会化过程中的作用。教师以自己的积极态度和价值观,用有效的教育方式,引导儿童在活动中自我社会化。教师要正确引导儿童理解自己的性别身份和社会确立的性别角色规范,通过学生自己内在的认知组织和加工,形成有关性别特征的正确认识。

4. 优势互补,因"性"施教

男女儿童有各自的优势发展领域,例如,在言语能力上,女生超过男生,从 10 岁起,男生数学成绩逐渐赶上女生。对于这些优势发展领域,教师要创造条件,让他们在各自领域进一步充分地得到发展。但是,也应当看到,这些优势发展领域是指群体平均发展水平而言的,并非指某一具体的个体。就个体而言,差别也是明显的,例如,男生中巧言善辩者屡见不鲜,女生中长大以后在物理、数学等自然科学领域作出贡献者也不乏其人。所以,这里所讲的优势互补、因"性"施教有两层含义:一是指群体而言,即女性男性,要优势互补。二是指个体而言,具体问题具体分析,要根据各自的特点,施以不同的教育,采取不同的教育方式和方法,促使每一个个体在各自的起点上迈上台阶。

三、小学生认知方式差异及教育

认知方式又称认知风格,是个体在知觉、思维、记忆和解决问题等认知活动中加工和组织信息时所显示出来的独特而稳定的风格。目前,研究较多的认知风格是场独立型和场依存型、沉思型和冲动型。小学生在认知方式上存在个体差异也是因材施教必须考虑的重要心理变量。

(一)小学生认知方式差异

1. 场独立型与场依存型

场独立型的人对客观事物作判断时,常常利用自己内部的参照,不易受到外来因素的影响和干扰;在认知方面独立于他们的周围背景,倾向于在更抽象的和分析的水平上加工,独立对事物作出判断。场依存型的人对物体的知觉倾向于以外部参照作为信息加工的依据,他们的态度与自我知觉更易受周围其他人,特别是权威人士的影响和干扰,善于察言观色,注意并记忆言语信息中的社会内容。场独立型的儿童,判断客观事物常以自己的内部线索为依据,独立地作出自己的判断;不易受外界因素的影响和干扰,社会敏感性差,不善于人际交往,喜欢独处。场依存型的儿童,对客观事物的判断倾向于以外部线索为依据,往往不易独立地作出判断;认知活动易受环境影响,尤其会受权威人物的影响;社会敏感性强,对他人感兴趣,爱好社交。场独立型与场依存型这两种认知风格与学习有密切关系。一般来说,场依存型的儿童对人文学科和计算学科更感兴趣;而场独立型的儿童在数学和自然学科方面更擅长,此外,场依存型儿童较易受别人的暗示,他们学习的努力程度往往受外来因素的影响;而场独立型儿童在内在动机作用下学习,时常会产生更好的学习效果,尤其明显地表现在数学成绩上。在观察方面,场依存型比场独立型儿童更多地注意他人的脸色,他们往往力图使自己与社会环境相协调,因而在形成自己的观点与态度时会更多地考虑所处的社会环境。而场独立型一般都有很强的个人定向,且比较自信、自尊心较强。

场独立型与场依存型学生对教学方法也有不同的偏好。场依存型学生更喜欢给无结构的材料提供结构,比较易于适应结构不严密的教学方法。反之,场独立型学生喜欢有严密结构的教学,因为他们需要教师提供外来结构,需要教师明确指导与讲解。场独立型者和场依存型者在学习上不同的特点见表 3 - 7。

表 3 - 7　场独立型者与场依存型者的学习特点

	场独立型者	场依存型者
学科兴趣	自然科学、数学,喜欢学习一般原理	社会科学,喜欢学习具体知识
学科成绩	自然科学成绩好于社会科学成绩	社会科学成绩好于自然科学成绩
学习策略	独立自觉学习,由内在动机支配	易受暗示,学习欠主动,由外在动机支配
教学偏好	结构不严密的教学	结构严密的教学

区分这两种认知风格,对因材施教有重要意义。首先,不同的教学方法对两类学生的效果有明显影响。其次,不同风格的学生偏爱选择不同的专业。因材施教一方面意味着发挥不同认知类型的特长,另一方面也意味着采取适当的教学措施弥补认知风格上的缺陷。

2. 沉思型与冲动型

杰罗姆·卡根(J. Kagan)首先提出这对概念,用来描述主体对一些具有不确定性答案的问题的或快或慢的反应。某些儿童倾向于深思熟虑且错误较少,这种认知方式被称为沉思型认知方式;另一些儿童倾向于很快地检验假设,且常常出错,这种认知方式被称为冲动型认知方式。划分沉思与冲动的标准是反应时间与准确性。

周润民以小学一年级学生为被试研究了冲动型和沉思型两种认知方式在逻辑推理中的作用。他首先以儿童的反应时间和选错次数做指标,对冲动型和沉思型两种认知方式进行鉴别。然后,分别在预试、启发和再测三个阶段,让被试做同性质推理测验。结果发现,冲动型儿童在预试时急于作答,但在启发阶段由于主试的提醒,纠正了急于作答的毛病,能注意答案的准确性,但在再测时由于得不到主试者的提醒,又恢复了急于作答的情况;沉思型儿童在三次测试中都能注意答案的准确性。研究者还发现,这两种认知方式在一定情况下影响儿童的推理成绩,即在预试阶段,由于题目难度较大,两种类型的儿童成绩均不好;在启发阶段,两组儿童的进步很大;在再测阶段,冲动型儿童成绩退步,而沉思型儿童成绩却保持了启发后的水平。

研究发现,沉思型儿童与冲动型儿童相比,表现出更成熟的解决问题策略,在解决认知任务时,总是谨慎、全面细致地分析问题的各种可能性,把问题考虑清楚以后再作反应,更多地提出不同的假设。而冲动型的儿童,总是急于给出问题的答案,他们不习惯对解决问题的各种可能性进行全面考虑,甚至有时会根据问题的部分信息或未做深入分析就仓促作出决定。而且沉思型儿童能够较好地约束自己的动作行为,忍受延迟满足,比起冲动型儿童,更能抗拒诱惑。此外,沉思型与冲动型儿童的差别还在于,沉思型儿童往往更易自发地或在外界要求下对自己的解答作出解释;而冲动型儿童很难做到,即使在外界要求下必须作出解释时,他们的回答也往往不周全、不合逻辑。这里要指出的是,并非所有反应快的儿童都属于冲动型,有的儿童反应快是由于任务熟悉或思维敏捷的缘故。研究表明,大约 30% 的学前儿童和小学儿童属于冲动型。

在学习方面,沉思与冲动两种方式存在明显差异。一般来说,沉思型儿童阅读成绩好,再认测验及推理测验成绩也好于冲动型儿童,在中等难度的知觉任务上的成绩比较好,而且在创造性设计中成绩优秀。相比之下,冲动型儿童往往阅读困难,较多表现出学习能力缺失,学习成绩常不及格。不过,在某些涉及多角度的任务中,冲动型儿童则表现较好。因此,在教育实践中,教师应根据不同的类型对学生进行区分,从而找到适当的教育方法。

(二) 教育对策

教师应根据学生认知的特点,不断地改革教学方式,努力做到因材施教;采用适应认知差异的教学方式,努力使教学方式个别化;应用适应认知差异的教学手段等。可主要从以下几个方面入手:

1. 理解认知发展

教师要了解学生处于哪种认知水平,适合怎样的教材和方法。不应期望所有学生处于同一认知活动水平上,教师应根据学生认知水平调整教学。例如,针对冲动型儿童可以采用自我指导式训练,教给学生能够在问题解决过程中利用自我对话来监视自己的思维。具体的做法是:要求学生在解决问题过程中大声说出自己的解题过程,并通过自我对话进行自我监控和指导,当获得连续成功以后,由大声自我指导变成轻声低语,而后变成默默自语。通过这样的训练,可以使冲动而粗心的学生变得有条不紊,细心地学习和解决问题,可以尽量减少学生的冲动倾向而提高他们解决问题的一般技能水平。

2. 保持学生的主动性

儿童需要丰富的环境,允许他们主动探索,亲身参加实际活动。这种安排能促进学生主动建构知识。

3. 制造认知矛盾

只有当输入的环境信息与学生的图式不相匹配时,才会出现发展。理想的情况是学习材料不能立即同化,但也不能太难,使学生无法理解。允许学生自己解决问题,得到错误答案也能产生认知矛盾。教师的正面反馈对学生是一种鼓励;学生也不必总是成功,教师对错误答案的反馈能够促成失衡的状态,促使学生思考。

4. 提供社会互动

社会环境是认知发展的关键资源,教师必须设计一些能够提供社会互动的活动,学习具有不同观点的他人能帮助儿童去自我中心化。

思考题

1. 小学儿童的社会性交往有哪些表现?
2. 试述小学儿童认知的发展。

扫一扫二维码
轻松获取答案

样题

一、单选题

1. 皮亚杰认知发展的阶段理论认为,守恒观念出现的关键是(　　)。

　　A. 多维思维　　　　　　　　　B. 自我中心思维

　　C. 可逆思维　　　　　　　　　D. 具体逻辑思维

小学教育心理学

2. 小学儿童以具体形象思维为主要形式逐步过渡到以抽象逻辑思维为主要形式的关键年龄大约在（   ）。

    A．7—8 岁   B．10—11 岁   C．12—13 岁   D．5—6 岁

3. 小学儿童平均能识记（   ）单词。

    A．3—5 个   B．6—8 个   C．7—9 个   D．8—10 个

4. 小学生注意的范围（   ）单词。

    A．2—3 个   B．4—6 个   C．4—7 个   D．8—10 个

5. "自信、坚强、勤奋"描写的是人的下列哪一种心理特征？（   ）。

    A．气质   B．性格   C．能力   D．动机

6. 在下列认知风格中，容易给学生带来不利影响的认知风格是（   ）。

    A．场独立型   B．场依存型   C．冲动型   D．沉思型

7. 人的气质类型在社会评价上（   ）。

    A．有好有坏   B．无好坏之分   C．都是好的   D．都是坏的

8. 儿童的思维运算已具有可逆性和守恒性，但思维运算还离不开具体事物的支持，说明儿童的认知发展正处于（   ）。

    A．感觉运送阶段   B．前运算阶段

    C．具体运算阶段   D．形式运算阶段

二、多选题

1. 人的心理发展具有（   ）基本特征。

    A．阶段性   B．定向性   C．不平衡性   D．差异性

2. 对物体的知觉倾向于将外部参照作为从事某一成就行为的主观判断称为（   ）。

    A．冲动型   B．沉思型   C．场独立型   D．场依存型

3. 小学儿童的社会性发展，主要表现在哪些方面（   ）。

    A．社会性认知   B．社会性学习   C．社会性交往   D．社会性意识

4. 小学生的知觉发展呈现以下几个特点：（   ）。

    A．知觉的目的性增强   B．知觉的持续性加强

    C．知觉的精确度更高   D．整体知觉不断发展

5. 小学生的个别差异包括（   ）。

    A．性别差异   B．认知方式差异   C．人格差异   D．行为习惯差异

三、填空题

1. 个体智力发展上的差异包括_____和_____。

2. 认知的发展变化是通过适应和_____两个过程来实现的。

3. 人们通常把知觉分为：空间知觉、_____和运动知觉。

4. 记忆包括三个环节：识记、_____和再现。

5. 小学阶段的思维具有_____、_____、可逆性的特点。

四、名词解释

1. 心理发展

2. 人格

3. 有意记忆

4. 想象

五、思考题

1. 简述小学生心理发展的特点。

2. 简述场独立性和场依存性风格的特点。

扫一扫二维码
轻松获取答案

进一步阅读的文献

1. 学习考试用书研发中心. 小学教育心理学[M]. 北京：清华大学出版社, 2013.

2. 唐卫海, 刘希平. 教育心理学[M]. 天津：南开大学出版社, 2005.

3. 冯维. 小学心理学[M]. 重庆：西南师范大学出版社, 2013.

4. 蔡笑岳. 小学心理学[M]. 重庆：西南师范大学出版社, 1995.

第四章　问题解决与创造力培养

学习目标

1. 掌握问题、问题解决和创造力的基本含义。
2. 了解问题解决的特征、过程和理论观,掌握问题解决的思维策略及影响因素。
3. 掌握小学生问题解决能力的培养方法。
4. 了解创造力的特征、过程、类别以及测量方法和主要观点,掌握影响创造力的因素。
5. 了解创造力的发展趋势,掌握小学生创造力的培养方法。

内容脉络

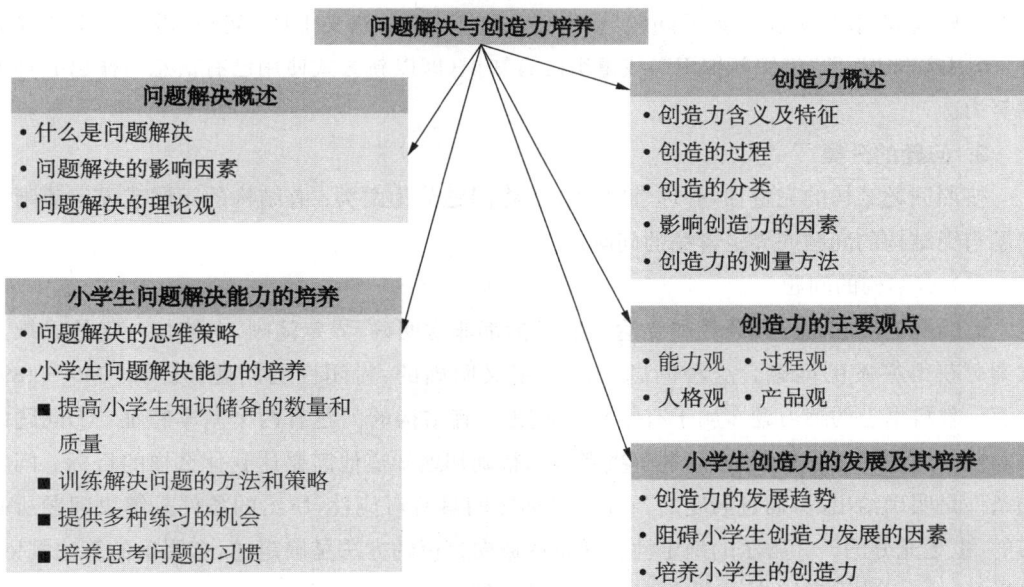

问题解决和创造活动是意义学习的高级形式,小学生掌握知识、技能的目的,就是要运用它们去解决各种问题。本章主要讨论问题解决的影响因素、小学生问题解决能力的培养以及创造力的培养问题。

第一节　问题解决概述

一、什么是问题解决

人生就是解决一系列问题的过程。在此,我们要弄清楚什么是问题、什么是问题解决以及它们的类别等。

（一）问题概述

在探讨什么是问题解决的含义之前，我们先来探究问题是什么，问题可以分为哪些类别以及问题的成分。

1. 问题的心理学含义

> 所谓问题，是人首次遇到且无现成可回忆的经验来解决的一种情境。

这里的"问题"具有心理学的特定含义，它与日常生活中所说的问题既有联系又有区别。"昨天星期几？""今天天气怎么样？"等是日常生活中说的问题，心理学讲的"问题"不仅是语义上的、更是心理上的。当一个人面临与自己的理想或目标存在差距的情境，而达到理想的目标或目标的途径又不明确、无法用自己已有的知识经验直接处理时，一个人就得面对问题了。心理学家吉尔福特(J. P. Guilford)指出，"每当你碰到不作进一步心理上的努力就不能有效应付的情况时，你就遇到了问题……当你要组织新的信息项目，或以新的方式运行已有的信息项目去解决问题时，你就碰到了问题"。所以，成为心理学意义上的"问题"需要两个前提条件：运用新知识（即"组织新知识"）或重组已有知识（即以新方式使用已有信息）；作出心理上的努力。

2. 问题的分类

按照问题结构的完整性，心理学家倾向于将问题分为两类：有结构的问题或界定清晰的问题与无结构的问题或界定含糊的问题。

（1）有结构的问题

有结构的问题是已知条件和要达到的目标都非常明确，界定清晰，个体按一定的思维方式即可获得答案的问题。这种问题一般是定义明确的、封闭性的问题。比如"349 + 1890 ＝？"。教科书上的练习题多属于有结构的问题。有结构的问题有两个基本特征：①问题的明确性。问题的目标很明确，问题解决者可以很确切地知道他需要达到什么样的目标。问题的条件是明确给出的，而且问题的条件与目标之间具有对应性，所给的条件是解决问题所必需的、也是充分的。②解法的确定性。从条件通向目标的方法是确定的，有明确的算法规则，可以经过一定的推理转换得出，而且答案是唯一的，不是模棱两可的。

（2）无结构问题

无结构的问题是已知条件与要达到的目标都比较含糊，问题情境不明确，各种影响因素不确定，不易找出解答线索的问题。此类问题在实际中经常遇到，也容易使人感到困惑，如，怎样造就天才儿童？怎样培养学生的创新意识？这些都是重要却又不确切的、无唯一正确答案的问题。

3. 问题的成分

从心理学分析，所有的问题都含有四种成分：

（1）起始状态。也称给定，是指一组已知的关于问题条件的描述，包括各种外显或内隐的已知因素。(2)目标状态。它是指对问题结论的描述,即问题所要求获得的答案或达成的目标状态。(3)障碍。它是指那些阻碍实现目标状态的因素,这些因素因人而异。(4)方法。它是指用来解决问题的程序、步骤和策略,有直接的,也有间接的。[①]

(二)问题解决概述

提出问题是解决问题的先决条件。但仅仅满足于提出问题是不够的,提出问题的目的是为了有效解决问题。

1. 问题解决的含义

> 问题解决是由一定的情境引起的,按照一定的目标,应用各种认知活动、技能等,经过一系列的思维操作,使问题得以解决的过程。

问题解决意味着个人运用"方法"克服"障碍",最终能把问题的"起始或给定状态"转化为"目标状态"。如,证明几何题就是一个典型的问题解决的过程。几何题中的已知条件和求证结果构成了问题解决的情境,而要证明结果,必须应用已知的条件进行一系列的认知操作。操作成功,问题得以解决。

2. 问题解决的特征

现代认知心理学认为,问题总是由一定的情境所引起,问题情境就是在生活或学习中出现在个体面前,使个体感到困惑又不能利用经验直接解决的情况。问题解决要通过认知操作、克服障碍来达到特定目标,这样的问题解决通常具有四个基本特征:

(1)问题情境性。它是指问题解决由特定问题情境引发,使人感到无法解决而引起认知失衡,促进个体积极思考并努力运用认知技能去寻求答案。没有问题情境就没有问题解决,问题解决意味着问题情境的弱化或消失。

(2)目的指向性。问题解决是个体的自觉行为,其活动总是指向明确的目标、追求达到特定的目标状态。如,在"猜谜"的实例中,目的就是要找到谜底;解决数学题,目的就是得出数学答案。没有明确目的指向的心理活动,如漫无目的的幻想,则不能称为问题解决。

(3)操作序列性。问题解决包含一系列的心理操作,即认知操作,包括分析、联想、比较、推论等。这些心理操作存在一定的序列,一旦序列出错,问题就无法解决。问题解决是由一系列的心理操作组成的,需要运用高级规则,进行信息的重组,而不是已有知识的简单再现。生活中,简单的心理操作如回忆同学名字,虽有目的但不属于问题解决。

(4)认知操作性。问题解决活动是通过内在的心理加工实现的,整个活动过程依赖于系列认知操作来进行。生活中的某些活动尽管是有目的、有操作的活动,但没有认知成分的参与,只是一种身体活动,不属于问题解决的范畴。自动化的操作,如走路、穿衣等虽然也有一定的目的性,而且还包括了一系列的操作活动,但这类活动基本上没有重要的认知成分参与,主要是一种身体的活动,不属于问题解决的范畴,所以不能称为问题解决。

---

① 张大均主编. 教育心理学(第三版)[M]. 北京:人民教育出版社,2015:341.

3. 问题解决的分类

与问题类型相对应,问题解决也有两种类型:

(1)常规性问题解决,即使用常规方法来解决有结构的、有固定答案的问题。(2)创造性问题解决,综合应用各种方法或通过发展新方法、新程序等来解决无结构的、无固定答案的问题。当然,常规和创造是相对的,同样的一种解决问题的方式,对教师而言可能属于常规性的,对于学生而言则可能是创造性的。[①]

4. 问题解决的过程

著名美国教育家杜威(J. Dewey)认为,所有年级和课程都要采用问题解决的方法。学生问题解决的五个阶段是:(1)开始意识到问题的存在。(2)识别出问题。(3)收集材料并分类整理,提出假设。(4)接受或拒绝试探性假设。(5)形成和评价结论。

现代认知心理学家奥苏伯尔和鲁宾逊(F. G. Robinson)以几何问题的解决为原型,于1969年提出了其解决问题的模式。这个模式表明,解决问题一般要经历下述四个阶段:(1)呈现问题情境命题。(2)明确问题的目标和已知条件。学生利用有关的知识背景使问题情境命题与他的认知结构联系起来,从而理解所面临问题的性质与条件。这样一方面规定解题过程的目标或终点,另一方面明了问题的最初状况,为进行推理奠定了基础。(3)填补空隙。这是解决问题的核心。学生看清了"已知条件"(他当时的状况)和目标(他必须到达的终点)之间的空隙和差距之后,便利用有关背景命题,根据一定的推理规则和解题策略来填补问题的固有空隙。(4)解答之后的检验。问题一旦解决,通常便会出现一定形式的检验查明推理时有无错误、空隙填补的途径是否简捷,以及可否正式写下来供交流之用等。这一模式的特点是不仅描述了解题的一般阶段,而且指出了原有认知结构中各种成分在解决问题过程中的不同作用,为培养解决问题的能力指明了方向。但是,这一模式是以数学中的问题解决为原型的,其普适性即是否适用于其他学科的问题解决尚待研究。

根据杜威的五阶段论,研究者们一般认为,问题解决过程可分为下列阶段:(1)问题意识和问题提出。问题是问题解决的源头,没有问题就不会有问题解决的思维活动。事实上,只有那些能够意识到问题的存在、善于提出问题的人,学习才会有更大的进步。意识到并提出问题,意味着能够敏锐地觉知到起始状态与目标状态之间的差距,这要求个体善于观察、勤于思考。(2)理解和表征。弄清问题究竟是什么,明确问题的本质和关键,找到相关信息而忽视无关信息,进而用自己的语言或适当的图示对问题予以表征。如果问题表征使人联想到某个顿悟式的解决方案,问题可能就解决了;如果表征不能产生即时解答的联想,就需要提出假设、对问题寻求解答。(3)提出假设进行求解。这是在理解并表征问题后寻求解答,提出问题解决的可能的方法、途径,此时需要运用特定的思维策略。问题的解答途径可能不止一种,此时人们会按照西蒙(H. A. Simon)的"满意原则"即更倾向于按照人满意的,而非最有效的方式来做出选择。(4)按照计划尝试解答。对上阶段寻求的解答进行具体操作,也就是对假设和求解予以验证。验证方式主要有两种:或通过观察、测量、实验、制作等在实际的操作活动中进行;或通过比较、归类、分析、概括、归纳、演绎、抽象、综合等在头脑的智力活动中进行。

---

① 学习考试用书研发中心编著. 小学教育心理学[M]. 北京:清华大学出版社,2013:134.

验证中常有试误现象,也会出现顿悟现象。(5)结论和评价。这是对结果作出结论和评价,此时需要寻找对假设和解答能够证实或证伪的证据,然后明确对结果是否满意、价值究竟有多大。

需要指出的是,上述问题解决过程的各个阶段不一定是线性的,其中存在着不同方向的复杂的反馈情况。

二、问题解决的影响因素

影响问题解决的因素主要有问题的特征、已有的知识经验、动机状态,情绪情感状态等。问题的特征涉及问题的类型、问题的呈现方式等。已有知识经验主要涉及是否专家知识、知识经验引起的心理定势以及功能固着等。[①]

(一)问题的特征

影响问题解决的问题特征因素包括问题的类型、呈现的方式等因素。

1. 问题的类型

如,具体题、抽象题以及是否需要实际操作的问题,解决的难度不同。一般来说,学生解决抽象而不带具体情节的问题比较容易,解决具体而接近实际的问题比较困难;解决不需通过实际操作的"文字题"比较容易,解决需要实际操作的"实际题"比较困难。

2. 问题的呈现方式

教师课堂中的各种形式的提问、各种类型的课堂和课后练习、习题或作业等,都是学校情境中常见的问题形式,不同的呈现问题的方式将影响个体对问题的理解。问题呈现的方式与人们已有的知识经验相差越远,问题解决起来就越困难。问题的陈述方式或所给图示的不同,会直接影响问题解决的过程。比如,有些陈述或图示直接提供了问题解决的线索,便于寻找解决问题的方法、方向;而有些则包含某些多余的信息,或问题解决所需的部分条件被隐含起来,这就增加了问题解决的难度,需要个体能够发现、分离出解决问题所需的必要条件,撇开表面现象,抓住问题的本质特征。

3. 问题是否存在多余或不当的因子

研究者达威凯茨(Davidkatz)让三组儿童做算术题,一类题目为纯数字,另一类题目数字相同但加上了量词,如克朗。结果发现,加上量词后出错增多,量词越陌生出错越多。后来,以成人为对象的研究也表明,增加量词的加法要多花12%的时间。这些都是无关因子干扰造成"心理眩惑"的结果。

(二)已有的知识经验

1. 专家知识

问题解决时所需要的知识经验,包括两层含义:(1)一个人所拥有知识经验的数量。大多数情况下,知识经验在数量上的多少,主要取决于一个人的年龄。年龄越小的人,其所拥有

---

① 皮连生主编. 教育心理学(第四版)[M]. 上海:上海教育出版社,2011:146—147.

的知识经验就越少。（2）一个人所拥有知识经验的性质，即知识经验在头脑中的储存方式是否合理。知识经验的性质如何，主要依赖于在实践活动中的积累。对专家与新手的对比研究发现，专家不仅拥有某一领域的大量的知识经验，而且这些知识经验在头脑中的组织是非常合理的，在需要的时候可以快速地被提取与应用。从另一个角度看，专家不仅拥有丰富且组织合理的陈述性知识，而且也拥有解决问题所必需的、有效的心智技能和认知策略。

已有的知识经验的质与量都影响着问题的解决，与问题解决有关的经验越多，问题解决成功的可能性也就越大。研究发现，优生头脑中储存的知识经验显著多于差生，所以说，拥有某一领域的丰富的知识经验是有效地解决问题的基础。不过，若大量的知识经验毫无章法地存储于头脑中，则对于有效的问题解决毫无帮助。显然，知识经验在头脑中的储存方式决定了问题能否有效的解决。

2. 心理定势

> 定势指的是一种暂时的准备状态，或者说是先前完成类似任务所形成的特定化的认识加工方式，它使人倾向于以一种特定的方式进行认知反应。

某一问题的相关知识经验会导致心理定势现象。这种预备性的反应倾向，一方面使人们能够对一些常规性的问题作出较快的解答，从而提高问题的解决效率；另一方面，限制于狭小范围内的这种固定性和经常性，往往又会使人们难以以一种新的方式去考虑问题，从而使思考问题的变通性和灵活性受到极大的限制，不利于创造性地解决问题。特别是在似是而非的情境里，心理定势会阻碍问题解决，如，限制问题解决假设的范围，使解决方式固定刻板。

3. 功能固着

功能固着也可以看做是一种定势，即从物体通常的功能的角度来考虑问题的定势，也就是说，当一个人熟悉了某种物体的常用或典型功能时，就很难看出该物体所具有的其他潜在的功能。而且最初看到的功能越重要，就越难看出其他的功能。在某种情境下需要利用某一事物潜在功能来解决问题时，功能固着就可能起到阻碍作用。

（三）动机状态

面临问题时，动机太弱，会使个体缺乏解决问题应有的动力；动机太强，则会导致个体过分紧张而降低问题解决的效率。动机强度与有效解决问题是"倒 U 形"曲线的关系，中等程度的动机最有利于问题解决。

（四）情绪情感状态[①]

个体消极情绪情感状态会影响其顺利解决问题。研究者雷（Ray）让两组被试去完成估计他们都能够解决的问题，但让其中一组先在实际上不可能完成的课题上工作 2 分钟，这一挫折使他们在后继问题解决时成功率仅为 32%，而未经挫折的另一组其成功率达 49%。所以，

[①] 岑国桢. 教育心理学（第二版）[M]. 北京：中国人民大学出版社，2011：208—210.

小学教育心理学

问题解决时应适当鼓励肯定,让问题解决者处于积极的情绪情感状态。

除了上述因素外,个体的智力水平、性格特征、认知风格和世界观等个性心理特征也制约着问题解决的方向和效果。

三、问题解决的理论观①

问题解决的理论观主要包括早期的理论观、信息加工理论观、现代认知理论观等。

(一)早期的理论观

试误说、顿悟说是阐述问题解决的两种早期的心理学理论观。

试误说是桑代克通过迷笼实验提出早期的问题解决过程的一种行为观。该观点认为问题就是有机体缺乏现成反应可以利用的刺激情境,解决问题也就是有机体获得对新的刺激情境作出适当反应的过程。如桑代克研究中的猫学会抓住连着门闩的金属绳,把笼门打开,逃出迷笼,就是解决了问题。以桑代克为代表的试误说认为,问题解决就是通过尝试而使错误的行为动作逐渐减少、正确的行为动作逐渐增加的过程,人、动物都是如此。在这一过程中,首先要通过一系列的盲目操作、不断地尝试错误,直至发现一种问题解决的方法,然后通过重复来巩固,直到能立即解决问题。不过,这种观点虽然认识到问题解决过程中存在一系列建立刺激情境与恰当反应新联结的阶段,重视问题解决的系列操作,但没有认清人类与动物解决问题的不同实质,而且否认解决问题中的目的性以及认知因素的重要作用。

以柯勒为代表的顿悟说认为,问题解决的关键在于明确问题情境中的各种关系,并突然产生对这种关系的理解,这是一个顿悟过程。在这一过程中人会重组问题情境的当前结构,填补问题的有关"缺口",悟出一种新的解决方案。其特点是顿悟,即突然对问题情境中的手段和目的之间的关系有所理解。正是顿悟才使得问题得以解决。

(二)信息加工理论观

该理论从信息加工转换的角度来分析问题解决的过程。它将问题解决看成是信息加工系统(即大脑或计算机)对信息的加工,是把最初的信息经过加工转换成最终的信息状态的过程。

在解决问题的过程中,个体会遇到各种问题情境,这些问题情境的综合就构成了问题状态。问题状态可以分为初始状态、目标状态以及从初始状态到目标状态的一系列中间状态。问题解决的目的就是设法从问题的初始状态一步一步地经过中间状态转变为目标状态。其中,将一种问题状态转化为另一状态的操作称为算子。问题解决的过程就是利用算子使问题从初始状态转变至目标状态的过程。这方面研究的代表性人物是纽厄尔(A. Newell)和西蒙。

(三)现代认知理论观

自皮亚杰的认知理论面世和现代认知心理学产生以后,人们倾向于从认知的角度来解释

---

① 岑国桢. 教育心理学(第二版)[M]. 北京:中国人民大学出版社,2011:204—206.

人类解决问题的过程。涌现出了许多有影响的观点和模式，如奥苏伯尔和鲁宾逊的问题解决模式、吉尔福特的智力结构解决问题的模式等。这些理论观从认知的层次来解释人类解决问题的过程。他们的研究既不利用动物，也不借助于计算机，而是从人类解决某类问题的实际过程切入。一方面，他们将人类解决问题的过程划分成一个个阶段；另一方面，他们的描述并非仅仅停留在表面现象之上，而是在认知层次上展开。在对试误说、顿悟说和信息加工论综合的基础上，现代认知理论观使用诸如"认知结构"、"图式激活"、"问题表征"等术语对问题解决的各阶段进行更深入的描述。现代认知理论观更加注重各阶段之间的动态联系，更真实地描述了人类解决问题的动态过程，对问题解决技能的培养和教学具有更好的指导意义。

第二节　小学生问题解决能力的培养

问题解决常常会涉及采用何种思维策略。思维策略是指个体在信息加工活动中，根据一定要求和情况而采用的一些解决问题的方式方法。它直接控制在哪种时候应使用哪些知识技巧，以及怎样使用这些技巧。问题能否得到解决，思维策略的选择和运用十分重要。同时，从认知心理学角度看，个体的成长和发展意味着解决一系列问题，问题解决能力的培养对于小学生的学习活动促进以及健康成长起着重要作用。

一、问题解决的思维策略

问题解决的思维策略通常包括算法式策略和启发式策略。

（一）算法式策略

算法式策略又称规则式策略，是按照解决问题的各种可能性一个个尝试性地解决问题。

算法式策略要求遵循一套清楚的、固定的且能保证解决问题的步骤。例如在数学课中，只要人们算法得当，类似"$17 \times [43 \times (90 + 15/78)] - 5/9 \times (12\,356 \div 2)$"这么复杂的问题也可以得出正确的解答。

使用算法式策略的时候，如果问题的解存在，正确地遵循步骤，就一定能够找到解，而且能找到所有的解，选出最佳的解。但是该策略经常是以效率为代价的，即要对所有的可能都进行尝试，太费时，而且有时候不现实。算法式策略比较适合有结构问题的解决。当个体面临的是无结构问题时，算法式策略难以帮助个体完成问题解决。

（二）启发式策略

启发式策略，指受问题解决的经验或直觉启发，探索使用最能成功解决问题的途径，力求使问题的起始状态逼近或变为目标状态。

当某些问题显得比较模糊,并且没有明显的算法时,算法式策略很难解决问题。这时,使用启发式策略也许更有效。启发式策略较为简捷,能导向成功,但不能保证一定成功。启发式策略中,常用的有手段—目标分析法、反推法、类比法等。

(1)手段—目标分析法。此法是针对目标,认识它与当前状态的差距,思考如何行动来缩小差距或弥合差距,最终达到解决问题的目的。运用手段—目标分析法,首先得明确问题解决中的各种困难与障碍所在,然后再设立各种子目标,逐一去克服这些困难与障碍。假设现在的问题是派一组小学生去完成某板报的设计,参加学校的评比,那么你可以帮助他们分析阻碍完成这一任务的困难所在。那些可能的困难是:该采用哪些素材作为板报的内容,怎样设计才能使板报看起来美观大方,以及怎样在小学生之间完成各自任务的分配等。明确这些困难之后,小组就可以制定一些恰当的子目标(去寻找哪些素材,怎样进行板报设计,哪些学生去完成哪些任务),然后考虑可行的解决办法。这样,要圆满解决板报设计问题,就变得相对容易了。

(2)反推法。即逆向推理,从目标状态往回反推如何才能达到起始状态,反推成功则问题迎刃而解。此法适用于起始状态出发有多种途径、但只有一种能达到目的的问题,如几何问题的解决。一些问题解决的新手为了避免解题时的盲目性,并充分利用了的相关信息,也常常会用这种方法。对专家而言,运用反推法是他们问题解决时的最后选择。专家在进行问题解决时能够清楚地意识到他们正进行到了问题解决的什么阶段,对问题解决有一个清晰概念,因而他们可以尽量避免问题解决中走弯路的尴尬局面。

(3)类比法。指运用类比思维,从寻找类似情境及其解决方法来探求问题解决的途径。特别是个体面对无结构问题,需要创造性地解决问题时。类比思维被认为是创造性思维中的核心方法。如,关于与潜艇作战中如何确定其海下位置的问题,研究者根据蝙蝠飞行情境中的导航机制发明了雷达。人们在问题解决过程中陷入困惑时,需将当前的问题同一些与之结构相似、内容不同的问题进行类比,或者在两者之间进行某种形式的比较,揭示这两种问题的相通之处,这样做可能有助于得出问题的答案。又如,小学生要制订学习计划,可以将学习计划的制订过程与班级计划的制订过程相类比。在制订计划的过程中必须注意什么?怎样使计划既能激发自我的学习动机又具有操作性?这种类比实质上给小学生提供了一个可供模拟的类似问题解决的样例,它往往能够促进或诱发学生找到更好的问题解决的方法。

另外,研究表明,试图将问题解决的计划以及相应的理由说出来或写下来,可以引导其成功地解决问题。

二、小学生问题解决能力的培养

根据问题解决的影响因素以及策略,小学生问题解决能力的培养应该从提高小学生知识储备的数量和质量、训练解决问题的方法和策略、提供多种练习的机会、培养思考问题的习惯等几个方面入手。[①]

---

① 张大均主编. 教育心理学(第三版)[M]. 北京:人民教育出版社,2015:361—368.

（一）提高小学生知识储备的数量和质量

1. 帮助小学生牢固地记忆知识

知识记忆得越牢固、越准确，提取也就越快越准确，成功解决问题的可能性也就越大。教师应教给小学生一些记忆、提取的方法和策略，并鼓励学生运用这些方法和策略帮助知识的记忆。

2. 提供多种变式，促进知识的概括

只有深刻领会和理解的知识才能牢固地记忆和有效地应用，因此，教师在传授知识时要重视知识的概括、抽象、归纳和总结。应用同质不同形的各种问题的变式来突出本质特征，加强学生对不同类型的问题的区分与辨别，提高他们对所学内容的理解水平和概括能力。

3. 重视知识间的联系，建立网络化知识结构

问题解决经常是综合应用各种知识的过程，知识之间的有机联系是保证正确解决问题的基础。为此，教师要有意识地寻找课内外、不同学科、不同知识点之间的纵横联系，使小学生所获得的知识不只是一个孤立的点，而是能够融会贯通、有机配合的网络化、一体化的知识结构。

（二）训练解决问题的方法和策略

1. 结合具体学科，教授思维方法

根据已有的研究成果，针对有效的思维方法或心智技能，如审题技能、构思技能等也可以开设专门的思维训练课。但是，对于小学生而言，其抽象概括水平较低，抽象的思维训练课一般难以得到良好效果。教师应结合自己所任教的具体学科，在学科教学中教授小学生思维方法，促进其思维能力的发展，提高其学科中的问题解决能力。在此基础上，再概括出心智技能或策略，让学生学会学习，学会解决问题，成为一个自主的、自我调控的、有效的学习者。同时，有研究表明，当问题解决训练与元认知训练、自学能力训练结合在一起时，其效果将更加明显。

2. 外化思路，进行显性教学

教师在教授思维方法时，应遵循由内而外的方式：即把教师头脑中的思维方式或思路提炼出来，明确地、有意识地外化出来，进行显性教学，给小学生示范，并要求学生模仿、概括和总结。这在一定程度上可以避免小学生不必要的盲目摸索。小学生通过这种学习，可以逐步掌握各种思维方法，将教师的经验转化为自己的经验，充实或完善自己的内部认知结构，这是一个由外而内的内化过程。

（三）提供多种练习的机会

教师在教学中，应给小学生提供多种练习机会。应考虑练习的质量、根据教学目的、教学内容、教学时段的不同来精选、设计例题与习题。充分考虑练什么，什么时候练，练到什么程度，以什么方式练，如何检验练的效果等。比如，既要训练学生解决有结构的问题，又要训练他们面对无结构问题存在的事实；既要有直接利用领会的知识进行解答的基本问题，又要有灵活、综合利用有关知识进行解答的较复杂的问题；既要有一般的语言文字问题，又要有一定数量的动手操作问题；既要有促进学生理解所学知识的基本问题，又要有适当的结合现实的实际问题；既可以要求学生去解决、回答有关的问题，也可以要求学生自己去提问题、编问题。

多种形式的练习,可以调动学生主动参与的积极性,提高学生知识应用的变通性、灵活性与广泛性。应避免低水平的、简单的提问或重复的机械练习,防止让小学生陷入题海之中。

(四) 培养思考问题的习惯

1. 鼓励小学生主动发现问题

在教学活动中,教师应训练小学生发现问题的能力,鼓励小学生对平常事物多观察,不要被动地等待教师指定作业后,才套用公式或定理去解决问题。并使小学生尽可能搞清问题的来龙去脉以及与其他知识点间的联系,深刻认识问题。

2. 鼓励小学生多角度提出假设

在明确问题的基础上,教师应鼓励小学生从不同的角度、尽可能多地提出各种假设。教师不要对这些想法进行过多的评判,以免过早地局限于某一种解决问题的方案中。在提出假设阶段,重要的是数量,而不是质量。另外,提醒小学生在解决问题的过程中,不能反复用某一种方法试图解决眼下的问题,而忽视了其他的可能性。

3. 鼓励小学生自我评价与反思

这是培养小学生的元认知能力的过程。要求并鼓励小学生在问题解决时反复推敲,分析各种假设和各种方法的优劣,且对解决问题的整个过程进行监控、评价,问题解决后及时进行反思。

第三节　创造力概述

问题解决既可以使用现成的方法,也可以不使用现成的方法,但是创造力则必然不使用现成方法。使用现成方法解决问题,是常规问题解决;不使用现成方法解决问题,是非常规问题解决。后者需要个体独立找到新方法来解决问题,属创造性地解决问题,它是创造力在问题解决上的体现。另外,一个人有无创造力或其创造力水平的高低,常常可以在问题解决上得以体现。有创造力或创造力水平高,问题解决的速度较快;反之,问题解决的速度较慢。所以,创造力在某种意义上也是一种问题解决的能力。只是创造力不是一般的问题解决,而是富有新意、极不寻常地解决问题。

一、创造力含义及特征

(一) 创造力的含义

古希腊哲学家亚里士多德把"创造"定义为,在精神和物质领域"产生前所未有的事物"。这一界定虽然得到许多研究者的认同,但却因过于简练而难以令人满意。心理学上对创造力含义的解释,可谓众说纷纭。目前,较为一致的创造力定义是:

> 创造力是指,指向特定的目的,运用一切已知信息,产生出某种新颖、独特、具有社会或个人价值的产品的能力。[1]

---

[1] 董奇. 儿童创造力发展心理 [M]. 杭州:浙江教育出版社,1993:199—200.

这里的产品是指以某种形式存在的思维成果,它可以是一种新的概念、设想、理论等,也可以是一项新的技术、工艺、产品等。所以,可以根据产品是否新颖、独特、有社会或个人价值对创造力予以判断。创造力普遍存在于任何个体,并非全或无,而是个体拥有多少、发挥程度如何的问题。

(二)创造力的特征

学者对创造力的特征有多种看法。美国心理学家吉尔福特认为,创造力的主要特征有:(1)敏感性,即容易接受新现象、发现新问题。(2)流畅性,即思维敏捷、反应迅速,面对特定的问题情境能顺利给出多种反应和答案。(3)灵活性,即具有较强的应变能力和适应性,具有灵活改变定向的能力,能发挥自由联想。(4)独创性,即产生新的非凡思想的能力,表现为产生新奇、罕见、首创的观念和成果。(5)再界定性,即擅长发现特定事物的新特点和新功能。(6)洞察性,即能透过事物表象认清其内在含义、特性或多样性,进行意义变换。

另一位美国心理学家哈奇森对 100 多项创造力的研究成果进行了分析,提出创造力的主要特征有:(1)独创性,即过去未有的不平凡的创造设计,这是创造力的主要特征。(2)新颖性,即新的、不平凡的创造设计,该特征与独创性有相似之处,但独创性指前所未有的,而新颖性突出"新"和与众不同。(3)流畅性,即单位时间内反应观念的数量。(4)灵活性,即对客观环境中的事物或问题善于发现要点和关键,善于找到解决的办法。(5)精密性,即工作中能把握好局部与整体、现状与发展的关系,能周密构思计划,能精心选用方法,能把握工作过程并有各种应对预案。[①]

独创性、流畅性、灵活性,是上述两位心理学家提到的创造力的共同特征。吉尔福特更强调从不同角度看待事物,发现事物新用途,发现事物之间的内在联系;哈奇森则更强调创造思维的新颖独特、周密精致。

二、创造的过程

创造力体现在创造过程之中,体现在创造性地解决问题的过程中。华莱士(G. Wallas,1926)提出问题解决的过程也是创造的过程,大体有四个阶段:(1)准备阶段,此时重点在收集、整理和积累资料;(2)酝酿阶段,此时思维异常活跃;(3)豁朗阶段,此时灵感产生,顿悟来临,体验到"啊哈"式的豁然开朗,类似古诗"众里寻他千百度,蓦然回首,那人却在灯火阑珊处";(4)验证阶段,此时证实创新产品,并加以具体化、概念化。

三、创造力的分类

可以从不同角度对创造力予以分类。按照创造力本身从萌芽到形成的过程,海纳特(Heinelt)将创造力分为前创造力、潜创造力和真创造力。前创造力,是创造力的准备阶段或萌芽阶段,尚不能产生创造力的成果,如儿童的幻想、青年人的憧憬、人们的想入非非等。潜创造力,是对创造力的广义理解,对个人来说它是独特的、新颖的,但是属于已被人类发现或

① 张德琇. 创作性思维的发展与教学[M]. 长沙:湖南师范大学出版社,1990:25.

发明过的成果。真创造力，是对创造力的狭义理解，它是指提供具有独特的、新颖的和有社会价值的创造结果，该结果是前所未有的。

按创造力水平的高低，阿瑞提（Arieti）将创造力分为普通创造力和伟大创造力。普通创造力，是指每个人具有的，能使人获得满足感、消除挫折感，一种能提供为自己、他人和社会都带来积极效应的状态，小学生的创造力通常属于这一类。伟大创造力，则指像牛顿、爱因斯坦等人所具有的创造力。

按人们解决问题的新颖、独特程度不同，我国学者董奇提出将创造力分为初级、中级和高级三类。初级创造力，指对本人来说前所未有的，不涉及社会价值。中级创造力，指经过模仿，在原有知识经验的基础上重新组织材料、加工产生的有一定社会价值的产品的能力。高级创造力，指经过长期研究、反复探索所产生的非凡的创造，在某一领域作出了独特的贡献，可以推动社会或人类文明的进步。

四、影响创造力的因素

（一）智力

智力很大程度上取决于先天因素，而创造力与生活中的种种环境关系很大。一些研究表明，智力和创造才能特征之间显示了一种低水平的相关。也就是说，"越聪明（传统 IQ 测验分数越高）的个体就越具有创造力"，这种观点是错误的。但是，对于智力和创造力之间的关系，似乎更应该辩证地来看待：一方面，智力与创造成就毫无关系是不对的；另一方面，纯粹的智力也不能用来鉴定创造力或预测成就，一旦离开了其他心理品质，智力并不会有助于创造力。这似乎是一种更可取的观点。

现代认知心理学家，特别是智力理论家，对智力的深入研究似乎为认识创造力开辟了新的前景。加德纳（H. Gardner，1993）认为，创造力可以在"多元智力理论"所涉及的各种智力中逐步发展起来，个体也可能在一个领域内具有高创造力，而在其他领域内不具有创造力。他不相信创造性个体拥有一组可从其行为表现中观察到的与低创造力个体不同的人格特征。例如，加德纳（1998）曾对弗洛伊德进行了分析研究，得到的第一个重要结果就是弗洛伊德是极其聪明的。虽然很多研究表明智力与创造力相关往往不高，但加德纳却坚持弗洛伊德异常高的智力对他的高创造力是最为重要的。在加德纳看来，弗洛伊德是语言智力上的天才，他很容易学会外国语言并用它们广泛地阅读，他还是一个写出不少有深远影响的心理学论文的优秀作家，而且弗洛伊德在科学方面也颇具天赋。

创造力与智力间的关系非常复杂，两者之间是一种相对独立的，在一定条件下又有相关的非线性关系。高智力虽非高创造力的充分条件，但可以说是高创造力的必要条件。它们有以下几种关系：(1)低智力的人不可能有很高的创造力；(2)高智力的人既可能有很高的创造力，也可能有很低的创造力；(3)低创造力的人其智力水平可能高，也可能低；(4)高创造力的人必须具有高于一般水平的智力。此外，高创造力受到其他很多因素比如说责任心、勤奋度等的影响。[①]

---

① 陈琦，刘儒德. 当代教育心理学(第 2 版)[M]. 北京：北京师范大学出版社，2007：355—356.

（二）知识

创造力不是空中楼阁,它靠的是坚实的知识基础和精湛的专门技能。创造力与知识成正相关关系,个体只有精通于自己所在专门领域的知识,并努力开发创造所必须的技能和洞察力,他才可能表现出不同于一般个体的创造力。事实上,伟大的发明创造都来自于发明者深厚的知识积累。他们在特定领域中拥有丰富的经验、渊博的知识、卓越的专长,因而才会有新颖独到的解决问题的办法,才能产生伟大的创举。

（三）问题解决能力

现代认知心理学越来越倾向于用问题解决过程来探讨创造过程。实质上,创造发明也就是问题解决过程,只不过它不是一般的问题解决,而是一种具有创新意义、超乎寻常的问题解决过程。从信息加工观点来看,创造力是在产生有价值的新信息过程中所运用的各种智力品质的总和。关于创造性问题解决过程的分析,有研究者(俞国良,1996)总结了与之有关的五方面的能力:(1)发现问题的能力;(2)明确问题的能力;(3)阐述问题的能力;(4)组织问题的能力;(5)输出问题解决方案的能力。这五方面能力任何一方面存在不足,都足以影响个体的创造过程。

（四）动机

动机一般可以划分为内部动机(如兴趣、爱好等)和外部动机(追求奖励、逃避惩罚等)。虽然内部动机和外部动机都能激发和维持儿童的创造活动,但是,一些心理学研究表明,内部动机更有利于个体的创造活动的产生和创造力的发挥与发展。另外,成就动机中追求成功和避免失败的需要也对创造活动有着不同的影响。研究发现:在成就动机高的个体内部,力求成功者(追求成功的需要高于避免失败的需要)比避免失败者(追求成功的需要低于避免失败的需要)更适合进行创造活动,有更多的创造机会,能有所创新和创造性地解决问题。

（五）教育

良好的教育环境有助于创造力发展。这些教育环境来自三方面:家庭、学校和社会。大量研究表明,家庭因素是影响个体创造力发展的一个重要因素。良好的早期家庭教育,特别的家庭关注与积极期望,以及民主和谐的家庭教育方式等都有助于儿童创造力的开发和发展。温暖、融洽和民主的家庭气氛,对孩子创造力发展十分重要。

而学校教育是一种有目的的、有组织、有系统的教育,在个体心理发展中扮演了极其重要的角色。对个体创造力发展也更具重要意义。研究表明,教师对学生自主重要性的认识与有关儿童创造力的发展中也存在"皮格马利翁效应"。此外,教师不同的教学能力和个性类型(强硬专制型、仁慈专制型、放任自流型、民主型),也影响学生创造力的发展。

社会是整个教育系统的一个有机成分,是对学校教育的补充。现代社会教育机构多种多样,如少年宫、青少年之家、少年活动站、图书馆、博物馆、科技馆、业余培训学校等等,丰富了学生的第二课堂,扩大了学生的视野,培养了学生的观察力和科学兴趣;再加之,多样的课外读物和发达的影视文化：所有这些都为个体创造力发展提供了较好的环境。

五、创造力的测量方法

创造力的测量方法就是测验和评估个体创造力的手段和技巧，主要包括专家评价法、心理测验法、实验法、作品分析法等。[①]

（一）专家评价法

专家评价法是由有关专家按照一定的标准，对被试的创造力进行评价的一种方法。专家评价法的实施可分三个步骤：（1）组成评价小组，成员为有关专家或有经验的教师；（2）由评价小组成员分别对个体的创造力进行评析；（3）合成总的评价成果，其中包括评价者一致性（信度）的考察。这种方法的优点是较为经济，对未来有预测性。缺点是评价结果受评价者的个人经验、情绪状态等主观因素影响较大。

（二）心理测验法

心理测验法是通过标准化的心理测验工具对个体的创造力进行测量的方法。心理测验法一般采用标准化的题目，按规定的程序施测，然后将测验成绩与个体所在年龄段的常模作比较，从而评定个体的创造力水平。

（三）实验法

实验法是通过给被试设置一定的问题情境，控制和改变一些条件，记录其反应情况，然后加以分析的一种测量方法。这种方法的突出特征是对个体行为与环境条件进行了人为的操作，把影响创造力的某些特定因素从复杂的条件中分离出来，使问题简单化，从而使考察这些因素对创造力的影响成为可能。

（四）作品分析法

作品分析法是指通过对被试按要求完成的作品的定性和定量分析，来揭示其创造水平的一种方法。这是一种客观分析法，因为它常利用某些数量化指标来进行较为精细的客观评价。这里的作品限于个体的工艺品、作文、故事、绘画、乐谱及计算机程序等。作品分析法虽然具有客观性且具有分析深入、细致等优点，但其计分系统编制难度较大。

第四节　创造力的主要观点

最早对创造心理进行研究的是英国的高尔顿，其《遗传的天才》一书成为世界上创造心理的第一部科学文献。但是对创造力研究给予极大推动力的心理学家当属美国的吉尔福特。1950年，吉尔福特回顾了过去23年来《心理学文摘》（*Psychological Abstract*）的文献索引，发

---

① 张大均主编. 教育心理学(第三版)[M]. 北京：人民教育出版社，2015：391—395.

现在 121 000 篇文献中只有 186 篇涉及创造力这一主题。为此,他呼吁心理学家应该高度关注创造力的研究。从此,创造力研究成为心理学领域中十分活跃的研究领域。对创造力的理解主要有四种观点。[①]

一、能力观

依据个体的能力水平,把创造力看成是发现新联系、产生不寻常观念和背离传统思维方式的一种能力。如吉尔福特把创造力看成是以追求多种答案和解决问题的方法为特征的发散思维能力。拉姆斯登(C. J. Lumsden, 1999)认为创造力是一种发明新事物、获得重大发现的能力。斯滕伯格(R. J. Sternberg, 2003)认为创造力是指创造新颖的、高质量的恰当事物的能力。迈尔斯(Myers, 1998)认为,创造力就是指能够产生新颖和有价值的观念的能力。林崇德认为,创造力是根据一定目的,运用一切已知信息,产生出某种新颖、独特、有社会或个人价值的产品的智力品质。现在多数心理学家同意,创造力是一种创造新产品的能力,这种产品既新颖(独创的、预想不到的)又适宜(不超出现有条件的限制,产品是有用的)。但对创造力究竟属于什么能力的看法存在分歧。一种观点认为创造力是一种特殊能力。如拉斯(H. Rase)明确地把创造力看成是七种特殊才能中的一种。另一种观点认为创造力是一种综合能力。如吉尔福特等指出,创造力不仅需要发散思维,还需要其他的思维,乃至知觉、评价等认识过程,独立性、坚忍性等心理特征。因此,创造力并不是一种单一的能力,而是由多种不同的能力构成的综合能力。

二、过程观

依据创造活动的发展进程和个体创造活动的认知过程,将创造力分为不同质的几个阶段。如前所述,华莱士把创造过程分为准备、酝酿、分析、验证四个阶段。另外,托兰斯(Torrance, 1962)把创造力视为这样一个过程,即对问题、不足、知识上的缺陷、基本元素的丢失、不协调、不一致等现象变得敏感,并找出困难,寻求解决途径,作出猜想或构成假设,对假设进行检验、修改和再检验,达到最终结果。就认知过程而言,梅德尼克(Mednik, 1967)强调创造力就是已有观念或关系的重新联结与组合过程,并认为在新的情境中,联想与组合的各种因素越是遥远,其创造力越突出。彭聃龄认为,创造力是指人们应用新颖的方式解决问题,并能产生新的、有社会价值的产品的心理过程。

三、人格观

人格观强调创造力个体的人格因素,认为创造力的本质在于个体在创造活动中表现出来的不同于一般的某种人格特征。研究发现,具有创造力的人,总是具有好奇、进取、探究、专注、热情、自信、坚忍、自制、挑战和敢于冒险等明显的人格特征。如斯坦(Stein)和米尔(Meer)采用墨迹测验对化学家的人格特质进行研究,发现其人格测验分数与他们的同事对于其创造能力的评定分数的相关系数高达 0.88。有人对建筑工程师的创造力进行研究,发现创造能力

---

① 张大均主编. 教育心理学(第三版)[M]. 北京:人民教育出版社,2015:374—377.

强的人具有独特的个性,即不平凡的志趣和自由表现的特点,创造能力稍差的人则有一般的良好品质,如做事有责任感、对人态度友善。有研究指出,创造力个体是独立的、直觉的、自信的,并能够容忍那些和自我观念相矛盾的特质(F, Barron & D. M, Harrington, 1981)。吉尔福特(1970)则全面地提供了创造力个体人格特征:对问题的敏感性;流畅性,其中包括形象流畅性、语词流畅性、思维流畅性、联想流畅性和表达流畅性;灵活性,包括自发灵活性和顺序灵活性,独创性,分析能力,综合能力,发现或改组新定义的能力;思维强度,洞察力,穿透能力等。他还认为上述特征均可通过实验来加以确定和证实。

到目前为止,研究者们大多承认,许多人格特征与创造成果有关,如对困境的忍受力、冒险行为、自觉的坚持力以及高度的自我评价等(B. A. Hennesseg & T. M. Amabile, 1993)。

四、产品观

近期西方心理学家主要从创造力产品这一角度来界定创造力。关于创造力产品,许多研究者都强调新颖性和恰当性这两种重要特征。珀金斯(Perkins, 1988)强调,创造力的成果必须是独创的和恰当的。奇凯岑特米哈伊(Csikszentmihalyi, 1996)通过对世界各地 91 位被公认最具有创造力的人物进行访谈后认为,创造力是某种改变现存专业或使某个专业转变成一个新专业的行动、观点或产品。斯滕伯格(2003)也认为个体的创造力活动必须产生新颖的、高质量的恰当事物。"如果一个事物是原创的、出乎意料的,那么它就是新颖;当一个事物完全符合一个有用的问题解决方案的条件时,它就是恰当的。"创造力是深藏于主体内部的心理品质,很难客观评价,但创造主体在某一创造情境下进行的创造活动最终会表现为一定的创造产品,因此,创造产品在一定程度上就体现了主体的创造过程,反映了主体的创造力品质。从创造产品的角度定义和分析创造力的本质,具有相对的客观性。

上述四种观点从不同侧面和角度看待创造力,都有其合理性,但都各自片面强调创造力中的某一方面,难以全面解释创造力的本质,具有局限性。创造力是个体利用一定内外条件,产生新颖、独特、有社会和个人价值产品的心理特性。这种心理特性不是单一的,而是综合的;不是线性的,而是多维的,它包括与创造活动密切联系的认知品质、人格品质和适应性品质。创造力表现于创造活动(过程)之中,其结果以产品为标志,其水平以产品的价值为标准。

第五节 小学生创造力的发展及其培养

培育学生的创新意识和创造能力已是全球性的问题,"为创造力而教"已经成为学校教育的重要目标之一。培养学生创造力要重视对学生创造力发展的了解,排除阻遏创造力的因素,把握创造力培养的原则、方法。

一、创造力的发展趋势

创造力和人类其他心理品质一样,是在先天遗传基础上,随着个体生理的成熟,通过后天环境、教育和个体不断的创造实践活动逐渐形成和发展起来的。这一发展过程表现出明显的年龄特征和性别差异。[①]

（一）创造力发展的年龄特征

创造力与年龄的关系是心理学家十分感兴趣的研究课题，众多心理学家对此进行了深入研究。

1. 婴幼儿时期个体有了创造力的萌芽

婴儿的创造力可以追溯到刚刚诞生时就具有的一些无条件反射，如探究反射就是对新异刺激的关注。到了幼儿时期，其创造得到进一步发展，主要表现在他们的动作、言语、感知觉、想象以及个性特征等各方面，且往往通过诸如绘画、音乐、舞蹈、小制作、游戏等活动表现出来，其突出表现为好奇心和创造力想象的发展。

好奇心在婴儿期就已经出现，如总是要用手触摸、抓握或用舌头舔咬新奇事物。幼儿期的个体好奇心更加明显和强烈，如爱提各种问题，刨根问底。在好奇心驱使下，幼儿特别喜欢玩新游戏，接触新事物，这是其创造力发展的最初表现。创造力想象在幼儿初期只是一种无意的自由联想活动，随着年龄的增长，其想象的有意性增强，出现了再造想象并积累了大量的想象形象。这为幼儿创造力想象的发展提供了原始素材。

2. 小学阶段，儿童创造力活动得到了进一步的发展

综合已有研究，小学儿童的创造力发展具有如下特点。

（1）创造力发展具有动态性。托兰斯（E. P. Torrance, 1966）通过对小学一年级学生至成人的大规模的创造力思维测验发现，小学儿童的创造力发展总体呈上升趋势，但是一个动态的、波浪式前进的过程：一至三年级呈直线上升状态，四年级下降，五年级又恢复上升，六年级至初中一年级再次下降。其中流畅性最高，变通性居中，独创性最低。贝里曼（J. Berryman, 1982）对英国学龄儿童创造力发展的研究同样发现了类似的"四年级突降"现象。小学生创造力发展的动态性特征还表现在其创造力倾向与创造力态度的发展上。沃建中等（2001）研究发现：小学生的创造力倾向（冒险性、好奇性、想象力、挑战性）的发展有显著的年级差异，从三年级到四年级、五年级到六年级均呈上升趋势，但从四年级到五年级呈下降趋势；创造力态度（任务卷入、自我卷入）不存在年级差异。

（2）创造力想象和创造力思维水平不断发展。小学儿童的创造力想象有了较大提高，不仅再造想象更富有创造力成分，而且以独创性为特色的创造力想象也日益发展起来。一般来说，小学低年级儿童的想象力还和幼儿差不多，具有明显的复制、模仿的痕迹。到了中、高年级，小学生在学习活动中思考问题的敏捷性、分析问题的深刻性、解决问题的独创性等有了一定的发展，复制和简单再现的痕迹明显减少，对表象的创造力改造明显增多，出现了很多别出心裁、颇具新意的构想与行为。小学儿童创造力思维的发展主要表现在思维的发散性、变通性、灵活性上。朱智贤、林崇德等（1986）关于儿童思维品质的研究结果表明，小学生在运算中思维的敏捷性和灵活性是稳步发展的，尚未发现有突变或转折点，思维的独创性比其他思维品质的发展要晚、要复杂，涉及的因素更多。

---

① 张大均主编. 教育心理学(第三版)[M]. 北京：人民教育出版社，2015：386—390.

3. 青少年阶段,个体的创造力获得了更大的发展

这个时期是个体创造力发展的关键期。许多人正是在青少年时代取得了颇具创造力的成果。如,伽利略17岁发现了钟摆原理;牛顿23岁创立了微积分;爱因斯坦26岁提出了量子说,建立了狭义相对论;爱迪生21岁取得了第一项发明专利;王勃26岁作《滕王阁序》;屈原23岁写《离骚》;白居易16岁吟出流传千古的诗"野火烧不尽,春风吹又生";闻一多24岁出版第一本诗集《红烛》;曹禺23岁写出话剧《雷雨》等等。

知识链接 4-1　　　　科学家产生创造力成果的年龄趋势

一般认为,20—40岁创造力的发展达到顶峰,即中年期是创造力发展达到高峰的时期;在40—60岁保持相对稳定,其后随年龄增长而逐渐下降,且越到老年下降越快。

不同学科领域,最佳创造的年龄有所不同。许多研究(Wyman,1918;Adams,1946;Lehman,1953;赵红洲,1984)结果证明,中年早期和中期是发明创造的最佳时期。赵红洲(1984)根据《自然科学大事年表》,以重大科学成就为标准研究了1500—1960年全世界的1 249名科学家。结果发现,发明创造的峰值年龄区间是25—45岁,峰值年龄为37岁,创造成名作的年龄为33岁左右。但也有研究(Csikszentmihalyi,1996)发现,个体的创造力并没有随年龄增长而呈必然下降的趋势,相反,到了晚年还会有上升的趋势。如研究发现,在科学领域中,30—70岁的贡献数量相当,不仅是创造的数量,就连创造的质量也不会随年龄的增长而下降,而且有些最具创造价值的工作正是在晚年做出的,尤其是对文化作出贡献的能力往往会在晚年得到增加。因此,创造力发展的年龄趋势随着领域的不同而不同,不存在随年龄增长而必然下降的趋势。诗人、数学家和理论物理学家在30岁左右最高产,而小说家、哲学家、社会科学家和历史学家在50多岁时其创造力成果还在增加。此外,研究者认为,科学家的创造力发展可能存在两个高峰期,第一个高峰期是在30岁后半期到40岁后半期,第二个高峰期是在55岁左右。这一时期他们度过了身心多变故的更年期,迎来了家庭、经济和地位的安定,又重新积累了知识,因此对工作的自信心和完成欲望增强,良好的研究环境为其创造力发展也提供了有利条件。

从已有研究来看,青少年创造力发展主要表现出以下特点:

(1)创造力发展的不平衡性。即创造力发展不仅表现出年龄上的非直线上升,而且体现出创造力各因素发展的不平衡性。托兰斯等研究发现,青少年的创造力发展是有起伏和波动的,在整个青少年期,其创造力发展存在两个低落期,即13岁和17岁。在整个青少年阶段,个体创造发展在具体内容上主要表现为:创造动机强烈,对创造充满渴望和憧憬;创新意识强,敢于标新立异,不受习惯束缚,敢想、敢说、敢做;想象丰富、新颖;思维敏捷、灵活,情感丰富,善于运用直觉和猜测。

(2)创造力发展的不成熟性。青少年的创造力虽然处于急剧变化和发展的增长期,并已达到了较高水平,但是由于青少年时期个体知识经验不够丰富,缺乏社会生活实践,其创造力发展还不够成熟,具体表现为:想象脱离实际或不顾现实生活,试图不经过艰苦的努力就在短时间内创造出新的理论或产品;创造力思维的方式单一,变通性不够;不善于捕捉和把握灵

感和直觉;不善于利用创造的条件,如较少求教,仅重视书本知识而忽视实践。

(二)创造力发展的性别差异

在古今中外的杰出科学家、发明家、思想家中,男性通常占大多数。造成这种性别差异的原因是多方面的,既有生理和心理发展类型差异的原因,又有社会环境和文化的原因。如:在生理方面,男女大脑两半球的结构和功能上的差异表现为虽然女性连接大脑左右两半球的胼胝体更发达,但男性在面对视觉—空间刺激材料时主要是额叶皮质的激活等,而额叶的参与似乎是大脑创造性解决问题的关键。在心理发展类型上,女性擅长于语言表达和形象思维,而男性擅长于逻辑思维;儿童进入学龄期以后,学校教育强化了男女两性的角色差异,教学的主体教师和教材都传递着有关性别差异的信息;在性别角色观念中,男性特质强调领导力、男子气、理性、大度,女性特质强调同理心、女子气、勤俭心细,这些性别角色观念可能影响不同性别个体创造力相关的人格特征。大体上,社会环境和性别文化观念的影响是导致创造力发展性别差异的主要原因,且使这种差异在不同年龄段具有不同的表现。

过去的研究认为,学前期和学龄期的女孩的创造力发展优于男孩,中学阶段的男孩的创造力发展开始优于女孩并持续超越女孩。但新近研究发现,男女创造力的发展并不存在水平的差异,而是类型的差异。徐青(1999)认为,小学儿童的创造力发展在总体上不存在明显的性别差异,但同年级(年龄)的男女生在数字测验的一些思维维度(新颖性、精细性)上有显著差异,表现出男、女生在创造力发展上各有优势。胡卫平等人(2006)对青少年的语文创造力的研究指出,女生在创造性阅读理解能力、语言审美创造能力和创造性写作构思能力上都明显优于男生,等等。该研究还发现,在创造力思维发展上,年龄较低的智力常态组女生优于男性,而年龄较大的智力常态组男女各有所长。其他研究也发现,创造力的发展水平总体上不存在性别差异,但具体发展各有优势。

二、阻碍小学生创造力发展的因素

了解有关的阻碍因素并予以排除,是培养和开发小学生创造力的重要条件之一。综合有关研究,阻碍学生创造力发展的因素及排除的方法主要有以下几方面。

从个体角度考察,主要有:(1)缺乏进取态度。对此,要体验创新的乐趣来自自身的进取,怯于冒险就难以进入创新境界。(2)缺乏自信。对此,可以回顾过去的成功经历,予以自我肯定和激励。(3)害怕批评。对此,不能过于敏感而拒绝,重要的是对批评进行评估并从中汲取有用的东西。(4)缺乏自知之明。对此,自己可以在亲密者的帮助下回顾自身成长的历程和处理问题的过程,从中获得对自我较完整的认识。(5)缺少积极情绪情感。对此,努力从事一些建设性的活动,排除倦怠、厌恶、沮丧之类的消极情感,增进惬意、快乐、喜悦之类的积极情绪情感。(6)依赖与惰性。对此,要认识到人有依赖他人和从事习惯性活动的惰性,从事创造力活动就要给自己留有一定的独立而自由的空间。

从环境角度考察,主要有:(1)错误的成功观。对此,要摆脱把财富、名誉、权位作为成功象征的观念,要树立"从事的活动对主体及其社会有用、重要并带来快乐即为成功"的观念。(2)比较的倾向。对此,重视的应该不是与别人相比,而是与自己的发展、进步作比较,与自己先前的创造活动相比较。(3)组织环境封闭。对此,要使组织机构具有开放性,使创造活动既有开阔视野,又能赢得社会支持系统的支撑。(4)人际沟通不畅。对此,要组织群体活动,提供交往机会,使创造活动获得他人的理解和支持。(5)资讯不足。对此,要在硬件软件上舍得投入,让创造活动在把握了前沿动态的基础上展开。

从问题解决角度考察,主要有:(1)只抓住一点。对此,要提醒自己不要满足于一个方案、一种方法、一个观念,要在想出的许多点子中作优化选择。(2)过早下判断。对此,要摆脱急于下结论的习惯,经常结合新信息、新资料反复思考。(3)只关注答案。对此,要提倡多关心问题及其因素本身,而不能只关心寻找答案。研究表明,从关心答案转变到关心问题及其有关因素能够明显提升创造力活动的效果。(4)钻牛角尖。对此,可把百思不得其解的问题暂时搁置,避免钻牛角尖导致思维偏执、身心疲惫,在"放松"中的酝酿常会使思维豁然开朗。(5)忽略想象。对此,不要沉湎于"低头"具体操作,要重视想象能为直觉和灵感的降临留下时间和空间。(6)少深思熟虑。对此,要过滤、处理各种不同甚至相反的因素和观念,要尽可能思考各种解决问题的途径、方法。

知识链接 4-2　　　　　培养小学生创造力的原则

众多学者对创造力培养的原则提出了看法,我国学者(段继阳,1999)对此提出以下十项原则:

(1)学生主体原则。尊重学生的主体地位,发挥教师的主导作用。

(2)求优求异原则。引导学生得出尽可能与众不同的新观念、新思路,并能从中求优,选出最佳者。

(3)启发探索原则。教师的基本任务是启发诱导,主要任务是让学生自己探索、发现新事物。

(4)实践操作原则。不做空泛的议论,多组织创造实践活动,重视让学生多动脑、多动手、多动口。

(5)民主愉悦原则。师生要平等交往、彼此尊重、友好沟通,保证学生心境良好,经常处于积极的情感状态。

(6)因材施教原则。根据学生的个别差异,提供不同的学习帮助,力求扬其所长、避其所短。

(7)成功激励原则。鼓励学生争取成功、获得成功的体验,进而激发其从事创造力活动的动机和信心。

(8)积极评价原则。对学生的创造力活动无论是态度、方法、结果,均坚持正面肯定、鼓励,尽量不批评或少批评。

(9)全体全面原则。创造力培养要面向全体学生,要坚持全面发展。

(10)不悖伦理原则。鼓励学生大胆假设、"异想天开",但要求必须符合社会的伦理道德要求。

三、培养小学生的创造力[①]

（一）小学生创造力培养的条件

1. 要培养富有创造力的小学生，首先需要创造型教师

有研究者认为，创造型教师就是那些善于吸收最新教育科学成果，将其积极运用于教学中，并且有独特见解，能够发现行之有效的新教学方法的教师。通常，教师倾向于喜欢高智商的学生而不是高创造力的学生。这实际上不利于学生创造力的发展和培养。研究表明，教师创造力高低对培养学生的创造力至关重要。

2. 培养小学生的创造力，主要通过课堂教学

在学校环境中，可采用"开放课堂"来促进小学生的创造力发展。所谓开放课堂，是一种教学模式，包括空间上的灵活性、学生活动的自主性、学习材料的丰富性、课程内容的综合性、更多的个人或小组教学等。开放课堂形成了一种气氛，它有助于促进批判性的探究、好奇心、冒险精神和自我指导的学习，而不是分等级的权威的教学。

3. 培养小学生的创造力还需要创造合适的家庭教育氛围

有研究者总结了四种促进创造力发展的独特家庭教育方式：（1）对规定和限制作出解释，允许孩子参与；（2）适时地表达对孩子的期望，并恰当地运用奖惩手段；（3）在家庭中提供丰富的玩具、材料；（4）家长与孩子一起从事学业方面的活动。

（二）如何培养学生创造力

整合现有资料，教师在培养小学生的创造力方面可以从如下几个方面入手。

1. 创设有利于创造性产生的环境

包括创设宽松的心理环境，支持、容忍标新立异者；给学生留有充分的选择余地；在考试内容形式上增添无固定答案的问题，评估学生成绩时考虑创造性的高低。

2. 注重创造性个性的塑造

包括保护学生的好奇心，解除个体对答错问题的恐惧心理，鼓励独立性和创新精神；培养小学生探索、创新的内在兴趣、爱好和需要，培养小学生追求成功的需要。

3. 开设培养创造性课程，教授创造性思维策略

包括可以进行发散思维训练、推测与假设训练、自我设计训练、头脑风暴训练等等。自现代创造学奠基者奥斯本（Osborn）开发了第一种创造技法以来，数十年间涌现了数以百计的技术、方法。这里举几例说明。

（1）发散提问法。通过提出开放性问题，可以激发、提高学生的发散性思维水平。如要求5分钟内尽可能多地说出"m"像什么。可能的答案有：门洞、城墙、坟墓、售票口、隧道口、育苗棚、眼镜、字母B（右转90°）、笔记本活页夹（左转90°）等。这是针对事物特性的发散提问。此外，发散提问还可以针对事物的功能、结果、策略等，如"回形针有什么用途"，"假如人都不会死，世界将会是什么样"，"怎样才能消除环境污染"等。

---

① 吴庆麟，胡谊. 教育心理学［M］. 上海：华东师范大学出版社，2003：100—102.

（2）快速联想法。联想，即见到某一事物的形象、词语、动作后，能想到另一事物的形象、语词、动作。在已有知识经验基础上训练联想能力，能够促进创造力的发展，如呈示两个意义不同的语词，要求在它们之间再写两个语词，写上去的语词要分别与原来的有联系。如呈示"钢笔"、"月亮"，按要求可以写上"书桌"、"窗帘"，变为"钢笔—书桌—窗帘—月亮"。

（3）列表检查法。这是把思考问题的要点列出并编成一览表，以求破除思维定势，及时发现可能漏想、想错的地方，引出新的观念、途径、方法。如奥斯本的检查一览表的要点有：

除此之外，还能不能使用别的方法？把现在的状况改变一下会怎样？与此相似的东西还有什么？过去有没有这种状况？今后有什么思路可循？能仿造的东西是什么？改变一下颜色、声音、气味、形状、组成成分、运动状态等会怎样？加上一些、拿走一点、归并起来、分开一下会怎样？再大些、再小些呢？再强些、再弱些呢？再粗些、再细些呢？再分割一下呢？再浓缩一下呢？调换一下会怎样？反过来怎么样？结合在一起怎么样？等等。

这样的列表，肯定比凭空想象更有效率，会有助于及时弥补遗漏或不足的情况，会有助于及时发现想错的地方。当然，列表要针对具体情况，避免机械套用，否则会成为框框，产生负面作用。

（4）脑力激荡法。即头脑风暴训练。通过集体讨论，使思维相互撞击，迸发火花，达到集思广益的效果。具体应用时，应遵循四条原则：让参与者畅所欲言，对提出的方案暂不做评论或判断；鼓励标新立异、与众不同的观点；以获得方案的数量而非质量为目的，即鼓励多种想法，多多益善；鼓励提出改进意见或补充意见。可以先由教师提出问题，然后鼓励每个小学生从自己的角度提出解决问题的方法，通过集体讨论可以拓宽思路，产生互动，激发灵感，进而提高小学生的创造性。

脑力激荡法除了有即席发言的，还有书面形式的，以避免发生相互干扰。如默写式脑力激荡法：每次会议由 6 人参加，每人在 5 分钟内提出 3 个设想，故又称"635 法"；会议由主持人宣布议题即创造力思考的目标；之后，每人发几张卡片，每张有 1、2、3 的编号；在第一个 5 分钟内，每人围绕议题在卡片的编号逐一写上自己的 3 个设想，然后把卡片交给右邻的与会者；在第一个 5 分钟内，每人结合从别人设想中获得的启发再在第一张卡片写上 3 个新的设想，然后把卡片再传给右邻的与会者；如此进行。这样，传递 3 次可产生 54 个设想，传递 6 次可产生 108 个设想。

思考题

1. 问题解决影响因素与小学生问题解决能力培养之间的关系。
2. 创造力影响因素与小学生创造力的培养之间的关系。
3. 分析下列案例中在小学生创造力培养方面教师采用了哪些方法。

在小学一年级学习"数的大小比较"一课中，教师在黑板上写了"4"与"3"两个数，问："这两个数哪个大，为什么？"一位小学生走到黑板前，在黑板上画了四面红旗，排成一行，然后在下方又画了三面红旗，也排成一行。说："四面红旗比三面红旗多一面，所以 4 比

3大。"又问:"那么怎样表示4大于3?"一个学生走到黑板前面写了"4→3"并解释说:"→表示大的指挥小的。"又有一位学生说:"可把箭头上的一横抹去,变成了'＞'。"并解释说:"这样也可以用来表示大的指挥小的,但比它更简单。"接着老师再问:"刚才这两个同学用了不同的符号,都是表达同一个意思几大于几。那么,我们选哪一个符号最合适呢?"学生又是一番思考。最后一致认为"＞"又简单,又好写,而且好记(开口的一边是大数,尖角的一边是小数)。

扫一扫二维码
轻松获取答案

样题

一、单项选择题

1. 下列能够促进创造力发展的是(   )。

   A．发散思维   B．聚合思维   C．具体形象思维   D．抽象逻辑思维

2. 先有一个目标(目的),它与当前的状态之间存在着差异,人们认识到这个差异,就要想出某种办法采取活动(手段)来减少这个差异。这种解决问题的方法或策略是(   )。

   A．试误法   B．逆向工作法

   C．手段—目的分析法   D．尝试错误法

3. 下列哪项发明属于真正的创造(   )。

   A．鲁班发明锯子   B．小明采用简便法做数字1—100的连加

   C．远古时代的化石   D．陶渊明发现桃花源

4. 依据个别经验或直觉选择解法的方式是(   )。

   A．推理式   B．启发式   C．算法式   D．演绎式

5. 有的人认为蜂蜜的用途只是作为一种食品食用,很难想到它还有用来美容和做药材等其他用途,这在心理学上称为(   )。

   A．定势   B．功能固着   C．认知风格   D．顿悟

6. 下面说法正确的是(   )。

   A．创造力与智力呈正相关   B．高智力者,创造力也高

   C．低智力者,创造力高   D．一般情况下,知识经验与创造力呈正相关

7. 以下哪种理论强调问题解决的过程是从整体把握问题情境和认知结构的豁然改组。(   )

   A．试误说   B．顿悟说   C．信息加工说   D．信号学习说

8. 如何采取有效的步骤解决问题,属于(   )。

   A．智力技能   B．认识策略   C．言语信息   D．运动技能

9. 黑猩猩找出香蕉的实验是问题解决理论的(   )的经典实验。

   A．顿悟说   B．信息加工论   C．分析说   D．试误说

10. 发现解决问题的线索后,有时不得不暂时把问题搁置起来,是华莱士四阶段模式中的(   )。

A．准备阶段　　　　　B．酝酿阶段　　　　　C．明朗阶段　　　　　D．验证阶段

二、多项选择题

1. 问题解决的两种类型是（　　　）。

A．认知性问题解决　　　　　　　　B．常规性问题解决

C．发展性问题解决　　　　　　　　D．创造性问题解决

E．理论性问题解决

2. 现实生活中的问题是各种各样的，研究者倾向于将其分为两类，即（　　　）。

A．有结构的问题　　　　　　　　　B．无结构的问题

C．创造性的问题　　　　　　　　　D．认知性的问题

E．一般性的问题

3. 有高创造性个体的人格特征有（　　　）。

A．独立性　　　　　　　　　　　　B．自信

C．对复杂问题感兴趣　　　　　　　D．冒险精神

E．易怒

4. 问题解决有下面哪些基本特征（　　　）。

A．结构性　　　　　　　　　　　　B．目的性

C．认知性　　　　　　　　　　　　D．序列性

E．创造性

5. 奥苏伯尔的问题解决模式的步骤有（　　　）。

A．呈现问题　　　　　　　　　　　B．明确已知条件与目标

C．填补空隙　　　　　　　　　　　D．验证结论

E．综合分析

6. 影响创造性的因素主要有（　　　）。

A．环境　　　　　　　B．智力　　　　　　　C．个性　　　　　　　D．天赋

三、判断题

1. 高智商不是高创造性的充分条件，而是必要条件。　　　　　　　　　　　（　　　）

2. 漫无目的的幻想也可以看成是问题解决。　　　　　　　　　　　　　　（　　　）

3. 高智商者不一定有高创造性。　　　　　　　　　　　　　　　　　　　（　　　）

4. 思维越灵活，相关的知识经验越丰富，就越能多角度地分析问题，提出越多的合理假设。

（　　　）

四、填空题

1. 创造性指个体产生新颖奇特、有_____的产品的能力或特性。

2. _____思维被认为是创造性思维中的核心方法。

3. 当一个人熟悉了某种物体的常见或典型功能时，就很难看出该物体所具有的其他潜在的功能，这就是_____现象。

4. 问题解决策略主要包括_____和启发式策略。

5. 问题解决具有明确的_____，同时包含一系列的_____。

6. 任何问题都含有三个基本的成分：一是给定的条件；二是要达到的目标；三是存在的____
____。

五、名词解释题

1. 启发式策略

2. 问题情境

3. 创造力

4. 算法式策略

六、问答题

1. 简述培养小学生创造力的基本要求。

2. 简述头脑风暴训练的基本思路和做法。

七、论述题

联系实际，谈谈如何培养小学生的创造力。

扫一扫二维码
轻松获取答案

进一步阅读的文献

1. 张庆林,李艾丽莎. 创造性培养与教学策略[M].重庆：重庆出版社,2006.

2. ［美］卡萝尔·韦德,卡萝尔·塔佛瑞斯著. 白学军译. 心理学的邀请——如何培养批判性思维和创造性思维[M].北京大学出版社,2014.

3. ［美］Mervin D. Lynch，Carole Ruth Harris 主编. 胡清芬,陈桃译. 培养中小学生的创造力——理论与实践[M].中国轻工业出版社,2012.

第五章 学 习 理 论

学习目标

1. 了解学习的概念及分类。
2. 理解小学生学习的特点。
3. 掌握学习理论基本观点及在教育中的应用。

内容脉络

```
                          学习理论
        学习概述
        ·学习的概念
        ·学习的分类                      人本主义学习理论
                                         ·罗杰斯的学习理论
   行为主义学习理论
   ·巴甫洛夫的经典条件反射学说              建构主义学习理论
   ·桑代克的试误说                         ·建构主义的学习观
   ·斯金纳的操作性条件反射学说              ·建构主义的教学方法
   ·班杜拉的社会学习理论                   ·建构主义学习理论在小学教育中的应用

   认知派学习理论                          情境认知理论
   ·格式塔的顿悟说                         ·情境认知理论的学习观
   ·布鲁纳的认知结构理论                   ·情境认知理论在小学教育中的应用
   ·奥苏伯尔的认知同化学习理论             ·情境认知理论的困境
```

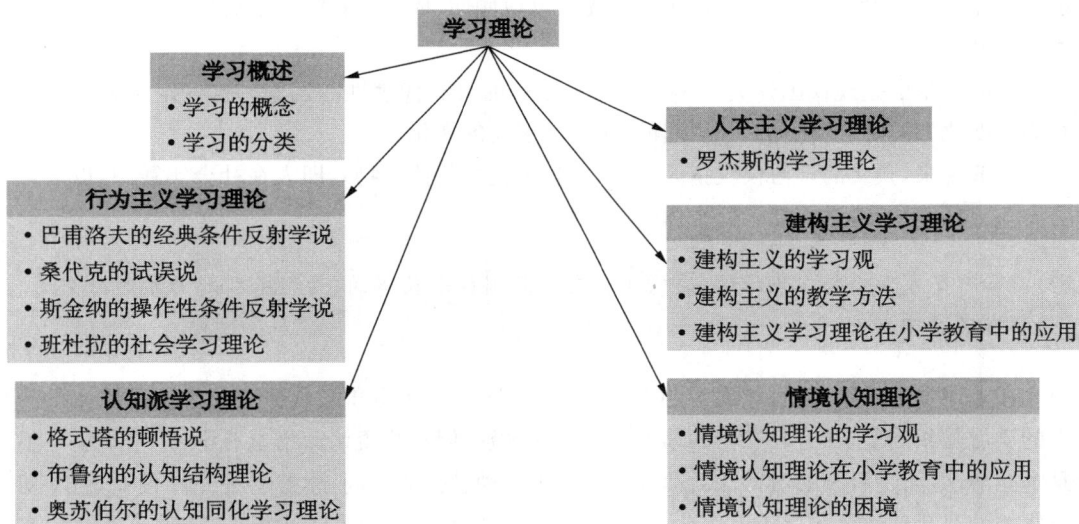

学习心理在教育心理学中占有重要的地位,是这门学科的核心。本章将对学习心理的理论进行比较全面的讨论,通过介绍和评价几种有代表性的学习理论,梳理各家学习理论的基本观点,阐明各派学习理论的合理性和局限性,进而探讨各理论在小学教育实践中的应用。

第一节 学 习 概 述

学习是有机体(主要指动物与人)适应环境的普遍现象。从物种发展而言,学习能力随着有机体神经系统结构的进化而增强;从个体发展而言,学习能力随着个体神经系统发育而增强。同时,丰富的学习情境,能促进有机体的发展。一般地说,学习是个体适应环境的手段,是个体获得经验的过程。人类学习的结果是使个体获得比较稳定的能力或倾向的变化。

一、学习的概念

学习一词,我国古代文献中早已有之,如孔子说"学而时习之,不亦说乎"(《论语·学而》),又说"学而不思则罔,思而不学则殆"(《论语·为政》)。这在一定程度上揭示了学习与练习、学习与情感、学习与思维的关系,反映了我国古代学习心理学思想的丰富性。但究竟什么是学习? 它的实质是什么? 却至今仍无一致意见。

长期以来,许多心理学家、教育家和哲学家从不同的观点、角度,运用不同的方法对学习问题进行了大量的研究,积累了丰富的资料,也提出了各种学习定义。桑代克(E. L. Thorndike, 1931)指出,人类的学习就是人类本性和行为的改变,本性的改变能够在行为的变化上表现出来。加涅(R. M. Gagne, 1977)认为,学习是人类倾向或才能的一种变化,这种变化要持续一段时间,而且不能把这种变化简单地归之为成长过程。希尔加德(E. R. Hilgard, 1987)认为,学习是指个体在某个现实情境中的重复经验引起的、对那个情境的行为或行为潜能的变化,这种行为的变化不能用主体的先天反应倾向、成熟或暂时状态(如疲劳、醉酒、内驱力等)来解释。

上面列举的是现代国外关于学习的比较流行的具有代表性的定义。这些定义大都强调行为的变化,并强调变化是后天引起的,是经验引起的变化。

一般说来,狭义的学习仅仅指人类的学习(不包括其他动物),即人在社会实践中,以语言为中介,自觉主动地掌握社会和个体经验的活动。

> 学习是人和动物在生活过程中,通过实践或训练而获得的、由经验引起的相对持久的适应性的心理变化。

在上述学习的定义里,体现了四个论点。(1)学习是动物和人所共有的心理现象。虽然人的学习是相当复杂的,与动物的学习有本质的区别,但不能否认动物也有学习。(2)学习不是本能活动,而是后天的习得性活动。虽然由于物种进化的不同,学习水平差异很大,但一切个体的学习活动都是在后天由经验或实践引起的,而不是由于成熟或损伤、药物等暂时状态引起的。(3)任何水平的学习都将引起适应性的行为变化,不仅有外显行为的变化(有时并不显著),也有内隐行为或内部过程的变化,即个体内部经验的改组和重建。这种变化不是短暂的,而是相对持久的。(4)不能把个体一切变化都归之为学习,例如,由于疲劳、生长、机体损伤以及其他生理变化所产生的变化,就不属于学习,只有通过学习活动所产生的变化才能称为学习。

二、学习的分类

学习是一种复杂现象,不同的个体在不同的条件下会表现出各种不同类型的学习。对学习进行分类,揭示不同类型的学习规律,便于教师利用学习规律,进行教学和指导学习。根据不同的角度和划分标准,对学习有各种不同分类。

(一) 按学习内容分类

我国教育心理学家冯忠良依据教育系统中所传授的经验内容的不同,将学习分为知识的学习、技能的学习和品德的学习。

1. 知识的学习

学生通过感知和理解等心智活动,在头脑中建立起相应的认知结构。知识的学习要解决的是认识问题,即知与不知、知之深浅的问题。

2. 技能的学习

技能主要包括动作技能和智慧技能两种。技能学习不仅包括动作的认识问题,还包括动作的实际操作问题。即不仅要知道做什么、怎么做,同时还要能够实际做出动作。技能学习最终要解决的是会不会做的问题。

3. 品德的学习

品德的学习是指学生通过行为规范的理解与掌握,内化行为规范为个体的道德品质的学习。该类学习既包含行为规范的认识问题,又包含实践及情感体验问题,因此比知识、技能的学习更为复杂。

(二) 按学习层次分类

加涅是美国当代著名教育心理学家,他认为人类学习的复杂程度是有不同层次的。根据学习的繁简程度的不同,加涅于 1965 年提出八类学习,即: 信号学习、刺激—反应学习、连锁学习、词语联想学习、辨别学习、概念学习、原理的(规则的)学习、解决问题的学习。[①]

(1) 信号学习。学习对某一信号作出某种反应。如巴甫洛夫经典条件反射实验中,动物(狗)学习见到灯光(信号)就分泌唾液(反应)。

(2) 刺激—反应学习。这一类学习包括桑代克的情境与反应的联结学习和斯金纳的操作性条件反射学习。

(3) 连锁学习。学习形成两个或更多的刺激反应的联结,也即形成系列刺激—反应的联结序列。

(4) 词语联想学习。这就是形成一系列的连续性词语联结。有时与第七类合并。

(5) 辨别学习。学会对许多不同刺激作出不同的识别反应。

(6) 概念学习。就是学会对一类刺激作出同样反应。

(7) 原理的(规则的)学习。原理由两个或更多的概念连锁构成,形成多个概念连锁。

(8) 解决问题的学习。学会运用原理解决问题。

上述八类学习是由简单到复杂,由低级到高级分层次排列的。同时,又具有累积性,每一类学习都以前一层次的低级学习为前提,较高级、较复杂的学习是建立在较低级和较简单的学习基础之上的。到 1971 年,加涅对这八类学习进行了修正,原来的八类学习变成了六类学习,即: 连锁学习、辨别学习、具体概念学习、定义概念学习、规则的学习、高级规则的学习(相当于解决问题)。

---

① 虞国庆,漆权. 小学教育心理学[M]. 南昌:江西高校出版社,2008:35—36.

（三）按学习结果分类

加涅于 20 世纪 70 年代根据学习所得到的结果或形成的能力不同对学习进行分类，提出了五类学习，即：智力技能学习、言语信息学习、认知策略学习、运动技能学习、态度学习。

（1）智慧技能。使用符号与环境相互作用的能力。

（2）认知策略。通过概括化过程而发展起来的、更为特殊的习得的智慧技能，用来指导自己注意、学习、记忆和思维的能力。

（3）言语信息。陈述观念的能力。

（4）动作技能。平稳而流畅、精确而适时的操作能力。

（5）态度。个体对特定对象（人、观念、情感或者事件等）所持有的稳定的心理倾向。这种心理倾向蕴含着个体的主观评价以及由此产生的行为倾向性。其形成过程要经过三个阶段：依从、认同和内化。良好态度可以通过有效的说服、树立良好的榜样、利用群体约定、给予恰当的奖励与惩罚等方式获得。①

上述五类学习不存在等级关系，其顺序是随意排列的，它们是范畴各不相同的学习。这种分类是对学习层次分类的一种简缩，它集中于学习的更高水平，充分体现了人类学习的特点，尤其符合学校学习的性质。加涅认为，把学习结果作为教育目标，有利于确定达到目标所需要的条件。因此，通过教学结果的分析，可以为教学设计提供可靠的依据，从而为达到教学目标铺平道路。

（四）按学习方式分类

奥苏伯尔把学生的学习分为接受学习和发现学习，机械学习和有意义学习。

接受学习指将别人的经验变成自己的经验，所学习的内容是以某种定论或确定的形式通过传授者传授的，无需自己去独立发现。发现学习是指在缺乏经验传授的条件下，个体自己去独立发现、创造经验的过程。

机械学习指学习者只记住有关词语符号，并不理解其实质内容，即通常所说的死记硬背。意义学习是指学习者不仅能记住有关词语符号，并能理解实质内容。

在教师讲解下学生对概念、原理实现理解，是有意义的接受学习；走迷宫式的问题解决则是机械的发现学习；进行独立发现事物间的关系和规律的研究，则是有意义的发现学习。

（五）按教育目标和教育任务分类

布卢姆（B. Bloom）等研究者从教育目标和教育任务出发，将学习分为三大领域：认知领域、情感领域、动作技能领域。每一领域又包含一些子类别，认知领域包含知识、了解、应用、分析、综合、评价等；情感领域包含兴趣、态度、鉴赏能力、价值观等；技能领域包含模仿、操作、精确、联结等。

---

① 学习考试用书研发中心编著. 小学教育心理学[M]. 北京：清华大学出版社，2013：35.

第二节　行为主义学习理论

　　行为主义者认为,学习是刺激与反应之间的联结,他们的基本假设是:行为是学习者对环境刺激所作出的反应,即刺激—反应(S-R)是基本的模式。他们把环境看成是刺激,把伴而随之的有机体行为看作是反应,认为所有行为都是习得的。代表学说有巴甫洛夫(Ivan Petrovich Pavlou)的经典条件反射学说、桑代克的试误说(联结主义)、斯金纳的操作性条件反射学说和班杜拉的社会学习理论等。行为主义学习理论应用在学校教育实践上,就是要求教师掌握塑造和矫正学生行为的方法,为学生创设一种环境,尽可能在最大程度上强化学生的适应行为,消除不适应行为。

一、巴甫洛夫的经典条件反射学说

(一)巴甫洛夫经典实验

　　巴甫洛夫是俄国著名的生理学家、心理学家,他所做的经典条件反射研究对于心理学研究具有不可估量的价值。经典条件反射从其实质而言,是一种联结的建立。

　　巴甫洛夫的经典实验是把食物放在一只饿狗面前,同时发出铃声,多次重复后,铃声会引起狗分泌唾液(见图5-1)。巴甫洛夫把铃声或无关刺激物称之为条件刺激物,把食物称之为无条件刺激物。条件反射的形成就是将不诱发反应的中性刺激(即条件刺激)与一个诱发反应的刺激(即无条件刺激)相匹配(一次或多次),致使中性刺激最终能诱发同类反应的过程。

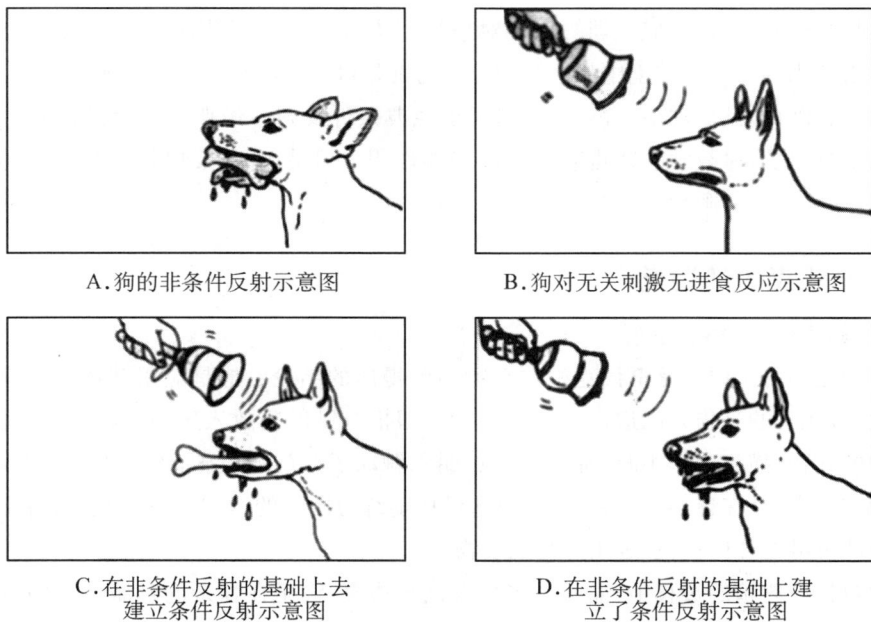

A.狗的非条件反射示意图　　　B.狗对无关刺激无进食反应示意图

C.在非条件反射的基础上去
建立条件反射示意图　　　D.在非条件反射的基础上建
立了条件反射示意图

图5-1　巴甫洛夫经典条件反射实验

（二）经典条件反射理论的学习观

学习就是暂时神经联系（即条件反射）的形成，学习的过程就是条件反射的形成过程。巴甫洛夫本人并没有提出一种学习理论，但他的条件作用的原理本身就是一种学习理论，并对后来的各种学习理论产生了重大的影响。人们根据他的实验，概括出了几条学习律。

1. 习得律

通过条件刺激与无条件刺激的配对引起条件反射，条件刺激获得信号意义。

2. 消退律

条件反射会因得不到无条件刺激的强化而逐渐削弱直至消失。巴甫洛夫认为，条件反射的消退是一种主动的抑制过程，这种抑制解除后，条件反射能自发恢复。同时，巴甫洛夫还注意到，不同的条件反射会有不同的消退速度。

3. 泛化律

条件反射泛化是指条件反射可以由与条件刺激相似的刺激引起，越相似，越能引起条件反射。

4. 分化律

分化与泛化是条件反射建立过程中的两个阶段，在条件反射建立的初期，相似刺激能引起条件反射，出现泛化现象，但随着无条件刺激物对不同刺激进行强化或消退，就建立分化条件反射。

5. 多级条件反射

已形成的条件刺激作为无条件刺激，还可以建立新的条件反射，即形成二级条件反射或高级条件反射，使其他一些中性刺激可以替代原来的条件刺激，引起条件反射。

经典条件反射是一种简单的学习形式，在动物和婴儿的学习中表现更为突出，例如，驯兽员训练动物对信号的反应；成人训练幼儿对信号和语言的反应等，用巴甫洛夫条件反射的观点理解是很恰当的。学习情境中相当一部分行为都是可以用经典条件反射观点来解释的，如"望梅止渴"、"画饼充饥"、"谈虎色变"等都属于经典条件反射。经典条件反射形式中具有的一些规律如"泛化"，对教学实践也有一定的指导作用。但是，条件反射较难解释人的复杂的学习行为，这是它的局限性。

二、桑代克的试误说

（一）桑代克的"饿猫实验"

学习理论中的试误说是桑代克根据动物实验得出的结论。他是应用动物研究学习问题的第一人，最成功的是猫开门逃出迷箱的实验。即把饥饿的猫放入迷箱中，箱外放置着可望而不可即的食物，猫初入箱中时，乱叫、乱抓，偶尔触动了开门的设施，得以逃出并获取食物。在以后的实验中，猫在迷箱中的错误、盲目的动作随练习次数的增加而逐渐减少，直至最后一放入箱中即可触动开门机关，逃出并得到食物。

在学习打开迷箱的过程中，猫通过多次尝试与错误，终于在复杂的刺激情境中辨别出一个开门的设施（刺激），并作出正确的开门动作（反应），也就是说，在相应的刺激（如金属绳）与反应（如拉动）之间形成了巩固的联结，学习便产生了。学习不是一次完成的，是渐进"尝试错误"到最后成功的过程。因而试误说又称为联结说,也叫刺激—反应(S-R)理论。根据这一经典实验,他认为"学习即联结","学习是结合,人之所以长于学习,即因形成许多联结"。

(二)桑代克试误说的学习观

联结的建立遵循一定的学习规律。桑代克在总结他早期实验的基础上提出了学习须遵循的三条重要规律。

1. 准备律

即学习的动机原则,能否反应,取决于有机体是否有动机准备。在饿猫实验中,桑代克观察到,要保证学习发生,猫必须处于饥饿状态,如果猫吃得很饱,放进迷箱,它可能蜷缩在那里睡觉,而不会显示出任何学习逃出迷箱的行为。所以,对学习的解释应包括某种动机原则,学习者是否会对某种刺激做出反应,或者说是否发生刺激—反应联结,同他是否做好准备有关,这就是准备律。个体对刺激是否准备反应是根据自己的动机或需要而定的,因此准备就是一种需要或动机。因此,我们在提供学习活动和内容方面要考虑到能否满足学生需要。

2. 练习律

该规律是由使用律和失用律构成的。桑代克认为,一个已形成的联结,若加以应用,这种联结的力量便会增强,若不予使用,联结的力量便会减弱。换言之,所谓练习律,是指反应重复的次数越多,刺激与反应之间的联结便越牢固。但桑代克在以后的论著中修改了这一规律。因为他发现,当学习者发现重复的练习能获得满意的效果时,练习才会有助于学习,没有强化的练习是无效的。这样,练习律就被融于效果律中去。练习律给我们学习的启示是:不是任何"练习"都有助于学习,学生对活动的选择,并不完全是为了获得满足或逃避烦恼,更有学习的目标、动机、需要作为原动力。为了达成有价值的目的,他可以克服阻挠和烦恼,也可以回避"满意"的诱惑。因此,指导学习时,要将学习的目的向学生说明。

3. 效果律

这是桑代克学习律中最主要的一条。用桑代克自己的话来表达,效果律就是"满意或不舒适的程度越高,刺激—反应联结就越加强或减弱"。也就是说,只有当反应跟着一个令人满意、令人愉快的变化时,学习才会发生和加强,这是正强化律;如果反应的结果是令人烦恼的,则行为反应就会削弱,这是负强化律。即当前行为的后果对决定未来的行为起关键作用。在桑代克的后期著作中,取消了负强化律,因为他发现,惩罚不一定削弱联结。所以,桑代克认为奖励是影响学习的主要因素,学习是通过行为受奖励而进行的。

(三)试误说的小学教学启示

桑代克的试误说不仅说明了什么是学习,还提出了学习的过程是如何进行的,以及应该遵循的规律和特点。桑代克的试误说是第一个系统的教育心理学理论,后来的学习理论都与此理论有着或多或少的联系。

试误说对小学教学实践具有一定的借鉴意义:(1)学习过程是一个不断尝试错误的过程,是动物的基本学习方式,人类亦可以通过尝试错误解决问题。(2)在教与学的过程中,要重视指导小学生运用学过的知识或经验去解决问题,要有"准备",而不是盲目地对待疑难问题。(3)要注意练习的作用。指导小学生在学习过程中,重视对知识的巩固、识记和练习,当然要"用心"、"用脑"去练习,而不是简单地重复。(4)重视效果的反馈作用。要巩固小学生学习的效果,尽量给其满意的结果,如口头表扬、奖励等;消退其不良行为,应给其不满意的结果,适当批评。表扬和期待要多于批评,合理奖惩。

三、斯金纳的操作性条件反射学说

(一)斯金纳的经典实验

斯金纳(B. F. Skinner)是美国行为主义心理学的代表人物,是行为主义学派后期对学习

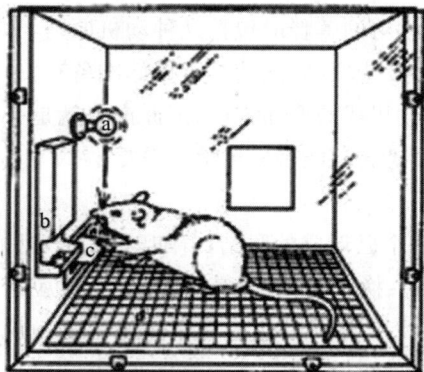

a 灯　b 食物槽　c 杠杆或木板

图 5 - 2　斯金纳箱

心理学影响最大的心理学家。他继承了华生(J. B. Watson)的行为主义传统,参照了桑代克的试误学习原理及效果律等法则,最终建立了操作性条件反射学说。在 20 世纪 30 年代发明了叫斯金纳箱的学习装置。箱内装上操纵杆,操纵杆与另一提供食物丸的装置连接。把饥饿的白鼠置于箱内,白鼠偶尔踏上操纵杆,供丸装置就会自动落下一粒食物丸。白鼠经过几次尝试,会不断按压杠杆,直到吃饱为止。这样白鼠就学会了按压杠杆以取得食物的反应,按压杠杆变成了取得食物的手段和工具(见图 5 - 2)。因此,操作条件反射又称为工具条件反射。在工具条件反射中的学习也就是操纵杠杆(S 刺激)与压杆(R 反应)之间形成固定的联结。

根据此研究结果,斯金纳认为有机体作出的反应与其随后出现的刺激之间的关系对行为起着控制作用,它能影响以后反应发生的概率。他把反应之后出现的,能增强反应概率的手段或措施称为强化。如果一个操作(自发反应)出现后,有强化刺激尾随,则该操作的概率就会增加;已经形成了的操作,如果出现后不再有强化刺激尾随,则该操作以后出现的概率就会减少,甚至消失。这就是操作性条件反射的基本过程。

巴甫洛夫的经典条件反射与斯金纳的操作条件反射都称为条件反射,都是形成刺激与反射之间的联结,但有三个方面的区别,见表 5 - 1。

表 5 - 1　经典条件反射与操作条件反射的比较

	经典条件反射	操作条件反射
强化对象	条件刺激物	条件反应
替代因素	刺激	反应
产生结果	对刺激物加以区别	对反应动作加以区别

在上述比较中,"强化"是指主试对被试(学习者)在什么方面的行为进行奖励。经典条件反射在被试只对正确的条件刺激物作出反应给予积极强化;操作条件反射在被试作出正确的

动作时给予积极强化。"替代"是指在形成新的条件反射时，前者用新的条件刺激物替代无条件刺激物或原条件刺激物，后者则使被试作出新的精确反应替代杂乱动作。学习的"结果"，经典条件反射使学习者（人与动物）辨别相似的刺激物，以作出正确反应。操作条件反射是使学习者辨别相似的反应。

（二）斯金纳的操作条件反射学习观

斯金纳的操作条件反射学习观主要包括以下几点：

（1）操作性行为形成的过程就是学习的过程，学习的本质是"反应概率上的一种变化"。

（2）操作性行为形成的重要手段是强化。斯金纳特别强调强化的作用，认为有机体的操作性反应是通过强化而增强的行为，要提高反应概率，关键在于强化，尤其是正强化（积极强化，如表扬、奖励）。强化是塑造行为的有效而重要的条件，塑造行为的过程就是学习的过程。

（3）除强化物之外，强化的时间、强化的次数等也会导致不同水平的操作性反应（如每次正确反应之后都给予强化物，则个体可以快速形成该反应，一旦取消强化，则所形成的操作性反应迅速消退）。对强化的控制也就意味着对行为的控制。因此，斯金纳提出了不同形式的强化程序。研究表明，不定期的强化方式所形成的操作行为是比较稳定的。

案例 5-1　　　　　　　正负强化、惩罚的区分及案例

在某一行为后通过呈现令人满意的刺激来加强行为的过程称为正强化，而在某一行为后通过移去令人厌恶的刺激来加强行为的过程称为负强化。在正强化和负强化中，"正"是指满意刺激的出现，"负"是指厌恶刺激的消失，"强化"则指引起行为增加的过程。

当有机体做出某种反应以后，呈现一个厌恶刺激（如体罚、谴责等），以消除或抑制此类反应的过程，称作惩罚。

惩罚与负强化有所不同，负强化是通过厌恶刺激的排除来增加反应在将来发生的概率，而惩罚则是通过厌恶刺激的呈现来降低反应在将来发生的概率。

正负强化和惩罚的例子如下：

（1）妈妈为了激励小明提高成绩，提出如果他期末考试进了全班前十名，就给他买他一直想要的手机。（这是正强化。用买手机这个刺激来加强"考试进了全班前十名"发生的概率，买手机是增加了好的刺激。）

（2）妈妈为了激励小明提高成绩，提出如果他期末考试进了全班前十名，就免去他每周末洗碗的任务。（这是负强化。用"免去他每周末洗碗的任务"来加强"考试进了全班前十名"的机会。洗碗对于孩子来说是不好的刺激，免去了这个刺激，来激发另一个刺激发生的机会。）

（3）妈妈为了激励小明提高成绩，提出如果他期末考试没有进入全班前十名，寒假就没有压岁钱。（这是惩罚。用"没有压岁钱"来减少"没有考进全班前十名"发生的概率。）

斯金纳的学习理论也是从动物实验中得出的，并且他简单地把人的学习等同于动物的学习，这点受到了许多人的批评。但是他的理论本身和他根据其学习理论提出的程序教学及机器教学对于教学改革仍有借鉴意义，如强化理论可用于对小学生不良行为的矫正。通过设置

适当的强化措施来减少或消除不适应的学习习惯和表现,而且强化物不仅可以是物质的,也可以是精神的,如赞许、肯定等。再如他的程序教学思想给我们的启示是:程序编制者把教材分解为有逻辑联系的"小步子"(小项目),每一项目都通过程序教材或教学机器呈现出学习内容,然后提出问题,学生必须对每一个问题进行回答(填空或选择答案),然后核对答案,接着进入下一个项目,这样,既可以让学生根据自己的情况掌握学习的进度,又照顾到了学生的个别差异。因此,在斯金纳的倡导下,20世纪60年代,程序教学及机器教学一度成为世界范围内的教学改革运动的热门话题,当代的计算机辅助教学研究亦是程序教学的延续。

四、班杜拉的社会学习理论

班杜拉是美国社会心理学家、斯坦福大学教授,通过观察和实验创立了社会学习理论,又称模仿论。班杜拉试图阐明人在社会环境中是如何进行学习的,这里的环境刺激指由人提供的刺激,对该社会刺激的反应过程就是社会学习。因此,社会学习涉及社会条件下的人与人之间的相互关系。如对于儿童而言,父母、教师、同伴都可能是其学习的榜样。班杜拉认为观察学习是重要的形式,因而社会学习又叫观察学习。在这种观察学习中,个体不是被动接收社会外界刺激,而是对刺激作出选择、组织和转换,据此调节自己的行为。可见社会学习强调人有使用符号和自我调节的能力。

> 观察学习指通过观察他人所表现的行为及其结果而模仿进行的替代性学习,它可以使人较易、较快地学习某种社会行为。

(一)班杜拉社会学习理论的主要观点

班杜拉指出,观察榜样的行为表现而进行的模仿不是一个简单复制过程,它受多方面因素影响,如榜样的特征、榜样的行为及结果、观察者的动机定势等。一般而言,地位高的榜样易被模仿;敌对的、攻击性行为最易被模仿;受奖行为较受罚行为被模仿的可能性大。

1. 交互决定观

班杜拉认为,个体、环境和行为三者是相互联系的一个系统,三者相互影响,彼此联系,"你中有我,我中有你"。三者影响力的大小因具体情况而变化,会因不同的活动、不同的个体和不同的环境条件而不同。

2. 社会认知观

班杜拉认为,人类的许多学习都是认知性质的。他认为,行为的习得可以通过反应的结果进行学习,也可以通过观察进行学习,即人类不仅可以通过直接的经验产生学习,而且还可以通过观察他人即榜样的行为而产生学习,获得间接经验。人类的许多行为都是通过观察他人的行为及其结果而习得的,例如,语言、社会规范、态度情感等的获得,用试误学习很难解释,用观察学习就容易说得通。儿童习得社会行为就是通过观察他们生活中的重要人物,也就是观察他们的榜样的行为获得的。观察学习在人类学习中占有重要地位,无论榜样的行为是否受到奖惩,个体都可能产生观察学习,只是受奖的行为更易被观察者所模仿。

3. 观察学习的过程

班杜拉把观察学习分成注意、保持、动作再现和动机四个阶段,这四个阶段是相互联系的。

(1)注意过程。是观察学习的首要条件,其中榜样的特征及观察者的特征都影响着观察者学习的程度。如观察者比较容易观察与他们自身相似或者被认为是优秀的、有力的榜样;若观察者自身有依赖性,自我概念较低,则更容易产生模仿行为。

(2)保持过程。在观察榜样示范的基础上,将所观察的行为以表象和言语的形式保留在记忆中,头脑中储存观察到的表象,并用言语编码记住这些信息。例如把观察到的某一帮助他人学习的行为转化为表象出现在头脑中,进而转化为"帮助别人学习"的一串符号,进一步编码归类为助人行为、利他行为。这些表征在头脑中反复加工并记忆、储存在头脑中。

(3)动作再现过程。即把观察到的、并保持在头脑中的信息转化成相应的行为的过程。这一过程是比较复杂的,个体如何组织、能否进行自我反馈与矫正、能否对行为进行监控等都影响着动作的实际再现。

(4)动机过程。即个体因表现出所观察到的行为而受到强化、激励。个体并不模仿他们所学的每一件事,强化在这里非常重要。但并不是因为它增强行为,而是给观察者提供了信息和诱因,激励观察者编码和记住可以模仿的、有价值的行为。关于强化,班杜拉不仅同意有直接强化,还提出了替代强化和自我强化。替代强化是指学习者看到他人受到强化而间接地受到强化。例如,教师表扬某一学生助人的行为,其他学生也受到鼓励而学习这种助人的行为。自我强化是个体对自己的行为进行预测,并借助于反馈信息进行自我评价和自我调节,进而进行自我奖励或自我批评。如在学习过程中,学生为自己设立一个成绩标准,然后根据自己对成绩的评价对自己的行为进行自我奖赏或自我批评。

(二)班杜拉社会学习理论对小学教学的启示

班杜拉的社会学习论与传统行为主义观点的最大区别是它重视认知功能、符号、替代和自我调节在学习中的作用,因而他也被称为稳健行为主义者。这一理论对小学教学有一定的启示。

1. 注重父母和教师的榜样作用

作为父母和教师,在小学生前面应全方位严格要求自己,特别是作为榜样者本人都未意识到的价值观、态度、兴趣、待人处世的方式,甚至是说话的腔调和不经意的动作,都极可能成为小学生模仿的对象。

2. 注重同伴的榜样作用

小学生的同伴榜样作用也不容忽视。由于小学生在年龄及学校社会生活诸方面的相似性,极易相互模仿。作为家长和教师要极力创设环境引导他们模仿正面的榜样而防止不良同伴的影响。

3. 注重环境中的其他榜样作用

作为小学生的主要活动场所,学校要树立管理者榜样(各级领导)、服务榜样(后勤、教辅人员)、环境榜样(校容、校貌)等,从举止礼仪到品德行为做好示范。另外要让小学生得到正确的替代强化,如当小学生表现出所要求的行为、动作时,家长、教师要及时予以表扬、肯定。一方面可使小学生良好、正确的行为和动作得到自我强化而加强,另一方面,可促使其他小学生对这种良好、正确的行为和动作进行模仿并得到替代性强化。

班杜拉的社会学习理论通过榜样行为的作用为观察学习赋予了新的生命力。他的社会学习理论一方面强调外显的行为及强化,另一方面也强调观察学习,强调内部认知过程,强调内部因素与外部因素的相互作用,补充了传统行为主义和认知观的不足,是一种创新。他强调观察学习、强调榜样的示范作用和替代强化,对于教育工作是非常有指导意义的,但它仍不能完全解释人类的学习行为。总之,班杜拉的社会学习理论解释了人类的模仿行为,给社会行为的学习提供了有力的理论支持,对将行为主义学习观点与认知学习观有机地结合作出了有益的贡献。

第三节　认知派学习理论

认知理论是与联结理论相对立的学习理论。认知理论强调学习的内部过程及认知结构的建立,强调个体的意识,认为学习是个体与环境相互作用过程中对客观事物及其关系的认知,环境只是提供潜在刺激,这些刺激是否被注意或被加工,取决于学习者的内部心理结构是否选择它们,个体在获得经验的过程中是积极主动的,而非被动的。因此,它阐述的是个体处理环境刺激时的内部过程,而不是外显的刺激与反应,并认为当新的经验改变了学习者现有心理结构时,学习就发生了。因此,学习的基础是内部心理结构的形成和改组,而不是刺激—反应联结的形成,也不是行为习惯的加强和改变。认知学习理论从其诞生至今,出现了各种不同的认知理论。

一、格式塔的顿悟说

(一)格式塔学派的经典实验

格式塔心理学派 1912 年创始于德国。"格式塔"是德文"Gestalt"的音译,意思是完形,也即整体。主要代表人物有韦特海墨(M. Wertheimer)、考夫卡(K. koffka)与苛勒(W. Kohler)。该学派主要研究知觉与解决问题的过程。苛勒对黑猩猩解决问题的学习过程进行了一系列的研究,并提出了学习的顿悟说,同时也丰富和发展了格式塔的心理学理论。[①]

图 5 - 3　苛勒的黑猩猩实验

苛勒的实验给黑猩猩设置了许多问题情境。例如,把香蕉挂在猩猩跳起来也够不着的笼子顶上,笼子里有两只木箱,站在任何一只木箱上都够不着,只有把木箱移过来叠在一起,站在上面才能够着香蕉。苛勒发现,黑猩猩并不是用试误的办法逐步学会拿到香蕉,而往往是突然学会了解决问题的办法。有时蹲到那里,观察情境,然后表现出对情境的突然领悟(见图 5 - 3)。与箱子问题类似,棒子问题要求黑猩猩将一根或几根棒子作为工具,用以够到笼外的香蕉。实验者观察发现,

---

① 边玉芳. 教育心理学[M]. 杭州:浙江教育出版社,2009:25—29.

黑猩猩处于对香蕉的可望而不可即的问题情境中时,在几次用短棒够取香蕉失败后,突然顿悟,将两根短棒连接起来,以达到目的。

苛勒认为,学习是顿悟的过程,顿悟即突然理解,觉察到问题解决的办法,它是通过个体理解事物之间的关系、结构与性质等实现的。所以格式塔的学习理论又称"顿悟说"。

(二)格式塔的学习观

1. 学习即知觉重组或认知重组

格式塔心理学家对学习的解释,往往倾向于使用知觉方面的术语,学习与知觉、认知几乎是同义词。他们认为通过学习会在头脑中留下记忆痕迹,且这些痕迹不是孤立的要素,而是一个有组织的整体,即完形。因此,学习主要不是要加进新痕迹或减去旧痕迹,而是要使一种完形改变成另一种完形,这种改变可以因新经验而发生,也可以通过思维而产生,这正是知觉重组的方式。因此,知觉重组是学习的核心,许多真正的学习都有类似的特性。

2. 学习的过程是一个顿悟的过程,而非试误的过程

顿悟是指良好的观察,即对情境全局的知觉(认知)或对提示达到目标途径的知觉。它是一个知觉重新组织的过程,是一种从模糊、无组织的状态到有意义、有结构、有组织的状态。这种顿悟学习可以避免多余的试误,同时又有助于迁移。

3. 真正的学习是不会遗忘的

通过顿悟获得的理解,不仅有助于迁移,而且不容易遗忘。因为通过顿悟习得的内容成为知识技能中永久的部分。用信息加工心理学术语来说,顿悟的内容是进入了长时记忆,将长久地保留在学习者的头脑中。

4. 顿悟学习本身具有奖励的性质

真正的学习常常会伴随着一种兴奋感。当学习者了解到事物之间的关系,理解了一个完形的内在结构,弄清了事物的真相,会伴有一种令人愉快的体验。例如,一些人对智力拼图、字谜填空玩得津津有味,有时看上去简直不大可能完成,但当他们突然发现解决办法时,就会有一种顿悟的强烈快感。格式塔心理学家认为,这是人类所能具有的最积极的体验之一。

(三)格式塔顿悟说对小学教学的启示

1. 创设学习情境

格式塔学派强调学习的对象是一个完整的结构,学习就是要全面了解学习情境,发现对象的结构和内部关系,找出问题的线索,进而悟出解决问题的办法。因而创设小学生可以顿悟的学习情境,有利于学生学习。

2. 强调顿悟带来的自我奖励

格式塔心理学家反对滥用外部奖励,如使用糖果、好分数、五角星或金钱之类的东西来驱动学习,使学习者经常关心能得到什么奖励,从而不可能达到对问题情境有顿悟的理解,而强调学习时达到的理解水平具有的自我奖励作用,是具有一定积极意义的,因而受到了当时美国教育学家的欢迎,格式塔心理学为现代认知心理学奠定了基础。由此,小学教学中,要注重让小学生在学习中体验到顿悟的快感。

二、布鲁纳的认知结构理论

布鲁纳(J. S. Bruner)是美国当代著名的教育学家与心理学家,他认为学习的实质是学生主动地通过感知、领会和推理,促进类目及其编码系统的形成。他强调认知学习与认知发展,提倡发现学习,因此,有人又称他的认知结构理论为认知发现理论。

(一) 布鲁纳认知结构理论的主要观点

1. 学习的实质在于主动地形成认知结构或表征系统

认知结构是由人过去对外界物质进行感知、概括的一般方式或经验所组成的观念结构,是学习和理解新知识的基础。

在布鲁纳看来,认知结构即表征系统,是指信息在头脑中的表现与记载方式,有动作表征、肖像表征与符号表征三种,它们相互作用、顺序发展、彼此不可相互替代。

2. 学习的过程包含新知识的习得、旧知识的转换及其知识的评价

新知识的习得是指对已有知识的提炼,或是替代已有知识的认知过程。旧知识的转换是在学习过程中,学习者要采用一些策略和方法,把旧知识转换成另一种形式,使其适应新的学习任务。知识的评价是学习者要检查处理新旧知识的方式是否适合于当前的学习任务。这三个过程几乎是同时发生的。在这整个过程中,学生不是被动的接受者,而是主动的信息加工者。通过这一过程,学习者建立起更完善、更系统的认知结构。

3. 学习的核心内容应是各门学科的基本的知识结构

各门学科的基本知识结构包括基本的概念与原理,基本的态度与方法等。因为这些基本的知识结构可以使学生易学、易记、易迁移,同时也有利于学习动机的激发及学生智力的发展。

4. 发现学习应成为学生学习的主要方式之一

布鲁纳认为,发现并不只限于那种寻求人类尚未知晓的事物的行为,而且还包括用自己的头脑亲自获得知识的一切形式。他提倡独立思考,培养学生探索新情境的积极态度。

(二) 布鲁纳认知结构理论在小学教育中的应用

布鲁纳的认知结构学习理论对我们今天的教学实践有积极的启发和借鉴意义,教师在教育教学过程中,应当看到小学生是主观能动的,应相信小学生的能力,要调动小学生在学习中的积极性,激发其内在学习动机。在学习过程中,重视学科基本结构教学以发展小学生的智力,重视小学生学习的主动性,使其真正成为学习的主人。更重要的是要培养小学生具有一种探索新情境、提出问题、推测关系、应用自己的能力解决问题或发现新事物的态度。在这种思想下,布鲁纳主张教师在教学中要创造条件,让小学生通过参与探究活动发现基本原理或规则。即主张让小学生通过发现学习获得知识。例如,他依据小学生踩翘板的经验,设计了一个天平,让小学生调节砝码数量和砝码离支点的距离,从而使小学生发现乘法的交换律,如 $3 \times 6 = 6 \times 3$。布鲁纳的发现学习不仅提高学生的智力潜能,而且使学生学会发现学习的最优

方法和策略,并帮助信息的保持和探索,也就是说,小学生按照自己的兴趣和认知结构对材料进行组织时,记忆是最巩固的。布鲁纳的认知结构学习、发现学习对于改进教学、推进教学改革具有指导意义。

布鲁纳是推动美国的认知运动,特别是以认知结构学习理论为指导改革教学的运动中的极为重要的人物,在心理学为教育教学服务方面作出了显著的贡献。他的学习理论,把学生作为学习的主动者,强调学生学习的主动性思想具有一定的战略意义,对今天的教学实践也有指导意义。发现学习作为一种方法是有优点的,强调学习过程和学习方法的学习也是必要的,但他过于重视学生自己发现,忽视发现学习方法的运用也会受许多因素,如学生已有的知识经验等的限制,有否定教师在学生学习中指导作用的倾向,在一定程度上忽视了学校教育、学生学习的特殊性,体现出一定的局限性。

三、奥苏伯尔的认知同化学习理论

奥苏伯尔是认知学习理论的主要代表人物之一,其学习理论也是最有影响的现代认知学习理论之一。他更关注学校课堂情境中学生的学习规律,致力于有意义言语材料的学习和保持的研究,建立了有意义言语学习理论,又被称为"认知同化学习理论",这也是奥苏伯尔对教育心理学的重大贡献。

(一)认知同化学习理论的主要观点

1. 学生的学习是一种有意义的学习

奥苏伯尔对学生有意义学习进行了深入的研究,认为学生的学习是一种有意义的学习,而不是机械学习。机械学习只能建立人为的和非实质性的联系,即新知识不能与认知结构建立像有效学习那样的联系。

> 有意义的学习是指符号所代表的新知识与原有的认知结构之间能产生非人为的、实质性的联系。

有意义的学习产生的不是表面的、任意的联系。有意义的学习必须具备一定的内部和外部条件。内部条件是学习者本身因素,包括三个方面:(1)学习者必须具有意义学习的心向,即学习者积极主动地把符号所代表的新知识与学习者认知结构中原有的适当知识加以联系的倾向性。(2)学习者认知结构中必须具有适当的知识,以便与新知识进行联系。若学习材料本身具有逻辑意义,学生认知结构中又具备适当知识基础,那么该学习材料对学生就构成了潜在意义。(3)学习者必须主动积极地使这种具有潜在意义的新知识与其认知结构中有关的旧知识发生相互作用,使旧知识得到改造,新知识获得实际意义。外部条件指学习材料必须具有逻辑意义。学生学习的教材知识,是客观世界的反映,是理论的概括,一般而言都具有逻辑性。

2. 学生的学习主要是接受学习

学生的学习主要是接受学习而不是发现学习,这与布鲁纳所提倡的发现学习的观点相反。奥苏伯尔认为，学生的学习是通过教师的传授来接受事物意义的过程，且学习的内容基本上是以定论的形式传授给学生的，只要求学生把教学的内容整合到自己的认知结构中，以便将来能够提取或运用。这种有意义的接受，是课堂学习的主要形式。

3. 有意义的接受是通过同化过程实现的

同化是指新旧知识之间的相互作用、相互影响，即把新信息纳入到原有的认知结构中去，用原有的知识来解释新知识，或者以新知识去充实、改组原有的认知结构。同时，奥苏伯尔还提出三种同化模式：下位学习、上位学习和并列结合学习（具体见"第七章小学生知识学习"）。这三种学习都是内部认知过程，新旧知识相互作用的结果就是新旧意义的同化，也只有同化，有意义学习才能实现。

（二）认知同化学习理论在小学教育中的应用

1. 教学过程中应重视学习者的积极主动精神和小学生的已有知识经验及观念在学习中的作用

小学生的学习是有意义的学习，不是机械学习，因此，教学过程中应重视学习者的积极主动精神和小学生的已有知识经验及观念在学习中的作用。由于基本概念和基本原理包含性强、概括性大，易于同化新知识，因而要加强基本概念、原理的学习。教师在讲授新知识时要了解小学生的知识状况，寻找同化点，提倡小学生以自己的语言回答问题而不是书本上或教师的原话，这样可检查是有意义的学习还是机械学习。有意义接受学习适合于年龄较大的小学生，适合于教授较抽象的概念之间的关系，有助于学生知识系统化，而且在课堂单位时间里提供的信息量大。此外，应该使小学生的学习过程变成一种主动理解、消化新知识的过程。

2. 教师应该对自己的教学进行精心的设计安排

教师要认识到小学生的学习是接受学习，受教师的影响很大，教师应该对自己的教学进行精心的设计安排，适合小学生的心理发展水平，同时又促进心理水平的发展。相应的教学原则包括逐渐分化原则、整合协调原则、序列组织原则和巩固原则。

奥苏伯尔的认知同化学习理论认为学生的学习主要是接受，而且以学生有意义接受系统知识的课堂学习为核心，并阐明了有意义接受学习的准则和条件，这种观点是颇有见地的，也符合学生学习的实际。他对接受学习与发现学习、意义学习与机械学习之间的区别也提出了独到的见解，这在我们对传统的教学方法进行反思时，是有借鉴意义的。

布鲁纳和奥苏伯尔同属现代认知结构论者，他们使用的术语不尽相同，而且对于如何获得新的意义过程强调重点亦有不同。布鲁纳强调发现学习过程，奥苏伯尔强调接受学习过程，但都认为学习过程是积极主动的，是认知结构的组织和再组织。这与格式塔的观点基本一致。但现代认知心理学家摒弃了早期格式塔心理学的神秘色彩，他们强调意义、理解、原有认知结构的作用，学习材料本身的内在联系以及新旧知识的相互作用。可以说，现代认知论者与他们前辈格式塔心理学家的认知论观点的最大区别在于：旧认知论建立在动物心理学研究的基础上，只是停留在知觉水平的研究上，难于直接应用到人类的学习情境中去；而现代认知论却是研究学生课堂情境中的学习问题，达到了抽象思维水平，符合教学实际，能较满意地解释语言材料学习问题。

第四节　人本主义学习理论

人本主义心理学是 20 世纪 50 年代末 60 年代初在美国兴起的一种心理学思潮,它是由许多持有相似观点的心理学家和学派联合发起的一种学术思想运动,20 世纪 60 年代和 70 年代迅速发展,被称为心理学的第三种力量。人本主义心理学认为心理学应对人的本性及其社会生活进行研究,应关注、研究人的情感、态度,强调人的价值与尊严,心理学应研究对个人和社会富有进步意义的问题。这些心理学家的观点形成了一种学派,构成了一种对传统心理学的挑战,于是人本主义心理学应运而生。主要代表人物有马斯洛(A. Maslow)、罗杰斯(C. R. Rogers)等。马斯洛主要关注的是学习动机问题,相关的理论见"第六章小学生学习动机与兴趣"相关内容。本节中主要介绍罗杰斯的学习理论。

一、罗杰斯的学习理论

(一)学习应该是有意义的心理过程

罗杰斯主张学习是意义学习或称之为完整人的学习。他认为学习应该是与个人的生活、实践息息相关的学习。学习的内容和材料应该是学生所关心的,能影响学生的感情,推动学生的行为,有助于学生个性的形成与发展。因此,他强调这种有意义学习不只是指理解新旧知识经验之间的关系,也不只是机械地建立刺激与反应之间的联结。相反,是指学习者主动参与、全身心投入、积极地自我评价的一种学习过程。通过有意义的学习活动,使个体的行为、态度、个性等发生积极的变化。同时,对于学习的评价主要是学生的自我评价,这样使学生的创造性、独立性和自主性能得到充分的发展。

(二)学习是学生个人潜能的发挥

罗杰斯认为,人的本性是积极向上的,人生来就具有学习的自然倾向,或者说具有学习的潜能。这种潜能在合适的条件下就能释放出来,所以,学习是一种自发的、有目的、有选择的学习过程。由于他把学生看做是一个有目的、能够选择和塑造自己行为并从中得到满足的人,所以,他强调学习是一个愉快的过程。因此,在教学中强调以学生为中心,教学的任务就是创造一种有利于学生的学习潜能发挥的情境,使学生的潜能得以充分发挥,而不应该把惩罚、强迫和种种要求或约束作为促进学生学习的方法。

(三)对学生有价值的经验的学习才是真正的学习

在学习的内容上,罗杰斯认为,学生学习的内容应该是学习者认为有价值、有意义的知识或经验。他认为,只有当学生理解所学内容的用处时,学习才最有效,而那些学习者认为是价值很小或效用不大的经验或技能往往学习起来很困难,也容易遗忘。如果某些学习内容需要学习者改变自己的兴趣或自我结构,那么这些学习就可能受到学习者的抵制。

（四）最有用的学习是学会如何进行学习

罗杰斯特别强调学习方法的学习和掌握。罗杰斯曾明确指出，只有学会如何学习和如何适应变化的人，只有意识到没有任何可靠的知识，唯有寻求知识的过程的人，才是可靠的人和有教养的人。他认为有意义的学习是在"做"中学，最有用的、最有效的方式就是让学生直接面临实际问题，从解决实际问题中进行学习，一方面可让学生直接到第一线去亲身体验，另一方面也可以设计各种场景，让学生扮演各种角色，以获得相应的体验。

（五）学习应该是一种自由的学习

罗杰斯认为每个学生都是一个独特的个体，有自己的感情和完善自己的倾向，这种倾向只有在能体验到无条件的积极关注和自由时才能得到最好的发挥。由此可见，罗杰斯所提倡的意义学习是以自由为先决条件的，即允许学生自由地进行自发的、自我依赖的学习，在这种学习系统中，教师所扮演的是一个促进者的角色，学习者可以自由地去实现自己所有的潜能。这意味着促进者和学习者是平等的关系，共同组成了一个学习小组。

二、罗杰斯人本主义学习理论在小学教育中的应用

（一）使小学生成为学习活动的主动参与者

罗杰斯强调学习是一个有意义的心理过程，应该是学习者主动参与、全身心投入的过程，只有这样，个体的行为、态度、个性等才能发生积极的变化。这提示我们，在进行教学组织和教学设计时，应注意让小学生主动参与到教学过程中，做学习的主人，使小学生成为学习活动的主动参与者。

（二）应最大限度发挥小学生的潜能

罗杰斯强调，学习是学习者个人潜能的发挥，学习是一个愉快的过程。因此，教师在教学中应把开发学习者的潜能作为教学的一个基本目标，注重给小学生创设优良的教学氛围，融洽的情感氛围，建立良好的师生关系，充分信任学习者，使他们的潜能得到最大限度的发挥。

（三）教学内容要结合小学生的学习兴趣和爱好

罗杰斯强调教师在教学过程中还应该注意教给学习者认为有价值、有意义的内容。即教学内容要尊重小学生的学习兴趣和爱好，尊重小学生自我实现的需要。在课程设置及安排上要给小学生以充分的自由，允许小学生根据自己的兴趣和爱好，以及自我理想来选择有关学习内容，而不应该把小学生不喜欢的东西强行灌输给他们。罗杰斯的这种尊重小学生学习自由的观点是可取的，但自由应该是相对的。

（四）注重教授学习方法

罗杰斯强调要教给学生学习的方法，让学生学会如何学习。这提示我们，在教学中，教师不仅应关注小学生学习的结果，更应该关注其学习的过程，注重教给小学生学习的方法，教师可以在教学中进行多方面的教学改革，给小学生提供更多的实践锻炼机会，以让他们获得相

应的体验。

　　罗杰斯的人本主义学习观既改变了行为主义者只关注学习是刺激和反应之间联结建立的结果,又改进了认知理论虽然关注学习的过程但忽视人在学习过程中的社会性的内涵,强调学习过程应以学习者为中心,这是其积极的一面。但他的理论过分强调人的学习本能,强调学习的绝对自由,忽视环境和教育的作用,忽视教学内容的系统性、逻辑性;而且,其理论推论多,实践论证不够,具体的操作方法不够明确。

第五节　建构主义学习理论

　　建构主义学习理论是认知理论的进一步发展。在皮亚杰和布鲁纳的思想中已经有了建构的思想,但相对而言,他们的认知学习观主要在于解释如何使客观的知识结构通过个体与之交互作用而内化为认知结构。20 世纪 70 年代末,苏联教育心理学家维果斯基的思想被介绍到美国,对建构主义思想的发展起了极大的推动作用。当今的建构主义者更关注学习者如何以原有的经验、心理结构和信念为基础来建构新知识。他们强调学习的主动性、社会性和情境性,对学习和教学提出了许多新见解。

一、建构主义的学习观

(一)学习是学习者主动建构内部心理结构的过程

　　建构主义者强调,事物的感觉刺激(信息)本身并没有意义,意义不是独立于我们而存在的,而是由人建构起来的。这种建构不是机械地把知识从外界搬到记忆中,而是以原有的经验为基础建构新的理解。它不仅强调正规的、结构化的知识背景,也强调在具体情境中形成的非正规的、非结构化的经验背景,且后一种经验背景是在社会交往过程中,在具体的情境中获得的。

(二)学习的过程同时包括新信息和原有经验结构两方面的建构

　　一方面是对新信息意义的建构,另一方面是对原有经验结构的改造与重组。而后一种建构被认为更重要,因为合理而完善的经验结构有利于日后的实际应用。这一点与皮亚杰的通过同化与顺应实现双向建构的过程是一致的。

(三)学习者以自己的方式建构对事物的理解

　　由于个体在日常生活和以往的经验中已经形成了丰富的经验和习惯化的认知方式,因而不同人看到的是事物的不同的方面,不存在唯一的、标准的理解。不过,通过学习者的合作可以使理解更加丰富和全面。

二、建构主义的教学方法

(一)随机通达教学

　　这种教学方法认为,对同一内容的学习要在不同时间多次进行,每次学习都要对所学内容进行重新改组,而且每次学习的目的不同,着眼于问题的不同侧面。这不是简单的重复,因每次学习的情境都会有不重合的方面,这样就使学习者对所学的内容有新的理解。这种教学把概念放到具体情境中,每一个概念都要有充分的实例说明不同的含义,这种学习使学习者可从多角度理解学习的内容。

(二)自上而下的教学设计

建构主义者批判了传统的自下而上的教学设计,认为它过于简单化。他们在教学进程的设计上遵循相反的路线,自上而下地展开教学进程:先呈现整体性的任务,接着让学生尝试发现完成整体任务所需完成的子任务,以及完成各级任务所需的知识、技能,在掌握这些知识技能的基础上,使问题得以解决。在教学中,教师要提供更好的理解和解决问题的工具,使学生能单个地或在小组中进行探索,使其完成各项子任务,最终使整体任务得以完成。

(三)情境性教学

建构主义认为教学应使学习在类似现实情境中发生,以解决学生在现实生活中遇到的问题为目标。这样教学过程要与现实问题的解决过程相类似,教师不要把已准备好的知识直接教给学生,而是提供解决问题的原型,指导学生进行探索,让学生在探索中学会解决具体问题。学习中对具体问题的解决过程本身就反映了学习的效果。由于是在真实性任务中解决问题,学生有主人翁感,且任务具有挑战性,解决了问题实际上就是受到奖励,因此,容易引发学生学习的内部动机。

(四)支架式教学

支架式教学是由教师将学生引入一定的问题情境,并且提供可能使问题获得解决的知识或技能,然后教师为学生确立目标,让学生进行尝试性探索。教师可以进行启发引导;可以做演示,提供问题解决的原型;也可以给学生以反馈等,但要逐渐增加学生自己对问题探索的成分。最后,教师要逐步让位,使学生自己独立探索,由学生自己决定探索的方向和问题,选择自己的方法,这时不同的学生可能会探索不同的问题。

三、建构主义学习理论在小学教育中的应用

(一)以小学生原有的知识经验作为新知识的生长点

建构主义强调,学习意义的获得,是每个学习者以自己原有的知识经验为基础,对新信息重新认识和编码,建构自己的理解。在这一过程中,学习者原有的知识经验因为新知识经验的进入而发生调整和改变。小学教学不能无视学习者的已有知识经验,避免简单生硬地从外部对学习者实施知识的"填灌",而是应当以小学生原有的知识经验作为新知识的生长点,引导小学生从原有的知识经验中,生长新的知识经验。教学是知识的处理和转换。教师应该重视小学生自己对各种现象的理解,倾听他们的想法,思考他们这些想法的由来,并以此为据,引导小学生丰富或调整自己的解释。

（二）教师要成为小学生建构知识的积极帮助者、引导者和合作者

建构主义虽然非常重视个体的自我发展，但是他也不否认外部引导，亦即教师的影响作用。教师应当激发小学生的学习兴趣，引发和保持小学生的学习动机。通过创设符合教学内容要求的情境和提示新旧知识之间联系的线索，帮助小学生建构当前所学知识的意义。教师应尽可能组织协作学习，展开讨论和交流，并对协作学习过程进行引导，使之朝有利于意义建构的方向发展。

教师与学生、学生与学生之间需要共同针对某些问题进行探索，并在探索的过程中相互交流和质疑，了解彼此的想法。教师的作用从传统的传递知识的权威转变为小学生学习的辅导者，成为小学生学习的高级伙伴或合作者。同时，由于经验背景的差异的不可避免，学习者对问题的看法和理解经常是千差万别的。在学习的共同体中，这些差异本身就是一种宝贵的现象资源。

（三）小学生是教学活动的积极参与者和知识的积极建构者

建构主义要求学生面对认知复杂的真实世界的情境，并在复杂的真实情境中完成任务，因而，学生需要采取一种新的学习风格、新的认识加工策略，形成自己的知识与理解，这是建构者的心理模式。建构主义教学比传统教学要求给予小学生更多的管理自己学习的机会，教师应当注意使机会永远处于维果斯基提出的"学习最近发展区"，并为小学生提供一定的辅导，帮助小学生用探索法和发现法去建构知识的意义。

第六节　情境认知理论

情境认知（situated cognition）理论又称为情境学习（situated learning）理论。情境学习是由美国加利福尼亚大学伯克利分校的莱夫（J. Lave）教授和独立研究者温格（E. Wenger）于1990年前后提出的一种学习方式，认为人类的思想是对环境的适应，人的所知、所思和所为是在社会情境中发展的。情境认知理论是继行为主义"刺激—反应"学习理论与认知心理学的"信息加工"学习理论后，与建构主义大约同时出现的又一个重要的研究取向。它试图纠正刺激—反应和符号学说的符号运算方法的失误，认为认知学派完全依靠于规则与信息描述，仅仅关注有意识的推理和思考，忽视了文化和物理背景。[1][2]

一、情境认知理论的学习观

情境认知理论是研究人类知识如何在活动过程中发展的，强调知识与情境之间动态相互作用的过程。情境认知理论认为：

① 张振新，吴庆麟. 情境学习理论研究综述[J]. 心理科学，2005，01：125—127.
② 皮连生主编. 教育心理学（第四版）[M]. 上海：上海教育出版社，2011：71—74.

(一) 知与行是交互的，学习者在情境中通过活动获得知识，知识即生活实践

情境认知理论认为，知识是通过社会中人们的生活实践自然出现的，是情境化的，能通过活动不断向前发展。知识与活动是不可分离的，活动不是学习与认知的辅助手段，而是学习整体中的一个有机组成部分。可以说是学习者在情境中通过活动获得了知识，学习与认知本质上是情境性的，莱夫和温格(1991)把这种情境称之为"实践共同体"。

> 实践共同体指的是一群追求共同事业，一起从事着通过协商的实践活动，分享着共同信念和理解的个体的集合。

从这个意义上说，在空间上聚集在一起的任一群体并不一定都是实践共同体。它强调要有共同的任务，使用工具、利用资源并通过实践活动完成任务，有共同的历史、知识基础与假设，以及各自担负的责任。

一个实践共同体有"共同的文化传统"、"相互依赖的系统"和"再生产循环"等重要特点。(1)共同的文化历史传统。共同体不是在特定时间应对某种特殊需要而进行的简单聚集，成功的共同体具有共同的文化历史传统，这种传统部分地获得了社会协商的意义。这包括了共享的目标、意义和实践。但是，与不太起作用的实习场中的社会协商不同，在实践共同体中，新成员从老成员的经验中承袭了大多数的目标、意义和实践，这些方面在老成员的经验中是经过假设和验证并一致同意的。(2)相互依赖的系统。在这种情境中工作时，个体是更大的集体的一部分，并与共同体有着相互联系，而共同体也是一个更大的集体(即社会，共同体的意义或价值是通过社会而获得的)的一部分。这有助于为个体和共同体提供一种有共享目标的感觉，也有助于提供身份。(3)再生产循环。十分重要的是，当新成员与身旁的同伴和成熟实践的示范者一起进入成熟的实践时，共同体就有了进行再生产的能力。随着时间的推移，在这些成员身上就会体现在共同体的惯例(和常规)中，甚至可能替代老成员。

(二) 学习即参与社会团体的实践，参与实践促进了学习和理解

学习的设计要以学习者为主体，内容与活动的安排要与人类社会的具体实践相联通，最好在真实的情景中，通过类似人类真实实践的方式来组织教学，同时把知识和获得、与学习者的发展、身份建构等统合在一起。研究者们把情境学习的这种过程称为"合法的边缘性参与"。"合法"是指随着时间的推移与学习者经验的增加，学习者合法使用共同体资源的程度；"边缘性"是指学习者在实践共同体中对有价值活动的参与程度与离成为核心成员的距离。从本质上看，"合法的边缘性参与"这一术语描述了一个新手成长为某一实践共同体核心成员的历程。学习者要想从新手成长为共同体的核心成员，就必须参与到共同体真实的活动中去，并在成长的每一阶段都要细心观察专家的示范，在专家的指导下努力进行实践。与此同时，学习者观察和模仿共同体内其他成员的行为，学习共同体内的术语，逐渐地开始按照共同体的标准来行事。随着时间的流逝，学习者逐渐掌握了专家的知识与技能，并在使用的过程中得到发展与磨炼。这时，学习者逐渐获得了共同体中核心成员的身份，变得越来越自信，对共同体的贡献越来越大，反过来可以指导刚进入共同体的新手的学习。亦即，学习者在对共

同体进行文化适应的过程中,不断取得进步,最终成长为熟手乃至专家。因此,一个真正的实践共同体具有再生产循环的功能。

(三)意义和身份都是在互动中建构的,受情境影响

意义和身份都是在互动中建构的,这些意义和身份的建构受到所在的更广泛的情境脉络的极大影响。人们在某种现实情境中通过实践活动不仅获得了知识与技能,同时还形成了某一共同体成员的身份,两者是不可分离的。因而必须抛弃"概念是独立实体"这个想法,而应该把它看作工具,只有通过应用才能被完全理解。因为,概念性知识的含义不是由概念本身独立决定的,而是由这一概念、使用者所在群体的文化以及活动共同决定的,因而在不同的群体中,同一概念也许有不同的意义。例如,对日落这种自然现象不同群体可能有不同的理解,对澳大利亚土著居民而言,意味着要加强警戒以保护同伴免受野兽的侵袭;对天文学家可能意味着要准备好仪器以便观察夜晚的星空;而对一个在作画的艺术家而言,则可能会考虑到此时光线的变化。因此,学习实质上是一个文化适应与获得特定的实践共同体成员身份的过程。

二、情境认知理论在小学教育中的应用

情境认知理论的观点影响着教学系统设计与学习环境开发等多方面的教学理念,为信息技术与课程整合、计算机支持协作学习和虚拟学习共同体的建设等教育技术的新领域提供了理论依据。情境认知理论在教学实践中的应用包括认知学徒制、课堂实践共同体和抛锚式教学。

(一)认知学徒制

认知学徒制是"让学生以社会互动的方式参与真实的实践活动,这与已证明比较成功的手工艺学徒制有些类似"。学习者必须被允许合法地进入共同体,向共同体内的专家(即"师傅")学习,同时担负起共同体内相应的职责。在小学,小学教师扮演"师傅"的角色,示范技能,指导小学生以近似于历史学家、数学家或科学家的方式进行学习。儿童通过广泛参与的项目,以认知学徒制的形式获得知识与技能。此外,"师傅"也可以是校外的专家。在高等教育中,认知学徒制通常以学生实习的形式实现。

(二)课堂实践共同体

德里斯科尔(Driscoll,2000)提出了课堂实践共同体的设想。在课堂实践共同体中,教师和小学生合作,一起完成真实的、值得去做的任务。包括小学生与教师一起设立学习目标,共同协商达到目标的手段。在共同体内,每一个成员都有独特的兴趣与专长,而且都能得到其他人的承认与赞赏,共同体也给每一个成员都提供机会学习不同的事情,从而使每个成员都能得到发展。

（三）抛锚式教学

目前情境认知理论在实践中应用研究得最多的当属抛锚式教学。抛锚式教学又称为情境支持的教学，是实现情境认知理论的一种手段。温特比尔特认知与技术小组（Cognition and Technology Group at Vanderbilt，CTGV，1990，1992，1996）开发了"年轻的夏洛克系列"与"贾斯珀问题解决系列"两个著名的案例系列。这两个系列都利用录像的形式为生成复杂的问题与问题解决提供一个宏情境（macrocontext）。学生观看冒险故事，帮助主人公解决类似于从一个遥远的地点营救一只受伤的鹰这样的现实世界中可能出现的问题。因此，这种教学是"生态的"，因为它通过介绍信息丰富的内容，力求使学生与从业者（practitioner）在校外所遇到的问题情境相一致。为了能使所有的学生都参与到问题解决之中，CTGV 请演员把故事拍成录像，每集大约 17 分钟，各种解决问题用到的数据及无关数据自然地嵌入在故事之中，这就要求学生能区分有关与无关的数据。此外，问题是开放性的，没有唯一正确的答案，这有利于培养学生以多元视角考虑问题。同时，由于问题很复杂，问题的答案一般都在 15 步以上，这就自然要求学生之间进行密切的合作，并借此培养学生的坚持性以及改变学生原有的认为数学问题解决很简单的看法。附加的类似故事与拓展性问题能促进学习的迁移；问题的设计涉及各门学科，为满足学生不同的兴趣提供了多种可能性。

三、情境认知理论的困境

作为一种比较新的学习理论，情境认知理论在学校教育中的实际应用面临着许多困难。（1）认知学徒制与抛锚式教学的目标不能与目前大多数标准化测验所强调的特定的课程目标和所测量的事实性知识的成绩相匹配。对测验成绩下降的担心使得许多教育行政管理人员和广大教师对情境教学疑虑重重，妨碍了对情境认知理论的运用。（2）学校很少有真正的实践共同体，学校与课堂中缺乏情境认知理论所描述的共同体的文化。（3）情境认知理论要求教师转换角色，从历来权威的角色转变为学生学习的促进者或者是学习伙伴，必要时甚至要向学生学习。可是，教师可能不太情愿放弃在群体中的中心地位，而学生也已习惯于教师把知识打成整齐的一小包然后再"投喂"给他们。家长可能也会对教育发生方式太大的变化抱有戒心。（4）像认知学徒制、抛锚式教学等策略的实施需要教师与学生投入大量的时间与精力，这种时间与精力的消耗可能要大大超过可接受的标准。

思考题

1. 简述加涅按学习水平不同提出的学习分类。
2. 建构主义学习理论的主要内容是什么？
3. 情境认知理论的主要观点是什么？

扫一扫二维码
轻松获取答案

样题

一、单选题

1. 加涅根据学习的繁简程度不同，将学习分为（　　　）。

A．5类 B．6类 C．7类 D．8类

2. "学习者并不是空着脑袋走进教室的"这一说法符合( )的观点。

A．联结学习理论 B．认知结构理论

C．有意义接受学习理论 D．建构主义学习理论

3. 奥苏伯尔认为,学生学习的实质是( )。

A．有意义的接受学习 B．有意义的发现学习

C．发现学习 D．探究学习

4. 顿悟说的奠基人是( )。

A．罗杰斯 B．威特金 C．苛勒 D．托尔曼

5. 小学生因上课专心听讲受到教师表扬而逐步养成上课专心听讲的习惯属于( )。

A．经典性条件反射 B．操作性条件反射 C．联结反应 D．习惯成自然

6. 根据学习的定义,下列属于学习现象是( )。

A．吃了酸的食物流唾液 B．蜜蜂筑巢

C．蜘蛛织网 D．儿童模仿电影中人物的行为

7. 根据学习的定义,下列不属于学习现象是( )。

A．吃梅时流唾液 B．望梅止渴 C．谈虎色变 D．画饼充饥

二、多选题

1. 操作性条件作用的基本规律有( )。

A．强化 B．逃避条件作用与回避条件作用

C．消退 D．惩罚

2. 奥苏伯尔认知同化理论的主要观点是( )。

A．学生的学习是一种有意义的学习

B．学生的学习是机械的学习

C．学生的学习是接受学习

D．有意义的接受学习是通过同化过程实现的

E．学生的学习是主动构建的学习

三、填空题

1. 奥苏伯尔提出的教学原则包括_____、_____、_____和_____。

2. 试误说的基本学习规律有效果律、_____、_____。

3. _____认为,操作性行为主要受强化规律的制约。

4. 在布鲁纳看来,学习包括_____、_____和_____三个过程。

5. 态度的形成过程经历依从、_____和_____三个阶段。

6. 根据情境认知理论,一个实践共同体有"共同的文化传统"、"相互依赖的系统"和_____等重要特点。

四、名词解释

1. 学习

2. 负强化

3. 泛化律

4. 实践共同体

五、思考题

1. 简述桑代克的联结学习理论。

2. 一位教师试图使小学儿童养成利他的习惯。他采取的方法是提供榜样法,其中的强化是当场表扬。试分析:

    (1) 这种方法最初可能会使学生形成的是什么?

    (2) 使用这种方法形成利他习惯的内外条件是什么?

    (3) 仅仅以表扬作为强化物能使学生形成持久的利他习惯吗?

    (4) 形成高尚的利他习惯还需要什么条件? 提供榜样对形成这种习惯有必要吗?

3. 如何促使小学生形成良好的态度?

扫一扫二维码
轻松获取答案

进一步阅读的文献

1. 虞国庆,漆权.小学教育心理学[M].南昌:江西高校出版社,2008.

2. 边玉芳.教育心理学[M].杭州:浙江教育出版社,2009.

3. 阎江涛.小学教育心理学教程[M].郑州:郑州大学出版社,2007.

4. 学习考试用书研发中心.小学教育心理学[M].北京:清华大学出版社,2013.

第六章 小学生学习动机与兴趣

学习目标

1. 掌握学习动机的结构及分类。
2. 掌握学习动机的理论：需要层次理论、强化理论、归因理论、成就动机理论、自我效能感理论。
3. 了解影响小学生学习动机的因素，掌握学习动机培养和激发的方法。
4. 了解学习兴趣对学习动机的作用。

内容脉络

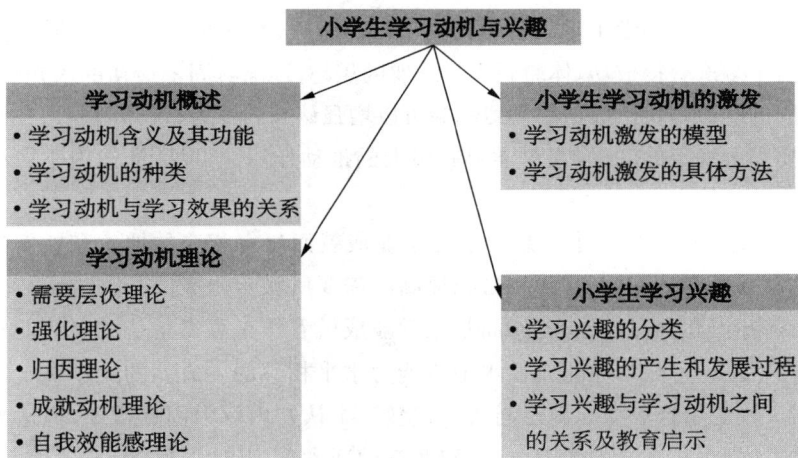

小学生学习动机与兴趣

学习动机概述
- 学习动机含义及其功能
- 学习动机的种类
- 学习动机与学习效果的关系

学习动机理论
- 需要层次理论
- 强化理论
- 归因理论
- 成就动机理论
- 自我效能感理论

小学生学习动机的激发
- 学习动机激发的模型
- 学习动机激发的具体方法

小学生学习兴趣
- 学习兴趣的分类
- 学习兴趣的产生和发展过程
- 学习兴趣与学习动机之间的关系及教育启示

儿童入学后，学习成了他们的首要任务。小学生通过学习达到智力增长、身心成熟。然而，他们在学习中也会遇到各种各样的困惑。教师和家长只有帮助他们激发学习动机，摆脱困惑，才能使他们达到最佳的学习和发展水平。而作为教师，如何帮助激发小学生的学习动机，是学习教育心理学的一项重要内容。

第一节 学习动机概述

一、学习动机含义及其功能

（一）学习动机的内涵

学习动机是指激发个体进行学习活动，维持已引起的学习活动，并致使行为朝向一定学习目标的一种内在过程或内部心理状态。

学习动机一旦形成、稳定,不仅使小学生对所学的内容有一定的指向性,例如对学习表现出浓厚的兴趣、上课能集中注意力等,也会使其学习过程中的注意状态、兴趣水平持久保持下去。因此,对教师来说,了解小学生的学习动机,并采取一定的教学手段激发小学生的学习动机是十分重要的。

学习动机的两个基本成分是学习需要和学习期待,两者相互作用形成学习的动机系统。

1. 学习需要与内驱力

学习需要是指个体在学习活动中感到有某种欠缺而力求获得满足的心理状态。它的主观体验形式是学习者的学习愿望或学习意向。这种愿望或意向是驱使小学生进行学习的根本动力,它包括学习的兴趣、爱好和学习的信念等。内驱力也是一种需要,但它是动态的。从需要的作用上来看,学习需要即为学习的内驱力。所以,学习需要也称为学习驱力。

奥苏伯尔提出,学校情境中的成就动机主要由以下三个方面的内驱力组成,即认知内驱力、自我提高内驱力和附属内驱力。这三种内驱力就是学习需要的三个组成因素。

(1) 认知内驱力是一种要求理解事物、掌握知识,系统地阐述并解决问题的需要。它以求知为目标,从知识的获得中得到满足,是学习的内部动机。这种内驱力主要是从好奇的倾向中派生出来的。但是小学生对某门学科的认知内驱力,并非来自于天然的好奇心,而是在学习过程中由于多次获得成功,体验到满足需要的乐趣,逐渐巩固了最初的求知欲,从而形成一种比较稳固的学习动机。成功的学习经验可以增强认知内驱力;认知内驱力在课堂学习中是一种最重要和最稳定的动机,它对学习起很大的推动作用。可见,认知内驱力和学习之间的关系是互惠的。

(2) 自我提高内驱力是指个体想要通过学业成就而赢得相应的地位和威望的需要。这种需要是由人的基本需要——尊重和自我提高的需要所派生出来的。它与认知内驱力不一样,不直接指向知识和学习任务本身,而是把学业成就看作是赢得地位和自尊的根源。因为一个人赢得的地位通常是与他的成就水平或能力水平相称的。成就的大小决定着个体地位的高低,同时又决定着自尊需要满足与否。在教学中认知内驱力固然重要,但适当激发小学生自我提高的动机也是必要的。因此,学校教育中通常采用评"三好学生"、"优秀学生干部"的方式,或用学习反馈,以物质与精神奖励的方式引起小学生的动机。这些手段可以使小学生体验到荣誉感、自尊感,体验到学习的成功与失败,从而激起他们的学习热情。

(3) 附属内驱力是指个体为了获得长者(如教师、家长等)的赞许和同伴的接纳而表现出来的把工作、学习搞好的一种需要。它既不直接指向学习任务本身,也不把学业成就看作是赢得地位的手段,而是为了从长者或同伴那里获得赞许和接纳。自我提高和交往的内驱力都是一种间接的学习需要,属于外部动机。研究表明,具有高度附属感的小学生,一旦得到长者的肯定或表扬,会进一步努力学习,在学习上取得良好的成绩。反之,如果他们的某些努力暂时得不到师长的赞许,有时会丧失信心,甚至学习积极性下降。

成就动机的三个组成部分在动机结构中所占的比重并非一成不变,通常随年龄、性别、人格特征、社会地位、文化背景等因素的变化而变化。在儿童早期,附属内驱力最为突出,他们努力学习以求得好成绩,主要是为了实现家长的期待,并得到父母、老师的肯定和表扬。到了儿童后期和少年期,附属内驱力不仅在强度上有所减弱,而且开始从父母转向同龄伙伴。在这期间,来自同伴和集体的赞许和认可就成为一个强有力的动机因素。而到了青年期,认知内驱力和自我提高内驱力成为学生学习的主要动机,学生学习的主要目的在于满足自己的求知需要,并从中获得相应的地位和威望。

2. 学习期待与诱因

学习期待是个体对学习活动所要达到目标的主观估计。学习期待与学习目标密切相关,但两者不能等同。学习目标是个体通过学习活动想要达到的预期结果,而在个体完成学习活动之前,这个预想结果是以观念的形式存在于头脑之中的。因此,学习期待就是学习目标在个体头脑中的反映。

影响学习期待的因素是多方面的。(1)父母对子女的要求与子女的学习期待之间存在着正相关,即如果家长对子女要求较高,则子女自己的学习期待一般也较高。(2)学习期待还与原来的学习成绩正相关。一般说来,成功的经验会提高小学生的学习期待,相反,失败的经验会降低小学生的学习期待。(3)小学生在班级中的成绩名次也会影响他的学习期待。优等生知道自己的学习成绩在同班同学之上,因此其学习期待一般较高;中等生处于中间的地位,一般安于现状;而差等生由于缺乏成功经验,其学习期待日趋降低。(4)教师对小学生的期望水平也会对学习期待产生影响。教师对小学生有较高的期望水平,会使小学生提高对自己的评价,自信心得到增强,从而提高自己的学习期待,进而提高学习成绩。

> 诱因是指能够激起有机体的定向行为,并能满足某种需要的外部条件或刺激物。

诱因可以是简单的物体如食物、水等,也可以是复杂的事情如名誉、地位等。凡是使个体产生积极的行为,即趋向或接近某一目标的刺激物称为积极诱因。例如在激发小学生学习积极性的教育措施中,教师所提供的奖品、成绩等都是积极的诱因。相反,消极的诱因可以产生负性行为,即离开或回避某一目标。

学习期待是静态的,而诱因是动态的,它将静态的期待转换成为目标。所以,学习期待就其作用来说就是学习的诱因。学习期待所指向的目标可以是成绩,也可以是奖品、教师的赞扬、名誉、地位等。

学习需要和学习期待是学习动机心理结构中的两个基本成分,二者密切相关。学习需要是个体从事学习活动的最根本的动力,如果没有这种自身产生的动力,个体的学习活动就不可能发生。所以说,学习需要在学习动机结构中占主导地位。另外,学习需要是产生学习期待的前提之一,因为正是那些能够满足个体的学习需要与那些使个体感到可以达到的目标的相互作用而形成了学习期待。学习期待则指向学习需要的满足,促使个体去达到学习目标。因此,学习期待也是学习动机结构中必不可少的成分。

(二)学习动机的功能

学习动机在学习中发挥着非常重要的作用。(1)具有引起学习行为的唤起功能。当小学生因解决某种课题而缺乏有关知识或方法时,就会出现焦虑不安、紧张的状态。小学生为克服这种状态,而采取某种学习行为的原动力即学习动机,正是它使小学生产生了学习新知识的行为。(2)具有引导学习者学习行为朝向某一特定目标的指向功能。学习动机是以学习目标为出发点的,它是推动小学生为达到一定的学习目标而努力学习的动力。只有让小学生懂得为什么学,学到什么程度,才会产生学习的力量。(3)具有强化学习的功能。心理学家沃尔伯格(Wahlberg)等人于 1979 年研究了动机水平与学习成就的关系,结果表明:高的动机水平能取得高的学业成就;反过来,高的学业成就也能增强动机的水平。但要避免学习动机过强,保持学习动机强度的最佳水平,只有这样,才能对学习行为起正强化的作用。(4)具有维持学习进程的功能。根据日常观察发现,那些具有强烈学习动机的小学生,通常具有认真的学习态度和坚强的毅力。而这种态度和毅力又是维持学习行为的重要因素,直接影响着学习效果。

二、学习动机的种类

有关的研究表明,学习动机是多种多样的。这不仅表现在不同的小学生可以有不同的动机,而且同一个小学生也可能同时存在着几种动机,存在着主导动机与辅助性动机。有关的调查研究显示,我国中小学生的学习动机有以下几种:(1)羡慕其他学生的地位与外表(好奇心);(2)服从家长的决定,实现家庭的希望;(3)希望受到奖励,回避责备;(4)对学习活动或学科内容感兴趣;(5)争取良好成绩,得到好分数;(6)保持个人在集体中的地位或声誉(自尊感);(7)争取入队或做个优秀生;(8)维护集体荣誉(集体的责任心与义务感);(9)升学;(10)选择职业、完成个人志愿;(11)从利己主义出发,追求个人名利;(12)为了祖国的建设,为人民服务,当好接班人。此研究结果说明小学生的学习动机是极其复杂多样的。正是由于学习动机的复杂多样性,为了研究的方便,通常要对学习动机进行分类。同时,由于标准不同,关于学习动机的分类也各不相同。

(一)直接的近景性动机和间接的远景性动机

根据学习动机作用的久暂以及它与活动目标的关系,可以分为直接的近景性动机和间接的远景性动机。直接的近景性动机与学习活动直接联系,是由对学习的直接兴趣,对学习活动的直接结果的追求所引起的。如,小学生由于在某门学科的学习过程中几次受到表扬或取得好的成绩,就表现出特别喜欢上这门课;相反,由于某门学科的学习几次受挫,就可能不喜欢这门课。这种动机比较具体,有实际效能,但作用较为短暂而不稳定。间接的远景性动机与社会意义相联系,是社会、家庭和学校的要求在小学生学习上的反映。如,为了将来参加祖国的建设,或为了个人将来有成就等。这种动机一旦形成,就有较大的稳定性和持久性。

上述两种动机是相互联系、相互补充的。直接的近景性动机易受偶然因素的干扰,因此,需要有间接的远景性动机支持,使活动更自觉,并保持长时间的活动积极性。而间接的远景性动机的目标则比较长远和抽象,尤其对于年幼儿童来说,"将来"是一个遥不可及的时间概念,因此也应有直接的近景性动机的补充。故前者来源于学习活动本身,对年幼学生往往具有支配作用;而后者来源于主体生活的社会环境,对年长学生较为重要。只有将这两者密切结合,才能形成小学生学习的巨大推动力。

（二）内部学习动机和外部学习动机

根据学习动机的动力来源,可以分为内部学习动机和外部学习动机。内部动机是由学习活动本身产生的快乐和满足所引起的,是学习者的兴趣所在及追求的目的。它不需要外在条件的参与,完全是自主性的。例如:"为获取新知识而读书","学习本身就很有意思,即为有趣的知识而读书","读书是为自己,我自己要读书"等。外部动机是指个体由外部诱因所引起的动机。外部动机是由学习者或学习活动以外的客观因素引起的。例如:因害怕教师或家长的责备而读书,为应付考试而开夜车,或是为将来有个好工作而学习等。他们从事学习活动的动机不在学习任务本身,而是在学习活动之外。

内部学习动机和外部学习动机的划分不是绝对的。由于学习动机是推动人从事学习活动的内部心理动力,因此任何外界的要求、外在的力量都必须转化为个体内在的需要,才能成为学习的推动力。在外在学习动机发生作用时,人的学习活动较多地依赖于责任感、义务感或希望得到奖赏和避免受到惩罚的意念。因此,从这个意义上说,外在学习动机的实质仍然是一种学习的内部动力。故此,我们在教育过程中强调内部学习动机,但也不忽视外部学习动机的作用。教师应一方面逐渐使外部动机转化成为内部动机,另一方面又应利用外部动机使小学生已经形成的内部动机处于持续的激起状态。

（三）生理性动机和社会性动机

从动机起源的角度可将动机分为生理性动机和社会性动机。生理性动机又称原发性动机、原始性动机、生物性动机,它是以生物性需要为基础的动机,如饥饿、渴、睡眠、空气、性、躲避危险等动机。社会性动机是以人的社会文化需要为基础,在社会生活环境中通过学习和经验而获得的。它是直接推动个体活动达到一定目的的内部动力、内部刺激,是个人行为的直接原因。社会动机推动人们努力学习和工作,积极与他人交往,获得社会和他人的赞许性评价等。美国心理学家索里(J. M. Sawrey)和特尔福德(C. W. Telford)把社会性动机分成交往性动机和威信性动机两大类。交往性动机是一种最基本的社会动机,起源于儿童与他人的接触,表现为愿意和别人在一起而不愿独处,希望与合得来的人相处而不愿与陌生人相处等。这种动机在学习上表现为:有的小学生愿意为他所喜欢的教师努力学习,而拒绝为他所不喜欢的教师努力学习;因获得父母、教师、亲友的赞扬而认真学习,或因受到责备、奚落,挫伤了自尊心和自信心而影响学习;因师生的友好合作而增进学习的责任感等等。威信性动机是一种比交往性动机更高级的社会动机,主要表现为对于自己在其他人心目中的地位的追求。例如,期望得到别人的尊重、肯定和赞扬,向往获得成就等。威信性动机常用来推动学习,将奖惩与竞赛作为激发这种动机的手段。[①]

三、学习动机与学习效果的关系

学习动机与学习效果的关系不是直接的,而是以学习行为、方法为中介的。通常,学习动机作用和学习效果是统一的。其间的关系表现在:学习动机可以提高学习效果,学习效果可

---

① ［美］J・M・索里,C・W・特尔福德著. 高觉敷等译. 教育心理学［M］. 北京:人民教育出版社,1982:441—456.

以增强动机作用。例如,优秀的小学生具有一定的动机水平和强度,他们有追求的目标和学习的愿望,有浓厚的学习兴趣,有坚定的学习信心,以及坚强的克服困难的毅力。这些动机作用促使他们积极地努力学习,并取得优良的成绩。后进的小学生则不相同,他们在学习中由于缺乏动力,不能克服困难,不能保持良好的注意力和主动学习的精神,学习效果就不好。

但是学习动机和学习效果的关系并不总是一致的。在教育实践中学习动机强,但短时期内学习效果并不好;或学习动机差,学习效果却较好的现象也存在。这是由于动机与效果不是直接关系,而是间接关系。也就是说,动机是以学习行为为中介来影响学习效果的。而学习行为除了受学习动机的调节和控制外,它还要受学习基础、教师指导、学习方法、学习习惯、智力水平、个性特点、健康状况等一系列主客观因素的制约。比如,学习动机适当而短时期内学习效果不好的情况,可能是由于学习基础差、学习方法不对、没有养成良好的学习习惯,以及身体不好等原因造成的;而学习动机不正确,学习效果较好的现象,可能是由于这些条件较好所致。因此,只有把学习动机、学习行为、学习效果三者放在一起加以考查,才能看出学习动机与学习效果之间既一致又不一致的关系(表6-1)。

表6-1　学习动机与学习效果的关系

	正向一致	负向一致	正向不一致	负向不一致
学习动机	+	－	－	+
学习行为	+	－	+	－
学习效果	+	－	+	－

注:"＋"表示好或积极,"－"表示坏或消极。

从表6-1可以看出,在四种学习动机与学习效果的关系类型中,有两种类型的学习动机与学习效果的关系是一致的,另两种类型的学习动机与学习效果的关系则不一致。一致的情况是:学习动机强,学习积极性高,学习行为也好,则学习效果好(正向一致);相反,学习动机弱,学习积极性不高,学习行为也不好,则学习效果差(负向一致)。不一致的情况是:学习动机强,学习积极性高,如果学习行为不好,其学习效果也不会好(负向不一致);相反,学习动机不强,如果学习行为好,其学习效果也可能好(正向不一致),据此,我们便可以得出这样的结论:学习动机是影响学习行为、提高学习效果的一个重要因素,但却不是决定学习活动的唯一条件,在学习中,激发学习动机固然是重要的,但应当把改善各种主客观条件以提高学习行为水平作为重点来抓。只有抓住了这个关键,才能保持正向一致和正向不一致,消除负向一致与负向不一致。

鉴于动机与学习效果之间的复杂关系,教师不能简单地只以学习成绩的高低作为判断学习动机强弱的标志,而是要全面地分析小学生的情况,通过多种途径和方法了解小学生的学习动机。

第二节　学习动机理论

学习动机的多样化导致对学习动机作用的解释也多种多样,由此派生出多种不同的动机理论,分别强调不同的侧面。但不管这些观点有多少分歧,至少有一点是一致的,这就是它们都不同意存在所谓没有动机的小学生。它们认为所有的行为都是有动机的。哪怕小学生在上课时呆呆地凝视着教室外,也是由动机所支配的,只不过对于引起动机的原因有不同解释而已。

一、需要层次理论

需要层次论是由人本主义心理学的代表、美国心理学家马斯洛提出的。他认为,人的一切行为都是由需要引起的,人类有五种基本需要,分别是生理的需要、安全的需要、归属与爱的需要、尊重的需要、自我实现的需要。需要具有层次性特征,人类的各种基本需要是相互联系、相互依赖和彼此重叠的,是一个按层次组织起来的系统(见图6-1)。

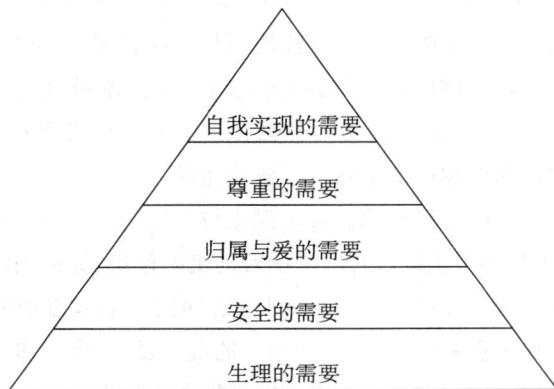

图 6-1　马斯洛的需要层次

马斯洛认为,人都潜藏着这五种不同层次的需要,但在不同的时期表现出来的各种需要的迫切程度是不同的。人的最迫切的需要才是激励人行动的主要原因和动力。在高层次的需要充分出现之前,低层次的需要必须得到适当的满足。低层次的需要基本得到满足以后,它的激励作用就会降低,其优势地位将不再保持下去,高层次的需要会取代它成为推动行为的主要原因。有的需要一经满足,便不能成为激发人们行为的起因,于是被其他需要取而代之。任何一种需要并不因为下一个高层次需要的发展而告消失,各层次的需要相互依赖与重叠,高层次的需要发展后,低层次的需要仍然存在,只是对行为影响的比重减轻而已。高层次的需要比低层次的需要具有更大的价值。热情是由高层次的需要激发。人的最高需要即自我实现就是以最有效和最完整的方式表现他自己的潜力,唯此才能使人得到高峰体验。

了解小学生的动机,应该从了解他们的基本需要和愿望开始。时下比较提倡赏识教育、正面教育或者是鼓励教育,然而用什么来赏识、激励,往往为教师所忽视。而马斯洛的需要层次论,恰恰为我们提供了指南。要充分把握小学生"自我实现"欲望强烈的特点,同时兼顾其他层次的需要,抓住各个小学生的不同目标,热情鼓励、积极引导,促其奋进。比如一年级寄宿新生对于安全的需要(怕黑、怕独居等)比较强烈,此时教师如能施之以母性的关怀和鼓励便能起到较大作用。而一旦小学生满足了这一层次的需要,将会有高一层次的需要,比如受尊敬的需要,如果教师仍采用母亲般的诱哄,就不能满足他们新的需要,甚至可能给他们造成不被尊重的感觉。所以，教师不仅要关心小学生的学习，也应该关心小学生的生活，以排除影响学习的一切干扰因素。这对于教师在教学方面激发和培养小学生的学习动机、促进小学生的努力，在生活指导中培养小学生具有良好的道德品质，都具有非常重要的实际意义。

二、强化理论

这是一种行为取向的动机理论。根据行为主义的观点，刺激—反应的联结是解释所有心理现象的最高原则；动机是由外部刺激引起的一种对行为的冲动力量，在动机的激发和维持中，强化起到了极大作用。在行为主义看来，人的某种学习行为倾向完全取决于先前的这种学习行为与刺激因强化而建立起来的稳固联系，强化可以使人在学习过程中增强某种反应重复的可能性。例如，一位小学生学习非常认真、刻苦，受到教师的表扬，他很高兴，随后他会出现更为认真、刻苦的行为，这里，教师的表扬就是强化。在教育中运用肯定、表扬、奖赏或否定、批评、惩罚等强化手段，可以对学习者的行为进行定向控制或改变，以引导到预期的最佳状态。强化既可以是外部强化，也可以是内部强化。前者是由外部或他人施予行为者的强化，后者是自我强化，即行为者在活动中获得了成功而增强成就感与自信心，从而增加了行为动机。无论是外部强化还是内部强化都有着正强化与负强化之分，并与惩罚有着千丝万缕的联系。一般说来，正强化与负强化都起着增进学习动机的作用，如适当的表扬与奖励，获得优秀成绩，取消讨厌、频繁的考试等便是强化的手段；惩罚则一般起着削弱学习动机的作用，但有时也可使一个人在失败中重新振作起来，如频繁的批评、抄写课文多遍等便是惩罚的手段。在学习中如能合理地运用强化，减少惩罚，将有助于提高小学生的学习动机水平，改善他们的学习行为及其结果。

案例 6 - 1　　　　　　　　　　　　**普雷马克原理及应用**

在视唱练耳课上，孩子们想弹一首流行歌曲，对枯燥、单调的音节练习缺乏热情。当老师领着大家练过几遍之后，有的小学生不耐烦了，抗议说："行了，别再练了！"这时，教师说："大家如果能一遍准确地弹好这一小节，我们就弹一首流行歌曲。"同学们齐呼："好，我们练！"这位聪明的老师就是在运用普雷马克原理。

普雷马克原理，即一个经常出现的或较喜爱的活动可以作为强化物去强化一个较少出现的或较不喜欢的活动。普雷马克原理也被叫做"奶奶的规则"，即"先吃了你的蔬菜，然后你就可以吃甜点"。

根据强化的依随性和普雷马克原理，当我们运用强化手段去激发小学生学习动机时，要注意三点。第一，必须是先有行为，后有强化，这种前后关系不容颠倒。比如，小明从小就喜欢看电视，上学后依然如此。但家长有一项规定，必须做完功课，才可以看，若功课没有做完或做得不够认真，则禁止开电视。有几次小明没有做完功课就想打开电视看六点钟的动画片，都被妈妈严格禁止了。结果，直到小学毕业，小明均能遵守这项规定，总是保质保量地按时完成作业，而他喜欢的电视节目也都观赏了。小明的妈妈做得很好。有的家长常常误用，允许孩子先看电视，然后做作业，完全是本末倒置。第二，必须使小学生在主观上认识到强化与他的学习行为之间的依随关系,如果在小学生心目中没有把强化与良好的学习行为联系起来,强化对他的学习并不起作用。比如,有的小学生为了看电视,草草地做完作业,如果家长允许看,则是对他做作业草率、不认真这一不良行为的强化。因此,家长必须使儿童意识到,允许他看电视是对他认真按时完成作业的一种奖励,而不是随便怎样他想看就可以看的。第三,必须用小学生喜欢的活动去强化相对不喜欢的活动,而不能相反。比如,家长可能觉得弹钢琴要比练毛笔字有趣得多,因此告诉孩子说:"你放学后先写一百个毛笔字,然后我允许你弹一小时钢琴。"家长心想这回孩子该好好练字了,可孩子根本不买账,因为他宁愿多写毛笔字,也不愿弹钢琴。可见,教师和家长在选择强化物时,必须了解与所要强化的学习行为相比,儿童更喜欢什么,并把其作为强化物,方能有效。

三、归因理论

在生活中,我们总在通过寻求各种解释和因果关系来弄清自己和他人行为的意义。为了解释我们的成功和失败,我们经常会问"为什么"。小学生会问自己"为什么这门考试没有及格"、"为什么这次能考这么好",他们可能把自己的成败归咎于能力、努力、任务难度、运气、身心状态和外界环境等。这样的行为模式也会发生在理解他人的成功或失败上。动机的归因理论在于分析人们对于自己和他人行为的解释、判断等是如何影响他们的动机的。归因理论假设,人们有一种强烈的理解环境的需要,就是人们想要理解为什么在自己的生活中会发生某些事情,从而对自己的行为和环境间的因果关系、对他人的行为和环境间的因果关系作出解释和推断。

美国心理学家韦纳对行为结果的归因进行了系统探讨,他认为大部分成败的原因可以归纳为三个维度:控制点、稳定性、可控性。根据控制点维度,可将原因分成内部归因和外部归因。根据稳定性维度,可将原因分为稳定因素和不稳定因素。根据可控性维度,又可将原因分为可控因素和不可控因素。能力、努力、任务难度、运气、身心状态和外界环境这些人们经常知觉到的因素与三个维度的关系可用表 6-2 表示:

表 6-2 行为的归因模式

结果归因 \ 责任归因	稳定性		控制点		可控性	
	稳定	不稳定	内部	外部	可控	不可控
能力高低	+		+			+
努力程度		+	+		+	
任务难度	+			+		+
运气好坏		+		+		+
身心状态		+	+			+
外界环境		+		+		+

注:表中"+"表示每一因素和维度的关系。如能力高低属于稳定的、内部的和不可控因素。

韦纳认为，每一维度对动机都有重要的影响。不同的归因倾向会使人对成功和失败产生不同的情感体验和情感反应，并由此影响个体对未来结果的预期和努力。在内外维度上，如果将成功归因于内部因素，会产生自豪感，从而动机提高；归因于外部因素，则会产生侥幸心理。将失败归因于内部因素，则会产生羞愧的感觉；归因于外部因素，则会生气。在稳定维度上，如果将成功归因于稳定因素，会产生自豪感，从而动机提高；归因于不稳定因素，则会产生侥幸心理。将失败归因于稳定因素，将会产生绝望的感觉；归因于不稳定因素，则会生气。在控制性维度上，如果将成功归因于可控因素，则会积极地去争取成功；归因于不可控因素，则不会产生多大的动力。将失败归因于可控因素，则会继续努力；归因于不可控因素，则会绝望。长期将失败归因于内部、稳定、不可控会使人产生习得性无助感。习得性无助是指一个人由于连续失败和挫折，面对问题时产生的无能为力或自暴自弃的心理状态和行为。当人出现习得性无助状态时，不仅会导致认知、动机、情绪上的偏差，对以后的身心健康、学习乃至一生的发展都会带来不利的影响。

在学习当中，小学生们总是有意或无意地为自己现有的学习成绩寻找原因，如为什么学习成绩是这样，自己的成绩是否会更好等，这些过程就是对学习成绩进行归因的过程。归因方式不仅反映着小学生寻找学习成绩结果的倾向，而且还会影响到以后小学生的学习动机，甚至会影响到小学生的人格特点，因此引导小学生对学习成绩进行有效的归因，并进行相应的归因训练是非常重要的。

四、成就动机理论

成就动机是个体努力克服障碍、施展才能、力求又快又好地解决某一问题的愿望或趋势。它在人的成就需要的基础上产生，是激励个体乐于从事自己认为重要的或有价值的工作，并力求获得成功的一种内在驱动力。成就动机是人类所独有的，它是后天获得的具有社会意义的动机。在学习活动中，成就动机是一种主要的学习动机。

成就动机理论的主要代表人物是阿特金森（ J. W. Atkinson）。他在 1963 年提出了具有广泛影响的成就动机模式。他认为成就动机的强度是由动机水平、期望和诱因的乘积来决定的。其关系可用下述公式表示：

$$动机强度 ＝ F（动机水平 \times 期望 \times 诱因）$$

动机水平是一个人稳定的追求成就的个体倾向，期望是某人对某一课题是否成功的主观概率，诱因是指能满足个体需要的刺激物。

在此基础上，阿特金森将个体的成就动机分成两类，一类是力求成功的动机，另一类是避免失败的动机。力求成功的动机，即人们追求成功和由成功带来的积极情感的倾向性；避免失败的动机，即人们避免失败和由失败带来的消极情感的倾向性。人在这两类动机的相对强度方面各不相同，可以分为力求成功者和避免失败者。在力求成功者的动机成分中力求成功的成分多于避免失败的成分；在避免失败者的动机成分中避免失败的成分多于力求成功的成分。阿特金森认为，生活使人面临难度不同的任务，他们必然会评估自己成功的可能性。力求成功者将目标定位于获取成就，所以他们会选择有所成就的任务。这种情况最有可能发正在他们预计自己成功的可能性有 50％的把握时，也就是说成功概率为 50％的任务是他们最有可能选择的，因为这种任务能给他们提供最大的现实挑战。如果他们认为成功完全不可能，或胜券在握，动机水平反而会下降。反之，避免失败的需要强于力求成功愿望的人，在预计自己成功的概率大约是 50％时，他们会回避这项任务。他们往往选择更容易成功的任务，使自己免遭失败；或者选择极其困难的任务，这样即使失败，也可以找到适当的借口，得到自己和他人的原谅，从而减少失败感。

成就动机理论应用于指导小学生的学习上要注意以下的条件：(1)要根据小学生个人的能力安排学习、工作，并创造一定条件放手让他们去独立完成，以激励他们强烈的成就感。(2)给小学生的学习任务难度要适中。过易不能激发他们完成学习任务的意念；过难则因不能完成任务而使他们心灰意冷。成就需求高的小学生，要安排他们去完成难度比较高的学习任务，使之竭尽全力去完成。(3)对小学生的进步要有明确的、及时的反馈。如对他们的工作给予正确评价，给予一定的奖励。显然，对小学生的进步要求、成就需求应该给予满足，应给他们提供适当的任务和条件，使他们感到满足和感情上的平衡，这是值得重视的。

五、自我效能感理论

自我效能感是指人对自己能否成功地进行某一成就行为的主观判断。

自我效能感理论由美国心理学家班杜拉于 1977 年最早提出。在班杜拉看来，人的行为是受两个因素影响或决定的：一个是行为的结果因素，即强化；一个是行为的先行因素，即期待。班杜拉把强化分为三种：一是直接强化，即通过外部因素对学习行为予以强化；二是替代性强化，即通过一定的榜样来强化相应的学习行为或学习行为倾向；三是自我强化，即学习者根据一定的评价标准进行自我评价和自我监督，来强化相应的学习行为。与传统行为主义不同的是，班杜拉没有将强化看成决定行为的唯一因素。他承认强化能够激发和维持行为动机以控制和调节人的行为，但他同时认为，没有强化也能够获取有关信息，形成新的行为模式。行为出现的原因不是随后出现的强化，而是由于人认识了行为与强化之间的依赖关系后，形成了对下一强化的期待。所谓"期待"，包括结果期待和效能期待。结果期待是指人对自己的某一行为会导致某一结果的推测。如果个体预测到某一特定行为会导致某一特定的结果，那么这一行为就可能被激活和被选择。例如，小学生认识到只要上课认真听讲，就会获得他所希望的好成绩，那他就很可能认真听课。另一种是效能期待，指个体对自己能否实施某种成就行为的能力判断，即人对自己行为能力的推测。当确信自己有能力进行某一活动，他就会产生高度的"自我效能感"，并会去进行那一活动。例如，只有小学生不仅知道注意听讲可以带来理想的成绩，而且还感到自己有能力听懂教师所讲的内容时，他才会认真听课。

显然，自我效能感产生于某一活动之前，是对自己能否有效地做出某一行为进行的主观推测。研究表明，影响自我效能感形成的因素主要有两个，一是个体成败的经验，一是个体的归因方式。

1. 个体成败的经验

个体成败的经验也有两类：一类是个体成败的亲身经验或直接经验。这是影响自我效能感形成的最主要因素。一般说来，成功的经验会提高自我效能感，反复的失败则会降低效能期待。不断成功会使人建立起稳定的自我效能感，这种效能感不会因一时的挫折而降低，而且还会泛化到类似的情境中去。另一类是个体成败的替代性经验。这类经验是行为者通过观察示范者的行为而获得的间接经验，它对自我效能感也具有重要影响。当一个人看到与自己能力水平差不多的示范者(榜样或范型)在某项活动中取得了成功，就会增强自我效能感，认为自己也有能力完成同样的任务；看到与自己能力不相上下的示范者遭遇了失败，就会降低自我效能感，觉得自己取得成功的可能性也很小。这种替代性成败经验对自我效能感的影响是通过两种认知过程实现的，一种是社会比较过程，即行为者采用与示范者比较的方式，参考其表现以判断自身的效能，当然这种比较有可能是客观的、准确的，也有可能是主观的、不准确的。比如，一个小学生与另一个同学比较，认为自己的能力与他差不多，但实际的情况可能相差很远，这都无关紧要，只要该生主观上认为两人的能力相差不多就会影响他的主观效能感。另一种是提供信息的过程，行为者可能从示范者的表现中学到有效解决问题的策略或方法，了解解决问题的条件。这些都会对自我效能感产生一定影响。

2. 个体的归因方式

个体的归因方式也直接影响到自我效能感的形成。如果个体将成功的经验归因于外部的、不可控的因素，如运气、难度等，就不会增强自我效能感；如果将失败归因于内部的、可控的因素，如努力等，也不一定会降低自我效能感。自我效能感是可以通过训练而提高的。舒克(1981)以算术成绩极差的小学高年级儿童为被试，对自我效能感进行了研究。他为这些差生安排了一个星期的训练，在每次训练中他先让儿童分别学习算术的自学教材，然后由榜样演示如何解题，榜样在解题时一面算一面大声地说出正确的解题过程，最后再让小学生自己解题。在小学生自己解题前，他让其把所有的题看一遍，并判断一下他们能有多大把握来解每一道题，以此来了解小学生解题的自我效能感。结果发现，经过训练，儿童的自我效能感逐渐得到增强，与之相应，儿童解题的正确性和遇到难题时的坚持性也得到了提高。

第三节　小学生学习动机的激发

针对小学生动机发展的特点，激发学习动机应注意影响儿童动机发展的各种内外因素。国外研究者在学习动机的激发上提出了两种模型：ARCS 动机模型和 TARGET 模型。

美国心理学家凯勒(J. Keller，1983)创立的 ARCS 动机模型，提出了激发学习动机的四要素：(1)注意(attention)，教学应引起并维持小学生学习的好奇心和注意力；(2)切身性(relevance)，教学要与小学生的重要需要及动机相结合；(3)自信(confidence)，教学应发展小学生对成功的自信，使小学生对学习效果产生积极的期望；(4)满足感(satisfaction)，将学习成绩置于小学生的控制之下，使小学生从学习中获得满足，提高教学成功的可能性。这一模式与教学设计紧密结合，对于教师如何在课堂教学中激发小学生的动机有积极意义。

埃姆斯(C. Ames，1983)提出的激发学习动机的 TARGET 课堂教学模型，由六个因素组成，(1)T，即布置的学习任务(task)的特点；(2)A，即学习中给予小学生的自主权(autonomy)和控制权；(3)R，即认可(recognized)小学生成就的方法；(4)G，即分组(group)练习；(5)E，即评估（evaluation）方式；（6）T，即课堂时间（time）的安排。这一模型结合归因、目标、信念、自我概念、兴趣等知识来激发学习动机。①

结合我国实际，激发小学生的学习动机可以从多方面入手。

一、树立恰当的学习目标，构建合理的目标结构

小学生树立的目标不同，形成的目标结构不同，其学习动机也会不同。目标是明确的、中等难度的、近期便可达到的，会加强小学生的动机和完成目标任务时的持久性。这是由于具体的目标提供了判断行为的标准，中等难度的目标提供了一种挑战，近期可达到的目标不会被日常事务所干扰。在课堂上，小学生们常常有两类主要的目标——以掌握所学内容为定向的掌握目标和以成绩为定向的表现目标。拥有掌握目标的小学生，不管他们犯多少错误或遇到多大的困难，仍能坚持学习、钻研，他们往往主动地寻求挑战，不断地获得进步。他们主要关注的是掌握所学的内容，而不在意他们的得分及与班上其他人的比较。而拥有表现目标的小学生，则将注意力集中于他们的行为表现及别人对他们的评价。他们评价自己的学习行为时，不是在意自己学到了什么或自己付出了多少努力，而是他人怎样看待他们，他们的分数在班上的位置。这类小学生往往尽量避免出错，避免挑战，不敢冒险，知难而退。因此，如何使指向表现目标的、专注于自我的小学生朝着指向掌握目标、专注于任务的学习者转化，是一个值得探讨的问题。

二、恰当控制动机水平，提高学习的效率

一般情况下，动机水平增加，学习效果也会提高。但是，动机水平也并不是越高越好，动机水平超过一定限度，学习效果反而更差。美国心理学家耶克斯（R. M. Yerkes）和多德森（J. D. Dodson）认为，中等程度的动机激起水平最有利于学习效果的提高。同时，他们还发现，最佳的动机激起水平与作业难度密切相关：任务较容易，最佳动机激起水平较高；任务难度中等，最佳动机激起水平适中；任务越困难，最佳动机激起水平越低。这便是有名的耶克斯-多德森定律（简称倒"U"曲线），如图 6-2 所示。

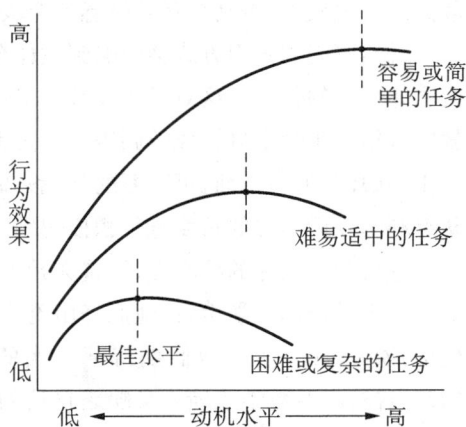

图 6-2　耶克斯-多德森定律示意图

由此可知，教师在教学时，要根据学习任务的不同难度，恰当控制小学生学习动机的激起程度。在学习较容易、较简单的课题时，应尽量使小学生集中注意力，使小学生尽量紧张一点；而在学习较复杂、较困难的课题时，则应尽量创造轻松自由的课堂气氛，在小学生遇到困难或出现问题时，要尽量心平气和地慢慢引导，以免

① ［美］安尼塔·伍尔福克著. 伍新春，张军，季娇译. 教育心理学（第12版）［M］. 北京：中国人民大学出版社，2015：418—419.

小学生过度紧张和焦虑。

三、正确指导结果归因，增强小学生的自信心

正确指导结果归因，增强小学生的自信心主要从两个方面入手：进行归因训练，创造机会让学生获得成功。

研究表明，不同的归因方式将导致个体不同的认知、情感与行为反应，具体表现在四个方面：(1)对成功与失败的情感反应。当小学生成功时会感到高兴，但只有将成功归因于内部因素时，个体才会感到自豪与满意。如果认为成功是源于他人或外部因素，则小学生的情感反应是感激而不是自豪。相反，如果将失败归因于内部因素，如不努力或无能，则会感到自责、内疚或羞愧。如果归因于外部因素，则会感到生气或愤怒。(2)对成功与失败的期望。小学生将成败归因于稳定因素时，对未来的结果的期待是与目前的结果一致的，也就是说，成功者预期着以后的成功，失败者预期着以后的失败。例如，把失败的原因看作是自己能力差，那么个体就会担心下一次还会失败，因为能力是比较稳定的，很难在短时间内得到改变。相反，若将成败归因于不稳定的因素，则对以后成败的预期影响较小。(3)所投入的努力。若小学生认为失败是由于不努力造成的，即如果自己努力学习，确实有能力取得成功，则他们在以后有可能更加努力，遇到困难也能坚持。若将失败归因于缺少能力，也就是说，即使努力也不能成功，则他们很容易放弃，尽管有些任务是他们以前成功地完成过的。研究表明，后一类小学生很容易产生习得无助感。(4)自我概念。随着小学生年龄的增长，他们越来越坚信能力是一个相对稳定的、不可控制的心理特性。如果不断地成功，则他们的自我概念中就会包含着较高的自我效能，否则自我效能感就会较低。

既然不同的归因方式会影响到主体今后的行为，也就可以通过改变主体的归因方式来改变主体今后的行为。这对于学校教育工作是有实际意义的。在小学生完成某一学习任务后，教师应指导小学生进行成败归因。一方面，要引导小学生找出成功或失败的真正原因，即进行正确归因；另一方面，更重要的是，教师也应根据每个小学生过去一贯的成绩的优劣差异，从有利于今后学习的角度进行积极归因。必要时，要对学生进行归因训练。

进行归因训练的核心点是，将失败的原因归结为自身努力不够。同时，从学习方法改善等方面入手帮助小学生，让他们经由努力能够达到成功，只有获得成功才能够真正激发小学生的成就动机，使得他们期待下一次的成功出现，从而增强自信心。德韦克(C. Dweck, 1973)曾对一些数学成绩差又缺乏自信的小学生进行归因训练。在训练中，让他们解答一些数学题。当他们取得成功时，告诉他们这是努力的结果；而当他们失败时，告诉他们这是因为努力还不够。经过一段时间的训练后，小学生不仅形成了努力归因，而且增强了学习的信心，提高了学习成绩。再如，香克(D. Schunk, 1984)的研究表明，在归因训练过程中，一方面使小学生感觉到自己的努力不够，把失败的原因归结为努力因素；另一方面也应对小学生努力的结果给予反馈，告诉他们努力获得了相应的结果，使他们不断感到自己的努力是有效的。这样，他们才能真正从无助感中解脱出来，从而坚持努力去取得成就。

进行归因训练对于差生转变具有重要意义。由于差生往往把失败归因为能力不足，导致产生习得无助感，造成学习积极性降低。因此，有必要通过一定的归因训练，使他们学会将失

败的原因归结为努力,从失望的状态中解脱出来。在对差生进行归因训练时,往往是使小学生多次体验学习的成败,同时引导小学生将成败归因于努力与否。如韦纳归因模式所述,努力这一内部因素是可以控制的,是可以有意增加或减少的。因此,只要相信努力会带来成功,那么人们就会在今后的学习过程中坚持不懈地努力,并极有可能迈向最终的成功。

成功可以根据现实情况进行正确归因。但个体往往在多次成功后将成功归因于自己的能力强,从而拥有较强的自信心。因而,在督促小学生努力并改善学习方法等的同时,教师要做有心人,创造机会让学生获得成功。苏联教育家维果斯基认为,学生的发展有两种水平:一种是学生的现有水平,指独立活动时所能达到的解决问题的水平;另一种是学生可能的发展水平,也就是通过教学所获得的潜力。两者之间的差异就是最近发展区。根据最近发展区理论,教师给予小学生的任务应处于其最近发展区,这样,小学生经由努力后达到的成功最具有激励性。

总之,激发小学生学习动机的方式和手段多种多样。只要教师有效地利用上述手段来调动小学生学习的积极性,小学生就有可能学得积极主动,并学有成效。

案例 6 - 2 　　　　　　　　　　　**美丽的珍妮**①

珍妮是个总爱低着头的小女孩,她一直觉得自己长得不够漂亮。有一天,她到饰物店去买了只绿色蝴蝶结,店主不断赞美她戴上蝴蝶结挺漂亮,珍妮虽不信,但是挺高兴,不由昂起了头,急于让大家看看,出门与人撞了一下都没在意。珍妮走进教室,迎面碰上了她的老师,"珍妮,你昂起头来真美!"老师爱抚地拍拍她的肩说。那一天,她得到了许多人的赞美。她想一定是蝴蝶结的功劳,可往镜前一照,头上根本就没有蝴蝶结,一定是出饰物店时与人一碰弄丢了。

苏霍姆林斯基有句名言:"学校应当让每个学生都抬起头来走路。"这就是让每一个学生都能充满自信和勇气,面对人生。自信是激发学生学习动机的前提,自信的学生才有学习的积极性,进而才能提高学习质量。

四、强调学习内容的知识性、探索性,激发小学生的认知好奇心

认知好奇心是一种追求外界信息、指向学习活动本身的内驱力,它表现为好奇、探索、操作和掌握行为。认知好奇心被认为是内在动机的核心。

信息量的大小是引起好奇心的一个重要条件。这里所说的信息量是指能够引起好奇心的刺激的强度和复杂程度。个体对来自各方面的信息进行加工时,有一个信息加工的最佳水平。这个最佳水平需要一定量的信息,当信息不足或低于最佳水平时,个体就会感到烦闷和厌倦,并去寻找新的信息或改变、重组自己认知结构中的原有信息。当然,如果信息量过大,超过个体信息加工的最佳水平时,个体会感到身心疲劳,产生对信息的恐惧和回避行为。事实上,个体信息加工的最佳水平与工作记忆的有限容量是联系在一起的。当个体需要加工的

---

① 江丽丽,王国潘. 孩子,你昂起头来真美[J]. 中国农村教育,2013,207(1):60.

信息过多,超过了工作记忆的有限容量,就会出现对信息的"饱厌"。中小学生由于课业负担过重而产生的厌学心理与此相关。另外,认知上的矛盾也是好奇心产生的重要条件。许多人对 UFO、有没有外星人、百慕大三角等感到好奇,不断追寻有关这方面的信息,恰恰是因为这些事情令人感到神秘莫测、不可思议,尽管直到今日,人们仍未找到解释这类问题的明确答案。

如何唤起并保持小学生的好奇心,对教师是一项挑战。教师不仅要提供有关的知识信息,还要充分利用信息呈现的某些特点,如新奇、变化、夸张、复杂、含糊不清等引起小学生认知上的矛盾,使小学生产生心理上的不和谐,进而唤起他们对某一学习内容的好奇心,激发其内在的学习动机。每个学科都有各自的特点,让小学生理解学科的特点,领会不同学科领域中的乐趣,可以在很大程度上提高小学生内在学习动机,激发他们的求知欲,促使他们积极主动学习。

五、创设问题情境,实施启发式教学

所谓问题情境,指的是具有一定难度,需要学生努力克服,而又力所能及的学习情境。简单地说,问题情境就是一种适度的疑难情境。在学习过程中,对难度过小或难度过高的东西小学生都不会感兴趣。只有在学习那些"半生不熟"、"似懂非懂"、"似会非会"的东西时,小学生才感兴趣而迫切希望掌握它。因此,能否形成问题情境,主要看学习任务与小学生已有知识经验的适合度如何。如果完全适合(太易)或完全不适合(太难),均不能构成问题情境。只有在既适应又不适应(中等难度)的情况下,才能构成问题情境。

成就动机理论告诉我们,问题情境的难度在 50% 左右最有利于激发学习的动机。那么,教师应怎样去创设难度适宜的问题情境呢?要想创设问题情境,首先要求教师熟悉教材,掌握教材的结构,了解新旧知识之间的内在联系;此外要求教师充分了解小学生已有的认知结构状态,使新的学习内容与小学生已有水平构成一个适当的跨度。具体创设问题情境的方式可以多样,既可以用教师设问的方式提出,也可以用作业的方式提出;既可以从新旧教材内容的联系方面引进,也可以从小学生的日常经验引进,并应贯穿在教学过程的始终。问题情境的创设既可以是在教学的开始阶段,也可以在教学中和教学结束时进行。

六、充分利用反馈信息,适当进行表扬和批评

(一)利用学习结果的反馈作用

通过前面的学习我们已经知道,让小学生及时了解自己的学习结果,会对小学生产生极大的激励作用。这是因为,一方面,小学生及时了解自己的学习进度和取得的成绩,可以提高其学习积极性,增强努力程度,同时可以根据反馈信息调整学习活动,改进学习策略;另一方面,通过及时的反馈,小学生又可以看到自己的不足之处,及时改进,并且为了取得更好的成绩或避免再犯错误而增强学习动机,从而更加有助于提高学习的自觉性和主动性。因此,及时反馈是非常重要的。教师应重视及时反馈对小学生学习的促进作用,及时批改和发还小学生的作业、测验和试卷,让小学生及时了解自己的学习结果。

了解学习结果对动机的激励作用已为许多实验所证明。如有研究者让两组学生以最快速度和正确性来做练习,连续进行 75 次,每次 30 秒。在前 50 次练习中,甲组知道每次练习

的成绩,B 组不知道。自第 50 次练习开始,两组条件对换,结果前 50 次甲组成绩比乙组好,后 25 次甲组成绩变坏了,乙组成绩明显上升(见图 6-3)。

运用结果反馈时应该注意:(1)反馈可分为课堂质疑的反馈、课后练习反馈和考试后的反馈,不同的反馈所起的作用是不同的;(2)不仅要让小学生知道自己是否已经达到了学习目标,而且还要让小学生

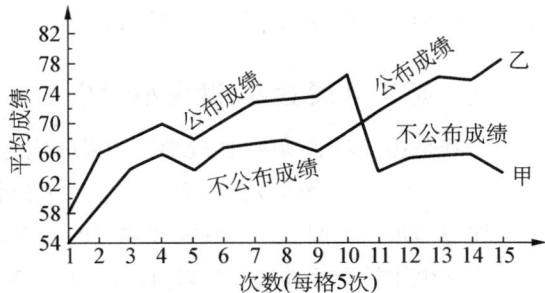

图 6-3 了解结果与不了解结果成绩比较

知道他离这个目标还有多远或是否偏离了目标;(3)让小学生知道什么是正确的反应比让他知道什么是错误的反应更重要;(4)反馈要及时,尤其是对低年级的小学生。当然,如果在提供定量的信息反馈的基础上,再加上定性的评价,效果会更明显。

(二)运用表扬和批评,让小学生获得成功体验

心理学研究表明,表扬与奖励比批评与指责能更有效地激发小学生的学习动机,因为前者能使小学生获得成就感,增强自信心,而后者恰恰起到相反的作用。让小学生在学习过程中不断得到某些成功的体验,已成为运用现代心理学研究成果激发学习动机的最重要的手段之一。美国教育心理学家奥苏伯尔(1978)曾指出:"动机与学习之间的关系是典型的相辅相成的关系,绝非一种单向性的关系。"因此教师在传授知识的同时,应让小学生获得成功的体验。小学生一旦尝到学习的乐趣,既能使学习动机获得强化,又有助于产生自信心,增强自我效能感,而这又会对学习动机产生积极的促进作用。可以说,通过成功的机会来激发学习动机,具有多方面的综合效益。赫洛克(E. B. Hurlock)在实验中将 106 名四、五年级小学生分成四个等组,在四种条件下做加法练习,A 组为受表扬组,B 组为受训斥组,C 组为受忽视组(旁听甲乙两组受表扬与训斥),D 组为控制组(单独进行,不受任何评价)。结果发现,三个实验组的学习成绩优于控制组,这是因为控制组未受到任何信息作用。受忽视组虽然未受到直接的评定,但它与受表扬组和受训斥组在一起,受到间接的评定,所以对动机的唤醒程度较低,平均成绩劣于受训斥组。受表扬组的成绩优于其他组,而且一直不断地直线上升(见图 6-4)。这表明,对学习结果进行评价,能激发小学生的学习动机,对学习有促进作用;适当的表扬的效果优于批评,它可以让小学生获得成功的体验,对学习动机的形成产生积极的促进作用。

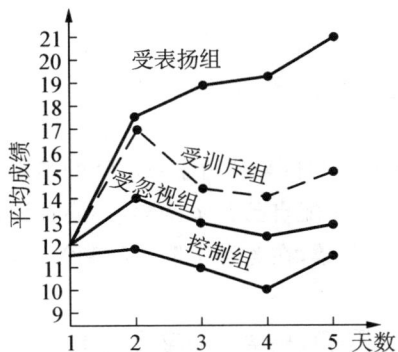

图 6-4 不同评价对算术成绩的影响

虽然表扬和奖励对学习具有推进作用,但使用过多或者使用不当,也会产生消极作用。有许多研究表明,如果滥用外部奖励,不仅不能促进学习,而且可能破坏小学生的内在动机,所以,要根据小学生的具体情况进行奖励。奖励可被看成某种隐含着成功的信息,其本身并无价值,只是用它来吸引小学生的注意力,促使小学

生由外部动机向内部动机转换,对信息任务本身产生兴趣。

七、适当开展竞赛,激发小学生学习的积极性

竞赛是在学习活动中,比较学习结果的优劣,通常由多个人参加,有一定的规则。竞赛不等于竞争。竞争是个体或群体间力图胜过或压倒对方的心理需要和行为活动。竞争使小学生的注意力指向他们自己能够完成学习的能力,而不是指向"怎样"完成目前的学习。竞争激发了小学生用社会标准进行比较,而社会标准充分地提供了关于一个人的能力信息。在这种情况下,唯独最有能力、最自信的小学生的学习动机得到了激发,而能力较低的小学生明显感到,将会在竞争中失败,他们通常回避这种情境。一般来说,他们所采取的回避竞争和社会比较的方式是,选择极为简单或极为困难的学习任务,而回避中等难度的学习任务。然而,在实际教学情境中,中等难度的学习(即具有挑战性的学习)是最恰当的学习任务,可以使小学生在已经掌握的知识基础上提高更快。埃姆斯(1983)研究了竞争对自我评价的影响,结果表明竞争突出了个体对能力的感知。竞争获胜者夸大他们的能力,认为自己比竞争对手更聪明,更优越;而竞争失败者则认为自己天生无能。也就是说,能力的自我感知很容易随着成功的出现而被夸大,随着失败的出现而被贬低。

竞赛是激发小学生学习积极性的一种有效手段。在竞赛的过程中,人们树立威信的动机,或追求自尊与成就的需要极为强烈,学习兴趣和克服困难的毅力大大增强。然而,竞赛必须适当。过于频繁的竞赛不但会失去激励作用,反而会制造紧张气氛,加重学习负担,有损小学生身心健康。因此,为使竞赛能对大多数小学生起到激励作用,必须注意以下几点:(1)竞赛要适量;(2)选择竞赛的方式,使不同小学生在竞赛中都有获胜的机会。例如,可以按能力分组竞赛,也可鼓励小学生自己和自己竞赛。

第四节　小学生学习兴趣

"兴趣是最好的老师",这句话用在学习过程中是最恰当不过的。孔子早在两千多年前就提出,"知之者不如好之者"。陶行知先生也说过,"学生有了兴趣,就肯用全副精神去做事,学与乐不可分"。兴趣是个体积极探究某种事物或进行某种活动的倾向。学生的学习兴趣是推动其学习活动的内部动力因素。

一、学习兴趣的分类

(一)直接兴趣与间接兴趣

直接兴趣由所学材料或学习活动、学习过程本身直接引起。间接兴趣由学习活动的结果引起。例如,为了集体的利益,意识到学习的目的或任务,因而支配自己去坚持学习;或者为了得到父母、教师的赞赏,同学、朋友的尊重,在考试中得到好分数,在竞赛中取得胜利等等,也能引起小学生对学习的间接兴趣。

直接学习兴趣与间接学习兴趣常常是融合在一起的,即既有直接学习兴趣的成分,又有间接学习兴趣的成分,其中,或以直接学习兴趣为主,或以间接学习兴趣为主,或两者难分主

次。开始是对学习的间接兴趣,在学习过程中很有可能逐渐转化为直接兴趣。而对学习的直接兴趣,若无特殊情况,大多能长期持续下去,并且愈来愈浓厚。实践表明,对学习的直接兴趣是提高学习质量最有利的因素。

(二)个体兴趣与情境兴趣

个体兴趣指的是随着时间的迁移而不断发展的、一种相对稳定持久且与某一特定主题或领域有关的动机取向、个人倾向或个人偏好,它与知识、价值观及积极感情相联,是特质性的。而情境兴趣则发生在环境中的某些条件刺激或特征具有吸引力并为个体所认识的那一刻,是状态性的。无论是个体兴趣还是情境兴趣,都会影响知识学习效果。情境兴趣在一定的条件下可以发展为相对持久的个体兴趣。可见,这两种兴趣并不是独立发生的两分现象,它们在发展中是相互影响的。兴趣作为一种心理状态,这种概念反映了一种关于兴趣的相互作用和关联的观点,认为兴趣是个体的个人兴趣与有趣的环境特征相互作用而产生的心理状态。

二、学习兴趣的产生和发展过程

学习兴趣有一个发生、发展的过程,一般来说是从"有趣"开始,产生"乐趣",然后向"志趣"发展的。

(一)有趣——学习兴趣的初级形式

有趣是兴趣过程的第一个阶段,它往往短暂易逝,非常不稳定。处于这一阶段的兴趣常常与个体对某一事物的新奇感相联系,随着这种新奇感的消失,兴趣也会自然地逝去。个体从儿时开始都带有一些"研究"精神。比如,小皮球拿在手里,他就要拍它、捏它,看它滚动,看它跳。若是捉到一只蝴蝶,就把它的翅膀拉下来,看看它的躯体究竟是怎么构成的。从儿童眼光来看,宇宙中的万物,没有一种不是新鲜有趣,值得玩弄、观察、研究的。

(二)乐趣——学习兴趣的中级形式

乐趣是兴趣过程的第二个阶段,它是在有趣定向发展的基础上形成的。在这一阶段中,个体的兴趣变得专一、深入起来,如喜爱网络文学的学生很可能会成天流连于网络文学作品中。乐趣与小学生的基础知识有关,只有那些小学生想知道而又未知道的东西才能激起学习兴趣。一种想要知道奥秘的愿望变成不可遏制的愿望,会激发人去行动。比如,伽利略小时候,偶然看到教堂廊檐下挂的灯正在摆动,他出神地凝视着,觉得来去摆动的时间一样,这种学习兴趣,使他终于发现了摆的等时性。

(三)志趣——学习兴趣的高级形式

当乐趣同社会责任感、理想、奋斗目标结合起来时,乐趣便变成了志趣。志趣具有社会性、自觉性和方向性,是个体取得成就的根本动力,是成功的重要保证。志趣是学习兴趣的归宿。

我们从一些科学家成才的例子中可以看到志趣。如一个天文学家,在儿童时期夏夜纳凉,指北斗而定方向,按中星而记时辰,开始不过是觉得有趣而已。他进一步考察星座、认识星云、辨别行星、观测月球,见到四时不同,晨昏互异,兴趣就产生了。再进一步了解日食月食的原理,查证光年的距离,并且发现火星上的"运河"。这样深入研究,趣味更浓,于是对天文学发生了兴趣,立志成为一名天文学家,兴趣进一步发展成志趣。

三、小学阶段学生学习兴趣与学习动机之间的关系及教育启示

(一)学习兴趣与学习动机之间的关系

学习兴趣是小学生情感、态度在学习活动中的选择和倾向,是学习动机在学习活动中的体现。学习兴趣与学习动机两者的相同之处,是两者都可被视为引起个体行为的内在原因。学习动机是指引起个体活动并维持已引起的活动,强调维持已引起的活动及其持续性。兴趣则是激发使得学习者拥有一种学习的倾向,较之于维持学习的状态,学习兴趣是更容易获得的。

小学生的学习兴趣与学习动机在不同的年龄阶段有不同的特征。小学生(6—12岁)由于生理、心理尚未成熟,自主意识较弱,学习兴趣不稳定且易受外界影响。学习动机则表现为直接的、外在的、附属的学习动机。处在这一特殊的年龄阶段,小学生很难产生内部的学习动机,即小学生不易对知识本身产生兴趣,即直接兴趣。小学生的学习兴趣更多地产生于对非知识对象的兴趣迁移,如为了得到老师的表扬,为了得到家长的奖励,或是因为喜欢某位老师而努力学习等,即间接兴趣。

(二)教育启示

1. 细心观察,善于发现小学生的直接兴趣

直接兴趣与事物和活动本身相联。一般来说,人人皆有自己的爱好,小学生也是如此。首先,教师要善于发现他们的兴趣。这可以通过日常观察、家访、个别谈话、小学生周记等途径来了解、发现小学生的兴趣所在。例如,一位班主任在第一次家访中,发现小学生贺某在家里养了两只鹌鹑,从而得知他对饲养小动物很有兴趣。其次,要培养、提高他们的兴趣。可以通过课外活动小组进行,也可以通过举行有关知识讲座、推荐有关课外读物等活动形式进行。如对贺某,生物老师就可以将他吸收到生物兴趣小组中来,一方面该学生养小动物的直接兴趣得到满足,另一方面也可以把他的兴趣迁移到生物课的学习中去。

2. 明确学习目的,培养小学生的间接兴趣

间接兴趣与活动的目的或结果相联。教育小学生明确学习内容的意义和价值,小学生一旦理解了,就会对学习活动产生兴趣。例如,在新西兰,孩子学游泳几乎成为"必修课",除了大多数小学提供游泳课之外,许多家庭的父母在孩子两三岁时就将孩子送到外面学游泳。学游泳和玩水是截然不同的两回事,学游泳需要孩子按照要求一遍一遍地练习教练教的动作,从某种角度看,过程其实很枯燥。但是,为什么这里的孩子们都能坚持这种既累、又单调的体育运动呢?因为新西兰四面环海,只有四百多万人口的国家,其海岸线长度却将近中国的一半,除此之外新西兰还有数不清的溪流、河流和湖泊,因此,长期在新西兰居住的人在日常生活中的许多运动都与水有关,如钓鱼、独木舟、皮划艇、冲浪等等。新西兰的孩子练游泳的首要目的,已经不是我们平常所讲的健身、运动等因素了,安全才是游泳的根本出发点。在这里,支持孩子们完成训练的动力就是间接兴趣。

3. 寓教于乐,激发小学生的情境兴趣

寓教于乐,就是教师根据小学生的心理特点,围绕教学内容实施愉快教学的一种手段。教师要运用一定的教学艺术,以形象、生动的手段展示知识的魅力,让小学生感受到学习知识的过程是有趣的,从而激发情境兴趣。例如,在数学课中插入新颖、形式多样的游戏,使学生主动地学、愉快地说。如有位教师在教"长方形的认识"这一课时,先采用了一个打扑克游戏。让四名小学生围着桌子坐好,指导小学生观察:哪两个同学是"相对"的,哪些同学是"相邻"的,从而帮助小学生正确理解什么是"相对"的,什么是"相邻"的。这个游戏既富有情趣,又为学习长方形的对边相等做了准备。

案例6-3　　　　　　　　　**积极学习态度促进学习兴趣的实验**①

苏联心理学家西·索洛维契克曾做过一个实验,证明了学习的积极态度能促使学生在学习中积极思维,并从中培养起学习兴趣。实验中,同学们根据自己的学习情况选择一门不太感兴趣的课程,在每天开始上这门课或学习这门课的内容之前,完成以下几种活动:(1)面带微笑、搓着双手,还可哼唱自己喜欢的歌曲,总之是做出摩拳擦掌、跃跃欲试的样子,而且让自己充分感觉到这一点;(2)同时,脑子里不断地想:下面的学习内容将是我能够理解的,我将高兴地学习;(3)提醒自己:一定要努力地去学习,要比平时更细心一些,要花更多的时间,因为细心就是对学习产生热爱的源泉。

结果,实验极有效地改变了同学们以前的消极学习态度,解除了原来的苦恼,并从探索知识的过程中体验到了乐趣。参加这个实验的3 000多名小学生中,绝大多数都成功了,他们开始对原来最感头痛的课程产生了兴趣。而报告失败的信件只有几封。这个实验十分简单,而且一般只需持续3周左右,便可奏效。

---

4. 增加积极的情绪情感体验,引导小学生的个体兴趣

个体兴趣与人的积极情感相联,人对不愉快的事情不会有兴趣,同样,人对引起畏惧的事情也不会有兴趣。因此,在学习中要尽量消除小学生的厌烦、害怕等消极情绪,培养他们学习中的愉悦感、自豪感等等。教师要善于设置一定的情境引发小学生积极的情绪。可以让小学生在成功中体验到愉快,可以让小学生为自己的进步而自豪,也可以为帮助别人解决一个疑难问题而高兴等等,这样,在情境中激发的兴趣才能得以保持,发展成为个体兴趣,从而对学习产生持久的影响。

思考题

1. 分析小学生的学习动机有哪些,并将其归类。

2. 小学课堂教学中,教师如何激发小学生的学习动机?

3. 学生对学习中的成败是如何归因的,其归因方式对其学习动机有什么

---

① [苏]西·索洛维契克著. 赵秋长,杨启慧译. 趣味学习法[M]. 石家庄:河北人民出版社,1985:23—32.

影响？

4. 学习动机强，学习效果肯定好。这种说法对吗？为什么？

5. 举例说明强化理论在小学生教育教学中的应用。

样题

一、单项选择题

1. 内部学习动机和外部学习动机的划分标准是（　　）。

　A. 社会意义　　　　　　　　　B. 动机的作用与学习活动的关系

　C. 个人的前途　　　　　　　　D. 动力来源

2. 希望得到他人的关心和认可并获得一定的地位，这是人的（　　）。

　A. 生理的需要　　　　　　　　B. 归属的需要

　C. 尊重与爱的需要　　　　　　D. 自我实现的需要

3. 自我效能这一概念最早由（　　）提出。

　A. 奥苏伯尔　　　　　　　　　B. 班杜拉

　C. 马斯洛　　　　　　　　　　D. 陆钦斯

4. 任务难度是归因理论要素中的（　　）要素。

　A. 不可控、稳定　　　　　　　B. 不可控、不稳定

　C. 可控、稳定　　　　　　　　D. 可控、不稳定

二、多项选择题

将学业的成败归因于个人内部的不稳定因素，是指归因于（　　）。

A. 能力　　　　　B. 运气　　　　　C. 任务难度　　　　　D. 努力

E. 只有 D 项正确

三、填空题

1. 学习动机是由学习需要和_____两个方面构成的。

2. 归因即对自我行为的原因分析，包括三个成分：内外性、_____和_____。

3. 耶克斯和多德森发现，_____程度的动机激起水平最有利于学习效果的提高。

四、名词解释

1. 学习动机

2. 诱因

3. 自我效能感

五、简答题

1. 简述学习动机的强化理论。

2. 如何进行归因训练？

六、论述题

如何激发小学生的学习动机？

小学教育心理学

进一步阅读的文献

1. ［奥］阿德勒著. 刘丽译. 儿童教育心理学［M］. 海口：南海出版社，2015.

2. 张大均. 教育心理学（第三版）［M］. 北京：人民教育出版社，2015.

3. ［美］简妮·爱丽丝·奥姆罗德著. 雷雳，柳铭心等译. 教育心理学精要：指导有效教学的主要理念（第3版）［M］. 北京：中国人民大学出版社，2013.

4. ［美］安妮塔·伍尔福克著. 伍新春，张军，季娇译. 教育心理学（第12版）［M］. 北京：中国人民大学出版社，2015.

5. 武新春. 儿童发展与教育心理学［M］. 北京：高等教育出版社，2004.

6. 邵瑞珍. 教育心理学［M］. 上海：上海教育出版社，1997.

7. 孟昭兰. 情绪心理学［M］. 北京：北京大学出版社，2005.

8. ［美］Renee Campoy著. 赵清梅等译. 课堂问题分析与解决——成为反思型教师［M］. 北京：中国轻工业出版社，2007.

9. 李伯黍，燕国材. 教育心理学（第三版）［M］. 上海：华东师范大学出版社，2010.

10. 皮连生. 学与教的心理学［M］. 上海：华东师范大学出版社，2003.

11. 廖洪玲. 研究归因理论激发学习动机［J］. 教育探索，2003，6(144).

第七章　小学生知识学习

学习目标

1. 了解知识和知识学习的定义，掌握其分类。
2. 了解陈述性知识和程序性知识的表征。
3. 掌握知识的直观与概括。
4. 掌握陈述性知识的学习促进方法。
5. 了解知识应用的一般过程。

内容脉络

```
                        小学生知识学习

        知识概述                          知识的获得及陈述性知识的教学促进
  · 知识的定义及分类                        · 知识直观
  · 知识学习的定义及分类                     · 知识概括
  · 知识学习的阶段与作用                     · 陈述性知识的学习促进

        知识的表征                              知识应用的一般过程
  · 陈述性知识的心理表征                      · 审题
    ■ 命题与命题网络                         · 联想
    ■ 表象                                  · 解析
    ■ 图式                                  · 类化
  · 程序性知识的心理表征
```

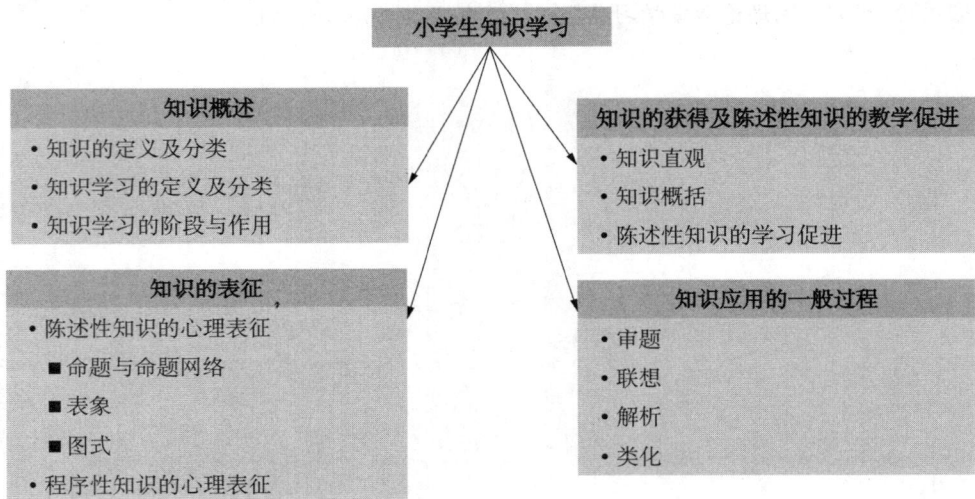

对于学生而言，知识学习是其最主要的活动。如何定义知识及知识学习，知识如何表征，如何根据不同类别的知识采用不同的学习方法和策略，知识学习的过程如何等问题，是教育心理学需要回答的有关知识学习最基本的一些问题。根据知识学习的特点教会小学生如何学习，是小学教育心理学的目的所在。

第一节　知　识　概　述

一、知识的定义及分类

（一）知识的定义

知识历来是哲学认识论研究的对象，故我们常见的知识定义多是从哲学的角度提出的，在我国教育类辞书中流行的知识定义是："对事物属性与联系的认识。表现为对事物的知觉、表象、概念、法则等的心理形式。"[①]或者更具体的来说，所谓知识，就它反映的内容而言，是客观事物的属性和联系的反映，是客观世界在人脑中的主观映象。从心理学的观点看，知识是个体头脑中的一种内部状态，其本质是信息在人脑中的表征。

当代著名的认知心理学家皮亚杰认为，知识是主体和环境或思维与客体相互交换而导致的知觉建构，知识不是客体的副本，也不是由主体决定的先验意识。

> 知识是主体与其环境相互作用而获得的信息及其组织。贮存于个体内即为个体的知识，贮存于个体外即为人类的知识。

从静态看，知识是认识的结果，是经验的、有组织的信息系统，主要承载知识"是什么"的问题；从动态看，知识是认识的过程，是求知的方法，主要指向"怎么用"知识的范畴。面对知识增长和变化加速发展的 21 世纪，建构主义强调，知识既是事实、经验的系统，更是人们对这种知识的分析、判断、选择和运用，知识在本质上并不是不变的真理，而是不断更新或扩展的过程。为此，注重知识教学的教学心理学研究不仅重视作为认识成果的知识，更关注个体如何获得知识的过程。[②]

(二) 知识的分类

根据不同标准和不同目的，可以将知识划分为多种类型。如就反映活动形式而言，知识表现为主体对事物的感性知觉或者表象时，属于感性知识；知识表现为关于事物的概念或规律时，属于理性知识。

随着近 40 年来信息加工心理学的崛起，知识成了信息加工心理学的一个中心概念。有些信息加工心理学家把知识分为陈述性知识（declarative knowledge）、程序性知识（procedural knowledge）和策略性知识（strategical knowledge）。不过，大多数心理学家同意把人类习得的知识分为陈述性知识和程序性知识，认为策略性知识从某种角度可以归为程序性知识。本章主要采用陈述性知识和程序性知识的分类方法。

> 陈述性知识指个人具有的有关世界是什么的知识，主要是指言语信息方面的知识，用于回答"是什么"的问题。

如"第二次世界大战的原因是什么"、"中国的地形特征是什么"等均属于陈述性知识。获得这类知识主要用于解决"知"的问题，它与我国教育实践中的"知识"概念相吻合。

陈述性知识主要表现为言语信息，加涅依据各种言语信息的复杂程度不同，将它们区分成三种类型。(1)符号（labels），即用以指称相应事物（包括特殊个别事物和类别性事物）的标记，换言之就是事物的名称。标记同一事物的符号一般有两种形态，即形符（主要指文字符号）和音符。比如钟表这类物品，在汉语中它的形符是"钟表"，音符是"zhōngbiǎo"。这两种

① 顾明远. 教育大辞典(第 1 卷)[M]. 上海：上海教育出版社，1990：144.
② 皮连生主编. 教育心理学(第四版)[M]. 上海：上海教育出版社，2011：82.

形态是可以分离的。(2)事实(facts)，指用以表达两个或两个以上有名称的客体或事件之间关系的言语陈述。实际上就是命题。(3)知识群，即各种事实的聚合体。一个知识群就是一个命题网络。

> 程序性知识是有关"怎么办"的知识，主要涉及概念和规则的应用。

程序性知识与我国流行的"技能"概念在内涵与外延上基本一致，另外认知策略也属于程序性知识范畴。程序性知识又可分为辨别、具体概念、定义性概念、规则和高级规则。

由于技能和策略属于程序性知识，因而程序性知识的相关学习内容融入到了"第九章小学生技能学习"和"第十章小学生学习策略与学习习惯"中。本章知识学习主要涉及陈述性知识学习以及知识学习一般过程等内容。

二、知识学习的定义及分类

(一)知识学习的定义

> 知识学习是指个体文化科学知识的形成过程，亦即个体运用已有的知识同化、理解新知识，使其在头脑中得到表征并用于解决有关问题的过程。

在教育教学实践中，不少人将"学习"一词的内涵定位于"知"的水平上，认为知识学习就是通过教学将人类文明成果传递给学生，把这些知识存储到学生的大脑中就可以了。事实上，根据我们对知识的广义分类标准来看，这只是陈述性知识学习的"掌握"标准，对程序性知识而言，仅仅停留于"知"的水平是绝对不够的，必须深入到"会"与"好"的水平。所谓"会"的水平是指，要将已经储存于大脑中的静态知识用于解决日常生活、学习与工作中遇到的各种实际问题，这亦是学习的根本目的所在。从知识分类的视角来看，知识学习"会"的水平主要是针对程序性知识而言的。所谓"好"的水平是指，通过知识的学习，不仅要会解决各种实际问题，还要使问题解决有高效率，即要达到用最少的时间与精力获取最大的效果。从知识分类的视角来看，知识学习"好"的水平主要是针对程序性知识中的策略性知识而言的。

(二)知识学习的分类

知识学习主要涉及陈述性知识和程序性知识的学习。陈述性知识的学习包括符号表征学习、概念学习和命题学习等；程序性知识的学习包括辨别学习、概念学习和规则学习等。陈述性知识的学习是从外界有选择地知觉新信息，然后进行主动的建构并生成意义。程序性知识在教学过程中需要更多的教学策略，这样会让小学生更深刻直观地接受这种"过程性"的知识。

1. 陈述性知识的学习类别

(1)符号表征学习

在三类陈述性知识中，最简单的是符号表征学习(representational learning)。从通常意义上讲，符号表征学习就是学习单个符号或一组符号代表什么，在教学实践中就表现为词汇学习（vocabulary learning），即学习单词代表什么。实际上，符号表征学习是个体学习历程的起点，任何个体的学习都是从符号表征学习开始的。

符号表征学习可以分为两个阶段，早期阶段为连接生成阶段。如当现实中一只活生生的狗出现在孩子的面前时，通过视觉将这只狗的各种视觉刺激特征输入孩子的大脑中，形成这只狗的表象。与此同时，成人用手指着（或其他方式）孩子面前的狗对孩子说："这是狗。"于是，孩子又通过听觉将这一音符输入大脑中，并产生一个刺激兴奋点。根据条件反射原理可知，在孩子大脑中的关于狗的表象与音符"gǒu"之间将产生暂时神经连接，当类似的事件多次出现后，狗的表象与音符"gǒu"之间的连接就逐渐固定下来了。至此，符号表征学习的输入定型过程（早期阶段）结束。

后期阶段是反应检测阶段。这个阶段的目的在于检测孩子是否真正掌握了符号表征的意义。当一只狗再次出现在孩子面前时，孩子能够说出"狗狗"或"这是狗"等话语，可确定孩子已经完成了关于"狗"的符号表征学习；另外，当孩子听到成人或其他孩子发出"gǒu"的声音时，表现出寻找狗的动作行为（比如问"在哪儿"），也是确认孩子已经完成了关于"狗"的符号表征学习的一条途径。由此可见，符号表征学习实质应该是刺激—反应的联结。行为主义心理学关于学习的相关原理与策略对符号表征学习是有指导意义的。

（2）概念学习

"概念"的心理学意义是指符号所代表的一类事物或性质，是一类事物与其他类事物相区别的本质属性的集合体。大多数概念都由四个成分构成：概念名称、概念定义、概念例子和概念属性。概念名称就是一个集音、形于一体的符号，如"人"就是世界上"会制造和使用工具"的同一类事物的名称。概念定义是用以陈述同一类事物的本质特征的句子。概念例子就是一个个特殊的个体。概念的属性是这类事物用以区别其他类事物的特征。

陈述性知识的概念学习的实质是掌握同类事物的共同的关键特征或本质特征。如对"三角形"这一概念的学习，要把握"在二维平面中，三条线段首尾相连"这个本质属性。儿童在概念学习中的主要问题，是要找出他所面对的一类物体的关键属性。显然，儿童所发现的关键属性（他赋予某一概念的心理意义）与作为概念的定义（逻辑意义——社会约定俗成的）的关键属性之间是会有大的差异的。

案例 7 - 1　　　　　　　　　　　**"立方体"的概念学习**

奥苏伯尔以儿童学习"立方体"这个概念为例，来说明概念学习。

儿童见过或玩过许多大小、颜色和质地都不相同的立方体，作为经验的结果，他们归纳出了立方体的关键属性。这些属性是置于立方体的表征映象（即表象）中的，这种表象是儿童从经验中形成的，在没有实物时也能回想出来。奥苏伯尔把儿童通过归纳发现一类物体的关键属性的过程，称为概念形成（concept formation）。这是概念学习的第一阶段。这个阶段的基本任务是儿童从自己熟知的大量同类的特殊事例中发现所有这些事例所拥有的共同特征。其实，从概念学习的类型来看，概念形成不仅是概念学习的一个阶段，也是概念学习的一种类型，而且是儿童最早获得的概念学习类型。儿童在入学前所获得的大量概念都是以这种方式学习的，当然，成人的许多非专业领域的概念也是以这种方式获得的。

儿童入学以后，开始学习概念的名称。学习概念的名称是一种符号表征学习，在这种学习中，儿童学会用符号(如"立方体")代表他已习得的概念。接下来，在学习过程中，学生把"立方体"这个词的意义等同于已有的表示这个概念的意义的表象，这个过程属于概念学习。在概念学习阶段，教师运用得最多的是概念同化的教学方式，即直接以定义的方式向学生呈现概念的本质特征(逻辑意义)，让学生利用其认知结构中原有的有关概念来理解这个新概念。奥苏伯尔认为，儿童现在已经习得了这个概念的外延意义(denotative meaning)，但是，每个概念还具有内涵意义(connotative meaning)，即概念的心理意义。内涵意义是指概念名称在儿童内部唤起的独特的、个人的、情感的和态度的反应。儿童的这类反应取决于他们对这类物体的特定经验。当然，像"立方体"这类名称对大多数儿童来说只具有很少的内涵意义，但像"国家"或"朋友"这类概念有重要的内涵意义，对不同的人来说，显然会唤起某种不同的情绪。

(3) 命题学习

命题学习(propositional learning)是一种"关系"意义的学习。根据关系的复杂程度可将命题学习分为两类。一类是只表示两个以上的特殊事物之间关系的学习，称非概括性命题的学习。如"中国的首都是北京"，这个命题旨在将两个特殊的事物"中国"和"北京"之间的事实关系陈述清楚。其中，"中国"和"北京"都是特殊对象。另一类是表示若干事物或性质之间的关系的学习，称概括性命题学习。如"圆的直径是半径的两倍"，它陈述的是倍数关系。奥苏伯尔认为，命题学习的本质是意义的获得，在这个过程中个体认知结构中原有的适当观念起着决定性作用。根据新旧命题之间的关系，可把命题学习分为以下三种不同的同化过程：下位学习，上位学习，并列结合学习。[①]

① 下位学习

从前述知识的命题网络表征形式可知，储存于个体大脑中的知识是以抽象性水平的不同而分层级组织的，相邻两个层级之间形成一种类属关系，上一层级为类，下一层级为属。在学习过程中，如果新观念(要学习的命题)处于"属"的层级水平，而个体认知结构中已有一个处于"类"层级水平的旧观念，那么个体可以用这个旧观念作为"支撑点"将新学习内容纳入其中，从而获得新知识的意义，这种学习就是下位学习。其基本关系如表7-1中第一部分所示。

表 7-1 新知识意义获得的同化模式

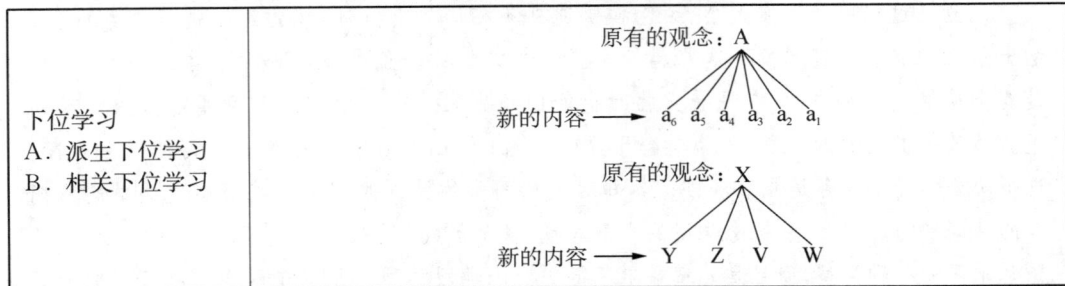

下位学习 A. 派生下位学习 B. 相关下位学习	原有的观念：A 新的内容 →　$a_6\ a_5\ a_4\ a_3\ a_2\ a_1$ 原有的观念：X 新的内容 →　Y　Z　V　W

① 张大均主编. 教育心理学(第三版)[M]. 北京：人民教育出版社，2015：204—205.

上位学习	新学习的观念：A 原有的观念：a₁ a₂ a₃ a₄
并列结合学习	新学习的观念：A ➝ B —— C —— D 原有的观念

下位学习(表7-1)有两种情况,一是新的学习材料作为原先获得的概念的特例,或作为原先获得的命题的证据或例证而得以理解其意义,我们把这个类型叫做派生下位学习。例如,当小学生已经学习了三角形、正方形、长方形,知道三者都是轴对称图形,现在学习"圆也是轴对称图形"这一命题时,就会发现圆具有轴对称图形所拥有的一切特征。二是新的学习内容类属于原有的具有较高概括性的概念中,原有的观念得到扩展、精确化、限制或修饰,新的命题或概念获得意义,我们称这种情况为相关下位学习。例如,小学生已知"平行四边形"这一概念的意义,那么,我们可以通过"菱形是四条边一样长的平行四边形"这一命题来界定菱形。在这种情况下,通过对"平行四边形"予以限定,产生了"菱形"这一概念。

② 上位学习

如果小学生已经学习了一些处于同一层级水平的概念,现在要学习一个能将原有观念都包容于其中的新概念,这种学习形式就是上位学习(表7-1)。例如,小学生已经从日常生活中学到了"苹果"、"桃子"、"香蕉"、"西瓜"等概念,现在要学习"水果"这一新概念,此类学习就属于上位学习。这种类型的学习是比较普遍的,特别是与学生日常生活有密切关系的命题的学习大都是以这类学习形式而获得的。在教学过程中,除了首先唤起小学生已有的相关概念之外,还需要为小学生提供一些他们不曾了解的事例,以使小学生较全面地掌握新命题。例如,假定小学生已知正方形、长方形和平行四边形内角之和等于360°,现在教师要小学生掌握"任何四边形内角之和等于360°"这一命题,那么教师还应该提供一些小学生还不知道其内角之和为360°的不规则的四边形(因为前面提及的几种四边形都属于规则四边形),这样小学生就能更深入地把握新命题的意义了。

③ 并列结合学习

当新的命题与认知结构中的原有特殊观念既不能产生从属关系,又不能产生总括关系时,它们在有意义学习中可能产生联合意义,这种学习称为并列结合学习(如表7-1)。例如,如果小学生已经学习了质量与能量、遗传结构与变异等之间的关系,现在要学习需求与价格之间的关系,它们之间虽然没有类属关系,但也内含着另外的关系——后一变量随前一变量的变化而发生变化。

2. 程序性知识的学习类别

（1）辨别学习

加涅在其智慧技能分类系统中将辨别置于最低层,认为辨别是"对刺激物在某一物理维度或某些物理维度上的相互差别能够作出不同反应的一种能力"①。辨别能力的形成过程包含两个层次：一是模式获得的过程，即"刺激—反应"连锁学习的过程；二是模式识别的过程。"辨别学习的一些外部条件表现为某些最基本的学习原理的应用：①接近的原则。即在刺激呈现后必须紧接着对它作出反应。②强化的原则。强化原则在辨别学习中起特别重要的作用，应当使强化随正确与错误的反应而有区别地出现。③重复。重复也起着重要的作用。辨别的情境可能需要重复多次，以便选出正确的刺激差异，对于学习多重辨别来说，必然需要更多的重复。"

（2）概念学习

上文提到，陈述性知识的概念学习的实质是掌握同类事物的共同本质特征。与此相对应的是，程序性知识中的概念学习是指能概括出同类事物的共同本质特征。

加涅把概念分成两类：具体概念（concrete concept）和定义概念（defined concept）。具体概念可以通过具体对象来表示，是直接观察得到的，如杯子、书、树木、电灯等。定义概念包含一些抽象的关系，如心理、意识、哲学、人本主义等，因而必须通过学习才能获得。

程序性知识学习中，具体概念学习要求学生具备辨别能力，因为概念学习通常涉及对基本概念的辨别。作为外部条件，需同时呈现属于该概念范畴的例子和不属于该概念范畴的例子，要求学生辨别该概念的特征。此外，还需提供必要的强化和练习。定义概念学习要求学生事先掌握定义的组成部分，如主语、宾语、谓语，同时还需掌握语法。教师需用口头的或书面的形式呈现概念的定义，以便定义的各组成部分按适当顺序进入学生的工作记忆。同样，定义概念学习也需给学生各种例子，包括不属于该概念范畴的例子，以供学生识别该概念的特征。

（3）规则学习

规则有两种功能：一是用作对事物分类的标准，在本质上这种规则就是一个定义性概念；二是指导人们如何办事。对此，加涅总结说："规则是支配人的行为并使人能够证明某种关系的内在状态。规则并非只是表述某一规则的言语陈述，比如像'正方形的周长是其边长的四倍'这样一种命题，规则必然涉及人在面对特殊刺激实际上有无数变化时，行为始终表现出规律性的原因。因此，规则是使人能够对一类刺激情境作出与一类操作相适应的举动而推论出来的能力，据此我们预计，这种操作同一类特定的关系刺激发生了联系。"此处的规则在本质上是一种能力。

规则学习的目的是获得并掌握规则。那么，确认一种规则是否为个体所掌握的标准是什么呢？比如，一个小学生在乘法运算学习中，已将乘法口诀表背得滚瓜烂熟，但在实际面对"23×45＝？"的算式时却一筹莫展，这个小学生是否已经掌握了乘法运算规则呢？答案是否定的。该小学生获得的只是言语信息。判断的标准为：（1）小学生是否能鉴别规则包含的各个概念；（2）小学生是否能揭示构成这些概念之间的关系。

规则学习的内部条件是：对构成规则的子概念的理解。这种理解意味着小学生能够鉴别一类客体、一类事件或一类关系的各个成员。如果这些前提概念尚未把握，那么规则是不

① 吴庆麟. 教育心理学［M］. 北京：人民教育出版社，1999：48.

能被适当地掌握的,如果部分概念仅是作为一种言语信息而获得的话,也不可能充分把握本身的含义。规则学习的外部条件为:(1)影响规则学习的言语指导。一开始教师应当陈述要求,即在学习完成之后小学生该表现出哪些行为操作。(2)让小学生回忆起在要学的规则中将会出现的那些子概念。(3)随后呈现整个规则的语言提示。(4)要求小学生证明规则中所含的那种关系的言语指导。(5)注意在规则学习中使用强化的原理,当小学生对规则作出充分的证明之后,教师应表扬、称赞。

规则学习一般表现为两种基本形式。其一是从例子到规则的学习,它属于奥苏伯尔同化论中的上位学习的一种形式,常涉及发现学习。其二是从规则到例子的学习,是下位学习的一种形式,常涉及接受学习。

三、知识学习的阶段与作用

(一)知识学习阶段

总的说来,知识学习阶段包括知识的获得、知识的保持和知识的应用。知识的保持主要为记忆中的保持阶段,学生在之前的心理学基础知识中已学过,而知识的应用涉及知识的迁移问题(见本书"第八章小学生学习迁移"部分),因而本章着重于知识的获得阶段以及知识应用的一般过程。

知识的保持主要涉及所学知识的记忆保持过程,与之对应的是遗忘。根据艾宾浩斯的遗忘规律,知识的保持量遵循"遗忘在学习之后立即开始,而且遗忘的进程是最初很快,以后逐渐缓慢"的规律。一般认为,促进小学生知识保持的方法有:深度加工材料、有效运用记忆术、进行组织化编码、适当过度学习、合理进行复习(主要涉及复述策略,见本书"第十章小学生学习策略与学习习惯"部分)等。

具体来看,陈述性知识和程序性知识的学习均分为三个阶段,但三个阶段涉及的具体内容有所不同。陈述性知识的学习可分为:(1)新信息进入短时记忆,与长时记忆中被激活的相关知识建立联系,从而出现新的意义的建构。(2)新建构的意义储存于长时记忆中。如果没有复习或新的学习,这些意义会随着时间的延长而出现遗忘。(3)意义的提取和运用。

程序性知识的学习可以分为:(1)陈述性知识的学习。例如,在英语学习中,学习"将 We go to school yesterday 改成合适的时态",这是种典型的程序性知识的学习(或智慧技能的学习),小学生要顺利完成这一任务,必须知道英语中动词时态变化的规则,即具备相应的陈述性知识。(2)通过应用规则的变式练习,将规则由陈述性形式转化为程序性形式。就"英语动词一般现在时态改为一般过去时态"来说,小学生通过教师讲解或阅读材料,知道了一般现在时改为一般过去时态的规则,并能陈述这些规则,通过大量的句子变化的联系,每当看到"yesterday","some years ago"等表示过去某时刻的词时,能立即根据规则把句子中的动词改为适当的过去式规则的英语句子,此时相应的规则已经开始支配学生的行为,规则开始向办事的技能转化。(3)规则自动化阶段。此时,规则完全支配人的行为,执行达到了相对自动化的程度,是程序性知识发展的最高阶段。例如,熟练掌握英语的人,可以脱口而出规范的符合时态的规则的英语句子,而不必有意识的考虑有关规则。

(二) 知识学习的作用

知识学习是创造性产生的重要前提。创造态度和创造力是个体创造性的两个主要标志,通过知识的学习,个体体验着前人的创造成果,这对于创造态度的获得起了积极作用。同时,缺乏知识的头脑是不可能有创造力的,创造力不会从无知无识的头脑中产生。脱离知识的学习空谈创造力的开发,是不可能有结果的。

第二节 知 识 的 表 征

> 知识的表征或知识的心理表征,指知识在心理活动中表现和记载的方式。

知识以什么形式为个体所觉知呢? 信息加工心理学用"知识表征"来解释这个问题。理解知识如何应用的前提是理解它如何在人脑中表征。知识教学的前提就是弄清不同类型知识的表征形式。

一、陈述性知识的心理表征

陈述性知识在本质上是言语信息知识,它是个人依据相应的线索能够叙述出来的知识。当代认知心理学的共识是:陈述性知识主要是以命题与命题网络、表象和图式来进行表征的。

(一) 命题与命题网络

命题原本是逻辑学术语,指表达判断的语言形式,它使我们了解某个判断是真还是伪。在心理学中,命题被界定为由语词表达的意义的最小单元,一个命题只呈现一个最基本的单元意义。如"知识就是力量"就是一个命题,它呈现给我们的意义是"知识"与"力量"之间的关系。一个命题由两个部分构成,即关系部分和论题部分。此例中,"知识"与"力量"是论题,"就是"是关系部分,它将"知识"与"力量"对等起来,从而大大地缩小了人们关于"知识"的注意力。因此,认知心理学家认为关系部分是命题中最富有意义的成分,一种关系就构成一个命题,有几个关系就有几个命题;相反,没有关系就不会有命题存在。比如,将上例中的关系部分去掉就变成"知识力量",它就不是命题了。

与关系部分只有"一个"的数量规定性相比,在一个命题中,论题在数量构成上则有多种表现,即一个命题可以有一个以上的论题。如表 7 - 2,在这三个命题中,第一个和第三个命题都有三个论题,第二个命题有两个论题,其中每个论题在命题中都扮演着不同的角色。认知心理学家为了便于区别,分别给这些角色确定了相应的名称或称谓,如行为的主体、行为的目的、行为的客体、行为的手段或工具等。

表 7 - 2   一些具有多个论题的命题实例

观念	关系	论题
[张三送给李四一支铅笔] [张三打算去北京] [张三被小刀割破了手指]	送给 打算去 割破	张三(主体)李四(接受者)铅笔(客体) 张三(主体)北京(目的) 张三(主体)手指(客体)小刀(工具)

从表 7 - 2 中的命题实例中可见,命题总是与语言学中的句子有某种联系。实际上,命题的两个组成部分是由相应词性的语词来充当的。关系部分一般由动词、副词或形容词构成;论题部分由名词或代词构成。从语言学上,一个命题相当于一个句子,值得注意的是,语句的本质在形式,命题的本质在意义,命题借助于句子的形式而外显,同一命题可以用不同的句子来表达;同时,一个句子可以表现几个命题。如"高个子中锋传出了球"这个句子就表达了两个命题:①中锋传出了球;②这位中锋的个子是高的。因此,在把握命题时,必须弄清它与句子的关系,要知道一个句子含有多少个命题,最好的办法是找出句子中的动词、形容词和副词,因为只有动词、形容词和副词才能是关系,而每个命题只有一个关系。如此,分析清楚句子中的关系也就明白一个句子中有几个命题了。

从以上关于命题的分析可知,命题仅仅是意义的最小单位,人们要将许多单位意义连接在一起又该怎么办呢? 认知心理学家们提出了命题网络的概念。命题网络是由若干命题根据其内在关系而连接起来表示一个更大容量的意义有机统一体。其外显的可见形式是语言学上的复句、段落以及篇章。一个命题网络表现出如下特征:(1)在一个相对独立的命题网络中,各命题之间存在某种共同的关系部分,整个命题网络就是依赖这种共同关系部分而被有机地组织为一个整体的;(2)命题网络中的各子命题是分层级组织的,其间最高层是所有子命题所反映的类整体的共同本质属性,次一层级所共有的属性为"上一层级共同属性 + 本层级特有属性",最低层级是一个个具体形象的特例。

(二) 表象

在现实生活中,除了以语义的方式(即命题)来表征所获得的知识外,还有其他知识表征形式,如表象。譬如在解决如下问题:"小王比小李高,小李不如小张高,小张比小王高,问谁最高。"在通常情况下,个体并不是从语义的角度以推论的方式来确定谁最高的,而是在大脑中呈现出小王、小李和小张的形象,并对三个形象进行换位、排序,然后按由高到低的顺序将三人排列起来,最后通过比较以确定谁最高。

在这个过程中,个体所操作的关于三个人的形象是由个体在与这三个人接触过程中所存留下来的知觉信息构成的,具有相应的形象性与具体性。换言之,表象是个体对事物在各个方面的一些物理特征作出了连续保留的一种陈述性知识的形式,这是以语义为本质的命题所无法办到的。

人类利用表象来对客观事物进行表征的积极意义,除了表象本身的形象性与具体性所带来的优点外,表象表征是对事物空间关系的把握,其容量比命题表征大得多,同样的信息量可以只用一个单位的表象就能实现,而用命题进行表征则需要许多单位项目。然而,个体的信息加工是在工作记忆中完成的,工作记忆的容量比较小,一般只有 5—9 个项目单位,利用表象表征可以大大地减轻工作记忆的工作负荷,以提高信息加工效率。[①]

(三)图式

图式(schema)这一术语最早见于皮亚杰的发生认识论中,皮亚杰将其视为一种智慧表征单位。图式是将事物的相关属性有机地组合为一个整体以表现该类事物的知识储存方式或结构。人类知识表征过程中存在着自然范畴图式、事件图式和文本图式。自然范畴图式指自然界本身就具有的一些实体范畴,如各种植物、动物,也指由社会文化所造就的一些客观实在范畴,如汽车、罪犯等。[②] 事件图式称为"脚本",是许多事情均涉及一系列典型活动的次序,犹如戏剧或电影的脚本中所列出的一个又一个场景,代表着人与客观世界打交道时经常从事的那些事情的典型活动及其次序,是一种有组织的知识。与其他图式一样,事件图式也可以对不同抽象水平上的信息编码。比如,通过研究人们去餐馆用餐的事件得出其典型次序是:安排入坐、看菜单、点菜、用餐、付账和离去。文本图式又称故事结构的图式,可以帮助学生理解和记忆故事,适用于许多故事。理解故事时,我们选择合适的图式,再据此决定哪些细节重要,选择记忆哪些信息。图式起到指导我们理解文本的目的。[③]

二、程序性知识的心理表征

程序性知识与陈述性知识具有质的区别,其表征方式也不同。现代心理学的研究认为,产生式(production)是表征程序性知识的最小单元。认知心理学家们认为,人脑之所以能够完成各种运算与解决问题,就在于人通过学习而在大脑中储存了大量的与计算机中存储的程序相类似的"如果……那么……"的规则。这种"如果……那么……"的规则就是产生式。一个产生式表征一个相对完整的意义,在单位产生式中,"如果……"部分是条件,"那么……"部分是在条件基础上需要完成的反应。最简单的产生式是,只有一个条件与一个反应的产生式。比如现实中成人常常对小孩子说"如果你听话,我就给你糖吃"。在学习中常出现多个条件与多个反应构成的产生式。比如,要辨别一个图形是否是三角形的产生式是:如果已知一个图形是两维的(条件 1),该图形有三条边(条件 2),且三条边是首尾相连的(条件 3),那么识别该图形为三角形(反应 1——大脑内部完成),并说出"三角形"(反应 2——通过音符表现出来)。

在日常生活与学习中,依靠一个产生式是不能解决复杂问题的,为此,要将单元产生式按某种关系(譬如时间序列关系、逻辑关系)连接起来构成一个完整系统,我们称这个完整系统为产生式系统。

① 吴庆麟,胡谊. 教育心理学[M]. 上海:华东师范大学出版社,2003:165.
② E. Rosch, C. B. Mervis, W. D. Gray, D. M. Johnson & P. B. Braem. Basic objects in natural categories. *Cognitive Psychology*,1976,8:382 – 439.
③ 陈琦,刘儒德. 当代教育心理学(第 2 版)[M]. 北京:北京师范大学出版社,2007:256—257.

第三节　知识的获得及陈述性知识的教学促进

知识的获得是知识学习的第一个阶段。此阶段中，新信息进入短时记忆，与来自长时记忆系统的原有知识建立一定的联系，并纳入原有的认知结构，从而获得对新信息意义的理解。知识获得的两个环节是：知识直观和知识概括。

一、知识直观

（一）知识直观的定义

知识直观是主体通过对直接感知到的教学材料的表层意义、表面特征进行加工，从而形成对有关事物的具体的、特殊的、感性的认识的加工过程。直观是理解科学知识的起点，是学生由不知到知的开端，是知识获得的首要环节。

（二）知识直观的类型

1. 实物直观

实物直观即通过直接感知要学习的实际事物而进行的一种直观方式。例如，观察各种实物标本、演示各种实验、到工厂或农村进行实地参观访问等都属于实物直观。实物直观的优点在于，由于实物直观是在接触实际事物时进行的，它所得到的感性知识与实际事物间的联系比较密切，因此通过实物直观所获得的知识在实际生活中能很快地发挥作用。同时，实物直观给人以真实感、亲切感，有利于激发学生的学习兴趣，调动学习的积极性。实物直观的缺点为，实际事物中，本质要素与非本质要素夹杂在一起，往往难以突出本质要素，必须"透过现象看本质"，对于学生特别是小学生具有一定的难度。同时，由于时间、空间和感官特性的限制，许多事物难以通过实物直观获得清晰的感性知识。

2. 模象直观

模象即事物的模拟性形象。所谓模象直观即通过对事物的模象的直接感知而进行的一种直观方式。例如，各种图片、图表、模型、幻灯片和教学电影电视等的观察和演示等。其优点是：其对象可以人为制作，可以人为地排除一些无关因素，突出本质要素；可以根据观察需要，通过大小变化、动静结合、虚实互换、色彩对比等方式扩大直观范围，不受实物直观的局限，提高直观效果，扩大直观范围。因此，它已成为现代化教学的重要手段，是现代教育技术学研究的重要内容。但是，由于模象只是事物的模拟形象，与实际事物之间有一定距离，因此要使通过模象直观获得的知识能在学生的生活实践中发挥更好的定向作用，一方面应注意将模象与学生熟悉的事物相比较，同时，在可能的情况下，尽量使模象直观与实物直观结合进行。

3. 言语直观

言语直观是在形象化的语言作用下，通过学生对语言的物质形式（语音、字形）的感知及对语义的理解而进行的一种直观形式。言语直观的优点是不受时间、地点和设备条件的限制，可以广泛使用；能运用语调和生动形象的事例去激发学生的感情，唤起学生的想象。缺点是,言语直观所引起的表象,往往不如实物直观和模象直观鲜明、完整、稳定。

(三) 如何提高知识直观的效果

根据皮亚杰的思维阶段理论,小学生处在具体运算思维阶段,因此,在小学阶段,教学中采用直观教学手段显得尤为重要。

1. 灵活选用实物直观和模象直观

模象直观一般比实物直观教学效果好。但是,这一结论只限于知识的初级学习阶段。当学习有了一定基础后,由简化的情境进入实际的复杂情境,即更多地运用实物直观,自然是必要的。

2. 加强词与形象的配合

在形象的直观过程中,教师首先应提供明确的观察目标,提出确切的观察指导,提示合理的观察程序。其次,形象的直观结果应以确切的词加以表述,以检验直观效果并使对象的各组成要素进行分化。最后,应依据教学任务,选择合理的词与形象的结合方式。

3. 运用感知规律,突出直观对象的特点

感知规律主要包括强度率、差异率、活动率和组合率。

(1) 强度律。指作为知识的物质载体的直观对象(实物、模象或言语)必须达到一定强度,才能为学习者清晰地感知。在直观过程中,教师应突出那些低强度但重要的要素,使它们充分地展示在小学生面前。

(2) 差异律。指对象和背景的差异越大,对象从背景中区分开来越容易。在物质载体层面,应通过合理的板书设计、教材编排等方面恰当地加大对象和背景的差异;在知识本身层面,应合理地安排新旧知识,使旧知识成为学习新知识的支撑点。

(3) 活动律。指活动的对象较之静止的对象容易感知。为此,应注意在活动中进行直观,在变化中呈现对象,要善于利用现代科学技术作为知识的物质载体,使知识以活动的形象展现在小学生面前。

(4) 组合律。指空间上接近、时间上连续、形状上相同、颜色上一致的事物,易于构成一个整体为人们所清晰地感知。因此,教材编排应分段分节,教师讲课应有间隔和停顿。

4. 培养小学生的观察能力

观察前,必须让小学生明确观察的目的、任务。观察过程中,要认真培养小学生观察的技能和方法,让小学生把握合理的观察程序。观察后要求小学生做观察记录或报告。

5. 让小学生充分参与直观过程

知识归根到底要通过小学生头脑的加工改造才能被其掌握,因此在直观过程中,应激发小学生积极参与的热情。在可能的情况下,应让小学生自己动手进行操作,改变"教师演,学生看"的被动的直观方式。

二、知识概括

(一) 知识概括的定义

知识概括指主体通过对感性材料的分析、综合、比较、抽象、概括等深层加工改造,认识某一类事物的本质特征与内在联系的认识活动。

（二）知识概括的类型

1. 感性概括

感性概括即直觉概括，它是在直观的基础上自发进行的一种低级的概括形式。例如，有的小学生由于经常看到主语在句子的开端部位，因而就认为主语就是句子开端部位的那个词；有的小学生看到锐角、直角、钝角等图形中都有两条交叉的线，就认为角是由两条交叉的线组成。感性概括由于是对事物的各种不同属性、各个不同部分及其相互关系的综合的、直接的反映，所以，从形式上看，也是通过一定的概括得到的，是抽象的；但是从内容上看，它所概括的只是事物的外部特征和表面联系，并没有反映事物的本质特征和内在联系，因此，这是知觉表象阶段的概括，是概括的初级形式。感性概括在小学生中是很常见的，他们的思维在很大程度上主要依靠直观具体的内容，不能反映事物的本质特征与内在联系。因此，他们获得的知识不够系统，还必须学会借助于高级的概括水平来完成学习任务。

2. 理性概括

理性概括是在已有认识的指导下，通过对感性知识经验进行自觉的加工改造，揭示事物的一般的、本质的特征与联系的过程。理性概括是概括的高级形式，是思维水平的概括。理性概括不仅表现在它反映某一类客观事物共同的、本质的特征上，也表现在它反映了事物与事物之间的内在联系和规律上。一切科学的概念、定义、定理、规律、法则都是理性概括的结果。小学生如不善于进行理性概括，就不能理解和运用所学知识；其理性概括水平越高，理解和运用知识的水平就越高。小学生在学校所学习的大量科学概念和理论，必须在分析、综合、比较的基础上，通过自己积极的抽象概括活动，才能真正理解和掌握。因此，教师在传授知识过程中，必须把培养和提高小学生的理性概括能力当作一项重要的任务。

总之，感性概括与理性的概括区别在于：感性概括并没有反映事物的本质特征和内在联系，所概括的一般只是事物的外表特征和外部联系，是一种知觉水平的概括；理性概括是一种高级的概括形式，它所揭示的是事物的一般因素与本质因素，是思维水平的概括。所谓一般因素，指的是一类事物所共有的，不是个别或某些事物所特有的；所谓本质因素，即内在地而非表面地决定事物性质的因素。二者的联系在于，感性概括只能获得概括不充分的日常概念和命题；只有通过理性概括，才能获得揭示事物本质的科学概念和命题。

（三）如何有效地进行知识概括

1. 配合运用正例和反例

正例又称肯定例证，指包含着概念或规则的本质特征和内在联系的例证；反例又称否定例证，指不包含或只包含了一小部分概念或规则的主要属性和关键特征的例证。一般而言，概念或规则的正例传递了最有利于概括的信息，反例则传递了最有利于辨别的信息。在实际的教学过程中，为了便于小学生概括出共同的规律或特征，最好同时呈现若干正例，以一个个的例子来说明。同时，如有可能，教师最好能利用机会对正反两种例证同时加以说明。

2. 正确运用变式

所谓变式，就是用不同形式的直观材料或事例说明事物的本质属性，即变换同类事物的非本质特征,以突出本质特征。在运用变式时,如果变式不充分,小学生在对教材进行概括时,往往会发生两类常见的错误:一类是把一类或一些事物所共有的特征看做本质特征;另一类是在概括中,人为地增加或减少事物的本质特征,不合理地缩小或扩大概念。

3. 科学地进行比较

比较主要有两种方式:同类比较和异类比较。同类比较即同类事物之间的比较。通过同类比较,便于区分对象的一般与特殊、本质与非本质,从而找出事物之间所共有的本质特征。异类比较即不同类但相似、相近、相关的事物之间的比较。通过异类比较。不仅能使事物的本质更清楚,而且有利于确切了解彼此间的联系与区别,防止知识间的混淆与割裂,有助于知识的系统化。

4. 启发小学生进行自觉概括

教师启发小学生进行自觉概括的最常用方法是鼓励小学生主动参与问题的讨论。在讨论的时候,不仅要鼓励小学生主动提出问题,而且要鼓励他们主动解答问题。在概括过程中,教师应充分调动小学生的思维,让他们自己去归纳和总结,从根本上改变"教师作结论,学生背结论"的被动方式。

三、陈述性知识的学习促进

要促进小学生陈述性知识的学习,教师需要在如下三个方面作努力。

(一)利用小学生的原有知识经验促进陈述性知识的学习

小学生的陈述性知识主要是从言语陈述(包括口头语言陈述和书面语言陈述)中习得的,他们要学习的是言语陈述传达的意义而不是言语陈述本身。但是,如果小学生缺乏相关的知识经验,就有可能难以习得言语陈述传达的意义,而只是习得了言语陈述本身。要保障小学生顺利习得言语陈述传达的意义,就需要保证小学生有丰富的相关知识经验。

如果小学生已经具有相关的知识经验,教师在教学时需激活或调动小学生的相关知识经验。激活或调动的方式可以是向小学生提问,也可以是通过类比、比喻来实现。如在学习"蚕生长的过程中会蜕皮"的知识时,小学生在日常生活中已习得了"自己身体长大后,原来的衣服小了,需要换大一点的新衣服"这种知识经验,于是教师在讲课时,就用后者来比喻前者,从而调动学生的原有知识经验以理解新知识。

如果小学生缺乏理解新知识所必需的知识经验,教师应该创设条件,让小学生具备相关知识经验。如特级教师斯霞教小学生"我们是祖国的花朵,老师是辛勤的园丁"一句时,为了让小学生理解这句话的意义而不是机械地记住这句话,在教学前带领小学生到公园里扮园丁为花草浇水、施肥、除草。小学生有了这种生活经验,在课堂上学习时就容易理解"我们是祖国的花朵,老师是辛勤的园丁"这句话的含义了。

原有知识对新知识的学习有可能存在干扰。如果存在这种情况,教师在教学时需要有意识地做出预防。如小学生要学习的新知识是"平行四边形的面积 = 底×高",小学生的原有相关知识是"长方形的面积 = 长×宽"。这一原有知识既对新知识的学习有促进作用,也会起到干扰作用,易使小学生误认为"平行四边形的面积 = 底边×斜边"。为避免原有知识的干扰,

小学教育心理学

有经验的教师会设计这样的活动：用一个对边相等的四边形做实验，拉动四边形，逐渐由长方形变成不同高度的平行四边形，让小学生思考，在这个过程中什么变了，什么没有变，从而让小学生认识到平行四边形面积的大小和它的底和高有关，与斜边无关，以此消除原有知识的干扰。

（二）引发与促进小学生陈述性知识学习的内部过程

陈述性知识的学习不是机械的背诵、操练，而是涉及一系列内部认知过程。知晓了这一点，要想促进陈述性知识的学习，就需要采用一些教学措施来引发和支持学习者的这些内部过程。有许多这样的教学措施，其中最基本、最常用的就是提问。

作为教育者的教师要善于向小学生提出一些好的问题，而不仅仅是提类似于"对不对""好不好"等封闭式问题，应尽可能提"怎么样"、"为什么"、"怎么解决"等开放式问题。在学生学习陈述性知识之前提出适合的问题会对学生接下来注意、选择那些陈述性知识产生影响。如提出"珠江和淮河哪条河更长"，小学生会在接下来的阅读课文或听讲中对两条河流长度的信息给予关注。

好的问题会引发小学生的组织、整合、精加工等活动。如在学习有关茶壶的物理知识时，可以在小学生观察茶壶的基础上提下列一些问题："茶壶嘴和茶壶身的连接处为什么要做在较低的位置？""茶壶嘴的高度为什么要做成比壶口略高一点？"这些问题有助于引发小学生思考茶壶各组成部分之间的内在联系。类似的问题还有："……与我们以前学习过的……如何联系起来（促进整合过程）？""……如何影响（促进组织和整合过程）？""……和……如何相类似（促进整合或组织过程）？"由于这一类的问题引发了小学生的思考和添加、补充等活动，因而有时又称这些问题为精加工式的问题。

除了问题外，还有其他一些教学措施也可用来引发小学生的内部学习过程，如在呈现陈述性知识的课文中，用粗体、下划线，或用"首先"、"其次"等表明结构和顺序的词语，会促进学生对新知识的选择和组织过程。有的教师在讲解陈述性知识的过程中，在某些地方故意戛然而止，或者在以文字形式呈现的内容中略去一定的内容，让小学生预测或思考接下来或略去的内容是什么，这些措施也有利于引发小学生的整合、精加工等活动。

（三）教会小学生自己引发陈述性知识学习的内部过程

小学生学习陈述性知识的内部过程除了受教师教学方法的影响外，还受自己采用的学习方法的影响。当教师使用的教学方法的执行主体由教师转变为小学生，即小学生采用教师的教学方法来促进自己的内部学习过程时，小学生就成了学习的主人。有研究表明，优秀学生在学习陈述性知识时，很善于自己主动引发相应的内部学习过程。比如，小学生的记笔记（note taking）和做笔记（note making）行为就是小学生自己采用的可促进其内部学习过程的技术，维特罗克（M. C. Wittrock, 1983）称之为生成技术。研究表明，记笔记有助于指引个人的注意，有助于发现新知识的内在联系，有助于建立新知识与旧知识之间的联系。心理学家认为，记笔记可分两步：第一步是记下听讲中的信息；第二步是使记下的信息对小学生有意义，即理解它们。如果记笔记只停留在第一步，对学习并无多大的帮助。重要的是进入第二步，对笔记进行加工。有人建议采用如下三步做听课笔记：（1）留下笔记本每页右边的四分之一或三分之一；（2）记下听课的内容；（3）在整理笔记时，在笔记的留出部分加边注、评语等。第三步非常重要，这些边注、评述或其他标志不仅可以通过引发整合、精加工等认知活动来促进小学生的理解，而且可以为他们以后的回忆提供线索。

第四节 知识应用的一般过程

知识应用是知识学习的最终目标。作为掌握过程的一个阶段，知识应用是通过具体化来实现的。具体化过程虽因课题的性质、知识的领会水平与解题技能的掌握等的不同而有所不同，但就其涉及的智力活动而言，主要包含审题、联想、解析和类化四个彼此相连而又有相对独立意义的基本成分。

一、审题

所谓审题，就是了解题意，搞清问题中所给予的条件与要达到的目标。从心理学的观点来看，即分析问题的基本结构，在头脑中建立起该问题的初始表征。

审题是知识应用过程的首要环节。只有明确了问题的条件与要求，在头脑中建立起该问题的映象后，才能通过联想，回忆起解决当前问题所需的知识；才能使教材具体化，找到解决问题的途径或方法。例如，小学生在应用数学知识去解决有关的习题时，首先是理解题意，即对整个问题进行分析，区分已知条件及要求的目标，有时还要将目标划分成最基本的不能再分的部分。需要将已知条件和目标进行对照综合，这样才能弄清由已知条件出发能否最终达到目标。又如，在命题作文时，也只有通过审题，了解题意，弄清题目的意思是什么，题目所要求的范围、重点、题材、文体是什么等，才能应用所学得的知识，写出符合题意的文章来。

审题并不是单纯地去感知眼前的问题，而是要在感知的基础上，通过想象、思维等在头脑中进行一系列的智力活动，尤其表现在要进行一系列的分析与综合活动。也就是说，审题涉及如何组织各种智力活动的心智技能。在有关专家和新手的对比研究以及实际教学中都可以发现，新手或差生之所以不能解决问题，其中审题的心智技能的缺乏是非常普遍的一个原因。首先是不重视审题。有的表现为读过后，在还没有确切了解题意、弄清题目的条件与要求时，就急于猜测或盲目尝试，形成盲目解题；有的表现为忽视或遗漏某些情节或数字，造成粗枝大叶的错误等。其次是不善于审题。表现为虽然一遍遍读题，但在读题过程中不知道应该注意什么，应该做些什么，结果往往没有弄懂题目中的关键词语，或是遗漏了题目中的隐藏要素。

许多小学生解答数学文字题时，在将文字描述转译为内在表征的审题过程中经常出现问题，尤其当题目中包含关系陈述句（即表示数量之间关系的陈述句）时，问题更为明显。比如，要求学生注意听下列的题目并复述出来："张明有 3 个弹珠，李钢比张明多 5 个，问李钢有几个弹珠？"小学生常犯的一种错误就是忽略其中的关系陈述句，而将题目复述为："张明有 3 个弹珠，李钢有 5 个弹珠，问李钢有几个弹珠？"再比如，某小学生将关系陈述句"汽船驾驶员在静止水域中的行驶速度比水流速度每小时快 12 公里"转换为"汽船以每小时 12 公里的速度在静止水域行驶"。这些审题错误的出现,表明学生缺乏适当的语言学知识来表征头脑中的关系陈述句。那些较差的数学问题解决者更不善于运用其语言学知识来确定题目中的关系陈述句的意义。

鉴于上述情况,在实际教学中,不仅要使小学生重视审题,同时要使小学生善于审题,养成良好的审题习惯,掌握审题技能。要善于审题必须先善于读题,其次要有合理的程序。小学生数学读题能力与中文阅读能力有很大关系。有的教师提出,在解算术应用题时要做到"三读"。(1)初读。即了解性地读题。通过初读,弄清题目中讲了些什么,已知条件是什么,要解决的问题是什么。(2)复读。一般要注意弄懂题目中难懂的或容易混淆的词语,弄清题目中没有明显给出的数据和同运算无关的多余的数据,弄清某些倒叙题的题意。(3)重读,即检验性的读题。这一般要求在列式解答之后,将结果与题目对照,看看解答是否符合题目的要求。这是解应用题的一个合理的审题程序,它对审题的智力活动起到了良好的组织作用。

此外,要使小学生学会改造问题,如把抽象的复杂关系形象化,或省掉无关的情节,把问题简约化,或把简缩的语言加以扩展,确切把握题意。比如在解答问题时,应要求小学生在审题之后,尽量用示意图表示出来。这一方面可以克服短时记忆的局限性,使问题保持于头脑中,不必重新审题;另一方面充分利用形象的视觉、直观的图形,使抽象内容具体化,以帮助解题。

二、联想

联想即由一种心理过程而引起另一种与此相连的心理过程的现象。知识掌握过程中的联想即以所形成的问题表征为提取线索,去激活头脑中已有的相关知识结构或者图式。

联想是使抽象化或概括化的知识得以具体化的必要环节。解决问题总是要依赖过去的知识经验。比如在解数学问题时,根据所形成的问题表征,去激活、回忆与该问题有关的知识,以及学过的例题、解过的题目等,并考虑能否利用它们的结果或方法,或在引进适当的辅助元素后加以利用,是否能找出与该题有关的一个特殊问题或一个一般问题或一个类似问题。如果能够从所给问题中辨认出符合问题目标的某个熟悉的模式,那么就能提出相应的解题设想,进而解决问题。

在应用知识的过程中,联想活动的进行将因问题的复杂程度和学生对所用知识的掌握程度的不同,而有扩展与压缩、直接与间接、意识到知识的重现与意识不到知识的重现的分别。在解决比较容易完成的问题和对某种原理法则等知识已能熟练应用的情况下,应用过程中的联想活动是高度压缩的,多数是通过一种直接的概括联想进行的,一般都意识不到有关知识的重现。但在某些情况下,学生的联想过程是展开的。比如当学生尚未应用过所学的概念或原理来解决问题,或者按此原理、概念只解决过很少的问题,或者按此原理、概念只解决过简单的问题,而现在所遇到的是较复杂的问题时,就发生明显扩展的、间接的、有意识的联想。作为掌握阶段之一的知识应用通常都是以展开的、间接的、有意识的联想形式进行的。

有些情况下,学生不能联想,难以激活原有的知识结构或图式。或即使有所联想,但因受到问题情境中的表面因素的影响,受到与其相近的比较巩固的旧知识的干扰,致使联想错误。其主要原因是领会水平较低或领会错误,或原有知识不巩固,或缺乏联想的技能。研究者曾应用眼动技术考察了成功与不成功的数学问题解决者对计算机屏幕上的应用题的阅读过程以及解题方案的形成过程。对眼动结果进行分析发现，所有学生都仔细地阅读问题，然后回过头来重读题目中的某些部分，但不成功者比成功者更倾向于回视具体的数字和他们认为的关键词，而成功者更倾向于先回视反映了数量关系的字词或其他重要文字，然后再回视具体的数字。这说明不成功的问题解决者更倾向于采用直接、表面的文字转译的方式进行问题表征并进行联想；而成功的问题解决者则更倾向于准确激活、联想头脑中的相关图式，并基于这些图式对问题进行更有针对性的归类、组织。因此要产生准确而灵活的联想，除了要保证知识的领会和巩固外，还应该有目的地进行联想技能的训练。

案例 7 - 2　　　　　　　　　　数学问题解决的联想技能训练

郑君文和张恩华(1991)针对数学问题解决，提出了通过一系列的提问来进行联想的方法：

见过这个问题吗？

见过与其类似的问题吗？

图类似？

条件类似？

结论类似？

见过与之有关的问题吗？

能利用它的某些部分吗？

能利用它的条件吗？

能利用它的结论吗？

引进什么辅助元素以便于利用呢？

这些看似很简单、很平常的问题，可以帮助学习者进行有效的联想。

三、解析

解析即分析事物的矛盾，分析已知和未知双方的内部联系，寻找解决矛盾的条件和方法。知识掌握过程中的解析，即统一分析问题中各部分的内在联系，分析问题的结构，将问题结构的各部分与原有知识结构的有关部分进行匹配。这种匹配是通过对课题进行一系列的分析、综合，找出当前问题与过去的知识经验共同具有的本质特征而实现的。

解析的结果往往表现为提出解决目前问题的各种设想、制订具体的计划与步骤。探索解决问题的方法多种多样。比如在解决数学问题时，可以通过分析、综合等基本的思维活动，并依据已有的知识，将问题的条件或结论作适当的变更与转换，使之更易于利用某种原理或概念来解释、解决；也可以通过变换，使眼前的问题特殊化或一般化；还可以利用适当的辅助问题。在探索解题方法的过程中，有时需要不断地多次变更问题，需综合应用各种方法。

解析的过程往往需要学习者进行调节、监控，即需要学习者的元认知监控。优秀的学习者在解决问题过程中，更倾向于主动地进行自我解释、自我调控，试图从样例中抽象出解法，并建立样例问题与眼前新问题之间的联系。同时,优秀的学习者也具有比较积极的问题解决观念,不会因暂时的困难而轻易放弃。由于问题的性质及个体已有经验水平的差异,解析的过程也有所不同。比如,在解决数学应用题时,小学生需要判断题目中是否包含充分信息、无关信息或缺失某些信息。研究发现,小学生对题目中是否缺失信息或有多余信息的判断成绩与他们的解题成绩之间具有高相关:解题成绩优秀的小学生能够准确地分析、判断题目中是否缺失信息,或是否有多余信息;解题成绩差的小学生,其信息判断的成绩也差。学习者需要舍弃非本质因素,摆脱无关因素的束缚和干扰,将有关因素组织起来,从不同的角度和各种关联中去进行考察,抽取问题的本质特征。

解析是具体化过程的核心环节,决定着具体化的水平。为此,在教学中应对解析技能的培养予以高度的重视。教师可以遵循心智技能形成和发展的规律,来教授、提高学生的解析能力。比如,要求学生重述问题,写下解题所需的运算步骤(或含有数字的句子),或列出多步问题中所需解决的一些子问题,根据所完成的解题方案中的步骤来得出初步的结论等。

四、类化

类化也叫归类,即概括出当前问题与原有知识的共同本质特征,并将这一具体问题归入原有的同类知识结构中去,以便理解当前问题的性质。类化是抽象知识具体化的最终环节,是通过在审题、联想和解析的基础上,揭示出当前问题与过去知识经验所具有的共同本质特征而实现的。

类化进程因问题的难易、同例题的差别程度以及已有抽象知识的领会水平等的不同而有所差异。在熟练地应用所学的知识去解决那些难度较低、同例题或样例差别较小的问题时,类化过程几乎是同审题、联想和解析过程一起实现的,这时类化的进程是高度缩略的、直接的。如果是初次应用刚刚习得的知识,或眼前的问题同例题差别较大,一时难以辨认其本质特征时,类化通常是展开的、间接的。有时,小学生虽然通过审题、联想和解析活动,能将问题与原有知识一一对应,但他们仍将问题视做一个特殊的例子,不能纳入一个概括的类别。因此,当他们再遇到同类问题时,仍将它们视做不熟悉的新问题,反复进行审题、联想、解析,直至最后的类化。

为了促进类化,有些教科书将习题进行整理,把所有需要使用相同解题步骤的同类问题呈现于同一页或相邻页中。这种同质性的组织方式虽然强化了小学生识别、类化该类问题的水平,但无法使小学生学习识别不同的问题类型。因此,研究者建议,尽量将各种不同类型的问题混合呈现,将有助于小学生学会辨别不同类型的问题,进而建立更为清晰、准确、类化的问题图式。

还需注意的一个问题是,应该避免错误类化或表面类化。例如,有些小学生往往根据某些词来对问题加以分类:"如果题目中有'比……多'的字眼,就将数字相加",或者"如果有'比……少',就用第一个数字减去第二个数字。"这些表面类化只能导致错误的问题解决方案的产生。应该提醒小学生,不宜只关注问题描述中的个别字词,而应以自己的语言来描述各个已知条件间的关系,在深层次上表征问题。

审题、联想、解析和类化是知识应用过程中不可缺少的四个环节,且彼此之间相互联系。

首先,这四个成分的执行有一定的顺序,且每一成分是下一成分执行的前提,也就是说,联想是在审题的基础上进行的,小学生必须根据所形成的有关问题的最初映象,有选择地激活已有的知识;解析又是以审题和联想的结果作为对象的,其方向也是由审题和联想决定的,在此基础上才能找出问题与所学知识的共同的本质特点,加以类化。审题、联想越准确,越有助于深刻地解析和广泛地类化,应用的水平也越高。其次,这四个成分有时并不是经过一次执行即可成功的,在某些情况下,需要经过多次的反复以及外界的帮助。

思考题

1. 谈谈知识应用的一般过程。

2. 如何有效地进行知识概括?

3. 如何促进陈述性知识的学习?

4. 教师在板书生字时,常把形近字的相同部分与相异部分分别用白色和红色的粉笔写出来,目的是什么? 符合什么规律?

扫一扫二维码
轻松获取答案

样题

一、单项选择题

1. 在儿童知道"白菜"、"萝卜"等概念之后,再让他学习"蔬菜"这一新概念,这种把新知识与原有知识结构联系起来的学习属于( )。

    A．下位学习　　　　B．上位学习　　　　C．并列结合学习　　D．类属学习

2. 儿童在知道"水果"的概念后,再学习"苹果"、"梨"等概念,新学习的概念就具有了意义,这种学习叫做( )。

    A．派生归属学习　　B．相关归属学习　　C．上位学习　　　　D．并列结合学习

3. 小学生在数学课上学习"圆的直径是它的半径的两倍",按照奥苏伯尔的学习的分类,这里的学习属于( )。

    A．表征学习　　　　B．概念学习　　　　C．命题学习　　　　D．发现学习

4. 老师在讲授直角三角形时,列举了直角在上方、下方、右方、左方等不同类型的直角三角形,这种突出直角三角形的本质特征"含有直角",同时变换直角三角形的非本质特征"直角的方位",就是运用了( )。

    A．定式　　　　　　B．变式　　　　　　C．直观　　　　　　D．迁移

5. 学习英语单词属于( )。

    A．概念学习　　　　B．符号学习　　　　C．命题学习　　　　D．原理学习

6. 个体难以清楚陈述,只能借助于某种作业形式间接推测其存在的,主要用来解决"做什么"和"怎么做"问题的知识称为( )。

    A．感性知识　　　　B．理性知识　　　　C．描述性知识　　　D．程序性知识

7. 学习"路程=速度×时间",这是一种( )。

    A．连锁学习　　　　B．规则学习　　　　C．信号学习　　　　D．辨别学习

小学教育心理学

8. 要求教师在黑板上书写板书时尽量用白色粉笔,所依据的感知规律是( )。

    A．强度率   B．活动率   C．组合率   D．差异率

9. 经常看到主语在句子的开端部位,因而就认为主语就是句子开端部位的那个词,这属于( )。

    A．形象概括   B．理性概括   C．表象概括   D．感性概括

10. 到工厂进行参观访问属于( )。

    A．模象直观   B．形象直观   C．感知直观   D．实物直观

11. 在教学实践中,知识直观的方式主要有实物直观、模象直观和( )。

    A．言语直观   B．形象直观   C．感知直观   D．表象直观

12. 以词汇、实物、图片、图表、图形等为内容的学习属于( )。

    A．概念学习   B．命题学习   C．符号学习   D．并列结构学习

13. 知道了“长方形的四个顶角都是直角”,而正方形是长方形的一个特例,那就很容易理解“正方形的四个顶角都是直角”,这种同化模式属于( )。

    A．上位学习   B．下位学习   C．并列组合学习   D．推理学习

14. 程序性知识的表征形式是( )。

    A．命题网络   B．产生式系统   C．图式   D．认识结构

15. 知识的基本单位是( )。

    A．概念   B．表象   C．概念和表象   D．符号

二、多项选择题

1. 知识应用的过程一般通过哪几个环节完成?( )。

    A．审题   B．联想   C．知识理解   D．课题类化

2. 在学习过程中,学习者利用多样化的复习方式巩固知识的学习策略属于( )。

    A．复述策略   B．精细加工策略

    C．组织策略   D．元认知策略

    E．只有 A 项正确

3. 根据知识本身的存在形式和复杂程度,知识学习可以分为符号学习、概念学习和( )。

    A．公式学习   B．命题学习   C．原理学习   D．推理学习

三、填空题

1. 在实际的教学过程中,主要有三种直观方式,即实物直观、模象直观和_____。

2. 在知识学习的三个阶段中,应解决的主要心理问题分别是知识的_____、_____和_____。

3. 通常所说的规则、原理、原则属于_____知识。

4. 按反映活动的深度来划分,知识可分为_____和_____。

四、名词解释题

1. 理性知识

2. 模象直观

3. 上位学习

4. 产生式

5. 图式

五、问答题

1. 简述促进知识保持的主要方法。

2. 言语直观有哪些特点？

3. 简述影响学生观察直观对象的主要感知规律。

4. 在形象的直观过程中,教师应如何加强词与形象的配合？

六、论述题

试述陈述性知识和程序性知识的区别和联系。

扫一扫二维码
轻松获取答案

进一步阅读的文献

1. 皮连生. 教育心理学(第四版)[M].上海：上海教育出版社,2011.

2. 张大均. 教育心理学(第三版)[M].北京：人民教育出版社,2015.

3. 学习考试用书研发中心. 小学教育心理学[M].北京：清华大学出版社,2013.

4. 岑国桢. 教育心理学(第二版)[M].北京：中国人民大学出版社,2011.

5. [美]安尼塔·伍尔福克著. 伍新春,张军,季娇译. 教育心理学(第12版)[M].北京：中国
   人民大学出版社,2015.

第八章　小学生学习迁移

学习目标

1. 掌握学习迁移的概念,理解学习迁移的分类,联系实际辨析不同类型的迁移。
2. 了解学习迁移的理论,从宏观和微观层面理解学习迁移的实质和机制。
3. 了解影响学习迁移的主要因素,能根据具体的情况具体分析。
4. 能根据学习者的特点,分析学习材料,在教学中促进学习迁移的发生。

内容脉络

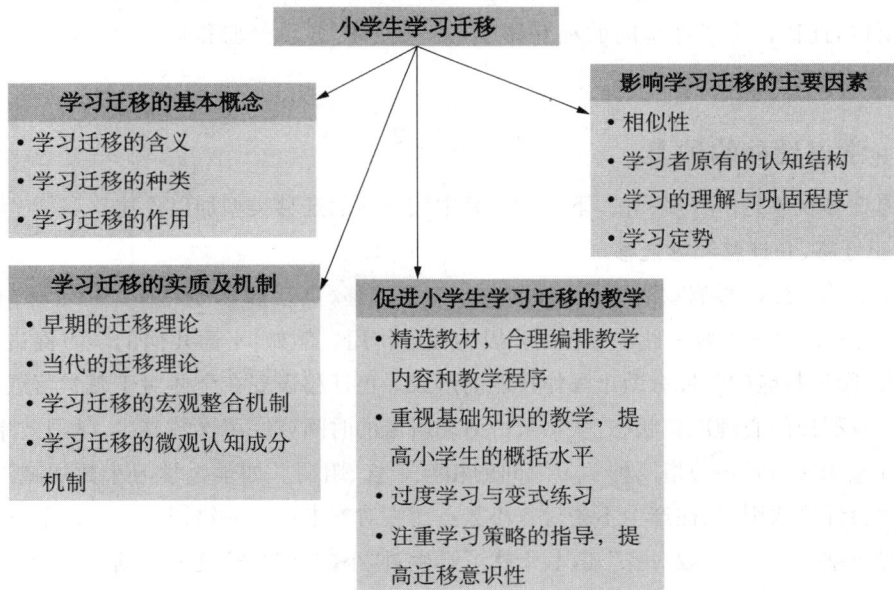

小学生学习迁移

学习迁移的基本概念
- 学习迁移的含义
- 学习迁移的种类
- 学习迁移的作用

学习迁移的实质及机制
- 早期的迁移理论
- 当代的迁移理论
- 学习迁移的宏观整合机制
- 学习迁移的微观认知成分机制

影响学习迁移的主要因素
- 相似性
- 学习者原有的认知结构
- 学习的理解与巩固程度
- 学习定势

促进小学生学习迁移的教学
- 精选教材,合理编排教学内容和教学程序
- 重视基础知识的教学,提高小学生的概括水平
- 过度学习与变式练习
- 注重学习策略的指导,提高迁移意识性

　　也许你和大多数人一样,记得自己学过哪些东西,但是不能非常确定自己学到了什么。那么,这些时间浪费了吗? 这个问题就和学习迁移紧密相关。如果先前学过的东西正在影响当前的学习,或者先前问题的解决影响你解决一个新的问题,这时,迁移就发生了。迁移是人类认知的普遍特征,凡有学习的地方就有迁移。通过迁移,新旧经验得以概括化、系统化,形成整合的心理结构,并不断得到发展,从而稳定地调节个体的行为。了解迁移的规律,可以为提高教学效率提供有力的指导。

第一节　学习迁移的基本概念

一、学习迁移的含义

> 学习迁移是指一种学习对另一种学习的影响，或习得的经验对完成其他活动的影响。

迁移广泛存在于各种知识、技能与社会规范的学习中。比如，掌握"mouth"（嘴，口腔）这个英语单词可能会促进"golden-mouthed"（雄辩的）这一新单词的学习；数学学习中的审题技能的掌握可能会影响物理学习中的审题；儿童在家庭中养成的爱劳动的行为习惯也会在学校里表现出来。可以说，在智育领域和德育领域存在着广泛的迁移现象。充分认清这一点，有助于深入探索智育领域和德育领域的迁移规律，不仅重视知识、技能的迁移，也重视社会规范领域的迁移。

迁移不仅发生于同一类型的学习或经验内部，而且也存在于不同类型的学习与经验之间，比如词汇知识的学习将促进阅读技能的形成，而阅读技能的掌握也促进个体获得更多的词汇。所以，迁移表明了经验间的相互影响，通过迁移，各种经验得以沟通，经验结构得以整合。

二、学习迁移的种类

学习迁移现象是多种多样的，下面就对其中较典型的迁移类型加以论述。

1. 正迁移、负迁移和零迁移

根据迁移产生的影响效果不同，可以划分为正迁移、负迁移和零迁移。正迁移（positive transfer）指一种学习对另一种学习起到积极的促进作用。例如，平面几何的学习促进立体几何的学习，阅读技能的掌握有助于写作技能的形成。正迁移表现在个体对于新学习或解决某一问题具有积极的心理准备状态，从事某一活动所需的时间或练习次数减少，学习效率提高。负迁移（negative transfer）指两种学习之间的相互干扰、阻碍。如学生学习小数加减法，开始不容易领会计算法则，往往产生不去对齐小数点而去对齐末位数的错误。这是以前学习整数加减法时所掌握的"个位数对齐"知识，干扰了学生对"小数点对齐"这一法则的领会。负迁移经常表现在产生僵化的思维定势，缺乏灵活性、变通性，使某种学习难以顺利进行，学习效率低下。零迁移（zero transfer）指两种学习间不存在直接的相互影响，有时也称为中性迁移（neutral transfer）。许多经验间存在着各种直接或间接的关系，但由于多种原因，个体未能意识到经验间的内在联系，不能主动地进行迁移，使某些经验处于惰性状态，表现为零迁移。这一现象应引起重视。

2. 水平迁移和垂直迁移

根据迁移的不同抽象与概括水平，可划分为水平迁移和垂直迁移。水平迁移（lateral transfer）也称横向迁移、侧向迁移，是指处于同一抽象和概括水平的经验之间的相互影响。学习内容之间的逻辑关系是并列的，如直角、钝角、锐角、平角等概念之间的关系是并列的，都处于同一抽象和概括层次,各种概念的学习之间的相互影响即水平迁移。垂直迁移(vertical transfer)又称纵向迁移,指处于不同抽象、概括水平的经验之间的相互影响。具体讲,是具有较高的抽象和概括水平的上位经验与具有较低的抽象与概括水平的下位经验之间的相互影响。垂直迁移表现在两个方面。一是自下而上的迁移。对具体事例的理解有助于相关概念和原理的掌握。如在概念学习中,小学生原有知识经验中的"番茄、土豆、萝卜、芹菜"等会有助于上位概念"蔬菜"的学习;在学习生物知识时,"老虎、狮子、牛、羊"等动物本质特征的掌握有助于理解和概括"哺乳动物"的特征;由数字运算到字母运算的转化等学习过程中即包含着自下而上的迁移。此类迁移也常见于归纳式的学习中。二是自上而下的迁移。指上位的较高层次的经验影响着下位的较低层次的经验的学习。如理解了"三角形"的意义有助于理解"等腰三角形、等边三角形、直角三角形"等;掌握了乘法法则,可以更好地理解和进行加法运算;掌握了一般平行四边形的有关内容可以促进对菱形的学习。

3. 顺向迁移和逆向迁移

根据迁移的不同顺序可划分为顺向迁移和逆向迁移。如果是前面的学习影响后面的学习,则称为顺向迁移(forward transfer)。我们通常所谈论的大部分的迁移都属于此类迁移。逆向迁移(backward transfer)指后面的学习影响前面学习所形成的经验结构,使原有的经验结构发生一定的变化,即得到充实、修正、重组或重构等。

4. 一般迁移和具体迁移

根据迁移内容的不同,可划分为一般迁移和具体迁移。一般迁移(general transfer)也称普遍迁移、非特殊迁移,是将一种学习中习得的一般原理、方法、策略和态度等迁移到另一种学习中去。布鲁纳非常强调一般迁移,认为基本的原理、基本的态度具有广泛的适应性,能适用于许多表面特征不同但结构特征相同的多种情境,并且能使以后的学习变得较容易。如学生学习中获得的一些基本的运算技能、阅读技能可以运用到各种具体的数学或语文内容的学习中。具体迁移(specific transfer)也称特殊迁移,指一种学习中习得的具体的、特殊的经验直接迁移到另一种学习中去,或经过某种要素的重新组合迁移到新情境中去。如跳水的一些项目中,弹跳、空翻、入水等基本动作是一样的,运动员在某些项目中将这些基本动作熟练掌握,那么在学习新的跳水项目时,就可以把这些基本动作加以不同的组合,很快形成新的动作技能。特殊迁移的范围往往不如一般迁移广,仅适用于非常有限的情境中,但这并不意味着特殊迁移不重要,相反,它对于系统掌握某一领域的知识是非常重要的。

5. 自迁移、近迁移和远迁移

根据迁移的不同程度划分为自迁移、近迁移和远迁移。如果个体所学的经验影响相同情境中的任务的操作,则属于自迁移(self-transfer)。自迁移经常表现为原有经验在相同情境中的重复。近迁移(near-transfer)即把所学的经验迁移到与原初的学习情境比较相似的情境中,如某些学科之间的迁移,或同一学科内的学习之间的迁移。如果个体能将所学的经验迁移到与原初的学习情境极不相似的其他情境中时,即产生了远迁移(far-transfer),如一个学会利用气流原理设计风车的人把这种知识用来指引帆船在海上航行,就是将学校学习的知识经验迁移到校外的实际生活中去,这就是远迁移的例子。

简言之,如果个体能迁移到表面特征与结构特征都基本相同的其他情境中时,则属于自迁移。如果能迁移到表面特征与结构特征都相似的其他学习情境中,则属于近迁移。如果能迁移到表面特征不相似,但结构特征相似的其他学习情境中,则属于远迁移。当然,自迁移、近迁移和远迁移的区分也是相对的,视具体的情形而定。

6. 低通路迁移和高通路迁移

根据迁移的不同意识水平可分为低通路迁移和高通路迁移。低通路迁移(low-road transfer)指经过充分练习的技能自动迁移,不需要反省性思维。例如,开惯了自家车的人可以很轻松地开从朋友那里借来的车。这种迁移的关键是原先的技能有充分的练习,而且练习是在变化的情境中进行的。高通路迁移(high-road transfer)涉及有意识地应用先前习得的抽象知识于新的情境。这种应用可分两种情形:第一,在当前的学习中想到今后的应用,例如,你在学习教育心理学原理时想到这些原理将来在你的教育和教学实践中应用;第二,在面对新的问题时,回头思考先前习得的知识在新情境中的应用,例如,小学生在学习乘法时考虑在加法中学过的数学原理在乘法学习中的应用。高通路迁移的关键是有意识地进行抽象概括,或精心地鉴别出不限于特殊情境、能普遍应用的原理、主要观点、策略或步骤。这样的抽象成了学生反省认知知识的一部分,可以用来指导将来的学习与问题解决(见表 8-1)。

表 8-1　低通路与高通路迁移的区分

	低通路迁移	高通路迁移
定义	高度练习过的技能自动迁移	有意识地将抽象知识运用到新的情境
关键事件	充分练习;练习或学习情境的变化;超额学习,技能达到自动化	精心思考可以普遍应用的抽象原理、主要观点和步骤
举例	开不同类型的轿车	如应用 PQ4R 读书法进行阅读

注:PQ4R 分别代表预览(preview)、设问(question)、阅读(read)、反思(reflect)、背诵(recite)和回顾(review)。

7. 辛格利和安德森的 2×2 迁移的分类

辛格利和安德森(Singley & Anderson,1989)根据知识学习的陈述性阶段和程序性阶段划分为程序性知识向程序性知识的迁移,程序性知识向陈述性知识的迁移,陈述性知识向程序性知识的迁移,陈述性知识向陈述性知识的迁移四种迁移类型(见表 8-2)。

表 8-2　辛格利和安德森的 2×2 迁移的分类

程序性知识→程序性知识	程序性知识→陈述性知识
陈述性知识→程序性知识	陈述性知识→陈述性知识

迁移类型不同,实现迁移的过程与条件也有所不同。因此,对迁移进行划分有助于探明产生迁移的最佳途径。

三、学习迁移的作用

美国心理学家比格(M. L. Bigge)把学习迁移当作是教育最后必须寄托的柱石。他认为,学生在学校学习的效率,在很大程度上取决于他们在学习中迁移的数量和程度;如果学生在学校中的学习无助于在以后生活中更有效地应付各种情况,那么这种教学就是在浪费他们的宝贵时间。显然,学会学习或进行有效的学习是适应未来社会生活的必要条件。而要真正地学会学习,其中最主要的条件就是能够主动而有效地迁移。

1. 促进问题解决能力的提高

迁移对于提高问题解决的能力具有直接的促进作用。学习的最终目的并不是将知识经验储存于头脑中,而是要应用于各种不同的实际情境中,解决现实中的各种问题。个体习得经验后,在适当的条件下可以应用所习得的经验,分析、解决目前的问题,而实际上这本身就是一个迁移的问题。在学校情境中,大部分问题的解决都是通过迁移来实现的。要将学校所学的知识、技能用于解决社会实际问题,都需要依赖于迁移。因此,要培养问题的解决能力,就必须从迁移能力入手。

2. 迁移是能力与品德形成的关键环节

迁移是习得的经验得以概括化、系统化的有效途径,是能力与品德形成的关键环节。只有通过迁移,原有的经验才能得以改造,更为概括化、系统化,心理结构也更为完善、充实,从而广泛、有效地调节个体的活动。而稳定的心理调节机制的建立也就是能力与品德的心理结构的建立。所以说,能力与品德的形成和发展是通过广泛的迁移来实现的,缺乏迁移,能力与品德的形成则成为空谈。

3. 迁移规律具有指导作用

迁移规律对于学习者、教育者或培训者等都具有重要的指导作用。应用有效的迁移原则和规律进行教学和培训,可以使学习者在有限的时间内学得更快、更好,并在适当的情境中主动、准确地应用原有的经验,防止原有经验的惰性化。教育工作者以及有关的培训人员在进行教学和培训系统的设计时,在教材的选择与编排、教学方法的确定、教学活动的安排、教学成效的考核等方面利用迁移规律,有助于加快教学和培训的进程,提高教学培训的效率。

第二节　学习迁移的实质及机制

探讨学习的迁移规律,必须研究迁移是如何实现的,其基本的过程是怎样的? 迁移是自动实现的,还是在一定条件下,通过一系列的认知活动实现的? 从早期的形式训练说到现在的各种迁移观点,都是围绕着这些基本的问题进行的。

一、早期的迁移理论

早在我国古代,人们就注意到了迁移现象。春秋时期的教育家、思想家孔子就曾提出"举一反三"、"触类旁通"的教学思想,指出先前的学习对后来学习的影响,揭示学习迁移的现象。但是,对学习迁移现象系统的解释,最早是由形式训练说提出的。

(一) 形式训练说

形式训练说的基础是官能心理学。官能心理学认为,人的心智是由意志、记忆、思维、推理等官能组成。心智的各种官能相对独立,各司其责。各种官能可以像肌肉一样,通过练习来增强能力。而且一种官能改进了，其他所有官能也会在无形中得以加强。

形式训练说把迁移看作是通过对各种官能分别训练来实现的。学习要获得最大的迁移效果就应该经历一个"痛苦的"过程，如难记的古典语言、数学和自然科学中的难题，被视为训练官能的最好材料。学习内容不重要，重要的是学习的难度和训练的价值。各种官能在这些学科中得到改造，迁移到解决其他类似性质的问题，教育的目的就在于这种形式的训练。

（二）共同要素说

1890 年，美国心理学家詹姆斯（W. James）首先采用了实验训练迁移问题。他和他的四个助手以自己为被试，用两份难易度和分量相仿的材料来考察前一种材料的学习是否影响后一种材料的学习，表达了对形式训练迁移理论的怀疑。虽然他们的研究结果因被试人数太少而带有偶然性，但此实验开启了迁移研究的先河。

1901 年，桑代克对注意、记忆和知觉辨别等进行了一系列实验后，提出了"相同元素说"。其主要思想为：迁移就是将先前学习任务中获得的特定行为应用于新的任务中。两项学习任务间之所以有迁移，是因为它们之间有共同的元素，也就是有共同的刺激—反应联结。迁移能力的获得只能通过大量的训练和练习使这些联结得以加强。迁移也即相同联结的转移。相同元素说 1901 年被武德沃斯（R. S. Woodworth）修改为共同要素说，意即只有两种学习情境存在共同成分时，一种因素才能影响另一种因素。这一学说是一种机械的迁移观，只能解释机械的、具体的特殊迁移，难以揭示人类复杂的学习迁移的实质。

（三）概括说

概括说也称经验类化说。贾德（C. H. Judd）在 1908 年设计了水下击靶实验研究迁移，结果发现学习者在学习过程中获得的原理和原则是迁移发生的主要原因。他强调前后两种学习包含的共同原理、原则及学习者对这种原理、原则的概括是迁移产生的两个条件，因此，学习者对原理掌握得越好，越有可能在新的情境中产生迁移。贾德的概括化理论突破了桑代克相同要素的局限，第一个将相同要素的范围上升到更抽象的原理原则，同时把学习者对学习情境的共同原理、原则的概括作为迁移的基本条件，从而扩大了迁移研究的范围。

（四）关系转化说

格式塔心理学家进一步发展了概括化理论，苛勒根据"小鸡觅食"实验的结果提出了关系转化说。他并不否认学习依赖于学习原理的迁移，但强调"顿悟"是迁移的一个决定因素。他认为学生顿悟两种学习情境中原理、原则之间的关系，特别是手段—目的间的关系是实现迁移的根本条件，其实质就是指两种学习情境中存在某种相似的关系，这是迁移的前提条件，而学习者对两种学习情境的共同关系的顿悟是迁移的关键和根本。

（五）学习定势说

哈洛（H. F. Harlow）1947 年著名的"猴子实验"证明了进行学习方法的学习有利于形成学习定势（详见案例 8 - 1）。学习定势说考虑的是学习方法的迁移问题。一个学生的学习迁移，往往受他的学习意图或学习心向的影响，这就是学习定势的作用。先行学习为后继学习准备了迁移的条件，或使后继学习处于准备状态中，这就有利于迁移。在先行学习中改进学习的一般方法，学会如何学习也能起到定势的作用，有利于学习迁移。

案例 8-1   哈洛的学习定势实验

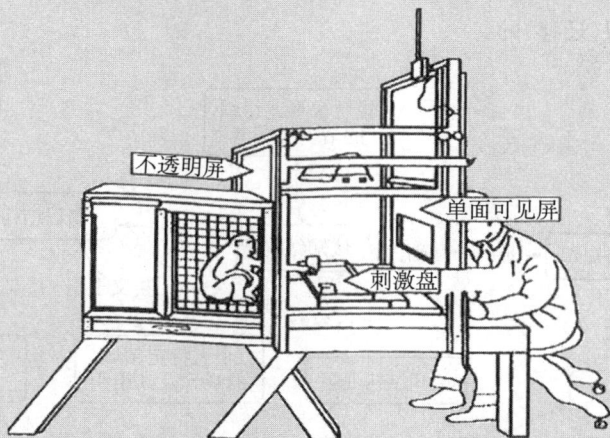

不透明屏

单面可见屏

刺激盘

哈洛首先对猴子作辨别训练,在猴子面前呈现两个物体,如一个是立方体,另一个是立体三角形。在一个物体下面藏着葡萄干,并以它为强化物。通过几次尝试,猴子很快知道葡萄干藏在立方体下面,不在立体三角形下面。当它解决了这个问题以后,立即给它呈现另一个类似的问题,如两个物体均为立方体,但颜色不同,一为白的,另一为黑的。它必须进行新的学习以解决这个新的辨别问题。当它解决了这个问题以后,又呈现一个新的辨别问题,如此继续多次。当猴子解决了许多这样的辨别问题之后,它解决新问题的速度越来越快,尝试的次数越来越少。猴子学会了如何解决问题,或者说学会了如何学习。哈洛认为猴子已经获得了解决问题的学习定势。

早期的迁移理论也探讨了迁移中的主体因素,但这种研究是浅层的、笼统的。现代认知心理学家深入到学习者的认知加工过程,例如,一些研究者对推理能力的高低、工作记忆的负荷与迁移效果之间的关系进行实验研究,结果发现高推理能力和低工作记忆负荷更有利于学习迁移。

二、当代的迁移理论

现代认知心理学的兴起对学习迁移的研究产生了一定影响。学习理论家们用认知的观点深入探讨了迁移产生的条件、原因、影响因素,试图了解迁移过程的内在机制和规律。由此出现了以认知心理学为基础的新的学习迁移观,即与陈述性知识的学习相对应的认知结构迁移理论,与程序性知识学习相对应的产生式迁移理论,与策略性知识相对应的元认知迁移理论。

(一)认知结构迁移理论

认知结构迁移理论是根据奥苏伯尔(1968)的有意义言语学习理论(同化论)发展而来的。所谓认知结构(见图 8-1)就是学生头脑中的知识结构。广义地说,它是个人头脑中所有观念及其组织;狭义地说,它是个人特定领域的观念及其组织。认知结构变量(也称认知结构特征)是当学生学习新知识时,其原有的认知结构中的有关观念在内容和组织方面的特征,主要包括可利用性、可辨别性以及稳定性与清晰度。原有的认知结构就是通过这三个变量或特征来影响新知识的学习(迁移)的。

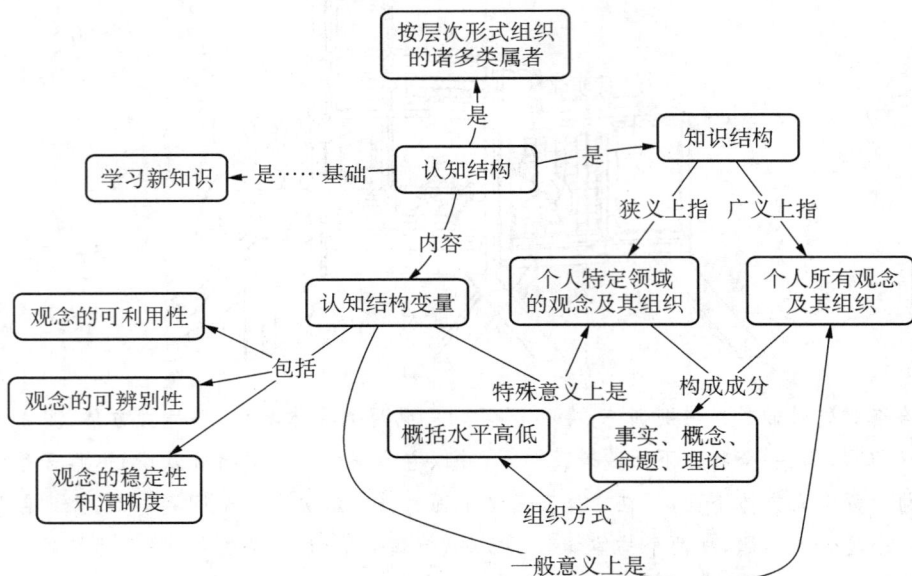

图 8-1 奥苏伯尔的认知结构

1. 认知结构的可利用性

奥苏伯尔认为,原有知识的可利用性是影响新的学习和迁移的最重要因素,也是最重要的认知结构变量。他更强调上位的、包容范围大和概括程度高的原有观念的作用。认知结构的可利用性涉及学习者原有知识的实质性内容,即面对新任务时,学习者原有认知结构中是否具有用来同化新知识的适当观念。根据同化论,新知识与同化它的旧知识之间有不同的关系,因此有三种不同的学习形式:上位学习、下位学习与并列组合学习(具体内容见"第七章小学生知识学习")。其中下位学习一般比上位学习和并列组合学习容易进行。良好认知结构的第一个重要特征就是知识的概括水平和包容范围。知识的概括水平越高,包容范围越广,越有助于同化新知识,即有助于迁移。如果在学习新知识时,学生认知结构中缺乏这样的上位观念,教师就可以从外部给学生的认知结构中嵌入说明性先行组织者,使之起吸收与同化新知识的作用(其他"先行组织者"相关内容参见第十二章第四节的"理论性策略")。案例 8-2 就是采用先行组织者的上位观念的支持,促进学生同化句子的概念的。

案例 8-2　　　　**运用说明性先行组织者讲解"句子"的概念**

为了使小学一、二年级学生形成句子和句子成分的概念,教师告诉学生:每一个句子都要讲到"谁"和"干什么",有这两个成分的话语才是完整的句子。这一知识是用儿童易懂的语言陈述的。儿童先学习这一上位知识,该知识对他们形成句子和句子成分概念起到组织者作用。接着教师给出如下句子的正反例:

(1)小明上学去。(2)妈妈爱宝宝。(3)爸爸开汽车。(4)湖面上的船。(5)飞得很高。

教师帮助小学生分析,(1)—(3)句都是句子,都有"谁"和"干什么",(4)和(5)句不是句子,第(4)句有"谁",缺"干什么",第(5)句讲了"干什么",但缺"谁"。这样小学生理解了什么话语是句子,什么话语不是句子。

如果没有起组织者作用的上位观念的支持,小学生就无法理解句子概念。

2. 认知结构的可辨别性

认知结构的可辨别性涉及学习者原有知识的组织,意即面对新任务时,学习者能否清晰辨别新旧知识间的异同。如果原有知识是按一定层次结构严密地组织起来的,那么,学习者在遇到新任务时,不仅能迅速找到同化新知识的固定点,而且容易分辨新旧知识的异同点,从而能更好地掌握和长久地保持新知识。例如,教师设计比较性组织者对新旧知识加以比较,可促进认知结构的可辨别性。如讲解"比"的概念时,为了防止和除法、分数等概念发生混淆,因此在概念的巩固阶段,教师可运用设计比较性组织者对新旧知识加以比较,弄清易混淆概念之间的联系与区别,促使概念的精确分化(见案例8-3)。

案例8-3　　　　　　　　运用比较性组织者讲解"比"的概念

教师用"3÷4＝3：4＝3/4"的例子,采取列表比较的方法进行教学。

名称	例子	联系	区别
除法	3÷4＝0.75	被除数　除以　除数　商	一种运算
分数	3/4＝0.75	分子　分数线　分母　分数值	一个数
比	3：4＝0.75	前项　比号　后项　比值	一个关系式

这种做法帮助学生沟通了新旧概念之间的联系,增强了原有的起固定作用的知识、观念的稳定性与清晰性,提高了新旧知识的可辨别性。

3. 认知结构的稳定性

认知结构的稳定性涉及学习者掌握原有知识的牢固程度,是指在面对新任务时,用来同化新知识的原有知识是否已被牢固掌握。研究表明,原有的认知结构越牢固,越有助于促进新的学习。倘若原有知识本身没有被牢固掌握,则不但不会促进正迁移,反而会起干扰作用,产生负迁移。利用及时纠正、反馈、过度学习等方法,可以增强原有的起固定作用的观念的稳定性。原有知识的稳定性有助于新的学习与保持。

(二)产生式迁移理论

产生式迁移理论是信息加工心理学家安德森(J. R. Anderson)1990年提出的。这一理论适用于解释基本技能的迁移。其主要内容为:前后两项技能学习间发生迁移的原因是两项技能的产生式有重叠,重叠越多,迁移量越大。安德森的产生式理论可以说是桑代克相同元素说的现代翻版。

安德森认为,技能学习分两个阶段:首先是陈述性阶段,构成技能的产生式以陈述性知识的形式得到表征;然后是程序性阶段,技能的陈述性形式转化为以产生式表征的程序性知识。所谓产生式(见案例8-4),就是有关条件和行动的规则,简称C—A规则,其中C代表行为产生的条件,是学习者工作记忆中有关的认知内容,而非外部刺激;A代表行动或动作,它既可以是外部反应,也可以是头脑中的心理运算。产生式具有抽象性,可以表征不同的概括水平的技能,又具有可计量性,对迁移的程度进行预测。当先前习得的产生式可直接应用于迁移任务或用来解决新问题时,便出现此类迁移。如果发生迁移的产生式在训练阶段得到充分练习,则容易自动发生。

案例8-4　　　　　　　　　　**产生式是条件和行动的规则**

条件识别　如判断一个图形是否为圆形的程序性知识的产生式为:

如果　　图形是二维的

　　　　且图形是封闭的

　　　　且图形上各点距中心的长度相等

那么　　判断该图形为圆,并说出"这是圆"

行动序列　如解一元一次方程

1. 如果有分母,那么先去分母

2. 如果有括号,那么先去括号

3. 如果有常数项,那么将常数项变符号移到右边

4. 如果右边有一次项,那么将一次项变符号移到左边合并

5. 如果合并后一次项有系数,那么两边除以一次项系数

(三) 元认知迁移理论

现代认知心理学强调认知策略在学习和解决问题中的作用。认知策略作为一种特殊的认知技能属于程序性知识范畴,但与一般的智力技能不同。产生式迁移理论未能解释个体如何学会调节和控制自己的策略。因此,元认知理论应运而生。该理论强调元认知在学习中的作用,认为认知策略的训练要达到可以在多种情境中迁移的程度,一个重要的条件是学习者有相当的元认知水平。

元认知是指有关个体认知过程的知识,负责对个体的认知过程进行监控、调节和协调(Flavel,1976)。具有较好元认知技能的学习者,能自动地监控和掌握自己的认知过程。他们在面临新的学习任务或问题情境时,能主动寻求当前情境与已有经验之间的联系,并运用已有经验对当前情境进行分析概括,寻求解决问题的策略,监控它们的应用。因此,元认知技能是运用和迁移认知策略的重要保证。研究表明,与学习和迁移有关的许多问题都是由于元认知技能的缺陷造成的,不少学生在自我调节、自我检查、问题识别等方面缺乏训练。只有掌握了概括化的认知策略,学生才能真正学会如何学习。而元认知水平的提高能改善学生对策略的使用和对学习的监控、调节。

上述各种理论分别从不同的角度论述迁移问题,但在许多方面仍有一定的分歧,这些分歧实际上反映了迁移研究中存在的普遍性问题。究其原因,主要是对迁移研究缺乏一种整体构想,只重视局部、微观的探讨,忽视整体与局部、局部与局部之间的联系的建构。再者,用相同的过程或认知成分来描述各种不同类型的迁移,难免流于空泛。鉴于迁移过程涉及复杂的认知活动,受到多种条件的制约,因此,要揭示其内在机制,需要从宏观和微观两个角度来分析。

三、学习迁移的宏观整合机制

从宏观角度来看,学习迁移的过程是新旧经验的整合过程,也就是经验的有序化过程。人脑总是倾向于把不同时间、不同地点学习中获得的不同经验加以综合,从而组织起一种一体化的经验结构。在这种一体化的经验结构中,各种经验成分并不是孤立的存在,而是上下左右、四面八方均沟通的一种网络型结构。这种网络型结构形成的过程,即经验的整合过程,也就是迁移的宏观机制。整合可通过三条途径实现:同化、顺应和重组。

(一)同化性迁移

同化性迁移是指不改变原有的经验结构,直接将原有的经验应用到本质特征相同的一类事物中去,以揭示新事物的意义与作用,或者将新事物纳入原有经验结构中去。这种经验的整合过程即同化性迁移过程,如已掌握的"三角形"概念对学习新概念"直角三角形"的影响。

同化性迁移的根本特点是自上而下,原有经验结构是上位结构,新的经验结构是下位结构。一方面,原有的上位结构可以将新的下位结构吸收到自身中去,实现旧经验对新经验的同化;另一方面,新习得的下位经验结构又可以归入到旧的上位结构中去,实现新经验的类化。可以说,同化和类化实际上是同一过程,只是从不同的方面来解释而已。

在同化性迁移中,决定迁移的关键成分是在最初的学习中建立的,原有经验结构在迁移过程中不发生实质性的改变,只是得到某种充实。同化性迁移是学习迁移中最常见的一种类型,也是比较典型的迁移现象。

(二)顺应性迁移

顺应性迁移也叫协调性迁移,是指将原有经验应用于新情境中时所发生的一种适应性变化。当原有经验结构不能将新事物纳入其结构内时,需调整原有的经验或对新旧经验加以概括,形成一种能包容新旧经验的更高一级的经验结构,以适应外界的变化。这种经验的整合过程即顺应性迁移,如"长方形"、"正方形"等概念的掌握对形成"平行四边形"概念的影响。

顺应性迁移的根本特点是自下而上,原有经验结构是下位结构,新的经验结构是上位结构。在学习过程中,经常需要将前后所学的内容进行概括,形成一种更高级的、包容范围更广泛的上位经验结构。学习中的顺应性迁移也是比较常见的,如学习那些既有联系又有区别的并列内容时,个体有一种去建立某种上位结构的倾向,以便将这些既有联系又有区别的下位经验纳入其中。

(三)重组性迁移

重组指重新组合原有经验系统中某些构成要素或成分,调整各成分间的关系或建立新的联系,从而应用于新情境。这种经验的整合过程即重组性迁移。

在重组过程中,基本经验成分不变,只是各成分间的结合关系进行了调整或重新组合。比如在操作技能的形成过程中,许多不同成分的动作被结合成连续的整体动作,其中不涉及新的动作的增加,只是各动作成分的重新结合、重新排列。同样,在语言学习、问题解决等许多活动中都存在着各种形式的经验重组。例如,小学生学完 20 以内加减运算后,所有加减运算的知识和技能成分都掌握了,此时学习 10 000 以内的加减运算时只需进行重组性迁移。因为除了位数增多外,并未增加任何新的运算成分。直接运用重组性迁移,可以大幅度节省教学时间,提高教学效率。与此类似,如果学会了分数的意义、性质以及通分与约分等知识与技能后,就可以在同分母分数加减、异分母分数加减和带分数加减中,应用重组性迁移进行教学。

总之,重组性迁移在教学上的应用非常广泛。教师首先应教给学生进行重组所必须的基本要素,在此基础上,善于利用这些要素进行重组。教师需要认真研究教材,挖掘各部分内容间的内在联系,利用重组性迁移,提高学生经验的增殖性,扩大其基本经验的适用范围。培养学生的重组性迁移能力,也是培养其创造力的一个重要途径。

四、学习迁移的微观认知成分机制

从微观角度来看,无论是哪种迁移,都离不开一系列认知活动的参与。就迁移过程中所涉及的基本认知成分而言,主要包括以下两类。

(一) 不同学习中的经验构成成分的分析与抽象

分析是指把事物分解成不同的部分,或者分出事物的不同特征及不同的联系或关系。例如,把某株植物分解为根、茎、叶、花等部分;把人的心理活动分解为认知、情绪与情感、行为、自我调控等方面。分析可以在不同层次和水平上进行,对个别事物进行分析属于低水平,对一类事物进行分析则属于高水平。

抽象是在区分一类事物的共同的、本质的特征与非共同的、非本质特征的基础上,把共同的本质特征及联系抽取出来,而舍弃个别的非本质特征及联系的高级分析过程。例如,人类个体虽然在种族、语言、肤色、性别、文化等方面存在差异,但人都能够使用语言,都能够进行思维和从事社会劳动,这些是人类所具有的共同的、本质的特征。把这些本质特征抽取出来,并与非本质特征相区分,舍弃非本质特征,就是抽象。

抽象与分析的区别就在于所指向的范围不同。分析是对个别事物的个别要素的认识,抽象则是对一类事物的本质要素的认识。抽象从其实质而言,也是一种分析,是在分解同类的许多个别事物的特征或联系的基础上,进一步区分出哪些是共同的,哪些是本质的,即分解出一类事物共同的本质要素的过程。因此,抽象是高级的分析。由于人类个体的经验水平不同,其抽象水平也有差异。

在任何迁移过程中,学习者都需要对新的学习中的经验成分以及与之相关的原有经验进行分析,对新旧经验的组成成分加以识别,从而进一步抽象出这些不同经验之间的、共同的本质要素。分析与抽象是实现迁移所不可缺少的认知成分。

（二）不同学习中的共同经验成分的综合与概括

综合就是将分析得出的个别事物的组成要素联合为一个整体，从而形成对该事物的整体认识。综合与分析是对应的。在对个别事物的认识过程中，既有分析，也有综合。综合是在对相互联系的各组成要素的分析基础上实现的。例如，学习某篇课文时，通过对课文各部分的分析，找出各部分描写或论证的主题、写作特点等，然后在此基础上对全篇文章进行综合，总结出文章的中心及写作特点。譬如通过分析漓江水"静、清、绿"和桂林山"奇、秀、险"的特点，总结出文章的中心"桂林山水甲天下"。

概括与抽象对应，是把抽象出来的一类事物的共同的本质要素联系起来，形成对该事物的整体认识。从本质上来说，概括也是一种综合，由于它是对一类事物的认识，因此它是一种高级的综合。例如，小学生在学习了几篇说明文之后，通过分析、抽象获得了有关说明文写作上的共同的、本质的特点，如说明的顺序、方法等，在此基础上，对说明文的写作加以概括，从整体上把握说明文的写作方法。

在迁移过程中，不但要分解出不同经验的构成成分，抽象出新旧经验之间的共同的、本质的特征或联系，而且还要对这些经验进行综合或概括。通过综合，对不同经验产生完整的认识；通过概括，对新旧经验间的本质要素产生整体认识，这样才能实现迁移。因此，综合和概括也是学习迁移产生所必须的认知成分。

在任何迁移过程中，学习者都要对新的学习中的经验成分以及与之相关的原有经验进行分析，对新旧经验的组成成分加以识别，从而进一步抽象出这些不同经验之间的、共同的本质要素。同时，学习者还要通过综合，对不同经验产生完整认识；通过概括，对新旧经验之间的本质要素产生整体认识。分析、抽象、综合和概括这四个基本认知成分在任何迁移过程中都存在，而且它们之间相互联系，共同完成迁移活动。

第三节　影响学习迁移的主要因素

学习迁移不是自动产生的，而是受各种因素的影响。例如，学习资料、学习方法、学习工具、学习环境等客观条件都会影响学习迁移，学习者个体的诸多因素也对学习迁移产生重要影响。概括起来，主要有以下几方面的影响因素。

一、相似性

许多研究证明，相似性是影响迁移产生的一个重要因素。相似性既包括客观因素的相似，也包括主观因素的相似。一般而言，较多的共同成分将产生较大的相似性，并导致迁移的产生。

（一）学习材料的相似性

桑代克的相同要素说指出，两种学习材料之间包含有相同或相似的成分，会有利于迁移的产生。这里所说的相同要素是指学习材料在知识、技能等方面具有相同或相似的成分。例如学生学习多边形面积的计算，在掌握了平行四边形、三角形、圆形等图形面积计算的基础上就容易产生迁移。

（二）学习目标与学习过程的相似性

除了学习材料这种客观的相似性影响迁移外，个体加工学习材料的过程是否相似也影响迁移的产生，加工过程的相似性可视为主观相似性。由于加工过程往往受到活动目标的制约，因此，目标要求是否一致、相似，在一定程度上决定加工过程是否相似，进而决定了能否产生迁移。以语文阅读教学为例，假如小学生已经学习过写人记事的文章，且理解这类文章的结构和写作特色，能抓住要点来理解文章，那么当小学生再接触一篇新的写人记事的文章时，就可能较容易找到这篇文章与以前所学过的文章的相似性，把以前所掌握的阅读方法迁移到新的阅读过程中来，较容易抓住人物的肖像描写，并通过人物的动作行为来概括人物的性格，把握文章的主旨。如果小学生新接触到的文章不是写人记事的，而是一种新的体裁，与前面所学的文章没有多大的相似性，那么在新的学习过程中就很难发生学习的迁移。

（三）学习情境的相似性

学习情境主要是指学习的场所、环境的布置、教学现场的人员、教学内容的呈现方式、教学方法以及所使用的教具等等，广泛分布于整个学习活动之中。

建构主义特别强调真实性学习（authentic learning）。真实性学习即目前的学习应与将要面对的现实世界中所从事的活动相似。通过让学生进行真实性学习，可以发挥学生的主动性，探讨最佳的学习方式，明确学习的目的性，提高迁移产生的可能性。如人教版二年级下册数学"千克与克"的教学，让学生以"估一估、掂一掂、称一称"等方式进行真实性学习，从而掌握千克与克的概念。

在教学过程中创设与生活实际相类似的学习情境，对迁移的产生也有极大的促进作用。如指导小学低年级学生写作，教师可用语言描绘一个与小学生生活相关的画面，给小学生身临其境的感觉，也可以给小学生展示一幅图画，让小学生把图画与自己的生活情境相联系，引发小学生的写作兴趣，并把自己生活中的经历迁移到写作中来，充实自己的写作内容，提高自己的写作水平。

二、学习者原有的认知结构

（一）学习者的背景知识

学习者是否拥有相应的背景知识，这是迁移产生的基本条件。研究发现，已有的知识背景越丰富，越有利于新的学习，迁移越容易。专家之所以有较强的迁移能力，其原因之一是他们具有解决某一问题的丰富的经验背景或认知结构。应当说明的是，有时即使个体拥有迁移所需的某种经验，但由于这些经验不能被学习者主动地加以应用，它们在头脑中处于一种惰性状态，也无助于迁移的产生。

（二）学习者原有认知结构的概括水平

根据概括化理论，产生学习迁移的关键是学习者能概括出两种学习存在的共同原理，也就是原有认知结构的概括水平,必然要影响到迁移的效果。因为学习迁移本身就是一种学习中获得的经验对另一种学习的影响。这要求在学习过程中,学生必须依据已有的知识经验去识别或理解当前的事物或问题。学生对学得的知识经验进行了概括,就能反映同类事物问题间的共同特点和规律性的联系,对具体事物问题的联系也就越广泛,认识也越深刻,就越能揭示没有认识过的某些同类新事物、新问题的本质,并易于纳入到已有的知识经验系统中去,实现从一种情境向另一种情境的迁移。相反,如果已有知识经验概括水平低,不能反映事物的本质,新课题就难于纳入到已有经验中去,对于新的学习就不能产生积极的影响,迁移就越困难。在小学数学学习中,如果能及早将高一级的概念渗透到低一级的概念学习中去,如学习除法时引入分数的形式,则有利于迁移。

(三)学习者原有的认知策略与元认知策略

学习者具有相应的认知策略及对学习活动进行调节、控制的元认知策略,也影响着迁移的发生。由于迁移过程是通过一系列复杂的认知活动来完成的,而认知策略与元认知策略又是调节、控制认知活动并保证其顺利完成的必要条件,因此,个体是否具有相应的认知策略与元认知策略也影响着迁移的产生。有时学习者虽然掌握了某种迁移所必须的概括的知识,且学习对象也具有相似性,却仍不能产生迁移,这可能就是因为缺乏必要的认知策略和元认知策略。拥有认知策略和元认知策略,可以使学习者按照正确、合理的程序分析问题,使其注意力集中到要迁移的问题上,促使个体知道何时、何处、如何迁移某种经验,也可以在一定程度上增强学习过程的相似性。掌握必要的认知策略和元认知策略,有利于增加迁移发生的可能性。

三、学习的理解与巩固程度

学生在学习过程中接触基本概念和原理,并不意味着学习迁移即由此发生,只有在学生理解知识的基础上,才能产生迁移作用。因此两种学习的理解与巩固程度也是迁移发生的基本条件。

认知结构变量与迁移的原理告诉我们,如果进行两种学习,当某一种学习还没有达到全面深刻地理解和相当地巩固程度时,在头脑中就缺乏可利用、可辨别和稳定的认知结构,难于同化或接纳新的知识,这样进行另一种学习,容易产生负迁移。教学经验表明,先前学习和以后学习发生迁移关系时,正迁移是随先前学习的理解与巩固程度成正比地产生,负迁移是随先前学习的理解与巩固程度成反比地产生。布卢姆认为,前面的学习要掌握达到80%—90%的正确率,才能开始新的学习。他强调原有知识的巩固,认为只有巩固和清晰的知识才能迁移。因此只有当全面深刻地理解和熟练地掌握了一种学习,再进行另一种学习,才不会产生负迁移。并且原有学习越巩固,正迁移的发生可能性越大,效果越好。

四、学习定势

定势本身是在一定的需要和重复活动的基础上形成的,它是一种活动经验。从定势的作用来看,有了定势可以使反应更容易进行,还可以抑制相互竞争的反应倾向。定势对迁移的影响具有两重性：一是积极的促进作用，二是消极的阻碍作用。定势既可以成为正迁移的心理背景，也可以成为负迁移的心理背景，或者成为阻碍迁移产生的潜在心理背景。

在小学生的实际学习活动中常常可以看到定势产生的不同作用。例如，小学生在学习完加法交换律，再学习乘法交换律时，可以很容易地理解、掌握与运用，这是心理定势起促进作用的例子。再例如，小学生学习四则混合运算时，尽管他们已掌握了四则混合运算的规则（先乘除，后加减），但在实际运算中他们的运算顺序往往受算式的书写顺序的影响。如 $100-9\times9$，有的小学生往往先从 100 中减去 9 得 91，然后再算 91×9。如果教师要他重新检查结果并改正错误时，小学生也能独立完成。这类错误是由于算式书写顺序的定势造成的，并不是由于小学生缺乏综合运算法则的知识。

定势在迁移方面的消极作用，往往还表现为一种具有负迁移的功能固着。首先想到的是该物体的某一常用功能，因摆脱不了固有的定势而难以发现该物体所具有的其他的潜在功能，从而不利于问题的解决。

定势是促进还是阻碍迁移的产生，关键是要使学习者意识到定势的双重性，要求教师在实际教学过程中，预见到定势的消极影响，既要考虑所学内容与原有经验的同一性，利用积极的定势帮助学生迅速掌握解决一类问题的方法，同时又要变化问题，有意识地进行提示和分化，培养学生思维活动的灵活性、流畅性和创造性的品质，防止定势的负迁移影响。

第四节　促进小学生学习迁移的教学

小学生能否运用所学的知识解决问题，这实际上是知识的迁移的问题，也是学习迁移的问题。如小学生掌握了汉语拼音，能更好识字；小学生会跳舞，学习体操更快。小学生学会知识的迁移，不仅有利于增加学习的内容，而且有利于提高学生适应新情境、解决问题的能力。从这种意义上来说，教育的首要任务就是让小学生学会知识的迁移。

迁移与有效教学之间的关系表现在两个方面：一方面，使小学生产生最大程度的迁移，这是有效教学的主要目标之一；另一方面，真正的有效教学又必须依据迁移规律。因此，前面学习的迁移理论为迁移而教提供了理论的依据。在具体的教学活动中，应该充分考虑影响迁移的各种因素，利用或创设某些条件，消除或尽量避免消极的迁移，以促进积极迁移的产生。

一、精选教材，合理编排教学内容和教学程序

奥苏伯尔认为，"为迁移而教"，实际上是塑造学生良好的认知结构问题。根据奥苏伯尔的认知结构迁移理论，学生的认知结构是从教材的知识结构转化而来的。好的教材结构能够简化知识，促进知识的迁移。精选的教学内容只有通过科学编排、有序的呈现才能促进学生形成良好的认知结构，充分发挥其迁移的效果。

（一）精选教材

应选择那些具有广泛迁移价值的科学成果作为教材的基本内容，而每一门学科中的基本知识（如基本概念、基本原理）、技能和行为规范具有广泛的适应性，其迁移价值就大。布鲁纳

认为所掌握的内容越基本、越概括,则对新情况、新问题的适应性就越广,也就越容易产生迁移。不过,在选择这些基本的经验作为教材内容的同时,还必须包括基本的、典型的事实材料。大量的实验证明,在教授概念、原理等基本知识的同时,配合具有典型代表性的事例,并阐明概念、原理的适用条件,有助于迁移的产生。而脱离事实材料空谈概念和原理无助于迁移的产生。

精选教材要随学科的发展而不断变化和更新。虽然学科的基本概念、基本原理具有较强的稳定性,但随着科学技术的迅猛发展,原来作为学科基本内容的教材可能会失去其原有的作用,所以,应及时注意学科新成果的出现,以新的更重要的、迁移范围更广的原理、原则来代替。因此,在精选教材时,要注意其时代性,吐故纳新,不断取舍,使之既符合学科发展的水平,又具有广泛的迁移价值。

(二)科学编排教学内容

从迁移的角度来看,科学编排的标准就是使教材达到结构化、一体化和网络化。结构化是指教材内容的各构成要素具有科学、合理的逻辑联系,能体现事物的各种内在关系,如上下、并列、交叉等关系。一体化指教材的结构构成要素能整合为具有内在联系的有机整体。网络化是一体化的延伸,指教材各要素之间上下左右、纵横交叉联系要沟通,要突出各种基本经验的联结点、联结线,这既有助于了解学生原有学习中存在的断裂带及断裂点,也有助于预测以后学习的发展带及发展点,为迁移的产生提供直接的支撑。

(三)合理安排教学程序

由于学生实现迁移的重要条件是发现新旧知识的相同点,因此,教学内容的呈现顺序要合理,最佳的教材序列要反映知识的逻辑结构,体现逐渐分化和融会贯通的原则。教学程序是使有序的教材发挥功效的最直接的环节。无论是从宏观的整体教学规划还是从微观的每一节课的教学活动,都应体现迁移规律。

宏观方面,即对学习的先后顺序的整体安排。在安排这些基本内容的教学顺序时,应该既考虑到学科知识本身的内在逻辑联系,即知识序;又要考虑到小学生的心理发展顺序及其可接受性,即小学生的认知序。综合兼顾知识序与认知序,从整体上来科学、有效地安排教学程序。比如小学数学教材对有关三角形知识的呈现就符合不断分化原则,先教一般三角形;在一般三角形中按照角的大小分化出锐角三角形、直角三角形和钝角三角形;在锐角三角形中分化出等边三角形;在锐角三角形、直角三角形和钝角三角形中分化出等腰三角形等等。

微观方面,即具体的每节课的安排。应合理组织每节课的教学内容,合理安排教学顺序。依据从已知到未知、从简单到复杂、从具体到抽象等顺序来沟通新旧经验、建构经验结构。同时也要注意各节课所教内容之间的衔接,沟通知识经验之间的有机联系,促使学生的学习既能达到纲举目张,又可以"牵一发而动全身",激活有关经验,避免惰性,建立合理的经验结构。教师应帮助小学生对所学的内容进行整理、提炼,将前后知识加以沟通和融会贯通,真正提高学生学习的质量。

二、重视基础知识的教学，提高小学生的概括水平

贾德的概括化理论表明，小学生一旦掌握有关的原理并概括化，就能产生广泛的迁移。苏联著名心理学家鲁宾斯坦(S. L. Rubinstein)强调，概括是迁移的基础。他认为，在解决问题时，为了实现迁移，必须把新旧课题联系起来并包括在统一的分析综合活动中。我们认为，两种学习材料之间的共同因素固然是产生迁移的必要条件，但不是充分的条件。如果不能通过概括，把握一般原理，掌握事物的本质和规律，也难以产生迁移。事物虽然是多种多样的，但却有共同的东西，即事物的本质和规律。掌握事物的本质和规律，个体就能以不变应万变，产生广泛的迁移。

因此，教师要重视对普遍性和概括性的基础知识，即基本概念和原理的教学。学生掌握的基础知识越多，越容易产生迁移。教师要采取多种教学措施，帮助学生理解所学的基本知识，使学生学会概括的方法，提高概括的水平，并在此基础上进行复习和练习，以达到熟练记忆和运用的目的。

三、过度学习与变式练习

练习是促使陈述性知识向程序性知识转化的必要条件，没有练习，陈述性知识只能以命题或命题网络表征储存在记忆中，无法程序化，更无法熟练运用，实现迁移。产生式知识必须经过练习才能达到自动化，变成一种心智技能。小学生在解决一类问题或学习一类课题时，所掌握的一般的认识方法能促使类似问题的解决与类似课题的学习。所以，练习中要保持课题的同一性和连续性，通过一系列彼此联系的练习，促进学生对知识的掌握。

经过充分的练习，许多基本技能可以成为自动执行的技能而不必有意识地注意，这样就可能促进新任务的学习。对于基本的技能，通过过度学习，即已经掌握的一项技能，再多一些练习，可以保证发生的迁移。小学阶段学习的许多基本事实，如乘法口诀表就是传统的过度学习。过度学习可以帮助小学生发展自动化的基本技能。

需要指出，同类或相似课题间的不断练习，会形成学习定势，干扰对灵活性课题的学习。因此，练习的设计应采用变式练习，即要考虑在练习课题的同一性基础上，注重课题变化，告知各种概念、原理、公式的特征和适用范围，帮助其牢固掌握这些知识的特征。教师还需要帮助学生去辨认各种现象或需要解决问题的特点，才能保证学生顺利迁移。

四、注重学习策略的指导，提高迁移意识性

"工欲善其事，必先利其器。"如果说某一学科的具体内容的迁移属于特殊迁移的话，那学习策略的迁移属于普遍迁移，具有广泛的迁移性，加之学习策略本身又包含了有效迁移的信息，所以，掌握学习策略无疑是提高迁移能力的有效途径。

Gary Phye(1992，2001)、Phye & Sanderns(1994)描述了形成策略迁移的三个阶段：(1)获得阶段。在此阶段，小学生获得有关策略，得到策略如何使用的指导，之后，复述策略，并形成何时以及如何使用该策略的意识。(2)保持阶段。进行有反馈的练习，让小学生熟悉他们的策略如何使用。(3)迁移阶段。教师给小学生提供可以用相同策略解决的新问题，这

个过程中,特别要注意似是而非性质问题的练习。为了强化策略性知识学习的动机,教师应给学生指出策略帮助他们解决很多问题并完成不同的任务。策略迁移的这些步骤,可以帮助建构程序性和自我调节的知识——怎样使用策略、何时使用策略以及为什么使用这些策略。[①]

有关学习策略的相关知识在后面的章节中有详细地叙述,这里只是介绍策略迁移的阶段,教师在进行学习策略的指导时应注意以下几点:

(一) 发展小学生的元认知能力

大量的研究发现,学生的学习策略与其元认知水平有关。善于灵活运用多种策略去达到特定学习目标的学生,往往具有较强的元认知能力,并善于控制自己的学习过程。学生的元认知水平受其自我意识水平的影响和制约。因此,对学生的学习策略的训练应考虑学生的元认知水平和自我意识水平的限制,从简单到复杂,从低级到高级,精心选择认知策略,以适合不同年龄的学生,达到事半功倍的作用。有研究者对小学一年级和二年级学生进行研究发现,问小学生两个问题能帮助他们发展元认知。这两个问题是:"今天,你作为一个读者/作者,你觉得你学到了什么?""你一遍又一遍地做,能学到什么?"当教师在班上定期问这些问题时,即使低年级学生也会显现出相当老练的元认知理解和行为。

(二) 直接的教授、示范

有研究表明,对于所有的学生而言,使用学习策略与其成绩以及大学期间持续的良好表现存在正相关(Robbins, Le & Lauver, 2005)。有些学生自己学习创造性的策略,但是所有学生都能够从学习策略和研究技能的直接教授、示范和练习中获得益处。这是所有学生为他们未来做准备的最重要的一种方式。教师借助语言将自己的内部加工活动外化并展示给学生,如指导阅读与提问的 KWL 策略(见案例 8-5)。另外,教师要通过具体实例向学生示范策略应用的情形,使学生能够通过仿效逐渐形成自己的学习策略。

> **案例 8-5**　　　　　　**指导阅读与提问的 KWL 策略通用模式**[②]
>
> 基本步骤包括:
>
> (1) K(know)。关于这个科目,我知道了什么?
>
> (2) W(what)。我想知道什么?
>
> (3) L(learned)。在阅读或探究结束时,我学到了什么?

(三) 在相似情境和不同情境中的练习

新近掌握的概念、原理和策略必须被用于尽可能多样的情景和问题中,才能得以迁移。当技能在真实情景中得以练习时,就促进了正迁移的发生。学习策略的学习也同样如此。美国的教师采用的促进迁移的家庭和社区合作实践指南或许值得大家借鉴(见案例 8-6)。

---

① [美]安尼塔·伍尔福克著. 伍新春,张军,季娇译. 教育心理学(第 12 版)[M]. 北京:中国人民大学出版社,2015:323.
② [美]安尼塔·伍尔福克著. 伍新春,张军,季娇译. 教育心理学(第 12 版)[M]. 北京:中国人民大学出版社,2015:297.

案例 8-6　　　　　促进迁移的家庭和社区合作实践指南①

◇ 让家长了解孩子的课程,以便他们能支持孩子的学习

例如:

(1) 在单元或课程方案实施时,给家长发一封信,概述单元课程的关键目标、几个主要的课程作业,以及学生在学习该单元材料时可能会存在的共同问题。

(2) 让家长就如何将他们孩子的兴趣与课程内容相联系提出一些建议。

(3) 邀请家长到学校参加"策略学习"之夜,让学生把在学校的策略教给家庭成员。

◇ 给家庭提出他们怎样鼓励孩子练习、扩展或应用学校所学的方法

例如:

(1) 在扩展写作方面,让家长鼓励孩子给公司或超市写信或电子邮件,询问信息或免费产品。父母要给孩子提供信件结构和观点的基本格式,包括提供免费样品或信息的公司地址。

(2) 要求家庭成员让他们的孩子参与一些需要测量、食谱减半或加倍、估计花费等的活动。

(3) 建议学生与祖父母一起做一个家庭回忆录,把历史研究和写作结合起来。

◇ 让家长展示校内学习和校外生活的联系

例如:

(1) 让家庭成员谈论和展示他们怎样使用一些技能,这些技能是孩子们在研究、业余爱好或社区参与计划中正在学习的。

(2) 让家庭成员来到教室里演示他们怎样在工作中使用阅读、写作、科学、数学或其他知识。

◇ 让家庭成员一起搭档练习学习策略

(1) 一次关注一个学习策略——让家庭成员提醒他们的孩子在那个星期做家庭作业时使用那个具体的策略。

(2) 建立书籍和视频录像的外借图书馆,教会家长使用有关的学习策略。

(3) 根据学生的年级水平进行适当调整后,给家庭成员介绍成为优秀学生的实践指南。

思考题

1. 什么是学习迁移? 从不同角度都有哪些分类?

2. 联系自己的学习,谈谈影响学习迁移的因素有哪些?

3. 请根据下面的教学设计,分析该教师在设计中如何体现出"为迁移而教"的教学理念的? 你是否能提出一些新见解?

---

① [美]安尼塔·伍尔福克著. 伍新春,张军,季娇译. 教育心理学(第 12 版)[M]. 北京:中国人民大学出版社,2015:324.

人教版五年级上册"用字母表示数"教学设计

一、教学目标

(一)知识与技能

在现实情境中理解含有字母的式子所表示的意义,会用含有字母的式子表示数量和简单的数量关系,初步了解含有字母的式子中省略乘号的书写方法;能正确地根据字母的取值求含有字母式子的值。

(二)过程与方法

在经历把实际问题用含有字母的式子进行表达的抽象过程中,感受用字母表示数的优越性,发展符号感,同时渗透不完全归纳思想,提高抽象概括能力。

(三)情感态度和价值观

渗透函数思想,感受变量间的对应关系和相互依存关系,能根据实际情况确定字母的取值范围。

二、教学重难点

教学重点:用含有字母的式子表示数量和数量关系,能正确地求含有字母式子的值。

教学难点:理解含有字母式子的双重含义,感受用字母表示数的优越性。

三、教学过程

(一)古诗激趣,导入新课

古诗引入:我国的古诗具有简洁美,高度概括,寥寥数语却涵盖万千的妙用。我国宋代诗人王安石的《梅花》学过吗?

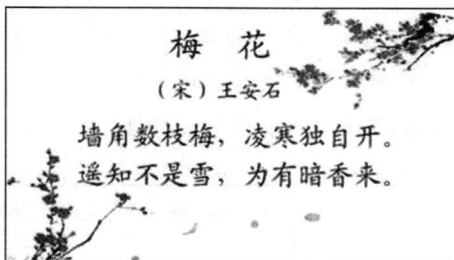

初步感知:墙角有"数"枝梅花,到底有几枝梅花呢? 你能从数学的角度想个办法,精练地表示出梅花的枝数吗?

预设:会有学生用字母表示梅花的枝数。

(二)情境感悟,探究新知

1. 教学例1,引导探究

(1)出示情境。

（2）引导感受：①从图中你知道了什么？（爸爸比小红大 30 岁。）②当小红 1 岁时，爸爸多少岁？你能用一个式子表示吗？③当小红 2 岁时呢？3 岁时呢？（随着学生回答，教师 PPT 课件演示或板书。）④你还能接着这样用式子表示下去吗？请在草稿本上写一写。⑤你在写这么多式子时，有什么感受呢？这样的式子能写完吗？

（3）观察思考：①仔细观察这些式子，你有什么发现？什么变了？什么不变？为什么不变？②上面这些式子每个只能表示某一年爸爸的年龄，那我们能不能想个好办法，只用一个式子就简明地表示出任何一年爸爸的年龄呢？

（4）自主尝试。

预设一：用文字表示，如：小红的年龄＋30 岁＝爸爸的年龄。

预设二：用图形表示，如：用〇表示小红的年龄，〇＋30 表示爸爸的年龄。

预设三：用符号表示，如：用？表示小红的年龄，？＋30 表示爸爸的年龄。

预设四：用字母表示，如：用 a 表示小红的年龄，$a＋30$ 表示爸爸的年龄。

（5）交流优化。①你喜欢哪种表示方法？为什么？②小结：在数学中，我们经常用字母表示数。用字母表示数，既简洁，又具有概括性和普遍性。

（6）理解含义。①一定要用 a 表示小红的年龄吗？②在这里，a 表示什么？"$a＋30$"又表示什么？③为什么要用"$a＋30$"表示爸爸的年龄呢？"$a＋20$""$a＋10$"不行吗？

（7）概括提炼。①"$a＋30$"不仅可以表示爸爸的年龄；②"$a＋30$"还可以表示出爸爸比小红大 30 岁。

(8) 代入求值。①当小红 8 岁时,爸爸多少岁? ②小结:求含有字母式子的值,一般不写单位。那么当小红 11 岁时,爸爸多少岁?动笔写一写,同桌互相检查一下。

小红的年龄/岁	爸爸的年龄/岁
a	$a+30$

当 $a=8$ 时,爸爸的年龄是多少?

$a+30=8+30=38$

(9) 渗透范围。①当 a 变大时,$a+30$ 有什么变化?预设:当 a 变大时,$a+30$ 也随着变大,爸爸的年龄随着小红年龄的变化而变化。②在 $a+30$ 这个式子中,a 还可以是几呢?a 能是 200 吗? ③出示小资料:世界上最长寿的人。小结:正因为人的寿命是有限的,所以字母 a 在这里所取的数值只能是人的寿命范围内的数。看来字母可以表示的数量要由实际情况来决定。

2. 教学例 2,自主探究。

(1) 出示情境。

在月球上,人们举起物体的质量是地球上的 6 倍。

在地球上我只能举起15 kg。

在月球上你真是个大力士。

(2) 理解题意。①说说你收集到了哪些数学信息? ②你知道为什么会这样吗?

(3) 自主探究。①照这样推算,你能独立完成下表吗? ②如果用 x 表示人在地球上能举起物体的质量,那么人在月球上能举起物体的质量可以怎样表示?

在地球上能举起物体的质量/kg	在月球上能举起物体的质量/kg
1	
2	
3	
……	……

(4) 小组交流。①你是怎样用含有字母的式子表示出人在月球上能举起的质量的? ②式子中的字母可以表示哪些数?

(5) 全班交流。①$x×6$ 省略乘号的习惯写法。②$6x$ 不但表示出了任何一个人在月球上可以举起的物体质量,还能让我们看出地球和月球引力之间的倍数关系。③当 x 变大时,$6x$ 也随着变大。这里的 x 表示不确定的数,既可以表示整数,也可以表示小数。由于人能举起的物体质量是有限的,所以此处的字母 x 表示的数也是有一定范围限制的。

(6)代入求值。①如果一个小朋友在地球上能举起 15 kg 的质量,那他在月球上可以举起的质量是多少千克?②请学生在教材第 53 页例 2 下面的横线上独立填写。

(三)巩固练习,拓展深化

1. 基本训练。

(1)第 53 页"做一做"第 1 题。①独立完成,再次经历归纳过程,注意强调含有字母的式子省略乘号的简写方式。②填表后,想一想,x 可以表示哪些数?

(2)练习十二第 2 题。①学生在课本上独立完成。②交流订正。注意:答案是和、差的式子应添上括号,答案是积、商的式子不需添括号。

2. 拓展应用。

(1)练习十二第 1 题。①引导学生理解题意,感受数学在生活中的应用。②组织学生用含字母的式子表示出成年男子的标准体重。

(2)拓宽引申。①拓宽学生的知识面,介绍成年女子标准体重的计算方法(身高用厘米数,体重用千克数):标准体重 = 身高 - 110。②以教师的身高为例,让学生选择相应计算方法算出标准体重。③组织学生将教师的实际体重与标准体重进行比较,并判断是否符合标准。④布置课后回家了解自己父母的身高与体重,并选择相应计算方法算出标准体重,再与实际体重作比较。

扫一扫二维码
轻松获取答案

(此教学设计由湖北省武汉市育才小学汪滟完成初稿,湖北省武汉市教育科学研究院马青山统稿,略有删减)

样题

一、单选题

1. 平面几何的学习促进立体几何的学习,阅读技能的掌握有助于写作技能的形成,这种迁移是(   )。

A. 正迁移   B. 垂直迁移   C. 负迁移   D. 低通路迁移

2. 在概念学习中,学生原有知识经验中的"番茄、土豆、萝卜、芹菜"等会有助于上位概念"蔬菜"的学习,这种迁移是(   )。

A. 正迁移   B. 垂直迁移   C. 负迁移   D. 低通路迁移

3. (   )是将一种学习中习得的一般原理、方法、策略和态度等迁移到另一种学习中去。

A. 正迁移   B. 垂直迁移   C. 负迁移   D. 一般迁移

4. 跳水的一些项目,弹跳、空翻、入水等基本动作是一样的,运动员在某些项目中将这些基本动作熟练掌握,那么在学习新的跳水项目时,就可以把这些基本动作加以不同的组合,很快形成新的动作技能。这种迁移是(   )。

A. 特殊迁移   B. 垂直迁移   C. 负迁移   D. 一般迁移

5. 一个学会利用气流原理设计风车的人把这种知识用来指引帆船在海上航行，就是将校内学习的知识经验迁移到校外的实际生活中去，这就是（　　）的例子。

  A．近迁移   B．垂直迁移   C．远迁移   D．自迁移

6. 会驾驶的人能开不同类型的轿车，这种迁移是（　　）。

  A．高通路迁移 B．低通路迁移 C．垂直迁移 D．逆向迁移

7. 在心理学史上，最初以实验来检验形式训练说是否能成立的心理学家是（　　）。

  A．桑代克   B．詹姆斯   C．哈洛   D．贾德

8. 两项学习任务间之所以有迁移，是因为它们之间有共同的元素，也就是有共同的刺激—反应联结。迁移能力的获得只能通过大量的训练和练习使这些联结得以加强。迁移也即相同联结的转移。该学说是（　　）。

  A．形式训练说 B．相同要素说 C．概括化说 D．学习定势说

9. 苛勒根据"小鸡觅食"实验的结果提出了关系转换说。他强调（　　）是迁移的一个决定因素。

  A．顿悟   B．相同要素   C．原理和原则 D．认知结构

10. 学习定势由美国心理学家（　　）提出，被认为是迁移的一种心理机制。

  A．桑代克   B．詹姆斯   C．哈洛   D．贾德

二、名词解释

1. 学习迁移

2. 定势

三、填空题

1. 关于迁移的最古老的理论是_____，其心理学基础是_____。

2. 布鲁纳曾提出普遍迁移和特殊迁移的划分。前者指_____，后者指_____。

3. 贾德在 1908 年设计了水下击靶实验研究迁移，结果发现学习者在学习过程中获得_____是迁移发生的主要原因。

4. 定势对迁移的影响具有两重性：一是_____；二是_____。

5. 在认知结构迁移实验或教学实验中，可设计_____组织者操纵学生认知结构中原有上位观念的可利用性变量，达到促进新的学习或迁移目的。

6. 在认知结构迁移实验或教学实验中，设计的比较性组织者可以操纵学生认知结构的_____变量。

7. 产生式迁移理论认为导致前后两项学习产生迁移的原因是_____。

四、简答题

1. 简述学习迁移的作用。

2. 简述概括化迁移理论。

3. 简述关系转化迁移理论。

4. 简述产生式迁移理论。

5. 简述认知结构的迁移理论。

6. 简述学习迁移的宏观整合机制。

7. 简述学习迁移的微观认知成分机制。

五、论述题

影响学习迁移的主要因素有哪些？联系实际谈谈如何实现促进迁移的教学？

扫一扫二维码
轻松获取答案

进一步阅读的文献

1. ［美］安尼塔·伍尔福克著. 伍新春，张军，季娇译. 教育心理学(第 12 版)［M］.北京：中国
   人民大学出版社,2015.

2. 皮连生. 教育心理学(第四版)［M］.上海：上海教育出版社,2011.

3. 张大均. 教育心理学(第三版)［M］.北京：人民教育出版社,2015.

4. 学习考试用书研发中心. 小学教育心理学［M］.北京：清华大学出版社,2013.

第九章　小学生技能学习

学习目标

1. 了解技能的定义、特点及类型。
2. 理解技能的作用。
3. 了解智慧技能和动作技能的形成过程。
4. 掌握动作技能的训练要求和智慧技能的培养方法。

内容脉络

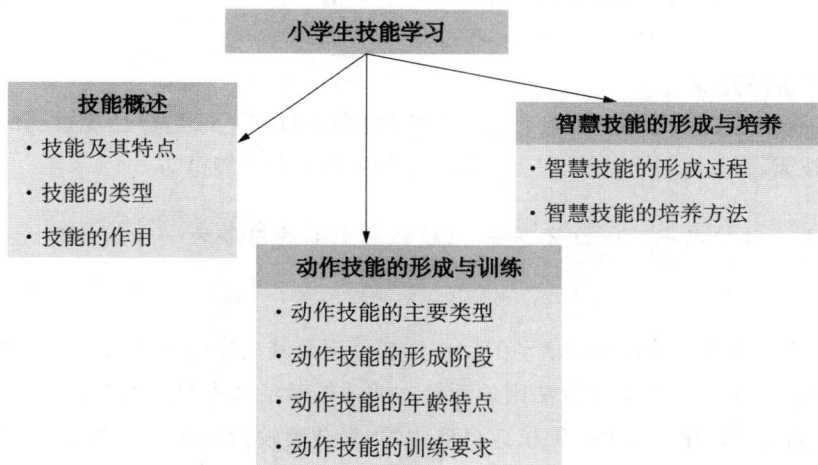

案例 9 - 1　　　　　　　　　**"盲 打"技 能**①

让我们首先从电脑操作"盲打"的掌握谈起。

刚开始打字的时候,人们往往一边打,眼睛还一边往键盘上看,手很生,十指很不协调。现在我们来分解一下打字的动作,"盲打"的动作主要有两大块,一是十指敲击键盘,二是眼睛看着屏幕,其中最关键也是最难的动作是十个手指的协调敲击键盘的动作。为了实现协调操作,按照进一步细化分解的思想,我们必须搞清每个手指控制字母操作的科学个数和运动路径,然后对每个手指进行练习。经过一段时间的练习后,我们再打组合性的字母或拼音,这时,每打一串字母我们就会发现十个手指必须协调起来动作。强化动作协调整合性的时候我们就离电脑"盲打"操作不远了。随着时间的推移,我们又会逐步忘记十个手指操作的细节,取而代之的将是近乎"自动化"的无意识操作,进入操作熟练阶段,这时我们就掌握了一项新的技能。

---

① 彭小虎,王国锋,朱丹. 儿童发展与教育心理学［M］.上海:华东师范大学出版社,2014:213.

上述案例中提到的"盲打"的掌握,实质上就是技能学习与形成的过程。

随着研究的深入,目前人们逐渐认识到:在学校的教学过程中,不仅要教授学生知识,使他们掌握有关的概念、原理和原则,还应让他们获得各种技能。只有这样,学生才能真正形成和发展能力,才能在获得知识经验的同时,学会创造性地解决问题。本章将在明确技能的本质的基础上,系统介绍动作技能和智慧技能的形成过程与学习条件,强调动作技能的训练以及智慧技能的培养方法的传授,以使学生真正获得解决问题的本领。

第一节　技　能　概　述

一、技能及其特点

心理学研究认为,知识与技能是构成个体能力的重要组成部分。前面我们已经对知识的含义作了介绍,了解了人的知识与能力的关系,现在让我们一起来了解技能的含义、形成阶段、特点、类型与作用,研究技能的形成过程和培养方法。

(一) 技能的定义

"技能"涉及范围广泛的动作与行为。有些技能,如打羽毛球是容易观察到的。其他技能,如智慧技能,则具有一定结构,其基本技能必须通过推断才能得知。

> 技能是通过学习而形成的符合法则、顺利完成某种任务的一系列动作或心智活动方式。

所谓符合法则的活动方式指活动的动作构成要素及其次序应体现活动本身的客观法则的要求,而不是任意的。只有符合法则的活动方式才能对活动本身具有广泛的调节作用,才能自动化并向能力转化。作为一种接近自动化的、复杂而较为完善的动作系统,技能是通过有目的、有计划的练习而形成的。

(二) 技能的特点

对技能的理解必须把握技能的几个特点:

1. 技能是一种特定的活动方式

技能是由一系列动作及其执行方式构成的,属于动作经验。这种活动方式可以是外显的、展开的动作系统,也可以是内隐的、简缩的动作系统,不同于属于认知经验的知识。知识学习所要解决的是事物是什么及怎么样(陈述性知识)、做什么及怎么做(程序性知识)等问题,即知与不知的问题;技能学习所要解决的是完成活动要求的动作会不会及熟练不熟练的问题,即会不会做及做得怎么样的问题。因此,程序性知识虽与活动动作的执行密切相关,但它仍只是一类专门叙述活动的规则和方法的知识,它只是解决活动的定向依据,而不是活动方式本身。因此,要真正掌握技能,不仅要掌握某些程序性知识,更重要的是要通过实际操作,获得动觉经验。由此可见,技能不仅与陈述性知识不同,也不能等同于程序性知识。

2. 技能是熟练的、按照一定的规则组织起来的动作系列

单一的动作不能叫做技能,那些无目的的或不必要的动作,也不能称为技能,技能是熟练的、按照一定的规则组织起来的动作系列。构成技能的动作要素及其执行顺序不是任意的动作组合或一般的随意动作,而是要体现某种活动本身的客观法则的要求,符合活动的内在规律。

技能不同于习惯,习惯在人的活动中自然养成,可能符合某种活动的规律,也可能不符合规律。而技能是通过系统的学习与教学,在主客体相互作用的基础上,通过动作经验的不断内化而形成的。只有合乎法则的活动方式,才能对活动的对象进行有效的加工、改造,才能使对象本身朝着预期的目标发展,也才能使这种活动方式具有广泛的适用性和高度的稳定性,才能对活动本身具有广泛的调节作用。只有这样,作为技能的活动方式才能在活动中通过不断练习而形成动力定型,逐步实现自动化并向能力转化。例如上课记笔记时,大学生只是记下听讲的内容,而对写字过程本身却很少考虑。但是,小学生初学写字时,情况却大不相同。那时要注意一笔一笔地照着写,写起来很吃力,有时还要写错。以后由于反复练习,写字的动作就达到近乎自动化的程度。在这种记笔记的活动中,其中有意识的部分是倾听和思考教师所讲的内容并用适当的词句把这些内容记载下来;而自动化了的部分则是手的书写动作本身。这种自动化了的部分就是技能。

3. 技能是后天获得的

不随意动作和反射性的动作虽然都是由具体的动作反应方式表现出来,但它们是先天的本能反应。技能不是人天生就有的,而是通过后天的学习或练习形成的,不同于本能行为。

4. 技能的学习必须经过一定的练习

不通过练习而获得的动作系统不是技能。技能需要经过不断地练习才能逐步熟练。许多技能有时要经过一段长期训练和练习之后才能习得。一般说来,在练习的最初阶段,练习能使技能有明显的提高;但随着练习的不断进行,技能进步的速度会逐步减慢,但仍有进步空间。

5. 技能要受一定的意识控制

作为技能的活动方式虽然达到了自动化,并不是说技能完全不受人的意识的控制。因为技能是人们有意识的活动的组成部分,而不是孤立的部分。例如一个具有骑自行车技能的人,当他在途中遇到障碍时,会很快地避开它。这说明技能的运用服从于人的有意识的目的。

二、技能的类型

小学生在学习中需要掌握的技能多种多样,为了有助于探讨技能的结构和规律,促进技能的有效形成,可以把技能分为动作技能和智慧技能。

(一)动作技能

日常生活中的写字、打字、骑车;音乐方面的吹、拉、弹、唱;体育方面的田径、球类、体操、游泳;生产劳动方面的车、铣、刨、磨等活动方式,都属于动作技能范畴。动作技能除具有技能的一般特点外,还具有其自身的特点。

1. 动作的客观性

首先,动作技能的动作对象是物质性客体或肌肉。无论是器械还是身体,都是客观的实体,具有客观性。其次,操作的动作执行过程是通过肢体运动逐一展示的,肢体的运动是外显的,可观察的,因而也是客观的。

2. 动作的精确性

动作技能的动作要符合一定的规范要求,即有关运动执行的原理。无论是在动作的力量、速度、幅度还是结构等方面,都要符合标准。精确性是动作技能的一个基本特征,若动作技能没有达到一定的精确性,就会影响整个操作的顺利完成。

3. 动作的协调性

操作活动由一系列动作成分构成,各成分以整合的、互不干扰的方式和顺序运作。

4. 动作的适应性

动作技能一旦形成,就能够适应各种变化的条件,表现出活动的稳定性与灵活性。

(二)智慧技能

"操千曲而后晓声,观千剑而后识器",形象地说明了智慧技能是后天学习的结果。区别于本能,智慧技能是在不断的学习过程中,在主体与客体相互作用的基础上,主体通过动作经验的内化而形成的。例如,小学生语文学习中的阅读与构思技能;数学学习中的运算与解题技能;自然学科、社会学科学习中的观察、想象、思维与记忆技能等等,均属于智慧技能。所有这些技能都是在相应的学习过程中积累起来的从事于相应智力活动方面的经验。个体的智慧技能一旦获得,就会对其学习、生活和工作发生影响,进而影响到个体的各种能力的发展和问题的解决。[①]

智慧技能与动作技能相比,具有不同的特点:

1. 动作对象的观念性

心智活动的对象是客观事物在人脑中的映象,是客观事物的主观表征,属于观念范畴。因此,心智活动的对象具有观念性。

2. 动作执行的内潜性

心智活动对观念性对象进行的加工改造是借助于内部言语进行的,是在头脑内部进行的。其只能通过作用对象的变化而判断活动的存在,不能直接观察到,因此其动作执行具有内潜性。

3. 动作结构的简约性

由于心智活动主要借助于内部言语进行,不像操作活动那样,必须把每个动作成分一一实际作出;也不像言语活动那样,必须把每个动作一一说出,其动作成分可以合并、省略及简化,由此,智力活动具有简约性。

三、技能的作用

现代社会知识的迅猛增长,科学技术的日新月异,通讯和信息革命时代的到来,要求人们

---

① 冯维. 小学心理学[M]. 重庆:西南师范大学出版社,2008:229—231.

不仅要有读、写、算的基本技能，而且必须具备诸如操作电脑、通晓外语等现代技能，以适应未来竞争更加激烈的社会。因此，技能的形成在小学生的学习中具有重要意义，技能的获得对其学习、生活和工作有广泛的影响。

（一）提高活动效率

技能作为符合法则的活动方式，可以调节和控制动作的进行，提高学习活动的效率，以便更经济合理地进行创造性学习。技能不仅可以控制动作的执行方式，即动作的方向、形式、强度、动作间的协调等等，而且可以使个体的活动表现出稳定性、灵活性，适应各种变化的情境。如小学生掌握了读、写、算的技能，在学习活动中就不需要把大量的时间精力耗费在注意辨认字形、考虑笔画的书写等细节上，而可以把意识集中到学习任务的最重要方面，从而有助于提高学习效率。

（二）获得经验、解决问题、变革现实的前提条件

经验获得的过程是人脑对外在事物的反映过程，而这种反映又是通过一系列的心智动作实现的。通过心智活动，对感性经验进行加工，形成更高级的理性经验。技能调节着经验获得的过程，决定着经验获得的速度、水平，是经验获得的手段。另外，解决问题的过程也包含着一系列的心智活动和外部操作活动，从形成问题表征、确定问题的性质与类型、探索解决问题的可能方法，到实施解决问题的方案，都是通过操作各种心智与动作实现的，而合法则的智慧与动作技能保证了问题的顺利解决，也达到了变革现实的目的。

（三）能力形成发展的重要基础

能力的形成与发展，与个体经验的积累、知识和技能的获得密切相关。能力是对活动起稳定的调节作用的一种心理特性，这种稳定的调节作用是通过知识与技能的概括化、系统化实现的。虽然知识和技能本身并不是能力，但是通过广泛的迁移，可以逐步概括化和系统化而发展成为能力。所以，技能是能力形成和发展的重要基础，应从知识与技能的掌握和迁移入手来培养能力。

知识拓展 9-1　　　　　　小学技能训练的教学方法探索[①]

技能训练是教学活动中的重要环节，根据教学内容和内容特点采用不同的教学方法，才能适应新形势下小学教学要求。技能训练过程中，一般采用的教学方法有讲解法、示范操作法、指导训练法、讨论法、对比法和电化教学法等。

一、讲解法

区别于理论课教学的讲解法。它是利用进行技能训练之前的较短时间，运用简明扼要的语言和教具，向小学生讲述、说明、分析该内容的要点，充分调动小学生主观能动性，促使小学生形成与技能相关的认知结构。

---

① 廖玉松. 技能训练的教学方法初探[J]. 滁州职业技术学院学报，2004，03：72—73.

1. 精讲

教师要以教学大纲为依据,根据课文内容并结合实践经验,用准确精练的语言,讲明要点,突出重点,加深小学生的理解和记忆,使小学生获得初步的感性认识。

2. 演示

通过教具的演示,有助于小学生建立直观空间立体形象和产生相对运动映象,有利于提高教学效果。

3. 提问

讲解过程中采用对重点内容进行提问的方式,不但可吸引小学生的注意,活跃教学气氛,同时也调动了小学生学习的积极性,加深了对问题的认识程度。

二、示范操作法

这种方法在动作技能培养中经常被使用。一般在每个内容讲解后,教师应给小学生做标准的、规范的操作姿势和动作,边示范边讲解,对难点、要点操作过程尽量重复示范动作,让小学生反复体会,仔细观察,最终使小学生在头脑中形成直观的表象。

1. 慢速示范

在示范操作时,通过减慢动作的速度,把连贯复杂的动作演示成一般的、可以看清楚的动作,这样,小学生容易模仿动作的过程,且掌握起来比较方便。

2. 分解示范

把整个操作过程分解成几个局部动作后逐一示范,使小学生更容易掌握操作要领,把复杂的操作动作逐步协调一致,最后形成技能技巧。

3. 重点示范

在示范过程中,如遇到学生难掌握的动作,教师可以通过反复操作示范,从而加深小学生的印象,便于掌握。

4. 纠偏示范

小学生在技能训练中出现错误操作动作时,教师应及时纠正,避免小学生养成不良的习惯动作。

三、指导训练法

技能指导的方法是以培养小学生动作技能和智慧技能为基础,对小学生操作练习进行全面、直接和具体的指导。

指导训练法要求教师对小学生的技能指导要循序渐进,以启发小学生思维、鼓励小学生创新为原则,培养小学生具有分析问题和解决问题的能力。

四、讨论法

讨论法主要用于智慧技能的培养。

在技能训练进行之前和结束之后,根据小学生现有的理论知识基础和实践经验,教师有计划、有目的、有准备地组织小学生围绕着该内容的重点、要点内容展开分析、研究(如操作具体方法及措施采用的办法等),最后,由教师总结,确定正确方案,从而使小学生对讨论所涉及的问题有一个较深的理解,提高小学生学习兴趣,达到培养学生智慧技能的目的。

五、对比法

在内容结束之后，教师应对该内容的得与失进行总评，在具体分析每个学生在该课题操作情况基础上，有选择地把操作质量较好的作业与操作质量较差的作业让学生们进行检测，通过检测结果对照本人进行比较，使每个同学都清楚认识到自己在今后训练中，哪些方面需要继续巩固，哪些方面还应加改进（如测量不准确，技能某方面的欠缺或工具使用不当等）。通过对比，鼓励鞭策操作好的同学继续努力，提醒激励操作后进的同学迎头赶上，使全体同学在动作技能水平方面迈向新台阶。

六、电化教学法

电化教学法是目前所采用的较先进的教学手段，起到缩短教学时间、提高教学质量的作用。电化教学法通过组织周密的教学过程，生动形象的教学方法，并配备简明精练的讲解，再加上教师在技能训练中的巡回指导，从而使得小学生学习的兴趣增大，较快地掌握所学专业知识和动作技能。

第二节　智慧技能的形成与培养

智慧技能又称为心智技能或智力技能，是一种借助于内部语言在人脑中进行的认知活动方式。

智慧技能包括默读、心算、写作、观察和分析等技能，其培养是学校教育的重要内容之一。智慧技能的掌握是学生能力发展的前提条件，也是学生有效地获得知识和灵活地解决问题的重要保证。

一、智慧技能的形成过程

关于智慧技能的形成过程，我国教育心理学学者冯忠良在长达 30 年的"结构—定向教学"研究过程中，根据自己的教学实验，提出了原型定向、原型操作、原型内化的智慧技能形成三阶段论。这一理论目前已对我国的学校教育产生了积极影响。[①]

（一）原型定向

1. 原型定向及其作用

心智活动的原型指的是心智活动的实践模式，也就是"外化"或"物质化"了的心智活动方式或操作活动程序。智慧技能形成中的原型定向，就是要使儿童了解这种智力活动的"原样"，了解其动作结构，从而使儿童知道该做哪些动作和怎样完成这些动作，明确活动的方向。也可以说，原型定向阶段就是使儿童掌握程序性知识的阶段。

---

① 陈琦,刘儒德. 当代教育心理学(第 2 版)[M].北京：北京师范大学出版社,2007：308—309.

原型定向是智慧技能形成的初始阶段。智慧技能作为一种符合法则的活动方式,学习者必须能独立实施,而学习者要独立做出这种活动方式,必须在头脑中建立起有关这种活动方式的定向映象,进而才能调节自己的活动,做出相应的动作。另外,心智动作是一种内化了的动作,是实践活动的反映,而不是可观察到的动作。心智活动的定向必须借助于一定的物质形式,使这种活动"外化"为原型(即实践模式)才能进行。由于心智活动的定向需要借助其原型才能进行,故称这一阶段为"原型定向阶段"。这一阶段的主要任务是建立起进行有关活动的定向映象,形成初步的自我调节机制,为进行实际操作提供内部控制经验。

2. 原型定向阶段的教学要求

原型定向阶段的主要学习任务可以归结为两点:一是确定所学智慧技能的实践模式(操作活动程序),二是使这种实践模式的动作结构在头脑中得到清晰的反映。在一定教学条件下,原型定向往往是在教师的示范及讲解的基础上实现的。为完成这些任务,教师必须做到以下几点:

(1)使小学生了解活动的结构。即让小学生了解构成活动的各个动作要素、动作之间的执行顺序及动作的执行方式,形成进行活动的完整的映象,为以后的学习奠定基础。(2)使小学生了解各个动作要素、动作执行顺序和动作执行方式的各种规定的必要性,提高小学生学习的自觉性。(3)采取有效措施发挥小学生的主动性和独立性。构成活动的动作不能以现成的形式教授,而是要在激发小学生的学习需要、发挥小学生的主动性与独立性的基础上,师生共同总结每一步的动作及执行顺序。这样,才能使小学生体会到各动作划分的原因及动作顺序的符合法则性,从而理解和接受。(4)教师的示范要正确,讲解要确切,动作指令要明确。(5)教师可以用复述动作要领的方法来检查原型定向的学习成效。

(二)原型操作

1. 原型操作及其作用

原型操作指依据智慧技能的实践模式,把主体在头脑中建立起来的活动程序计划,以外显的方式付诸执行。

在这一阶段,活动的执行是在物质或物质化水平上进行的。活动的最初形式可以是物质的,也可以是物质化的。在物质的活动形式中,动作的客体是实际事物,是对象本身。在物质化的活动形式中,动作的客体不再是对象本身,而是它的替代物,但不论哪种情况,都是对原型的操作,因而称这一阶段为"原型操作阶段"。

在这一阶段,动作的对象是具有一定物质形式的客体,动作本身是通过一定的机体运动来实现的,对象在动作作用下所发生的变化也是以外显的形式来实现的。这样,学习者在原型操作过程中,不仅仅是依据原有的定向做出相应的动作,而且可以使做出的动作在头脑中得以反映,从而在感性上获得完备的动觉映象。这种完备的、感性的动觉映象是智慧技能开始形成及内化的基础。原型操作在智慧技能的形成中具有十分重要的地位。

2. 原型操作阶段的教学要求

该阶段的活动是展开的、外显的,并不经常借助于内部言语的引导和外部辅助手段。学习者还不能摆脱实践模式,而是依赖实践模式进行活动。为了使智慧技能在操作水平上顺利

形成,教师在教学时必须做到以下几点:

(1) 使心智活动的所有动作以展开的方式呈现。要依据心智活动的原型,把构成这一活动的所有动作系列依次按照一定的顺序作出,不能遗漏或缺失。每一动作完成之后,要及时检查动作的方式是否正确完成,对象是否发生应有的变化。因为只有在展开的活动中,小学生才能确切地了解活动的结构,才能在头脑中建立起完备的动作映象,也才能获得正确的动觉经验并确保活动方式的稳定性。

(2) 注意变更活动的对象,使心智活动在直觉水平上得以概括,形成关于活动的表象。智慧技能作为合法则的活动方式,其适用范围应具有广泛性。采用变式加以概括,有利于学生智慧技能的掌握和内化。

(3) 注意活动的掌握程度,并适时向下一阶段转化。强调原型操作阶段应以展开的方式出现,并不是说最终不要简缩。当小学生连续多次能正确而顺利地完成有关动作程序时,应及时转向内化阶段,以免活动方式总停留在展开水平,阻碍心智活动的速度。

(4) 注意与言语结合。为了使活动方式顺利内化,动作的执行应注意与言语相结合,一边进行实际操作,一边用言语来标志和组织动作的执行。因为智慧技能作为一种心智活动方式,是借助于内部言语默默进行的,而内部言语必须以外部言语为基础。在原型操作阶段,外部言语作为心智动作的标志及执行工具,在"内化"过程中具有十分重要的作用。因而,在边做边说的场合下,活动易于向言语执行水平转化。

总之,通过原型操作,小学生不仅有了程序性知识,而且通过实际操作获得了完备的动觉映象,这就为原型内化奠定了基础。

(三) 原型内化

1. 原型内化的定义

原型内化是指心智活动的实践模式向头脑内部转化,由物质的、外显的、展开的形式变成观念的、内潜的、简缩的形式的过程。也就是说,心智活动的动作离开了原型中的物质性客体及外显形式而转向头脑内部,借助言语作用于观念性对象,从而对事物的主观表征进行加工改造,并使其发生变化。原型内化的实质在于使动作在概念水平上形成。

2. 原型内化阶段的教学要求

在这一阶段,小学生摆脱了实践模式,已将实践模式内化为一种熟练的思维活动方式,外显的言语活动明显减少。小学生最初面临一个新任务时,始终复述任务规则,但随着练习的不断进行,规则复述消失,这是内化的一个标志。为了使操作原型成功地内化为智慧技能,使活动方式定型化、简缩化、自动化,教学中必须注意以下几点:

(1)动作的执行应从外部言语开始,逐步转向内部言语。在采用外部言语的场合,还应注意从出声的外部言语转向不出声的外部言语,最后指向内部言语,顺序不能颠倒。(2)在开始阶段,操作活动应在言语水平上完全展开,即用出声或不出声的外部言语完整地描述原型的操作过程(此时已没有实际操作)。然后,再依据活动的掌握程序逐渐缩简,其中包括省略一些不必要的动作成分或合并有关的动作。(3)要注意变化动作对象,使活动方式得以进一步概括,以便广泛适用于同类问题。(4)在由出声到不出声、由展开到压缩的转化过程中,要注意活动的掌握程度，不能过早转化，也不宜过迟，而应适时。

　　总之，依据心智活动是实践活动的反映这一观点，任何新的智慧技能的形成，在原则上必须经过上述三个基本阶段才能形成。不过，分阶段练习的要求只是针对智慧技能中新的、小学生还没有掌握的动作成分来说的。如果某种智慧技能，其动作成分是由小学生已经掌握的一些动作构成的，这种智慧技能的形成就可以利用已有动作经验的迁移得以实现，不必按前面提到的三个基本阶段分别进行严格训练。

二、智慧技能的培养方法

　　智慧技能的形成不是自发的，更多的是在教学条件下习得的。有效的教学可以使学习者形成有效的智慧技能。对小学生进行智慧技能的培养，能够有效地促进小学生的能力形成与发展，极大地激发小学生的学习兴趣。能够使小学生学会学习，促进小学生对学习活动的自我控制、自我管理。

（一）根据智慧技能的形成阶段，有重点地进行培养

　　由于智慧技能是按一定的阶段逐步形成的，因此智慧技能的培养必须分阶段进行，才能获得良好的教学成效。例如，小学数学运算教学中，在小学生已掌握了加法运算与九九乘法表以后，再进行多位数乘法的连续运算教学时，小学生必须学会把两个部分积递位叠加（错位相加）这一动作方式。这是小学生在乘法运算中唯一的一个新的心智运算方式。对于这一新的心智运算的动作方式，必须依据心智动作形成的规律，实施分阶段练习。在小学生掌握了这一动作方式后，与小学生已掌握的知识和技能整合在一起，才能很好地完成教学任务。

（二）注意智慧技能原型的完备性、独立性和概括性

　　智慧技能的培养，开始于主体所建立起来的原型定向映象。在原型建立阶段，一切教学措施都要考虑到有利于建立完备、独立而具有概括性的定向映象。所谓完备性，指对活动结构（动作的构成要素、执行顺序和字形要求）要有清楚的了解，不能模糊或缺漏。所谓独立性，指应从小学生的已有经验出发，让小学生独立地来确定或理解活动的结构及其操作方式，而不是教师给予小学生现成的模式。所谓概括性，指要不断变更操作对象，提高活动原型的概括程度，使之具有广泛的适用性，扩大其迁移价值。

（三）适应智慧技能培养的阶段特征，正确使用言语

　　智慧技能是借助于内部言语实现的，因此言语在智慧技能形成中具有十分重要的作用。在不同的阶段，言语的作用是不同的。言语在原型定向与原型操作阶段，在于标志动作，并对活动的进行起组织作用。所以，这时的培养重点在于使小学生了解动作本身，利用言语来标志动作，并巩固对动作的认知，切不可忽视对动作的认知而片面强调言语标志练习。小学生过于注重言语而忽视动作，对智慧技能的形成会起阻碍作用。为此，一定要在小学生熟悉动作的基础上再提出言语要求，以言语来标志所学动作，并组织动作的进行。此外，在用言语标志动作时，用词要恰当，要注意选择表现力强而又能被接受的词来描述动作。

言语在原型内化阶段,其作用在于巩固形成中的动作表象,并使动作表象得以进一步概括,从而向概念化动作映象转化。这时言语已转变成动作的体现者,成为对动作对象加工的工具。所以,这时培养的重点应放在考察言语的动作效应上。在这一阶段,不仅要注意主体的言语动作是否正确,而且要检查动作的结果是否使观念性对象发生了应有的变化。此外,要随着智慧技能形成的进展程度,不断改变言语形式,如由出声到不出声,由展开到简缩,由外部言语转向内部言语。

　　总之,对小学生智慧技能的培养中应注意:

　　(1)使小学生了解智慧技能的形成过程;(2)让小学生知道怎样做并理解为什么要这样做;(3)激发小学生的学习动机,发挥小学生的积极性与主动性;(4)运用"启发式"教学,使小学生既动手又动脑;(5)通过正确的示范、准确的讲解,使小学生明了技能的概念和要领;(6)准确把握小学生学习向下一阶段顺利转化的时机。(7)注重小学生认知结构、学习能力的培养,使其能举一反三,促进技能的巩固与迁移;(8)使小学生不断获得成功的体验,逐渐形成良好的心理素质。

第三节　动作技能的形成与训练

　　动作技能也叫操作技能、运动技能,是通过学习而形成的合乎法则的操作活动方式。

　　动作技能是技术能力的构成要素之一,动作技能是人类社会生活实践的经验总结,是社会经验的重要组成部分。学校培养的学生不仅要善于"动脑",还要善于"动手",以增强社会适应性。

一、动作技能的主要类型

　　动作技能的学习既是一个身体活动过程,也是一个心理活动过程,只是在学习的不同阶段,心理的参与程度有所不同。动作技能的学习既要求个体进行认知的加工与分析,也要求做出协调的肢体运动反应。

　　人们在后天的社会化过程中,会形成多种多样的动作技能,但基本上可以归纳为两类,即根据操作对象的不同可以分为徒手型动作技能与器械型动作技能。前者的动作不操纵任何东西,仅仅表现为机体的一系列骨骼肌肉的运动,如跳舞、游泳、体操等;后者的动作是要操纵一定的器具、工具或机械,如生产劳动时操纵各种生产工具,书法作画时使用各种文具等。如掷手榴弹和跳远这两种动作技能,前者主要体现为对手榴弹的操作,后者主要体现为外显的肌肉反应。不论使用不使用器械,在动作技能中总是包含有神经系统对有关肌肉的控制。

二、动作技能的形成阶段

　　动作技能的掌握有特殊的过程和条件,它是通过行为方式的定向,经模仿和练习而达到熟练的。如音乐教师教小学生唱歌,手弹琴、眼看谱、口唱歌,还要关注小学生。这是因为教师的弹唱技术已经熟练,达到了自动化,所以能够把注意力集中在小学生身上。[①]

和智慧技能一样,动作技能的学习也是分阶段进行的。在动作技能学习的不同阶段,学习者表现出的操作特征不同。随着不断的练习,在适当的条件下学习者的操作将发生某些变化,这些变化可以通过各种指标反映出来。

针对动作技能形成过程中的动作特点,并根据学生学习动作技能的实际,动作技能的学习可以分为操作定向、操作模仿、操作整合与操作熟练四个阶段。

(一) 操作定向

操作定向指对操作活动的结构与要求的了解,在头脑中建立起操作活动的定向映象的过程。尽管动作技能表现为一系列的操作活动,但在形成之初,学习者必须了解"做什么"、"怎么做"的有关信息与要求,形成对动作的初步认识,通过掌握与动作有关的陈述性知识与程序性知识,获得动作的定向映象。有了这种定向映象,学习者在以后进行实际操作时就会知道做什么和怎么做,实现对动作的调节。

苏联心理学家奥甫琴尼科娃曾做过一项实验。任务是让儿童闭起眼睛用手沿着迷宫小路推动玩具汽车前进。将被试分为实验组和控制组:实验组实验进行前先用手指摸索迷宫途径,借助触觉来熟悉整个迷宫;另一组则预先没有进行任何定向训练。实验结果表明,经过定向训练的实验组儿童动作技能的形成速度比没有受过定向训练的控制组儿童快得多(研究结果详见表 9-1)。

表 9-1 动作技能形成时有无定向训练比较

儿童年龄	无预先定向运动训练次数	有预先定向	
		预先定向训练次数	运动训练次数
4 岁	28	15	9
5 岁	31	10	3
6 岁	32	10	4
7 岁	22	5	1.5

动作定向的意义在于,学习者在学习操作时主要是依靠听觉、视觉等来接受信息,从而把操作的各种要点以表象的形式贮存于大脑之中,成为调动和控制操作方式的依据。因此,学习者在学习操作之前,先了解"做什么"和"怎样做",这是获取动作技能所必不可少的一个环节。

操作定向是动作技能形成过程中的一个重要环节,是操作活动的自我调控机制。也就是说,准确而清晰的定向映象可以有效地调节和控制实际的操作活动,做出这样或那样的动作,注意或利用有关的信息。缺乏定向映象或受到错误的定向映象调控的操作活动是盲目的尝试,不仅效率低下,也难以形成合乎要求的操作活动方式。学习对操作的定向,是在观察、示

---

① 郭德俊. 小学儿童教育心理学[M]. 北京:中央广播电视大学出版社,2002:138.

范和聆听讲解的基础上进行的。学习者为了保证对操作的有效定向,应该注意以下几点:

1. 学会观察

在操作定向的过程中,学习者大部分操作表象是在观察的基础上进行获得的,因此良好的观察方法是操作定向的重要前提。学习动作技能,观察操作熟练者的动作方式,首先要集中注意力,带着"获得正确的初步印象"的目的,全面感知,认真领会。其次要明确整套动作的顺序、序列,先做什么,后做什么,以及各个动作之间的衔接都要做到心中有数。再次,要注意动作的难点和重点。对于重点动作要在头脑中反复琢磨,务必弄懂。只有这样才能预先形成清晰、准确的操作形象。

2. 掌握操作原理

操作的定向包括对操作原理、原则或法则等一系列操作知识的掌握。有关研究表明,关于动作的一般原理的掌握,对动作技能的形成有着十分重要的意义。苏联心理学家米斯臣克的研究表明,掌握了刀架操作原则的学生,其刀架动作技能形成较好,在劳动过程中发生的错误较少,所需练习次数较少。而没有掌握刀架操作原则的学生,其刀架动作技能形成较慢,在劳动过程中发生的错误较多。再如一个初学写字的小学生要学会写字的技能,必须理解关于笔画和笔顺的知识,并且知道握笔和运笔的方法,否则其写字技能的形成是困难的。

技能的形成是以对相应的或有关的知识的理解为基础的。不懂弹琴规则的人成不了一个出色的钢琴演奏家。因此掌握操作原理是掌握动作技能的又一个重要前提。

(二)操作模仿

操作模仿指实际再现特定的动作方式或行为模式。模仿的实质是将头脑中形成的定向映象以外显的实际动作表现出来。因此,模仿是在定向的基础上进行的,缺乏定向映象的模仿是机械的模仿。要形成有效的动作技能,模仿需要以认知为基础。

动作技能最终表现为一系列符合法则的操作活动方式,也就是说,只有实际做出符合法则的活动时,才能算是掌握了动作技能。仅在头脑中了解这种活动结构及其执行方式是不够的。通过模仿,把"知"转变为"行",使头脑中形成的对有关动作的认识与实际的肌肉动作联系起来。

因此,我们前面说过的操作定向,只是学会操作的必要条件。对有关知识的理解并不等于技能的形成。有一个故事很能说明问题。从前有一个人学习游泳,他看了许多有关游泳的书籍,也观察过不少人的游泳表演,自觉对游泳的知识掌握较好,就是没有下过水。但他以为他会游泳了。一天他满怀信心地跳入水中,谁知事情远非他想象得那么简单。他在水中一面挣扎,一面下沉,幸亏他的同伴及时发现将他救了上来。由此看来,只会纸上谈兵还不行,动作技能要通过模仿和练习才能最终形成。模仿和练习是技能形成的基本途径。有效的模仿和练习应当遵循下列基本条件:

1. 模仿和练习要有明确的目的

明确了模仿和练习的目的,就形成了完成练习的内部动因,会更加自觉地对待模仿和练习,提高活动效果,否则会感到枯燥乏味。有实验表明,在一定的时间内,有明确目的的英文打字练习和无明确目的的英文打字练习效果不一样。前者学得快,掌握得准,且巩固得较好;

后者学得侵,掌握得差,且巩固得也较差。

2. 在练习方式上,做到各种方法综合使用

练习方式的多样化,不仅可以引起学习的兴趣,保持高度的注意,而且有利于准确地掌握动作的要领,较好地形成动作技能。

(1)整体练习和部分练习相结合

这里所指的整体练习法,是指完整地学习某种动作技能的方法。比如学习某套连贯的体操或游泳,各动作程序不能截然分开地进行学习,而采用整体练习法较为有效。这里所指的部分练习法.是指对某个动作的一个个环节进行练习,或者分别地练习各种亚技能(如篮球中的运球、传球、上篮等,排球中的发球、接球、垫球、吊球和扣球等具有独立形态的技能)的方法。

采用整体练习还是采用部分练习更有效,取决于任务的复杂程度,即取决于学习的难度。一般地说,学习简单的动作技能最好采用整体练习法,学习复杂的动作技能最好采用整体—部分—整体练习法,即在整体学习的基础上进行部分练习,再回到整体练习。

另外,从学习者的特点来看,一般地说,学习者的学习能力低,其学习的熟练水平还达不到一定水平时,采用部分练习法较为合适;反之,采用整体练习法较为有效。整体学习有助于动作系列之间的联系与协同,部分练习有助于准确地掌握各种动作方式的要领。动作的整体和部分是相互联系,不可分割的。为了保证动作的准确、完整和协调,练习中整体练习和部分练习不可偏废。

(2)模仿性练习和实际性练习相结合

如练习书法,开始时不一定动"真格的",可以在明确了操作方式以后,先以手代笔在空中或桌面上做模仿性练习。通过各种知觉,观察体会这种模拟性操作是否正确。然后再拿起笔,铺上纸做实际练习。实践表明,这种练习方式是有效的。

3. 练习的次数和时间分配应当合理

动作技能的形成当然需要长时间的反复练习,但是这并不等于练习的次数越多越好。一次练习的时间太长,不仅浪费时间和精力,而且容易疲劳,容易产生消极态度,兴趣减退,降低练习效果。因此每次练习应照顾到自己的兴趣、体力和精力等因素。当自己感到体力不支,精神不佳,兴趣索然的时候,便可"收场",使练习暂告一段落。

关于练习时间的分配,心理学上有两个术语。一个叫分散练习,它是指将练习时间分为若干段,一步一步地进行。另一个叫集中练习,它是指将所学的技能包含的动作,在一次练习内完毕,中间没有休息。在具体的练习中,时间的安排应当分散还是集中,这要以技能的复杂程度和学习者自身的状况来决定。通常情况下比较简单的技能经过一次练习即可达到熟练,则没有分散练习的必要。若学习者身体不佳,且技能又比较复杂,为了避免身心疲劳,或更好地掌握动作技能,则应适当地分散练习。

一般而言,只要不是学习特别简单的操作,分散练习比集中练习效果要好。分散练习的次数和时间分配,应视具体情况而定。一般在开始阶段,每次练习时间不易过长,各次练习之间的时距可以短一些。随着技能的掌握,可以延长各次练习的时间,及各次练习之间的时距。至于每次练习的次数和各次之间的时距要根据练习的难度、练习者的自身状况而定,不能强

调一律等同。

我国心理学者曹日昌的实验研究表明,在镜面描图练习中,分散练习比集中练习的效果好。他的实验设计如下:让甲、乙两组进行镜画描图练习,各练习 12 次。甲组的第 1 至 6 次练习是分散的(每次练习之间休息 1 分钟),第 7 至 12 次练习是连续的。乙组的第 1 至 6 次练习是连续的,第 7 至 12 次练习是分散的(每次练习之间休息 1 分钟)。两组被试在第 6 次练习与第 7 次练习之间都间隔 24 小时。练习的成绩是按完成作业所需要的时间计算的,成绩好表明速度快、时间短。实验的结果是,甲组前 6 次的练习成绩好,后 6 次的练习成绩提高变慢;乙组前 6 次的练习成绩比甲组差,但后 6 次的练习成绩却较快地上升,接近于甲组的水平。

在分散练习时,一次练习的量、休息间隔时间的长短,须以技能的复杂程度和学习者的身体情况而定。不同的项目,每次练习的量和休息间隔时间的长短可以不同;不同技能水平的人,也可作不同的安排。比如,集中练习对于高水平的运动员同样是有效的。但是,对于初学者来说,通常采用分散练习更为有效。而且,合理地分散练习时间,应当注意在开始阶段每次练习的间隔时间要短一些,随着技能的进一步掌握,间隔的时距可渐次增长。

但近年来也有相关研究发现,不连贯的动作技能(如掷铅球、篮球的投篮等)采用集中练习比分散练习效果好。所以,上体育课时如有条件的话,可让学生集中 10—20 分钟练习投篮等动作,尽量不要采用各人依次投一个球,间隔几分钟再投一个球的方法。

归纳起来说,对于复杂的或连贯的动作技能来说。分散练习一般比集中练习效果好;如果是简单的或不连贯的动作技能,或者是早已学会了的动作技能,则采用集中练习可能比分散练习效果好。

4. 练习中要及时反馈

所谓反馈是指学习者知道自己的学习结果并据此对其学习的方法和目标作出相应的调整。反馈对练习效果的提高有极大的作用。通过反馈,学生看到了自己练习的成果,便会提高兴趣,增强信心,同时又可以认识到自己的不足,知道在哪方面还存在缺点,有利于学生把握今后练习中的重点和难点,从而达到更好的练习效果,促进动作技能早日形成。

就练习而言,其反馈的信息主要来自两个方面:内部反馈和外部反馈。

内部反馈是操作者自身的感觉系统提供的反馈,是个体通过自身的视觉、听觉、触觉、动觉等获取的反馈信息,尤其是动觉反馈信息最具有代表性。由于动觉反馈的信息来自人体内部,协调、平衡、节奏等感觉必须依靠自己去体会。只有在练习中获得真实感受,才能使动作连贯、流畅、轻松自如。我国心理学工作者曾做过这样一个实验:将被试(大学生)分为甲乙两组,他们在实验前的定点投篮成绩是相等的。在实验中,主试采用不同的训练方法分别对两组进行定点投篮训练。甲组用睁眼投篮法,每次训练 20 分钟;乙组每次先用 5 分钟睁眼投篮,然后用 10 分钟蒙眼投篮,由主试说明投篮情况,让被试体会手臂用力时的肌肉运动感觉,最后再用 5 分钟睁眼投篮。经过一个月的训练,乙组的投篮成绩明显高于甲组。

外部反馈,即操作者自身以外的人或事给予的反馈,是教师、教练、示范者、录像、计算机等外部信息源对学习者的操作结果及其操作过程的反馈。

反馈非常重要,教师应从以下几方面考虑怎样给予反馈及给予何种形式的反馈:从反馈内容看,有关信息能否使学习者的注意指向应改进的动作方面;从反馈频率看,是否有助于内部动觉体验的形成及自我发现错误、纠正错误的能力的形成;从反馈方式看,要在练习的不同阶段,根据具体的操作应用外部或内部的多种反馈方式,以提高个体对各种肌肉动作的自我调节、控制的能力。

研究表明,对于初学者来说,在多次尝试着做动作之后才开始给予信息反馈不如立即给予信息反馈效果好。而且,延缓得愈久,获得动作技能的速度愈慢。如果能恰当而又及时地给予反馈,可以使学生在做下一次动作时就有正确的动作速度、方向、力量和幅度,立竿见影地取得良好的教学效果。但是,教师如果能合理地采用阶段性反馈,针对学生所做动作的错误作全面的分析、指导,同样可以取得良好的教学效果。

按照提供信息的性质可以把外部反馈分为建设性的反馈和非建设性的反馈两种。所谓建设性的反馈,是指所提供的信息是特殊的、限制在一定范围内的、有利于提高动作技能的反馈。所谓非建设性的反馈,是指所提供的信息是重复的、非特殊的、对于动作技能的改进没有任何作用的反馈。比如,一个小学生学习排球的发球动作时把球打到了场外,教师对他说:"这个球抛得较高,又在你的前上方,你的重心就要转到前面的一只脚上,你的眼睛要看着球,而且你的手臂要伸得长一些。"这样的信息对于初学者来说是有效的、特殊的,属于建设性反馈。如果教师只是对他说:"你看,你的球打到了场外"。这样的信息对于初学者来说是无效的、非特殊的,属于非建设性的反馈。凡是教师对小学生说"这个动作做得不好"、"再好一点"、"差不多",或者重复地对小学生说"并住腿,绷脚尖",这些都是质量不好的无效反馈,久而久之会引起小学生的反感。

5. 注意克服练习中的"高原期现象"

在技能形成中,练习中期往往出现进步的暂时停顿现象,这就是练习成绩上的所谓的"高原期现象",其表现为练习成绩保持在一定的水平上而不上升,或者甚至有些下降的趋势。走出高原期以后,可以看到成绩再一次回升。

在练习过程中出现高原期现象,主要原因如下:①意志品质差,缺乏继续提高的勇气,信心不足;②练习兴趣降低,产生了消极的情绪状态如自满情绪等;③提高成绩的新的活动结构和方式、方法尚未形成,身体疲劳;④操作的方法不妥当等。由此可见,高原期现象不是生理极限,事实表明,只要克服了主、客观障碍,练习成绩可以继续提高。

我们只有了解了"高原期现象"产生的原因,才能克服这一现象。首先要设法保持饱满的练习热情,克服自满和信心不足的心理因素,通过各种方式提高练习的兴趣;其次,寻求指导和帮助,努力探索和实践,尽快形成新的提高练习成绩的活动结构和方式方法,掌握正确的操作技巧。通过这些努力,学习者一般会迅速克服"高原期现象",结束暂时的停滞局面,开始新的进步。

最后还必须指出,并不是任何练习都具有"高原期现象"。如果技能结构比较简单,又没有上述主、客观原因,练习过程中也就不会产生高原期现象。

(三)操作整合

操作整合就是把在模仿阶段习得的动作固定下来,并使各动作成分相互结合,成为定型的、一体化的动作系统。

学习者在模仿阶段只是初步再现定向阶段习得的动作方式,但对于大部分复杂动作技能而言,不仅要准确地做出每一个操作动作,还应掌握各动作间的动态联系,而这种动态联系在模仿阶段是难以实现的。只有通过整合,各动作成分之间才能协调,动作结构才能趋于合理,动作的初步概括化才能得以实现。在整合阶段,个体对动作的有效控制也逐步加强。因此,整合是动作技能形成过程中的关键环节,是动作技能从模仿到熟练的一个过渡阶段,是熟练的活动方式形成的必要基础。

(四) 操作熟练

操作熟练是指形成的动作方式对各种变化的条件具有高度的适应性,动作执行达到高度的完善化和自动化。完善化是指能够准确地完成整个动作系统;自动化是指动作的执行过程不需要高度的意识控制,可以将注意分配于其他活动。

操作熟练是动作技能形成的高级阶段,是通过操作活动方式的概括化、系统化而实现的。操作熟练是动作技能形成中的一个重要阶段,也是由动作技能转化为能力的关键环节,各种技术能力的形成都以操作熟练为基础。正如庖丁解牛,一把刀用了 19 年,宰了几千头牛,而刀口却像"新发于硎",因为刀刃总在骨间的空隙中"游刃有余",这样熟练的、高超的技艺只有在长期的实践中反复地体悟和内化才能逐步形成。动作技能达到熟练程度有以下几个标志:

(1)活动结构的改变。首先,实现了动作的联合,即局部动作联合成一个完整的动作系统。其次,不再出现动作间的相互干扰。最后,动作简洁,多余动作消失。

(2)活动速度加快,品质变优。表现出局部动作联合成一个动作系统,单位时间内完成的动作数量增加,动作准确、协调、稳定和灵活。立即反应代替了笨拙的尝试。

(3)活动调节的视觉控制减弱,动觉控制增强。可以在不用视觉或少用视觉的条件下,完成一系列的连锁动作。如本章开头所说的打字,眼睛可以不看键盘,以手的动觉控制手的活动而不会出错。并且错误被排除在发生之前。

(4)能有效地利用与任务有关的线索。任何动作技能的完成都受情境中的线索指导。这种线索大致可分三类:第一类是基本线索,即人要进行成功的反应所必须注意的线索。如排球的发球者必须注意到接球者的站位情况。第二类是反馈线索,即有助于调节反应的线索。如发球者在球出手后的肌肉感觉及发出去的球的情况等。第三类是无关线索,如裁判员的位置、观众的喧闹声对完成动作者来说是无关线索。

熟练的操作者能有效地利用与任务有关的线索,避开与任务无关的线索。即使是较微弱的与任务有关的线索也能敏锐地感知到。例如,第 29 届世界乒乓球男子单打冠军长谷川信彦,可以通过对方移动时所产生的风声、地面震动的触觉和对方呼吸的声音来判断对方移动的位置。

(5)意识减弱。动作技能达到熟练程度后,动作系统接近自动化。有意注意控制减弱,神经紧张感降低,疲劳感减轻。

(6)在条件不利的情况下能维持正常的操作水平。检验谁具有最熟练的动作技能,最好的方法是看在不利条件的情况下谁能保持正常的操作水平。一般地说,在紧急的情况下(如在最后一分钟必须投进一个球,以便取胜),可能会使不熟练者手足无措,但却能使熟练者的技能得以充分发挥,甚至做出从未有过的精湛动作。高水平的球星在有对手贴身防守,甚至由于对手犯规而使自己身体失去平衡时,仍然可以将篮球投入篮筐,就是一例。

三、动作技能的年龄特点

学习和掌握动作技能有一个发展过程。在不同的年龄阶段,所获得的动作技能是不同的,同一个动作技能在不同的年龄阶段,掌握的程度也是不同的。

(一)学习动作技能的过程

根据不同年龄阶段学生的生理和心理特点,形成动作技能也不同。

婴儿主要是获得移动的动作技能;到幼儿期主要获得跑、跳、投、推、拉、攀登、悬垂等动作技能,这称为基本运动技能。当然,基本运动技能是人们赖以生存——即生产劳动和生活中不可缺少的能力,它随着年龄增长而不断巩固和熟练。小学低年级的学生,开始逐渐从游戏、比赛性质中获得竞技运动方面的技能,运动和游戏方面的技能是获得竞技运动技能的基础。小学高年级以上的学生开始学习和掌握竞技运动技能。

从获得动作技能的发展来看,它是从简单的动作技能到逐渐复杂的动作技能的获得过程,获得技能的主要影响因素是儿童的智力、运动能力、个性与社会性,并随着这些因素的发展而获得。

(二)学习动作技能的波浪式特点

动作技能,尤其是竞技运动的动作技能,并不是随着年龄的增长而不断提高的,而是呈现波浪式的特点。从日本学者研究的材料可以看出,从小学五年级到大学一年级(即 10—18 岁),动作技术掌握的发展是呈曲线型波浪式的,而不是直线发展。从总体上看,动作技能掌握最快的时期是小学五、六年级至初中阶段。当然,有的项目到高中还会提高(尤其是男生)。

四、动作技能的训练要求

动作技能的训练必须依据其形成规律,才能加速其形成过程,并促进其保持和迁移。有多种因素影响着动作技能的学习过程,教学时应充分考虑这些因素,并采取相应的有效措施进行训练。综合前述内容,在动作技能的训练中应注意以下几个问题:

(一)准确的示范与讲解

准确的示范与讲解有利于学习者不断地调整头脑中的动作表象,形成准确的定向映象,进而在实际操作活动中调节动作的执行。学习任何动作必须以动作表象为基础,熟练的动作技能都包含着非常清晰、准确的动作表象。示范与讲解不仅适用于动作技能形成的定向阶段,也适用于动作技能形成的其他几个阶段。

示范效果的关键是示范动作的准确性,开始时动作的速度不要太快,先进行整体动作的示范,而后进行分解动作的示范,并对相似动作进行区分。对动作方式进行讲解,可以使小学生更好地认识活动的结构,确切地了解活动的各个组成部分,从而有助于小学生掌握完成各个动作的方法和原理。为了充分发挥讲解的作用,可以把讲解与示范结合起来,一边讲解一边示范。无论何种形式的示范、讲解,关键是所传递的信息是准确的、充分的和完整的。

(二)必要而适当的练习

教师在教学中,要根据教学的内容选择正确的练习方法,并督促小学生根据自己的兴趣、体力和精力等进行必要而适当的练习,这样才能促使动作技能的最终掌握。

(三)充分而有效的反馈

教师充分而有效的反馈有助于小学生练习达到最佳效果,促使动作技能尽快形成。

(四)建立稳定清晰的动觉映象

动觉是复杂的内部运动知觉,它反映的主要是身体运动的各种肌肉活动的特性,如紧张、放松等,而不是外界事物的特性。这些有关肌肉活动的各种感知觉与视觉、听觉等不同,需经过专门训练才能为个体明确意识到。由于运动知觉的模糊性,学习者会对自己的错误动作不能明确地意识或感觉到,也就很难对运动进行有意识地调节或控制。因此,有必要进行专门的动觉训练,以提高动作的稳定性和清晰性,充分发挥动觉在动作技能学习中的作用。

知识拓展 9 - 2   **小学数学教学中技能的培养**

1. 小学数学教学中动作技能的培养

培养小学生数学动作技能的基本方法是模仿练习法和程序练习法。

所谓模仿练习法,是指小学生在学习中根据教师的示范动作或教材中的示意图进行模仿练习,以掌握操作的基本要领,在头脑里形成操作过程的动作表象的一种学习方法。用工具度量角的大小、测量物体的长短、几何图形的作图、几何图形面积和体积计算公式推导过程中的图形转化等技能一般都可以通过模仿练习法去掌握。

小学生的学习更多的是模仿教师的示范动作,所以教师的示范对小学生数学动作技能的形成尤为重要。教师要充分运用示范与讲解相结合、整体示范与分步示范相结合等措施,让学生准确无误地掌握操作要领,形成正确的动作映象。

所谓程序练习法,就是运用程序教学的原理将所要学习的数学动作技能按活动程序分解成若干局部的动作先逐一练习,最后将这些局部的动作综合成整体形成程序化的活动过程。如用量角器量角的度数、用三角板画垂线和平行线、画长方形等技能的学习都可以采用这种方法。用这种方法学习数学动作技能,分解动作时注意突出重点,重点解决那些难以掌握的局部动作,这样可以有效地提高学习效率。

2. 小学数学教学中智慧技能的培养

小学生的智慧技能主要是通过范例学习法和尝试学习法去获得的。范例学习法是指学习时按照课本提供的范例,将数学技能的思维操作程序一步一步地展现出来,然后根据这种程序逐步掌握技能的心智活动方式。整数、小数、分数的四则计算,课本几乎都提供了计算的范例,学习时只需要根据范例有序地进行计算即可掌握计算方法。学习时只需要明确范例所反映的计算程序和方法,并按照这种程序和方法进行计算即可掌握一些计算的技能。

尝试学习法是指在学习中主要由小学生自己去尝试探索问题解决的方法和途径,并在不断修正错误的过程中找出解决问题的操作程序,进而获得数学智慧技能。这是一种探究式的发现学习法,总结运算规律和性质并运用它们进行简便计算、解答复合应用题、求某些比较复杂的组合图形的面积或体积等技能都可以运用这种学习方法。这种方法较多地运用于题目本身具有较强探究性的变式问题解决的学习,如用简便方法计算1 000÷12.5,由于学生在前面已经掌握除法商不变性质,练习时就可通过将除数和被除数都乘以8使除数变成100的途径去实现计算的简便。

尝试学习法虽然有利于培养小学生的探索精神和解决问题的能力,但耗时较多,学习时最好是将它和范例学习法结合起来,两种学习方法互为补充,这样数学技能的学习就会更加富有成效。

思考题

1. 有效的动作技能的模仿和练习应当遵循哪些条件?
2. 智慧技能的原型内化阶段的教学要求有哪些?
3. 动作技能的训练要求有哪些?

扫一扫二维码
轻松获取答案

样题

一、判断题

1. 技能是通过有目的、有计划的练习而形成的。　　　　　　　　　　（　　）
2. 技能是随机的、任意的动作组合。　　　　　　　　　　　　　　（　　）
3. 技能是本能行为,不是后天获得的。　　　　　　　　　　　　　（　　）
4. 作为技能的活动方式达到了自动化,是说技能完全不受人的意识的控制。　　（　　）
5. "操千曲而后晓声,观千剑而后识器",形象地说明了智慧技能是后天学习的结果。　（　　）
6. 技能是获得经验、解决问题、变革现实的前提条件。　　　　　　　（　　）
7. 原型定向是智慧技能形成的最后阶段。　　　　　　　　　　　　（　　）
8. 动作技能的形成需长时间的反复练习,即练习的次数越多越好。　　（　　）
9. 对于初学者来说,在多次尝试着做动作之后才开始给予信息反馈不如立即给予信息反馈效果好。　　　　　　　　　　　　　　　　　　　　　　　　（　　）
10. 任何练习都具有"高原期现象"。　　　　　　　　　　　　　　（　　）

二、名词解释

1. 技能
2. 动作技能

3. 智慧技能

4. 外部反馈

5. 原型内化

三、简答题

1. 智慧技能的原型定向阶段的教学要求是什么？

2. 智慧技能的原型操作阶段的教学要求有哪些？

3. 简述智慧技能的特点。

4. 谈谈智慧技能的培养方法。

扫一扫二维码
轻松获取答案

进一步阅读的文献

1. 冯维. 小学心理学［M］. 重庆：西南师范大学出版社，2008.

2. 皮连生. 教育心理学（第四版）［M］. 上海：上海教育出版社，2011.

3. 郭德俊. 小学儿童教育心理学［M］. 北京：中央广播电视大学出版社，2002.

4. 彭小虎，王国锋，朱丹. 儿童发展与教育心理学［M］. 上海：华东师范大学出版社，2014.

第十章 小学生学习策略与学习习惯

学习目标

1. 掌握认知策略、元认知策略和资源管理策略的概念和种类。

2. 了解学习策略的原则，掌握小学生学习策略训练的方法。

3. 了解学习习惯的概念、分类，理解影响学习习惯的因素。

4. 了解小学生学习习惯养成的特点、阶段，理解学习习惯培养的原则，掌握具体的学习习惯养成方法。

内容脉络

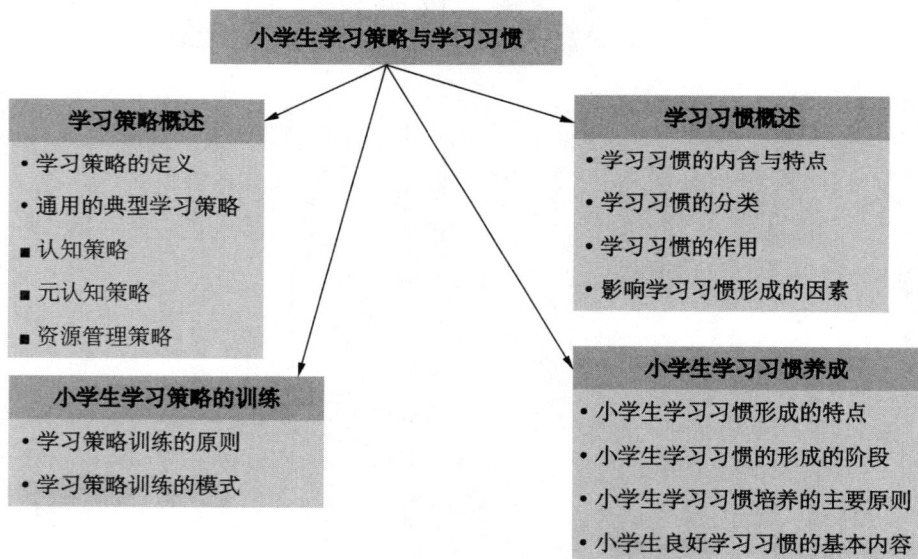

学习是学生的一项重要任务，甚至是一项终身都要面临的重要任务。如何有效地学习成为人们普遍关注的问题。当代认知心理学家指出：没有任何教学目标比"使学生成为独立、自主、高效的学习者"更重要。教会学生学习，传授有效的学习策略，培养学生良好的学习习惯，是提高学习效率、减轻学生负担、提高教学质量的有效措施。

第一节　学习策略概述

一、学习策略的定义

学习策略指学习者为了提高学习的效率和效果,有目的、有意识地制订有关学习过程的复杂的方案。

这一界定明确了学习策略四个方面的特征,这些特征进一步解释和阐明了学习策略的概念。

(一) 主动性

一般来说学习者采用学习策略都是有意识的心理过程。学习时,学习者先要分析学习任务和自己的特点,然后根据这些条件制订适当的学习计划。

(二) 有效性

采用一种学习策略,目的就是为了更好地完成学习任务,效率更高,效果更好。如学生在背诵时,死记硬背也能记住内容,但效果不好,效率也不高,采用有效的学习策略往往事半功倍。

(三) 过程性

学习策略是有关学习过程的策略。它规定学习时做什么不做什么、先做什么后做什么、用什么方式做、做到什么程度等诸方面的问题。

(四) 程序性

学习策略是学习者制订的学习计划,由规则和技能组成。每一项学习活动对应的学习策略不同,应制订相应的学习计划。但是,对于同一类型的学习活动,可以制订基本相同的计划,这就是我们常见的学习策略,如 PQ4R 阅读法。

二、通用的典型学习策略

许多学者对学习策略的成分提出了自己的看法,其中较有代表性的是迈克卡等人(Mckeachie, et al., 1990)的观点,他们认为学习策略可以分为认知策略、元认知策略和资源管理策略三种,并对它们之间的层次关系进行了分析(图 10-1)。[①]

(一) 认知策略

在信息加工的过程中,为了使信息提取变得更为简便,学习者会使用一些方法和技术,这便是认知策略。常用的认知策略包括复述、精细加工和组织三种。

---

① 学习考试用书研发中心编著. 小学教育心理学[M]. 北京:清华大学出版社,2013:116—123.

```
                 ┌ 复述策略,如重复、抄写、做记录、画线等
        ┌ 认知策略 ┤ 精细加工策略,如想象、口述、总结、做笔记、类比、答疑等
        │        └ 组织策略,如组块、选择要点、列提纲、画地图等
        │           ┌ 计划策略,如设置目标、浏览、设疑等
 学习策略 ┤ 元认知策略 ┤ 监控策略,如自我检查、集中注意、监控领会等
        │           └ 调节策略,如调整阅读速度、重新阅读、复查、使用应试策略等
        │              ┌ 学习时间管理,如建立时间表、设置目标等
        └ 资源管理策略 ┤ 学习环境管理,如寻找固定地方、安静地方、有组织的地方等
                      │ 学习努力管理与心境,如归因与努力、调整心境、自我谈话、坚持不懈、自我强化等
                      └ 其他人支持,如寻求教师帮助、伙伴帮助、使用小组学习、获得个别指导等
```

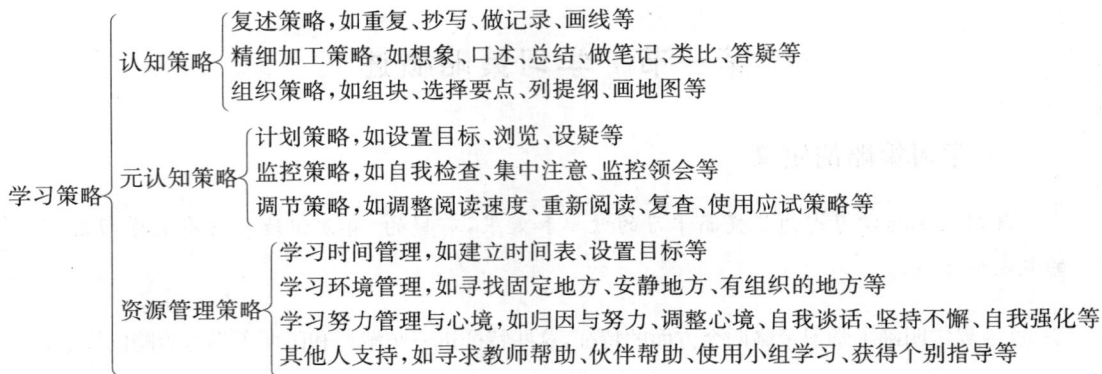

图 10 - 1 学习策略的分类

1. 复述策略

复述策略指在工作记忆中为了保持信息,运用内部语言在大脑中重现学习材料或刺激,以便将注意力维持在学习材料之上的策略。为了使信息长时间地储存在记忆中,人们会使用复述策略,复述策略是一种主要的记忆方法。除了简单地多次重复,为了提高记忆效果,在复述过程中,学习者还要遵循记忆规律,考虑记忆对象的特点。

（1）利用有意识记和无意识记

无意识记是一种没有预定的目的,不需经过意志努力的识记。一般来说,凡是对人有重大意义、与人的需要和兴趣密切相关的、给人以强烈情绪反应的或形象生动鲜明的人或事,容易引起无意识记。由于无意识记没有预定目的,也不需花费力气,因此教学中符合无意识记条件的教学手段潜移默化地对学生产生影响。有意识记是有目的、有意识、努力的识记,是人们学习和识记的主要形式。在识记中,明确的目的能激发并维持学习活动,影响识记效果。因此,在学习中,要增强学生对学习目的和意义的认识,充分调动学生的主观能动性,增进知识的识记和保持。在学习活动中,我们既需要通过有意识记系统地掌握知识,也需要利用无意识记,轻松愉快地学习,减轻记忆负担,提高记忆效果。

（2）排除干扰

在学习时,学习材料之间的相互干扰会影响记忆效果。前面学习的材料会对记忆后面学习的材料产生干扰,我们称之为前摄抑制。后面学习的材料干扰了对前面学习的材料的记忆,这是倒摄抑制。因此,在复述过程中,要充分考虑干扰的影响,避免将相近的知识放在临近的时间段学习。此外,在学习时,我们会发现学习材料的位置会影响记忆效果。人们倾向于记住开始的事情,因为我们对首先呈现的学习材料倾注了更多的注意和精力,造成了首因效应。而放在最后的学习材料,经我们复述后几乎不再受其他信息的干扰,形成了近因效应。根据材料的序列位置效应可知,开始阶段和结束阶段所学的信息比其他信息更容易记住。因此,教师在组织教学时,应该把最重要的内容放在开头,在最后回顾总结。而不是做检查家庭作业、点名等无关教学的事。同样学生在学习时应把最重要的任务放在首尾,不要把首尾时间花在整理书包、削铅笔等琐碎的事情上。

（3）多种感官参与

在学习时,要综合运用多种感觉器官获取信息。有研究表明,人们在学习时,83％通过视

觉,11%通过听觉,3.5%通过嗅觉,1.5%通过触觉,1%通过味觉。对于同一学习材料,综合运用阅读、听、书写等方式,各种感觉器官的作用相互弥补,能增强记忆效果。如学生除了朗读古诗,还可背诵古诗、默写古诗、听同学背诵古诗、理解古诗的含义,在多种感觉器官参与下,对古诗的印象更加深刻。

（4）合理复习

① 及时复习。艾宾浩斯的遗忘曲线表明,遗忘的进程是不均衡的,在时间上先快后慢,在数量上先多后少。这说明在学习过后的短暂时间内会发生大量的遗忘。如果过了很长时间才进行复习,记忆的基础又回到原始水平,相当于重新记忆。因此,在学习过后应及时复习。当记忆的保持量还处于较高水平时,趁热打铁,巩固加深。

② 分散复习。学习过后,复习除了要及时,还要把握复习时间的间隔。有些学生喜欢临时抱佛脚,平时不认真学习,考试前才复习。这种集中复习的方法对于通过一次考试可能是有效的,但并不利于信息储存到长时记忆中去。只有通过分散复习的方式,每隔一段时间重复学习一次或几次,才能将所学知识和技能消化。在学习过后,老师让学生做练习题、布置家庭作业或段考,学生定期对知识进行总结回顾,都有利于所学知识的长期保存。

③ 适度的过度学习。当我们记住一段材料后,再继续记它,我们的保持会加强,这一策略称之为过度学习。一般来说,过度学习越多,保持效果越好,而且保持的时间越长。但过度学习在学习中的应用也不是无限的。有研究表明,150%的过度学习效率最高。因此,如果一篇课文需要读 10 次才能记住,那么再读 5 次,记忆的保持效果最佳。

2. 精细加工策略

精加工策略指把所学的新信息和已有的知识联系起来,以增加新信息意义的策略。如果一个新知识与头脑中原有的知识联系得越多,在回忆时能提取的线索就越多,回忆就越容易了。这是一种理解性的记忆策略,和复述策略结合使用可以显著提高记忆效果。常用的精细加工策略有以下几种。

（1）记忆术

记忆术是一种在两个本来无关联的信息之间主动建立联系,人为地赋予材料意义,以促进记忆的方法。它的基础是利用视觉表象或者建立语义之间的联系。常用的记忆术有以下几种。

① 位置记忆法。位置记忆法就是在头脑中创建一个熟悉的场景,在这个场景中确定一条明确的路线,在路线上确定一些特定的点,然后将所有要记的事项视觉化,并按照顺序与这条路线上的点一一对应起来。回忆时,只需按路线上的点提取对应的项目。位置记忆法适用于记忆有顺序的系列项目。

案例 10 - 1　　　　　　运用位置记忆法进行记忆

　　想象在校园里从宿舍到商店的路,路上有书店、邮局、招待所、水房和食堂。现在所要记的项目为奶粉、黄油、面包、啤酒、香蕉。在所记项目和特点位置之间可以进行如下的联想:在书店里到处都弥漫着奶粉,书本上都沾满了奶粉;在邮局里人们全用黄油贴邮票;招待所里所有的沙发等家具全是面包制成的;水房里水笼头流出热气腾腾的啤酒;食堂改成舞厅,香蕉似的人们正翩翩起舞。这种联想越奇特越好。

② 缩编和歌诀法。缩编实际上就是将识记材料的每条内容简化成一个关键性的字词，然后变成自己熟悉的事物，从而将材料与过去经验联系起来。歌诀抑扬顿挫有助于记忆，当材料内容较多时，也可以将其缩编成歌诀。

案例 10 - 2　　　　　运用缩编和歌诀法进行记忆

辛丑条约的内容为：清政府赔款白银 4.5 亿两；清政府保证严禁人民的反抗斗争；允许帝国主义在中国驻兵；修建使馆，划分租界。用缩编法可将其记忆为"前（钱）进（禁）宾（兵）馆"。

将二十四个节气编成一首歌诀：春雨惊春清谷天，夏满芒夏暑相连，秋处露秋寒霜降，冬雪雪冬小大寒。这样二十四个节气很快便记住了。

③ 谐音联想法。谐音联想法就是学习一种新材料时，运用联想，假借意义，将无意义材料变成有意义的材料以帮助记忆。在记忆历史年代和数字时，这种方法非常有效。

案例 10 - 3　　　　　运用谐音联想法策略记忆

据说，有位老师上山与山顶寺庙里的和尚对饮，临走时，布置学生背圆周率，要求他们背到小数点后 22 位：3. 141 592 653 589 793 238 462 6。有一个学生把老师上山喝酒的事结合圆周率数字的谐音编了一句顺口溜："山巅一寺一壶酒，尔乐苦煞吾，把酒吃，酒杀尔，杀不死，乐而乐。"待老师喝酒回来，个个背得滚瓜烂熟。

④ 视觉想象。视觉想象即通过形成心理想象来帮助人们记忆。在想象时，画面越奇特而又合理，加工就越深入、细致，记忆就越牢固。可以使用夸张、动态、奇异的手段进行联想。例如，可以将词组"飞机—箱子"想象为"飞机穿过箱子"。

（2）做笔记

做笔记是阅读和听课时常用的一种精加工策略。研究表明，做笔记有利于维持个体的注意，有利于发现知识的内在联系，尤其有助于建立新旧知识之间的联系，同时还有外部储存功能。做笔记包括摘抄、评注、加标题、写段落概括语以及结构提纲等。教师的教学可以影响和促进学生做笔记和复习，主要策略有：讲授稍慢一点；重复复杂的或重要的主题材料；呈现做笔记的线索；在黑板上写出重要信息；给学生提供一套完整的笔记，供其参考、学习；给学生提供一些辅助手段，如列提纲。

（3）提问

提问策略有助于学习者有选择性地集中注意，对信息进行深入加工。在学习中，学生应时常向自己提问：这一信息意味着什么？它与以前所学的信息有什么关联？还有哪些例子能说明这种新知识？引导自己深入思考。有研究者采用给学生列一张清单的方式帮助他们构思创作，这张清单包括以下问题："我写给谁看的"、"要解释什么"、"有什么步骤"等，训练学生自己和自己谈话。结果表明，学生能在解数学题、拼写、创作和许多其他活动中成功地学会自我谈话。

（4）生成性学习

生成性学习即训练学生对他们所要阅读的内容产生类比或表象,如图形、图像、表格和图解等,以促进其深层理解。小学生的思维具有具体形象性,学习内容以直观可见的形式展现,他们更容易理解、记忆。生成性学习需要对材料进行积极的加工,改变对这些信息的知觉。在教学中,教师要指导学生生成:①课文中没有的句子;②与课文中某几句重要信息相关的句子;③用自己的话组成的句子,从而把所学的信息与自身的知识和经验联系起来。

（5）利用背景知识,联系生活实际

精细加工策略强调在新旧知识之间建立联系,可见已有的背景知识在学习中非常重要。在学习中,学习者已有的知识经验是影响他们学会某一事物的重要决定因素。而小学生知识经验有限,或在学习新知识时,不善于联系背景知识,因此,教师应给小学生提供线索,引导小学生建立新旧知识之间的联系。例如,在学习平行四边形时,教师帮助学生回忆先前学过的四边形。这样,平行四边形的概念就建立在原有的四边形概念基础之上,学生学习时就更容易理解了。此外,将所学知识与生活实际联系起来,有利于小学生的理解,同时,让小学生明白新知识的现实意义。

3. 组织策略

组织策略是整合所学新知识之间、新旧知识之间的内在联系,形成新的知识结构的策略。在学习时,根据知识经验之间的关系,对学习材料进行系统、有序的分类、整理与概括,使之结构合理化。应用组织策略可以对学习材料进行深入的加工,进而促进对所学内容的理解和记忆。与精细加工策略相比,组织策略更侧重于对学习材料内在联系的建构,更适用于那些需要深入理解与思考才能把握内在深层意义的学习材料。下面就介绍几种常用的组织策略。

（1）列提纲

列提纲是用简要的语词写下主要和次要的观点,也就是以金字塔的形式组织学习材料的要点,较具体的细节都包含在高一级水平的类别之中。所列的提纲要具有概括性和条理性,但其效果取决于学习者是如何使用它的。一种有效的方法是让学生每读完一段后用一句话作概括;另一种是让学生准备一个提纲来帮助别人学习这些材料。两种方法都能促使学习者认真思考、提炼学习内容,促进知识的内化。

（2）利用图形

图形是用来图解各种知识是如何联系的。具体做法是先提炼出主要知识点,然后识别这些知识点之间的关系,再用适当的解释来表明这些知识点的联系。主要包括以下几种形式。

① 系统结构图。对学习内容进行归类整理,根据知识的抽象概括程度画一个金字塔式的层次结构图,抽象的知识放在较高层次中,较具体的知识放在较低层次中。系统结构图让学生理清学习内容的脉络,理解和记忆就变得容易了。通常学习者在学习总结时会用到系统结构图。如在学习了一个章节的内容后,学习者对这一章节内容进行概括、总结,整个章节的内容形成一个结构图储存在学生头脑中。

② 流程图。流程图可用来表示事件的步骤、顺序、阶段。一般从左至右或从上至下按照顺序展开,用箭头连接各个步骤。如在实验室做实验时,教师将实验步骤以流程图的形式展现给学生。在语文课叙事性课文的讲解中,教师用流程图理清事件发生的经过。

③ 模式图。模式图是利用图解的方式来说明在某个过程中各要素之间是如何相互联系的。它不一定以时间为参照,重点在于说明一个过程中各个要素或环节的关系。

(3) 利用表格

在对学习内容进行分析、总结时,可以画表格,使内容更加明朗化。常用的表格包括一览表和双向表。画一览表时先对材料进行全面的综合分析,然后抽取主要信息,并从某一角度出发,将这些信息全部陈列出来,力求反映材料的整体全貌。如学习历史时,按照时间顺序将重大历史事件罗列出来,形成历史大事件一览表。双向表是从纵横两个维度罗列材料中的主要信息。通常比较分析两类学习材料异同时,用双向表。

(二) 元认知策略

20 世纪 70 年代弗拉维尔(Flavell, 1976)提出了元认知这一概念,即个体关于自己的认知过程的知识和调节这些过程的能力。元认知策略是一种典型的学习策略,指学生对自己的认知过程及结果的有效监视及控制的策略。元认知策略控制着信息的流程,监控和指导认知过程的进行,包括计划策略、监控策略和调节策略。

1. 计划策略

计划策略是根据认知活动的特定目标,在一项活动之前制订计划,预计结果、选择策略、想出解决问题的方法,并预计其有效性,包括设置学习目标、浏览阅读材料、产生待回答的问题以及分析如何完成学习任务。计划策略具有导向功能,学习者可以根据先前制订的计划,监控自己的学习过程,及时发现问题,进行调整。

2. 监控策略

监控策略是在教学活动中学生为了保证达到预期的学习目标,而对学习的全过程进行积极主动的计划、检查、评价、反馈、控制和调节而采取的学习措施。即在认知活动进行的过程中,根据认知目标及时评价、反馈认知活动的结果与不足,正确估计自己达到认知目标的程度和水平,并根据有效性标准评价各种认知活动和策略的效果。包括阅读时对注意加以跟踪、对材料进行自我提问,考试时监视自己的速度和时间等。监控策略的实施可以有效达成学习目标,使学习的行为效果最佳。

3. 调节策略

调节策略是根据对认知活动结果的检查,采取相应的补救措施;或者根据对认知策略效果的检查,及时修正、调整认知策略。例如,当学习者意识到他不理解课文的某一部分时,他们就会退回去读困难的段落;在阅读困难或不熟的材料时放慢速度;复习他们不懂的课程材料;测验时跳过某个难题,先做简单的题目等。调节策略能帮助学生矫正他们的学习行为,使他们补救理解上的不足。

元认知调节策略受计划策略、监控策略的影响,三者是相辅相成的。在学习过程中,三者共同起作用。学习者在学习过程中发现学习现状与计划有所不同,就会积极调节自己的学习行为,直到取得较好的学习结果。如小学生在完成家庭作业背诵一篇课文时,发现采用全文通读的方式多次记忆后,还是记不住,那么他会调整背诵方式,如分段朗读背诵或是理解课文后背诵,直到能背诵整篇课文。在这个学习过程中,学生计划在一定时间内完成作业,能背诵这篇课文,然后实时监控自己的记忆过程,发现当前学习方式记忆效果不佳,才尝试调整记忆方式,直到完成学习任务。

(三)资源管理策略

1. 学习时间管理

一个人的成就取决于他的行动,亦与其时间管理的能力成正比。很多人时间管理做不好,因为他不够忙。时间管理好的人,第一个现象就是忙,整个人开始忙碌起来,不是瞎忙,而是很有效率的忙。做好时间管理必须做到:

(1)统筹安排学习时间

人生犹如一张大的时间表,每个人都应当根据自己的总体目标,对时间作出总体安排。总体时间表必须通过阶段性的时间表来落实,例如,将自己的一生分成不同的时期,其中,又将小学时期的时间表转变为不同的学年时间表、学期时间表、每月时间表、每周时间表以及每天的时间表。

每天能够自由支配的学习时间有限,而学习活动可能较多。因此,必须合理分配学习时间,尽量减少无计划、无节制、无意义的时间。在安排活动时,要分清哪些事情必须做,哪些事情可做可不做。每天都要列出一张活动优先表,要按事情的重要性程度来选择活动,确保每天都在做最重要的事情。

(2)高效利用最佳时间

在不同的时间里,人的体力、情绪和智力状态是不一样的,也就是说,不同学习时间的学习效果是不一样的。因此,要在不同效果的时间里安排不同的学习活动,例如,在精力充沛的时候,从事最重要、最紧张的学习活动,以便最有效地利用学习时间。什么时间段精力最充沛因人而异,有的人白天精力充沛,也有的人夜晚大脑异常活跃,学习效率高。

(3)灵活利用零碎时间

零碎时间大多是学习的低效时间,如课余、饭前饭后、等人等车时等等。这些时间也可以加以灵活利用。首先,可以利用零碎时间处理学习上的杂事。学习上有些杂事不得不做,这些事不宜使用整段时间来做,而要利用零碎时间做。例如,削铅笔、收拾用具、整理学习环境、整理书包等。其次,在零碎时间阅读短文或看报纸杂志,拓宽自己的知识面,或者背诵诗词。这实际上等于在进行分散复习,可提高记忆效率。此外,还可以与他人进行讨论,在轻松的气氛里与人交流,有助于创造性思维的启发。

2. 学习环境管理

学习环境是可以人为地选择、改善与创设的。设置学习环境是为了使周围的环境更有利于学习活动的展开。首先,要注意调节自然条件,如流通的空气、适宜的温度、明亮的光线以及和谐的色彩等。其次,要设计好学习的空间,如空间范围、室内布置、用具摆放等因素。学习时,尽量减少可能的干扰和分心的因素。如果条件容许,应当有一个相对固定的学习场所,以减少家庭成员间的相互干扰,形成一个相对安静的学习环境。

3. 学习努力与心境管理

系统性的学习大都是需要意志努力的。为了使学生维持自己的意志努力,需要不断的鼓励学生进行自我激励,保持一个良好的心境。心境管理就是让自己的积极心态成为自己的主导,让自己的消极心态通过一种不损害他人的方式疏解,或者通过"修身律己"而化小。如明确学习目的和目标、激发学习的内在动机、树立为了掌握而学习的信念、选择有挑战性的任务、调节成败的标准、正确认识成败的原因、自我奖励等都能激励学生学习。

第二节　小学生学习策略训练

一、学习策略训练的原则

学习者在学习、阅读时常常使用各种策略,但很少有一种学习策略可以适用于所有的学习内容。显然,学习策略的作用要通过具体活动体现。在进行学习的训练时,不管教什么策略、怎么教这些策略,都应遵循一定的基本原则。

(一) 主体性原则

主体性原则既是学习策略训练的目的,又是必要的方法和途径,任何学习策略的使用都依赖于小学生主动性和能动性的充分发挥。没有学习者的主动参与,就谈不上学习策略的获得和运用。因此,在训练中,要向小学生阐明策略教学的目的和原理,使其领会学习策略的重要性。同时,要给小学生充分运用学习策略的机会,并指导其分析和反思策略使用的过程与效果,促进其参与。

(二) 内化性原则

内化性原则是指训练小学生不断运用各种学习策略,逐步将其内化成自己的学习能力,并能在新的情境中加以灵活应用。内化过程需要小学生将所学的新策略与头脑中已有的有关策略的知识整合在一起,形成新的认识和能力。

(三) 特定性原则

学习策略应该要适应学习内容和小学生认知类型。一般的学习策略可以适应于大多数情境,在解决特定问题时往往还需要用到具体的、特定的策略。同样一种策略,对不同年龄阶段和不同接受能力的学生,所起的效果不一样。如归纳阅读提要可能是一种有效的学习方法,但对幼儿则可能相当困难。

(四) 生成性原则

学习策略是否有效,重要的原则之一就是学习者要利用学习策略对学习材料进行重新加工,生成某种新的东西,而这需要高度的心理加工。要想使一种学习策略有效,做这种心理加工是必不可少的。生成性程度高的策略有:写内容提要、有针对地提问,将笔记列成提纲、图解要点之间的关系,向同伴讲授课程内容要求。生成性程度低的策略有:不加区分的划线,不抓要点的记录,不抓重要信息的肤浅的提要等,但这些对学习都是低效的。

（五）有效的监控

有效的监控指小学生应当知道何时、何地与如何使用学习策略，并能反思和描述自己学习策略的运用过程。教小学生何时、何地与如何使用策略是非常重要的，只有这样，小学生才能对自己使用策略的过程及结果进行分析，及时调整策略。因此，教师应引导小学生对自己的策略使用情况进行反思，或者在使用过程中把它说出来，以促进小学生对策略使用过程的监控。

（六）个人效能感

即使小学生知道何时与如何使用策略，有时候他们也不愿意使用这些策略，这与小学生对使用学习策略的自我效能感有关。因此，教师要给小学生创造一些机会使他们感受到策略的效力以及自己具备有效运用策略的能力。在小学生学习时，教师要不断向小学生提问和测查，并且对小学生进行评价，给予反馈，如此能促进小学生使用学习策略，并使小学生感受使用学习策略的过程，体验学习中的收获。

二、学习策略训练的模式[①]

（一）指导教学模式

指导教学模式的基本思想是，小学生在教师的引领下学习有关的学习策略。指导教学模式与传统的讲授法很类似，由激发、讲演、练习、反馈和迁移等环节构成。在教学中，教师首先明确策略学习的目的，通过多种手段激发小学生对策略学习的欲望与动机。然后先向小学生解释所选定学习策略的具体步骤和条件。同时，教师在教学中依据每种策略来选择恰当的事例，说明其应用的多种可能性。提供的事例应从小学生的认知水平出发、由简到繁。接下来给小学生提供机会，让小学生练习使用策略。让小学生口头叙述和解释所操作的每一个步骤，报告自己应用学习策略时的思维，教师不断给予反馈。最后，小学生对策略运用过程进行反思，是否恰当、有无效果，并分析总结，进行策略的迁移。

（二）程序化训练模式

程序化训练就是将活动的基本技能，如阅读技能、记忆技能等，分解成若干有条理的小步骤，在其适宜的范围内，作为固定程序，要求活动主体按此进行活动，经过反复练习使之达到自动化程度。程序化训练的基本步骤是：①将某一活动技能，按有关原理，分解成可执行、易操作的小步骤，而且使用简练的词语来标志每个步骤的含义。②通过活动实例示范各个步骤，并要求小学生按步骤活动。③要求小学生记忆各步骤，并坚持练习，直至使其达到自动化程度。

（三）完形训练模式

完形训练就是在直接讲解策略之后，提供不同程度的完整性材料促使小学生练习策略的某一个成分或步骤，然后，逐步降低完整性程度，直至完全由小学生独立完成所有成分或步

---

① 胡忠光. 教育心理学［M］. 北京：教育科学出版社，2015：164—165.

骤。完形训练促使小学生有意注意每一个成分或步骤,而且每一步训练所需的心理努力都是小学生能够胜任的,每一步训练都给小学生以策略应用的整体印象。

(四) 交互式教学模式

交互式教学这种方法,主要用来帮助成绩不佳的小学生阅读领会,它是由教师和一小组小学生(大约 6 人)一起进行的。该模式旨在教小学生四种策略:①总结段落内容;②提与要点有关的问题;③明确材料中的难点;④预测下文出现的内容。在进行交互式教学模式时教师先做一个示范,朗读一段课文,并就其核心内容进行提问,最后概括出本段课文的中心大意。然后教师指定一个小学生扮演"教师",彼此提问,促进策略的学习。

(五) 合作学习模式

在合作学习活动中,两个小学生一组,一节一节地彼此轮流向对方总结材料,当一个小学生主讲时,另一个小学生听着,纠正错误和遗漏。然后,两个学生彼此变换角色,直到学完所学材料为止。研究表明,以合作学习方式学习的学生相比于独自总结或简单阅读材料的学生,其学习和保持都有效得多。且合作学习模式中两名学生都能从中受益,而主讲者比听者获益更大。

在实际教学中,教师不管采用什么方法进行学习策略的教学,都要结合学科知识。教师要善于不断探索优化自己的教学步骤,为小学生提供可以仿效的活动程序;同时要根据小学生原有的学习方式来启发小学生的思路,让其有意识地内化有效的学习策略。

第三节　学习习惯概述

一、学习习惯的内涵与特点

学习习惯是在学习过程中经过反复练习形成,并发展成为一种个体需要的自动化的学习行为方式。

由于学习习惯的自动化,行为的意识控制水平降到了最低限度,从而使得学习习惯与一般学习行为有着本质的区别。学习习惯具有以下特点:

1. 生成性

学习习惯并不是天生的,而是在后天经验及反复练习的作用之下逐渐形成的。但是形成学习习惯的练习与学习本身的练习是不一样的。作为学习中的练习,为了达到灵活掌握知识、形成技能的目的,要求变换方式,以增强学习内容的迁移性。而学习习惯形成的练习则更多地依靠简单的重复,这种简单重复经常是在固定的情境和固定时间下进行,不需要多种形式的变换练习。有些习惯甚至只要经过一次就巩固下来了。

2. 情境性

学习习惯是在某种情境中简单地重复某种行为方式,所以学习习惯具有情境性。当某种学习习惯形成之后,一旦进入同样或者相似的情境中,这种学习习惯就会自然地表现出来。如果这种固定的学习行为方式被改变或者被中断,就会在心理上产生不愉快的情感体验。

3. 自动化

从心理机制上说,学习习惯是经过长期的强化和积累,最终建立起来的一种关于学习行为的自动化和定型的条件反射系统。所以自动化是学习习惯的非常重要的特征。一旦学习习惯真正形成就很少需要小学生主体意识的参与。如整理学习用品的习惯一旦形成,小学生在完成作业后,会自然而然地把文具、课本收拾好。

4. 情感性

学习习惯一经形成,就会促使小学生在相同或者相似的情境中做出特定的学习行为方式,如果不做,就会产生负面的情绪和情感体验。如一个习惯了做完作业就检查的小学生,偶尔一次没有检查,会使他感到不安。因此,在培养学生良好的学习习惯时,就要利用其情感性特征,调动情感的参与,来强化、巩固良好的习惯。在矫正不良习惯的过程中,也要根据这一特征,有意识地减少、转移因为矫正不良习惯而带来的不良情绪。

二、学习习惯的分类

(一)一般学习习惯和特殊学习习惯

根据是否具有学科限制性,可以将学习习惯分为一般学习习惯和特殊学习习惯。一般学习习惯包括:课前认真准备学习用品的习惯,上课专心听讲和认真思考的习惯,课后独立、按时完成作业的习惯,课前预习和课后及时复习的习惯。特殊学习习惯是指针对学科的特点,以及各学科所特有的不同教学方法和学习方式的要求而养成的习惯。

(二)良好学习习惯和不良学习习惯

根据学习习惯的性质,可以将其分为良好学习习惯和不良学习习惯。良好学习习惯对学习发挥促进的作用,而不良学习习惯则对学习发挥阻碍的作用。一般来说,某些习惯既可以在有目的、有计划的训练中形成,也可以在无意识状态中形成。而良好的学习习惯必须在有意识的系统训练中养成,不允许也不可能在无意识中自发地形成,这是良好学习习惯养成的一个重要特点。

三、学习习惯的作用

布卢姆认为,学生学习好的先决条件有两个:第一是"认知前提能力",即学习新学科相应的知识基础及预习课程的学习习惯等;第二是"情感前提能力",即学习兴趣和自信心。由此可见,培养学生良好的学习习惯在学生有效学习中具有重要地位。

(一)良好学习习惯有利于学习策略的形成

珀金斯(D. N. Perkings)认为培养运用策略性知识的能力是学校教育的重点之一。策略性知识的能力包括学习技能及运用各种学习方法的能力,而学习习惯是学生运用策略性知识的重要基础。由此可见,良好学习习惯的形成,有利于提高学习效率、激发学生学习的积极性和主动性。

（二）良好学习习惯是提高学习效率的重要条件

培养学生形成良好的学习习惯，是形成学习组织性和系统性最重要的途径，也是保证学习高效率的具体操作方式。学习缺乏组织性和系统性，学习活动就不能有效地形成结构化的智力活动和知识结构，就不可能有高效率的学习。

（三）良好学习习惯对学生的全面发展产生深刻的影响

在学习早期阶段，如果学习习惯在一定途径下得以顺利发展，并形成个体的一种需要，将会有利于以后的学习。同时良好学习习惯对学生其他习惯的养成有促进作用，这是顺利开展活动的基础。因此，从小培养学生形成良好的学习习惯，有益于学生的发展。

四、影响学习习惯形成的因素

（一）个人的认知经验是基础

个人的认知经验是学习习惯形成的基础。因此，探讨学习习惯的形成，首先需要讨论个人的认知特点对于学习习惯的影响。研究表明，个人的元认知水平与认知风格，直接影响学习习惯的形成。元认知水平越高，学习习惯也就越容易形成。而认知风格决定学习习惯形成的快慢，使学习习惯具有独特的个人色彩。冲动型学生其学习习惯的形成需要一个较长的过程，而思考型学生就比较容易形成良好的学习习惯，且一旦形成就比较稳定。场独立型的学生不易受他人或情境所影响，这种认知倾向对于形成稳固而个性化的学习习惯具有积极意义。场依存型的学生在活动中注重环境的要求，容易适应环境，但也容易受他人暗示，学习努力程度受教师和他人的表扬和鼓励的限制，学习习惯的形成就相对较慢。

（二）个人的动机强度是动力

动机对学习习惯形成的影响，主要是通过动机强度的大小、自我效能感的高低来实现的。从学习习惯的形成机制看，动机强度不仅影响学习习惯的形成，而且影响其长期发展的历程。一般来说，动机越强烈，学习习惯形成就越容易。研究表明，如果个体对学习习惯作用的认识明确，可以促进良好学习习惯的形成。因此，教师在培养学生学习习惯时，要引导学生认识到学习习惯的重要性，明白良好学习习惯是有效学习的基础。自我效能感越强，个体的努力越持久，越有利于学习习惯的形成与发展。自我效能感的提高可以增强学生的主体意识，提高人的认知调控能力和自信心。通过对学习困难学生的研究发现，他们的学习动机和自我效能感水平都较低，也没有形成良好的学习习惯。在对学习活动结果进行归因上，自我效能感强的学生倾向于将学习成败的主要原因归结为能力、努力、兴趣和学习方法等内部原因，而学习困难的学生将学习成败更多地归因于外部因素，这对形成积极、良好的学习习惯有着消极影响。

（三）良好的性格品质是维持力量

学习习惯的形成是一个长期的过程，在形成过程中需要克服许多的困难，这就要求学生对学习习惯有正确的态度、良好的坚持性和毅力。良好的性格品质是学习习惯形成的重要条件。在整个性格结构中,意志特征的影响尤为明显,如果说动机是学习习惯形成中具有情绪色彩的暂时动力,那么良好的性格品质则对学习习惯的形成起维持作用。

(四) 教师和家长的引导是外部支持系统

在影响学生学习习惯形成的各外部因素中,教师和家长的引导对学生学习习惯的形成起着十分重要的作用。教师和家长通过指导不仅影响学生学习习惯的内容和性质,而且通过榜样作用,潜移默化地影响学习习惯形成的过程。在家庭中,父母作为榜样被模仿,并对学生的行为进行引导。在观察和模仿过程中,学生可以抽象出榜样的行为特征,内化为规则,并通过对这些规则的重新组织,形成全新的行为。

教师是系统化影响学生学习习惯形成的首要因素,在学生学习习惯培养方面具有不可替代的作用。教师对学习习惯作用的认识不仅直接制约着学生对这个问题的重视程度,而且教师所提出的要求、监督和评价,对学生学习习惯形成的快慢、性质有着直接的影响。教师的教学风格是构成学生学习习惯形成的一个重要环境因素。教师的教学风格构成了学生课堂环境的基本倾向,对学生学习习惯的形成乃至整个社会化进程有着重要影响。此外,在教学和与学生互动中,教师要有培养学生良好学习习惯的意识,教学生形成良好学习习惯的具体方法,并让学生实践,对学生课后的学习行为方式给予及时反馈、指导,才能构成最有利于学生良好学习习惯养成的环境。

第四节　小学生学习习惯养成

由于学习活动自身的复杂性,学习习惯在形成方面与其他习惯有很大区别。良好的学习习惯需要有意识的训练形成。而许多不良学习习惯往往自发形成。习惯是个人内部自相适应的一种自动化行为动力系统。一种习惯一旦形成,人们的优势心理反应是维持一种习惯而不是去改变这种习惯。不良学习习惯形成后,改变它的过程十分困难,且改变的初期,会引起学生心理上的不适应感。因此,教师和家长在学习初期就应注重学生良好的学习习惯的养成。学校和家庭通过有目的、有计划地培养学生养成良好的学习习惯,同时避免他们形成不良的学习习惯,是促进学生有效学习和获得成功学习经验,并促进学生全面发展的有效途径之一。

案例 10 - 4　　　　　　　　　　**小学生的学习习惯**

在一次小学四年级的家长会上,家长们交流孩子在家的学习情况。A 同学的家长说:"我家孩子在家学习一心几用,经常一边做作业还一边看电视、吃零食,所以做作业的速度就比较慢,有时候要写到深夜。"B 同学的家长补充到:"我的孩子经常不知道作业是什么,在学校忘记记笔记了,有时忘记还有作业要做。"C 同学的家长听到其他家长的讨论也凑过来:"我家孩子不爱整洁,经常在书本上乱写乱画。人又懒,不爱独立思考,遇到稍微复杂一点的题目,就想放弃,自己不做,要么翻答案,要么跑来问我。"

家长们的讨论揭示了小学生不良学习习惯的多种表现方式。有的学生甚至存在多个方面的不良学习习惯。由于学习习惯不佳，学生的学习效果受到影响。

一、小学生学习习惯形成的心理特点

小学生学习习惯的形成是一个复杂的过程，经过不断变化、发展，最后才完善。这一过程的心理发展特点主要表现在以下四个方面。

(一) 学习习惯的形成是由外部支配到内部控制的过程

小学低年级学生的学习习惯是在教师和家长的要求下或模仿他人情况下形成的。例如，小学低年级学生上课注意听讲、积极思考问题以及认真完成作业等学习习惯的形成，主要靠外力作用，很少出于自觉主动。到了小学高年级，随着对学习认识的提高，学生把教师和家长的要求转化为自己的内部动力，使学习习惯的形成更趋于自觉性，表现在没有外部监控下，也能自觉地努力学习。

(二) 学习习惯的形成是由简单到复杂的过程

小学生在低年级的学习习惯是具体、简单、易行的。例如，上课铃响立即进教室准备好上课的文具用品，安静地坐在自己的位子上等。这些习惯小学低年级学生是容易做到的。但到了小学高年级，随着对学习认识水平的提高，学习难度增加，那些抽象复杂的、应用系统方法的学习习惯在学习活动中逐渐增多。

(三) 学习习惯的形成是由不稳定到稳定的过程

低年级小学生，由于缺乏自制力，一些良好的学习习惯是不稳定的。例如，语文课能认真听讲，但数学课听讲却不认真。而到了小学高年级，在教师和家长的教导下，良好的学习习惯日益稳定，例如，对各学科出现的疑难问题都能独立思考。

(四) 学习习惯的形成是良好习惯和不良习惯不断斗争的过程

正因为小学生学习习惯的形成由不稳定到稳定，因此良好习惯的形成过程也可能伴随不良习惯。教师和家长应根据学生的年龄、个性特征，培养其良好的学习习惯，抑制和消除不良学习习惯。

二、小学生学习习惯形成的阶段

(一) 小学生学习习惯形成的阶段及特点

根据学生学习习惯形成的过程，可以将其分为三个阶段。

1. 不自觉行为阶段

学生表现出来的学习习惯往往靠外部的强制力量作用，如学生在家长的督促下完成家庭作业,在老师的管理下坐在教室里听课。

2. 较自觉的行为阶段

此阶段不需要外部的监督,但还需要自己的意志努力。如小学生虽然能自觉完成家庭作业,但总是拖拖拉拉,完成速度较慢,完成时间也较迟。

3. 自动化行为阶段

此阶段既不需要外部监督,也不需要自己的意志努力,而是一种定型的动作习惯。

(二)小学生学习习惯养成阶段的引导要求

"不自觉行为阶段"显得尤为重要,因为小学生尤其是新入学的儿童有意注意的时间较短,自制力较差,学习还没有成为他们的自觉行动,这时就需要较强的外部监督,这种监督主要来自家长和教师。通过教师之间的配合,家长和教师的配合以及家庭成员之间等各方面力量的配合,激发小学生的学习兴趣,鼓励他们养成认真预习、上课专心听讲、遇事积极思考、按时保质地完成作业和课外阅读等良好的学习习惯。小学生度过了艰难的"不自觉行为阶段",在家长和教师的影响和鼓励下,就会很轻松地跃到"较自觉的行为阶段",再经过持之以恒地反复训练,第三阶段的自动行为就会自然形成。

三、小学生学习习惯培养的主要原则

(一)兴趣性原则

学习习惯培养要始终将学生学习兴趣的培养放在首要位置,切不可以牺牲学习兴趣为代价去培养学生的学习习惯。因此,在学习习惯的培养过程中,不能一味地要求学生苦练,要结合小学生的年龄特点采取一些有趣的形式进行训练,如游戏、活动和竞赛等。

(二)整体性原则

小学生的学习习惯与其生活习惯有很大的关联性。小学生一旦养成良好的生活习惯,就为他形成良好的学习习惯创造了条件。一个在日常生活中粗心大意惯了的人,要在学习中养成认真细心的习惯很难。因此,培养学生良好学习习惯,不能只注重一个方面,要与良好的生活习惯结合起来。

(三)渐进性原则

教师在培养小学生学习习惯的过程中,在一段时间内要重点训练一个学习习惯;对不良学习习惯的纠正,教师也不能急于要求学生一下子改掉所有的不良习惯。学生良好学习习惯的培养是一个长期的循序渐进的过程,其中必定要有反复,因此,教师一定要有耐心和恒心。

(四)活动性原则

学习习惯的培养要结合具体的教育教学活动进行。培养小学生学习习惯也要以课堂教学为主渠道,同时要发挥班会、家长会以及学生课外活动等其他渠道的强化作用。

四、小学生良好学习习惯的基本内容

(一)一心向学的习惯

一心向学的习惯,是所有学习习惯中最重要的习惯。这种习惯一旦养成,就会自动自觉甚至不由自主地把事物都与学习联系起来,就会感到生活到处都有乐趣。具有一心向学习惯的学生,能够充分地利用时间直接或间接地做与学习相关的事。有一心向学习惯的学生,通过这种日积月累,时间转化成了知识,知识转化成了智慧,逐渐形成了优势。

(二)专心致志的学习习惯

专心致志的学习习惯,是学生必须养成的起码的学习习惯。专心致志,就是指全神贯注,致力于当下注意对象不分心。一切与注意对象相悖的、乃至不相关的事情都尽量回避。上课时要全神贯注地听讲,做作业时聚精会神地思考。对于一切与学习无关的事情能够做到听而不闻,视而不见。有些同学上课时经常开小差、讲话或摆弄东西,甚至做一些与学习毫不相干的事。课后一边听歌一边做作业,家里的一点动静都能引起他的关注。这些做法都是与专心致志的学习习惯背道而驰的。

(三)严格执行学习计划,定时定量的学习习惯

一般说来,确定目标、制订计划比较容易,而定时定量地完成学习计划却比较难。这就是通常所说的"知易行难"。定时学习是完成学习计划的前提。定时学习,包含两层意思:一是每天必须保证必要的学习时间,二是在规定时间能进行学习活动。定量学习是完成学习计划的保证。学习计划是通向学习目标的道路,定量地完成学习计划,就等于在这条道路上不断前进,在计划的指导下,当知识的量达到一定程度时,便达到了目标。由此可见,只有每一天都定量学习,才能获得较好的学习成绩。在实际学习生活中,许多学生学习缺乏应有的计划,既不定时,也不定量。在学习时间的安排上,总是先松后紧;在学习内容的安排上,喜欢搞临考突击。往往是老师留作业,就做一做,不留作业、不做要求的,就概不理睬。这样学到的知识不但数量少,而且质量差,往往经不起严格的检验。

(四)认真思考的学习习惯

认真思考的学习习惯,有利于提高学习质量,有利于培养学生的能力,尤其是有利于增强学生的发现意识、发明能力和创造能力。认真思考的学习习惯,是比较高级的修养。因此,在教学中教师应提供机会给学生思考,并引导学生积极思考,如采取提问、讨论的教学方式。在家学习时,家长也应该给学生足够的思考空间,而不是一味地帮助学生学习,让学生养成遇到难题就向家长求助、依赖家长的习惯。

(五)讲究学习卫生的习惯

良好的学习卫生习惯包括读书姿势、写字姿势及用眼卫生等方面。小学既是长知识又是长身体的阶段。因此,在学习时小学生应该知识身体并重,在整个学习生活中,讲究学习卫

生,养成良好的学习卫生习惯。

思考题

1. 学习策略的基本类型有哪些?
2. 小学生如何有效地进行学习资源管理?
3. 学习策略训练的模式有哪些?
4. 小学生学习习惯的养成受哪些因素影响?
5. 根据下面的案例,分析教师应如何培养学生的学习习惯。

扫一扫二维码
轻松获取答案

　　袁老师被学校安排担任三年级的数学任课老师和班主任。接手新的班级后,袁老师觉得班级中还有一部分学生急需培养良好的学习习惯。由于孩子年龄还小,天性使然,大多聪明伶俐、反应敏捷,然而好动贪玩,注意不能持久,上课爱做小动作,作业完成不够积极主动。例如,王云计算速度慢,完成作业速度慢,书写比较脏乱。其父母在外务工,爷爷对他的学习辅导无能为力。陈开明在开学两周内仅有两次按时交作业。黄德和杨博平小动作不断,上课经常互相干扰。肖林生学习基础较差,从不按时完成作业。这样的学生还有几个,如果任由他们继续这样下去,必然影响学生的进一步发展。

　　袁老师分析之所以有这样的现象,是因为一、二年级两学年内是不要求书面课外作业的,升入三年级,学生心里还没有完成书面课外作业的意识,还没有养成完成书面课外作业的习惯。三年级开始,书面课外作业的布置,改变了学生两年内形成的课外生活习惯,打乱了学生的生活规律,学生一时还有些不适应。此外,部分学生是留守儿童,大多跟着爷爷奶奶或亲戚朋友生活,长期与父母分离,缺乏父母的关爱和管教。这部分学生往往生活比较优越,生活与学习习惯却不够好。隔代亲的现象广泛存在,年老的祖父母能够给孩子提供优越的生活条件,却往往无力给孩子的学习提供辅导,也不忍对孩子进行严格要求,致使孩子养成许多不好的学习习惯。

样题

一、单项选择题

1. 工作记忆中为了保持信息,运用内部语言在大脑中重现学习材料或刺激,以便将注意力维持在学习材料上的方法称为(　　)。

A. 组织策略　　　　B. 复述策略　　　　C. 计划策略　　　　D. 调节策略

2. 在学习新材料时,先对材料进行系统地分析、归纳和总结,然后用简要的词语,按材料中的逻辑关系,写下主要和次要观点,这属于(　　)。

A. 复述策略　　　　B. 理解-控制策略　　C. 精细加工策略　　D. 组织策略

3. 下列哪一项不属于组织策略?(　　)

A．利用图形　　　　B．利用表格　　　　C．过度学习　　　　D．列提纲

4. 在学习过程中,学习者通过对重点内容圈点批注的方法帮助记忆,这种学习策略属于（　　）。

A．精细加工策略　　B．组织策略　　　　C．复述策略　　　　D．元认知策略

5. 一个学生根据自己的学习总目标对学习实践作出了总安排,并列出了学习日程安排,这种学习策略属于（　　）。

A．认知策略　　　　B．元认知策略　　　C．资源管理策略　　D．精细加工策略

6. 学习习惯并不是天生的,而是在后天经验及反复练习的作用之下逐渐形成的。这体现了学习习惯的（　　）这一特点。

A．生成性　　　　　B．自动性　　　　　C．情境性　　　　　D．情感性

7. 小学低年级学生在教师及家长要求下上课注意听讲、认真完成作业,而到了高年级没有教师及家长的监督,也能自觉地努力学习。这说明小学生学习习惯的形成是一个（　　）的过程。

A．由简单到复杂　　　　　　　　　　B．由稳定到不稳定

C．由外部支配到内部控制　　　　　　D．由不稳定到稳定

8. 教师在培养小学生学习习惯的过程中,在一段时间内要重点训练一个学习习惯,对不良学习习惯的纠正,教师也不能要求学生一下子改掉所有的不良习惯。这说明培养小学生的学习习惯要遵循（　　）。

A．兴趣性原则　　　B．整体性原则　　　C．渐进性原则　　　D．活动性原则

二、多项选择题

1. 下列选项中,属于组织策略的是（　　）。

A．画线　　　　　　B．记笔记　　　　　C．列提纲　　　　　D．画关系图

2. 一般来说,元认知策略可分为（　　）。

A．复述策略　　　　　　　　　　　　B．精细加工策略

C．计划策略　　　　　　　　　　　　D．监控策略

E．调节策略

3. 小学生将唐朝建立时间"公元 618 年"联想成"有糖吃要留一把",这种记忆方法是（　　）。

A．谐音　　　　　　　　　　　　　　B．组织策略

C．形象联想　　　　　　　　　　　　D．精细加工策略

E．复述策略

4. 小学生学习习惯的形成受（　　）影响因素。

A．个人的认知经验　　　　　　　　　B．个人的动机强度

C．性格　　　　　　　　　　　　　　D．教师和家长的引导

5. 小学生学习习惯的形成是一个复杂的过程,这一过程的心理发展特点主要表现在学习习惯的养成（　　）等几个方面。

A．由简单到复杂　　　　　　　　　　B．由不稳定到稳定

C．由外部支配到内部控制　　　　　　D．良好习惯和不良习惯不断斗争

6. 培养小学生良好的学习习惯应遵循(　　)。

　　A．兴趣性原则　　　B．整体性原则　　　C．渐进性原则　　　D．活动性原则

三、填空题

1. 一般来说,学习策略可以分为认知策略、元认知策略和_____三个方面。

2. 常用的组织策略有_____、利用图形和_____。

3. 元认知策略包括计划策略、_____和调节策略。

4. 小学生学习习惯形成经历的阶段不自觉行为阶段、较自觉行为阶段和_____。

5. 学习习惯是在学习过程中经过反复练习形成,并发展成为一种个体需要的_____学习行为方式。

6. 学习习惯与一般学习行为有着本质的区别,它具有_____、自动化、_____和情感性。

7. 根据是否具有学科限制性,可以将学习习惯分为一般学习习惯和_____。

四、名词解释

1. 认知策略

2. 精细加工策略

3. 学习习惯

五、简答题

1. 简述学习策略训练的原则。

2. 简述学习策略的基本特征。

3. 简述学习习惯的形成阶段。

六、论述题

谈谈小学生学习习惯形成的特点。

扫一扫二维码
轻松获取答案

进一步阅读的文献

1. 陈琦,刘儒德. 当代教育心理学(第 2 版)[M].北京:北京师范大学出版社,2007.

2. [美]简妮·爱丽丝·奥姆罗德著.雷雳,柳铭心等译.教育心理学精要:指导有效教学的主要理念(第 3 版)[M].北京:中国人民大学出版社,2013.

3. [美]安妮塔·伍尔福克著.伍新春,张军,季娇译.教育心理学(第 12 版)[M].北京:中国人民大学出版社,2015.

4. 张大均.教育心理学(第三版)[M].北京:人民教育出版社,2015.

第十一章 小学生品德心理

学习目标

1. 了解道德和品德的含义、二者的关系,掌握品德的心理结构。
2. 了解小学生的道德行为。
3. 了解品德的理论。
4. 掌握小学生道德行为的促进方法。

内容脉络

```
                          ┌──────────────────┐
                          │   小学生品德心理   │
                          └──────────────────┘
        ┌──────────────────┐                    ┌──────────────────────┐
        │   品德心理概述     │                    │      品德理论          │
        ├──────────────────┤                    ├──────────────────────┤
        │ • 道德与品德的定义 │                    │ • 班杜拉的社会学习理论 │
        │ • 品德的心理结构   │                    │ • 皮亚杰的道德认知发展论│
        └──────────────────┘                    │ • 科尔伯格的道德推理阶段│
                                                 │   理论                 │
                                                 │ • 薛尔曼的换位思考理论  │
        ┌──────────────────┐                    │ • 艾森伯格的亲社会理论  │
        │  小学生的道德行为  │                    └──────────────────────┘
        ├──────────────────┤
        │ • 小学生的亲社会行为│        ┌──────────────────────┐
        │ • 小学生的反社会行为│        │  小学生道德行为的促进   │
        └──────────────────┘        ├──────────────────────┤
                                     │ • 营造一个有权威的环境  │
                                     │ • 阐述某些行为不可接受的理由│
                                     │ • 演练认识他人情绪      │
                                     │ • 树立道德和亲社会行为的榜样│
                                     │ • 对道德问题和两难处境进行讨论│
                                     └──────────────────────┘
```

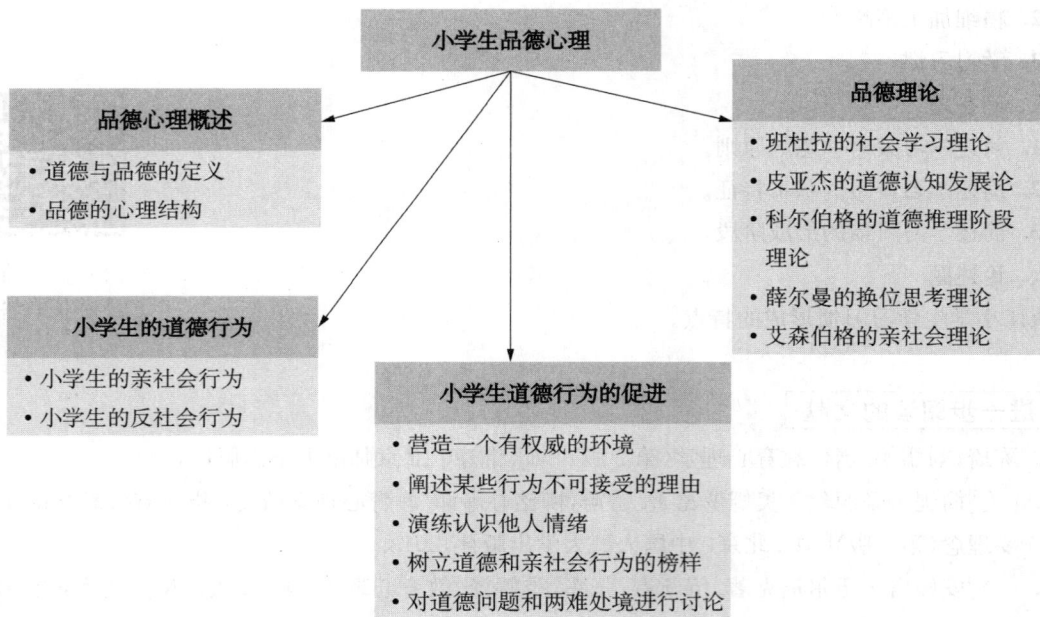

小学生对道德与不道德行为的观念,即指的是他们对什么行为是对或是错的观念。这一观念会影响他们在学校和教室的行为。例如,如果小学生认为同学的个人财物和安全需要得到尊重,就不会有偷窃和暴力行为;如果小学生认同遵守规则的重要性,就会少有破坏学校和班级规则的行为;如果学生们相信欺骗是一件在道德上无法接受的事情,就会少有欺骗行为。

小学生关于道德的信念,也影响他们如何思考和了解他们在学校学到的一些课程。例如,当在历史课上读到关于二战大屠杀的描述时,他们的道德价值观念会影响他们的反应;在操场上讨论什么才是好的运动员精神,势必谈到公平,以及对他人的尊重的重要性。总之,小学生在学校学习任何课程,都无法逃避关于道德的探讨。

作为教师,我们在小学生的道德发展中,扮演着至关重要的角色。如果一位老师想为班上新来的一位学生准备一堂课,他首先与班上同学探讨这位学生在一个新环境中很可能会有的不确定、恐慌、孤独等感受,然后全班帮助一起制订如何让新生在班上感觉如家般自在的一个个步骤,那么这位教师所为即在构建一种观念,好让班上学生对初来乍到者有更多亲社会行为。换一种情况,如果这位教师忽略了班上同学在玩耍过程中可能会针对新生的一些自私和攻击性的个例,他或许还认为学生们总能依靠常理来自己解决问题,那么这位教师不但在促进学生的社会和道德成长方面无所作为,甚至还在无形中传达"反社会行为是可以接受的"的信号。

下面篇章中,我们会从多重维度了解道德发展的本质。我们会探讨品德与道德的关系、品德的构成、道德行为的情绪基础等,然后进一步了解道德推理、换位思考以及亲社会行为的发展。最后,我们确定一系列策略,来促进学生的道德和亲社会发展。

第一节　品德心理概述

一、道德与品德的定义①

品德与道德是两个既有区别又有联系的概念。

(一) 道德的定义

> 道德是由舆论力量与内心驱使来支持的行为规范的总和。

道德是一种社会现象,是在社会生活中,为了维护社会秩序,协调人与人之间的关系,人们必须遵守的共同的行为规范。它与法律不同,法律是依靠强制手段来维护的一种准则和规范,如违反法律就要受法律的制裁;而道德是依靠舆论力量和内心驱使来维护的一种准则和规范,如违反道德准则要受到社会舆论的谴责和自己良心的责备。

道德是一种分辨善恶的尺度,它随着社会发展而发展,不同的社会有不同的道德标准。不过,道德也有共同性,例如互助、谦让、尊重他人、尊老爱幼等在不同时代都是社会所提倡的道德标准。

(二) 品德的定义

> 品德即道德品质,是指个人依据一定的道德准则行动时所表现出来的某些稳固的心理特征,它是道德规范在社会成员个体身上的表现。

---

① 皮连生主编. 教育心理学(第四版)[M]. 上海:上海教育出版社,2011:203—204.

品德是一种稳固的心理倾向或特征。一个人偶尔一次的行为表现不能判定一个人的品德好坏，只有经常按照某种方式去行事，已成为性格中固定的部分，才能以此判定其品德如何。另外，品德是通过与道德有关的态度言论以及一系列的行为举止反映出来的。要了解一个人的品德就要对他的行为进行长期的观察和研究。

（三）道德与品德的区别与联系

1. 道德与品德的联系

两者是密切联系的。品德是社会道德规范在个体身上的具体表现，离开了社会道德，也就谈不上个人的品德。个体的品德对社会道德状况有一定的反作用，多人的品德就构成社会的道德面貌或风气，社会道德是无数个体品德的概括和集中。

2. 道德与品德的区别

（1）范畴不同。道德是社会现象，它的产生与发展受社会发展规律的制约，它依赖于整个社会的存在与发展，不以某一个体的存亡为转移。品德是个体现象。它的形成和发展，一方面要受到社会规律的制约，另一方面受个体生理、心理发展规律的影响，它的发生、发展则有赖于具有某种品德的个体的存在，个体消亡了，其品德也不复存在。

（2）品德与道德产生的力量源泉不同。道德产生的力量源泉是社会需要。在社会生活中，人们为了维护共同的利益，协调各种社会关系，以保障社会的稳定与发展而制定了道德行为准则与规范。品德产生的力量源泉是个人的需要。个人为了归属于一定的社会群体，为社会所接纳，就必须遵守一定的社会道德规范，协调个人与社会、个人与集体、个人与他人的关系，正是这种需要促使人们自觉地按道德准则与规范发展和完善自身的品德。

（3）隶属关系不同。道德是伦理学、社会学研究的对象，品德则是心理学、教育学研究的对象。

二、品德的心理结构

品德的心理结构是指品德所包含的心理成分。品德的心理结构非常复杂，它既是多层次、多水平的有机统一整体，又是由多种心理因素交互作用的综合体。迄今为止，人们在品德心理成分的划分上意见并不一致，目前较为认可的观点是品德包含道德认识、道德情感、道德意志、道德行为四种心理成分，简称知、情、意、行。

（一）道德认识

道德认识主要是指儿童对具体的行动准则以及执行意义的认识，包括：道德概念、道德推理、道德信念、道德评价等方面。道德概念的掌握、道德信念的形成和道德评价能力的发展是衡量学生道德认识形成和发展的主要标志。其中，道德推理对于道德信念的形成以及道德评价能力的发展起到了重要作用。

道德信念是指人们对某种道德观念坚信不疑，并由此而产生的对履行某种道德义务的强烈责任感。道德信念是推动个人产生道德行为的一种强大的动力，它可以使人的道德行为表现出坚定性与一贯性，它是道德品质形成中的关键因素。学生道德信念的形成依赖于掌握道德知识的深度,通过实践使学生获得道德行动的经验和富有感情色彩的体验,并证实道德要求的正确性。这一漫长的过程分为四个时期:无道德信念时期(约10岁前)、道德信念萌芽期(10—15岁)、道德信念的初步形成时期(15—18岁)和道德信念确立时期(约18岁以后)。

道德认识在品德形成过程中有十分重要的作用。只有当儿童懂得什么是"是"、"非"、"善"、"恶",知道应该怎样行动和为什么要这样行动时,才能自觉地产生相应的道德行为。而且,有时候,儿童之所以违反道德正是因为他们缺乏正确的道德认识。例如,把冒险当作勇敢,从而做出违反纪律的事情。

(二)道德情感

道德情感是一个人根据社会道德标准,从道德的角度理解道德事件时所体验到的情感。一般地说,如果现实生活中的各种事件、自己或别人的行为符合自己的道德认识或自己所维护的道德观念,那么,人们就会产生积极的情绪体验;相反,就会产生消极的情绪体验。例如,儿童拾到一件物品还给了同学,他就会感到高兴、快乐;拾到物品占为己有,他就会内疚、不安、担心。

有三种情绪情感与道德的发展息息相关:羞耻、负罪感和同理心。当儿童处于小学中年级时,他们中的大多数偶尔会感受到羞耻,他们会因为没有达到父母和老师给他们设置的道德行为标准而感到尴尬和蒙羞。不久以后,他们开始发展出自己的行为标准,他们有时候会体验到负罪感——这是他们感觉到自己给别人造成痛苦时的一种不适感。尽管本质上是令人不快的,但羞耻和负罪感都是一种好的征兆,预示儿童开始体会到什么是对错,从而使他们未来的行为得以改善。道德发展涉及的第三种情绪是同理心,即与处在不幸处境中的人感同身受。在整个基础教育阶段,同理心都会持续发展,其发展有时候还会延续到高中阶段。在小学阶段,同理心往往仅限于对学生认识的人,比如朋友和同学。但在小学高年级,学生开始对自己不认识的人也产生同理心,比如穷人、无家可归者,或者那些处在战乱国家的人。同理心尤其促进亲社会行为的发展,因为学生若能对他人的伤心和挫折感同身受,他们更可能做有利于对方的事。

(三)道德意志

执行道德行为会遇到各种困难,能否坚持做下去,与个人道德意志有关。道德意志是指人们在一定的道德观念指导下,克服困难,以实现一定道德目的的内部过程。它建立在道德认识基础上,是人通过理智去解决内心的道德矛盾并支配自己的道德行为的过程。

道德意志主要表现在两方面:一是用符合社会道德要求的动机战胜不符合社会道德要求的动机;二是抵御现实中的各种诱惑,排除内外干扰,始终坚持道德行为。道德意志调节和控制着人的道德行为,使其贯彻始终,经过多次反复和实践,便形成道德行为习惯。

(四)道德行为

道德行为是一个人遵照道德规范所采取的言论和行动。一个人是否有正确的道德认识、积极的道德情感、坚强的道德意志,最终只能通过其道德行为来判断。所以道德行为是评价个人品德的主要标志。

　　一般来说，道德认识是品德心理结构的基础，是道德情感产生的依据。道德情感是伴随着认识而产生的一种内心体验。道德认识和道德情感的深化和交融产生了道德动机。道德动机驱动个体以道德意志来实现道德行为。道德行为既可使道德认识、道德情感、道德意志得到检验，又可以加深和提高道德认识，增强道德情感，锻炼道德意志。由此可以看到，品德的四种心理成分是相互联系、相互制约和相互促进的整体。如果某一成分有所偏离，就会相互削弱，影响品德形成。如果对道德观念认识不清，那么道德情感、道德意志、道德行为就缺乏正确的指导思想；如果道德情感体验不深，就会缺少推动道德行为的力量；如果意志不坚定，道德信念就会动摇，情感也不易控制；如果不重视对道德行为习惯的培养，就可能使学生言行脱节，出现只会说不会做的情况。因此，品德的形成是这些心理成分共同发生作用的综合过程。

第二节　小学生的道德行为

　　在儿童社会化过程中，通过与社会相互作用，儿童逐渐学会了一些适应社会的行为，即亲社会行为，如分享、助人、合作等；有的儿童也出现了一些与社会要求不相适应的行为，即反社会行为，如攻击、欺负行为等。一般认为，亲社会行为符合道德规范，是道德行为；反社会行为属于不道德行为。反社会行为达到了触犯法律的程度，就成了违法行为。如在案例 11 - 1 中，我们发现小明有一些不道德行为，比如他时不时就会在食堂里面偷别人的午饭。我们通常指的不道德行为，是指一些破坏公平的、导致躯体和情感伤害，或者损害其他人权益的行为。[①]

案例 11 - 1　　　　　　　　　　　　"小 恶 霸"

　　小明是一位小学五年级的学生。他似乎到哪里都能制造麻烦。在教室里，他显得很粗鲁，且总是违反规则、挑衅他人。他在学校经常发生的事情是，上课总是迟到，在座位上垂头丧气、无精打采，把脚跷在桌子上，对同学和老师大声喊着一些污言秽语，并且对参与班级活动充满抵触。

　　而且只要躲开老师的眼睛，小明的行为就会更加糟糕。他会在走廊推搡同学，在食堂偷比他小的孩子的午饭，常常在学校的操场上挑起冲突。

　　很显然，学校没人喜欢小明。他的同学们都说他欺负人，同学的家长都说他是"小恶霸"，坏到骨子里的那种。他的班主任老师，即便一直努力挖掘学生的优点，也发现小明的优秀品质乏善可陈，她甚至都开始想把小明作为自己职业生涯中的一个反例。

　　小明看上去并不被他所制造出来的那些敌意所困扰，他每天都在数着日子，希望自己可以被正式开除出学校。

① 冯准. 小学心理学[M]. 重庆：西南师范大学出版社，2008：132—143.

一、小学生的亲社会行为

> 亲社会行为(pro-social behavior)是指对行为者本身并无明显好处,而对行为受体(他人和社会)带来利益的行为,如助人、分享、合作等行为。

早在婴儿时期,儿童就已表现出亲社会行为。例如,很小的儿童就愿意将他们的东西分给父母或同伴。由于亲社会行为是社会所支持和鼓励的,所以在社会的强化下,随着儿童年龄的增长,儿童的这些行为一般会随之增加。就小学生来说,亲社会行为表现出如下特点:(1)行为的动机由外在教育的压力(具体、确定的奖励)向内在需要(自发自愿、不求外在奖赏)转化;(2)在结构上表现出观念和行动的分离;(3)情境的影响作用日益显著。

(一)分享行为

分享行为(sharing behavior)是指按一定标准与人分享共有物品的行为,它是儿童亲社会行为的一个重要方面。早在 20 世纪 70 年代就有人(W. Damonz)提出了儿童分享的发展模式:从自我中心出发—按个人的能力和劳绩—同情和重视个体的需要。我国学者岑国桢等人 1988 年采用故事法对我国 5—11 岁儿童的分享观念的研究也证实了儿童分享的发展规律的存在。他们的实验表明,儿童 5 岁起已无自我中心现象。关于一般物品的分享,5—11 岁儿童大多指向"需者",自 9 岁起指向"需者"占优势。关于荣誉物品的分享,年幼儿童大多指向"能者",而年长儿童大多指向"需者",这种转折则在 7—9 岁之间。并随年龄增长,儿童开始把是否参加活动作为影响分享的重要因素。研究表明,随着年龄的增长,小学儿童的分享观念和行为之间越来越趋于一致。

一些国内外研究发现,小学儿童的分享行为随年龄增长而不断增加。厄盖赖尔(Vgurel)等人 1965 年让 4—16 岁儿童分核桃。核桃是单数,要被试和另一儿童来分。实验中发现儿童有三种分法:丢掉一个成偶数后两人平分;给自己多分一个;给对方多分一个。结果发现儿童的自私行为随年龄的增长而减少。4—6 岁儿童有 67% 给自己多分一个,9 岁左右有 23% 的儿童是自私的,12 岁以后没有一个儿童表现出自私行为。我国的类似研究也呈现出与上述一致的发展趋势。具体情况见表 11-1。

表 11-1 在实际情景中不同年级儿童利他、利己选择的发展趋势(%)

	分物组		选物组	
	利他选择	利己选择	利他选择	利己选择
一年级	20	55	0	80
三年级	25	50	15	65
五年级	55	20	35	45

(二)助人行为

助人行为(helping behavior)是一种不期望以后报答而出于自觉自愿的帮助他人的行

为。巴塔尔（D. Bartal）等根据众多的实验结果，归纳出儿童的助人行为要经历六个发展阶段：阶段1，遵从和具体、确定的强化。此阶段的助人是为了遵从权威的要求或命令，并伴随着具体的奖惩。阶段2，遵从。此阶段的助人与阶段1的差别在于不需要具体的强化物。阶段3，内部引发和具体奖赏。此阶段儿童自愿引发助人行为，但都是为了得到别人具体而确定的回报。阶段4，规范行为。这时儿童履行助人行为是为了遵从社会要求。阶段5，概括化了的相互对等。此阶段儿童助人是因为相信当他需要别人帮助时，别人会报答他的。阶段6，利他行为。这是助人行为发展的最高阶段。这一阶段儿童的助人满足了利他行为的三个条件，其行为动机是利他主义的，并体验到同理心，儿童的行为受自我奖赏机制控制。

小学生的助人行为也是随着年龄的增长而变化的。一般认为，6—12岁是助人行为发展的最快时期。这与儿童的认知能力的发展以及生活的内容和范围的扩大有关。不过，斯陶布（E. A. Staub）的研究却表明助人行为有其年龄的独特性。他在1971年的研究中发现，对于5—12岁的儿童来说，5—8岁期间，儿童的助人行为随年龄增长而增加，而9—12岁期间的助人行为则呈下降趋势。造成这种现状的原因，斯陶布认为可能是年龄较大的孩子更担心由于率先采取行动而受到指责。确实，除了年龄是影响儿童助人行为的原因外，同伴的加入、与成人的关系以及成人的榜样行为等很多因素，都可以对儿童的助人行为产生影响。如有研究发现，儿童单独在场时，只有31.8%的儿童表现出助人行为，而两人在场时，则上升为61.8%（E. A. Staub, 1971）。顾鹏飞、李伯黍对我国小学儿童的助人行为进行研究，结果发现小学二年级学生已开始能在有选择的条件下助人，懂得意向的重要性（即有意识的助人），摒弃互换（即不是为了交换而助人），能够理解不需要外部奖赏而做出以行为本身为结果的利他行为。到小学四年级，儿童基本上能够摆脱遵从权威的束缚，自愿引发助人行为。

（三）合作行为

合作（cooperation）是指两个或两个以上的个体为了达到共同的目标而协作活动，以促使某种既有利于自己，又有利于他人的结果得以实现的行为。合作是社会性行为的表现，也是个体适应社会生活所不可缺少的社会技能。儿童的合作行为早在18—24个月时就开始迅速发展和分化，由于合作是一种复杂的社会行为，需要具备一定的条件，如对合作的可能性和益处的认识，能有效地交流思想等，而这些与儿童认识能力的发展有关，所以皮亚杰认为"真正"的合作大约在7岁时出现，因为这个年龄的儿童已逐渐摆脱自我中心，学会从别人的观点去看世界。儿童的合作行为随年龄的增长不断增加。如我国高秀芝1992年对6—11岁儿童合作行为的研究揭示了小学儿童的合作行为呈现年龄特征：6岁、7岁儿童的合作处于低级的简单配合阶段，9岁儿童基本上形成了具有互相协作关系的合作行为，11岁儿童开始出现齐心协力的重视整体利益的协调一致的合作。这是同儿童的社会认知、自我概念的发展分不开的。例如，李晓东1991年在"遵循由于社会认知发展到一定阶段，就能够根据不同的目标，比较灵活地采取合作或竞争行为"的假设前提下，考察了目标结构对6—9岁儿童合作与竞争的影响作用。结果表明，6—9岁的儿童确实能够根据目标灵活地转移行为方式。在合作性的目标条件下，儿童的合作行为较多，能够更好地与同伴合作，完成任务。但在竞争性的目标条件和中性指导语的条件下,儿童的竞争行为会多于合作行为,完成任务的成绩也较差。此外,奖赏方式也对儿童的合作性行为产生影响作用。研究发现,给予团体奖赏比给予个人奖赏对个体间合作行为的影响更大,即使团体奖赏少于个人奖赏,儿童也倾向于采取积极地合作行为。

二、小学生的反社会行为

反社会行为(anti-social behavior)是指侵害他人,为社会所拒绝和控制的行为。小学阶段的反社会行为主要表现为攻击行为和欺负行为。

(一) 攻击行为

攻击又称侵犯(aggression),指有意地伤害他人的身体或精神的行为。如殴打、踢人、谩骂、欺凌、抢夺等。攻击行为依据不同的标准可以划分为不同的类型。例如根据攻击的表现形式,可以将攻击行为分为身体攻击、语言攻击和间接攻击等三种,其中身体攻击对身体可能造成直接的伤害;语言攻击对人格可能造成伤害;间接攻击对精神的压力很大。如果按目的分类,可以把攻击行为分为两种,一种是工具性攻击,即为了获得某种实物而对他人实施推搡、抢夺等行为。该行为的本身不是为了对他人身心造成伤害,而是通过伤害达到其他目的。例如,儿童因争夺玩具而发生的打架就是工具性攻击。另一种是敌意性攻击行为,是指以伤害他人为目的的行为。例如,街头地痞无事生非的打架就是敌意性攻击。

哈吐普(W. W. Hartup)指出,在婴幼儿期,儿童的攻击行为更多地表现为以争夺某个具体物品为目的,随着年龄的增长,身体和言语能力等方面的发展,儿童侵犯行为的形式和程度逐渐发生变化。从形式上看,侵犯行为逐渐多样化,有骂人、打人、欺负弱小,或者嘲笑、不让同伴参加自己的小团体等;从侵犯行为发生的频率看,在 3—14 岁期间,儿童侵犯行为有两次高峰,第一次是 3—6 岁,幼儿期是发展阶段上容易起冲突的时期。第二次是 10—11 岁的男孩。在学前期,儿童的身体攻击表现出逐渐减少的趋势,而语言攻击则表现出增加的趋势。6—7 岁以后,许多儿童的攻击性行为明显减少。这主要由于社会认知能力的提高,儿童能够区分有意或偶然的目的,能够宽容他人的过失行为。当然,这种区分能力在整个小学时期来说还是很低的。

不过,也有研究表明,小学生一旦拥有攻击性行为,在总体表现上,会相当稳定。例如,6—10 岁儿童所表现的身体攻击和言语攻击的数量与其 10—14 岁时的恐吓、侮辱、取笑同伴或与同伴竞争的倾向有关。但是研究者也承认,造成这样的原因,是由于对同伴做敌意性的归因造成的。因此,我们相信,通过改善儿童的归因能力,能够改善儿童与同伴的关系,减少其攻击行为。

攻击行为存在性别差异。一般说来,男孩的攻击性比女孩的攻击性强;男孩更多倾向于直接的身体攻击,女性更多倾向于语言攻击。家庭的社会地位不同,儿童的攻击行为也表现不同。家庭社会地位低下的儿童更容易表现出攻击行为。此外,家庭的教育方式对儿童的攻击行为也存在影响。如果家庭教育采用消极、敌意、威吓、打骂等态度,或者是家庭管教松散,都会导致儿童增加攻击行为的可能。因此,重视孩子的环境教育是控制和减少攻击行为的有效方式。

(二) 欺负行为

欺负(bullying)是中小学生之间发生的一种特殊的攻击行为。是指有意造成伙伴的身体和心理伤害的行为表现。欺负通常采取打、推、勒索钱物等方式,也包括讲下流话、耍流氓行为等。如案例 11-1 中小明的行为中就包含欺负行为。史密斯(P. Smith, 1991)认为,欺负与一般的攻击行为相比具有两个根本特征:(1)力量的非均衡性。在通常情况下,欺负是力量较强的一方对力量较弱或处于劣势的一方进行的攻击,通常表现为大欺小,众欺寡,强欺弱,熟欺生等。这是欺负与一般意义上的攻击行为的根本特征。(2)重复发生性。欺负者和被欺负者有时候会在较长的一段时间里形成稳定的欺负和被欺负的关系,欺负者会重复把受欺负者作为攻击的对象。欺负既有客观的一面,又有主观的一面。欺负的客观方面,指的是事实上发生了伤害,并且是强势者针对弱势者的伤害;欺负的主观方面,指的是这种伤害及是强势的一方有意施加并且其恶意为受害者所感知。[①]

自 20 世纪 80 年代以来,欺负问题在国际教育界和心理学界受到格外的重视。在我国,欺负问题也十分普遍。来自瑞典的研究者对北京 267 名 12—13 岁小学生的欺负行为进行的调查表明,6.7% 的小学生在上学期间,每周至少有一次受人欺负过,其中男生为 10.8%,女生为 2.3%,男生比女生多出了 4 倍。常若松等 2015 年的调查表明,三到六年级小学生中,被欺负者占 14.0%,欺负者占 13.9%。男生欺负者显著多于女生欺负者;小学六年级是欺负行为的多发阶段。[②]

欺负现象在儿童年龄上有一定的变化特点。据奥维尤斯(D. Olweus, 1993)的研究,儿童受欺负的比率随年龄增长而呈下降趋势,但欺负他人的比率,女生随年龄的增长而呈下降趋势,男生则呈上升的趋势。在小学阶段,儿童受欺负的比例从二年级的 25.1% 逐步下降到六年级的 17.5%。而欺负他人方面,欺负发生率随年级变化的趋势不如受欺负明显,并且表现出不规则性。但是总体而言,欺负者的比例保持在 4.4%—7.7% 之间。

第三节 品 德 理 论

关于个体品德的发展,不同的学者从不同角度提出了不同观点。较为重要的理论包括班杜拉的社会学习理论、皮亚杰的道德认知发展论、科尔伯格(L. Kohlberg)的道德推理阶段理论、薛尔曼(R. L. Selman)的换位思考理论、艾森伯格(N. Eisenberg)的亲社会行为理论等。

一、班杜拉的社会学习理论

社会学习理论,是将行为主义的学习理论应用于品德学习中。主要代表人物为班杜拉,

---

① 黄向阳,顾彬彬,赵东倩. 孩子心目中的欺负[J]. 教育科学研究,2016,(02):12—19.
② 常若松,马锦飞,田峰溶. 家庭功能对小学生欺负行为的影响研究[J]. 教育科学,2015,31(5):29—33.

他的主要观点包括：大部分道德行为是通过对榜样的模仿而习得的，是可以改变的；影响道德行为的决定因素是环境，榜样示范、替代强化、自我强化在道德行为形成中发挥重要作用，充分利用好这些条件和方法，有助于学生形成良好的道德行为。

班杜拉等人采取实验的方法对品德教育进行了大量的研究。例如：班杜拉将一些3—6岁儿童分成三组看一段影片。影片表现的是一个成年男子（榜样人物）对一个如成人般大小的充气娃娃做出种种攻击性行为，如大声吼叫和拳打脚踢。第一组榜样奖励组：让这组儿童看到这个"榜样人物"受到另一成年人的表扬和奖励；第二组榜样惩罚组：让这组儿童看到这个"榜样人物"受到另一成年人的责打（打一耳光）和训斥（斥之为暴徒）；第三组为控制组，只看到"榜样人物"的攻击行为，既没有奖励也不给惩罚。然后把这些儿童一个个单独领到一个房间里去。房间里放着各种玩具，其中包括洋娃娃。在十分钟里，观察并记录他们的行为。结果表明，看到第二组榜样惩罚组儿童，同第三组控制组儿童相比，他们玩洋娃娃时，攻击行为显著减少。反之，第一组榜样奖励组儿童，在自由玩洋娃娃时模仿攻击行为的现象相当严重。

班杜拉用替代强化来解释这一现象，即观察者因看到榜样受强化而间接地受到强化。观察者看到榜样的行为受到奖励，他本人间接引起相应行为的增强；看到榜样受到惩罚，他本人也会产生替代性惩罚作用，从而抑制相应的行为。

班杜拉和其他心理学者通过大量的实验还得出结论：在儿童社会行为的学习过程中榜样的影响是较大的。模仿是学生向社会学习，形成品德的重要途径。而且榜样言行一致非常重要，即身教重于言教，口头说教不如行为展示的效果。成人言行不一致的影响往往不是教师在场的时候显示出来，而是教师不在场的时候才展示出来。当榜样和说理教育一致时，品德教育才会取得最佳的教育效果。

二、皮亚杰的道德认知发展论

道德认知发展理论最早是由瑞士心理学家皮亚杰提出的。皮亚杰在1932年出版的《儿童的道德判断》一书可以说是研究儿童道德发展的里程碑。

皮亚杰主要采用临床法和对偶故事法对儿童进行实证研究。也就是向被试讲述有关道德方面的故事，然后向儿童提问题，通过儿童回答来判断儿童道德认知水平。我们可以通过小强和小海的例子进一步阐述（见案例11-2）。

案例11-2　　　　　　　　谁 更 淘 气？

　　小强的妈妈叫小强到餐厅吃饭的时候，小强正在自己的房间。于是小强从房间走向餐厅。餐厅有扇门，门的后面是一把椅子，椅子上有个托盘，托盘上摆了15个杯子。但小强不知道，也看不到，所以当小强打开门，门撞上托盘，15个杯子全都掉在地上砸碎了。

　　有一天小海的妈妈出门了，小海想从橱柜里拿一些饼干出来吃。于是他爬上一把椅子，但装饼干的罐子还是太高。小海努力想够着饼干罐时，不小心碰着一个杯子，杯子掉下来砸碎了。

皮亚杰发现儿童道德发展是从他律到自律的。年幼儿童往往从行为的外部结果去判断行为的责任,认为第一个孩子行为更严重,因为他打碎的杯子多些。而年长的儿童则往往从行为者的主观意向或动机来判断行为的责任,认为第二个孩子行为更不好,因为他是偷吃饼干。

通过这样的一些实证研究,皮亚杰分析了儿童道德认识发展的特点,他把儿童品德发展分为四个阶段:

1. 自我中心阶段(2—5岁)

这个阶段的儿童由于认识的局限性,还不理解、不重视成人或者周围环境对他们的要求,在游戏时,规则或成人的要求对他们没有约束力,他们是按照自己的意愿去执行游戏规则。皮亚杰认为这一时期的儿童正处于前运算思维时期,他们对问题的考虑还是自我中心的,他们把环境看作是自身的延伸,分不清自我与外界。行动易冲动,感情泛化,行为直接受行动的结果所支配。他们的行为既不是道德的,也不是非道德的。

2. 权威阶段(6—8岁)

这个阶段的特点是服从权威,是他律品德。一方面他们绝对遵从成人、权威者的命令;另一方面,他们也服从周围环境对他们所规定的规则或提出的要求。皮亚杰把儿童绝对服从规则要求的倾向称为道德实在论。他指出此阶段成人如果滥用权威、过分约束儿童,对儿童道德的发展是有害的。

3. 可逆阶段(8—10岁)

这个阶段儿童已不再把道德行为准则看成是固定不变的,而把它看作是同伴间共同的约定,如果绝大多数人同意,规则是可以改变的。因此,规则已经具有了一种保证互相行动的可逆特征,我要你遵守规则,我也得遵守规则。判断好坏不再是以权威的言论为标准,而是以是否公平为标准,认为公平的行为就是好的,反之就是坏的。由此可见,儿童的道德判断已经开始摆脱外界的约束,出现了自律品德。

4. 公正阶段(11—12岁)

这个阶段儿童的道德观念开始倾向于公正、平等。公正观念不是一种判断是或非的单纯规则关系,而是一种出于关心与同情的真正道德关系。也就是说,儿童不再刻板地按固定的规则去判断,在依据规则判断时会考虑到具体情况,从关心和同情的角度出发去判断。皮亚杰认为公正观念是一种高级平等关系。

三、科尔伯格的道德推理阶段理论

劳伦斯·科尔伯格给不同年龄的人看一系列道德两难故事,并让他们提出解决方法的建议。道德两难指的是,一个事情的答案并没有泾渭分明的对错之分。海因茨和他垂死的妻子的故事是经常用来描述"道德两难"的一个典型例子(见案例11-3)。

案例11-3   **海因茨的两难**

在欧洲,一个女人因为一种罕见绝症而濒临死亡。医生认为世上只有一种特殊形式的放射性元素镭能够治好她的疾病,而这种药恰好被一位与这个女人同一城市的药剂师给提炼出来了。这位药剂师要价2 000美金,是成本价的10倍之多。女人的丈夫海因茨,向所有他认识的人借钱,但最终筹到的钱还只是药价的一半。他告诉药剂师,他的妻子奄奄一息,恳请药剂师便宜点把药卖给他,或者允许他推迟付清药钱。但药剂师拒绝了,海因茨变得非常绝望,于是为了妻子,选择破门而入,从药店把药偷走。

问题:海因茨该不该偷药呢?如果你是海因茨,你会怎么做呢?偷别人的私人物品,和让一个本可以救活的人死亡,哪一个更严重?为什么?

以下三则为三位在校学生看了"海因茨的两难"故事后给出的解决方法。

小杰(小学五年级男生):

也许他的妻子是个重要人物,且开了一家商店……警察应该谴责药剂师没有救那个人的老婆。他(海因茨)要是不救这么一个重要人物,那就跟拿把枪或刀把她杀了一样。他就该被送上电椅判死刑。

小金(初中男生):

如果他非常在意她,愿意为她偷药,那他就应该去偷。如果他不在意她,那他就会让她自生自灭,一切都取决于他。

小军(高中男生):

在特殊的背景下,海因茨那样做是对的。从法理上来说,他确实错了,但从道义上来说,他做的又是对的。如果他在偷药之前已尝试了所有其他方法,那么他为了救人性命这么做是值得的。

每一位学生都给出自己不同的理由,来为海因茨偷救命药的行为辩护。小杰的决定,考虑的是偷或不偷药,存在哪些可能的优点和缺点,且只站在海因茨本人的角度,完全没有考虑那个奄奄一息的女人。同样,小金也是采取的利己的角度,认为偷药与否完全取决于海因茨有多爱他的妻子。唯有小军在为海因茨的违法行为辩护的时候,考虑到了人类生命的价值。

在收集了成百上千条关于道德两难问题的回答之后,科尔伯格提出了由一系列阶段组成的道德推理的发展理论。个体在成长过程中是依次经历各个阶段,每一个阶段的形成都建立在基于之前的阶段的基础之上,但是能反映出比早期阶段更加整合、逻辑上更加一致的道德信念。科尔伯格把这些阶段整合成道德的三个发展水平:前习俗水平、习俗水平、后习俗水平。每一个水平都分别涵盖两个阶段。具体内容见表 11-2。

表 11-2　科尔伯格关于道德推理的三个水平和六个阶段

水平	阶段	道德推理的本质
水平一,前习俗道德 年龄范围:可以在学龄前出现,大部分存在于小学生群体,在某些初中生和少数高中生中也存在	阶段一: 逃避惩罚和服从	个体的道德决定是基于什么对自己最有利,完全不考虑其他人的需要和感情。他们只会遵守更强势的人制定的规则。如果违反规则不会被逮到,他们会去做
	阶段二: 好处互换	个体开始认识到其他人也有需要。如果他们自己的需要在过程中得到满足,他们也会试图去满足其他人的需要。但主要依据给自己带来什么样结果来定义对错

水平	阶段	道德推理的本质
水平二,习俗道德 年龄范围:在小学高年级学生中会出现,在某些初中生中存在,但大部分存在于高中生	阶段三: 棒小伙/好姑娘	个体的道德决定依据的是什么样的行为会取悦他人,尤其是有权威的人。他们会考虑通过分享、信任和忠诚来维持人际关系。他们在决定一个人无辜或有罪之前开始考虑到他/她的意图
	阶段四: 法律和秩序	个体把社会看成一个整体,指导他们了解什么是对错。他们认为规则是不可变的,相信遵守规则是他们的"职责"
水平三,后习俗道德 年龄范围:绝大部分存在于大学后	阶段五: 社会契约	个体认识到,规则代表着多数人对恰当行为所达成的一种共识。他们认识到规则是可变的:如果规则不再符合社会的需要,可以被改变
	阶段六: 普世的伦理原则	个体遵循少数超越特定、具体规则的抽象、普世原则。他们回应的是一种内在的良知,并且会违反有悖于自己伦理准则的那些规则

(一) 水平一:前习俗道德(preconventional morality)

我们可以在学龄前的孩子、大部分的小学生(尤其是小学低年级的学生)、某些初中生和少数高中生身上发现前习俗道德。前习俗道德是最早出现、不成熟的道德形式,因为个体尚未采取或者内化关于什么是道德上对错的社会习俗。处于前习俗道德水平的个体对行为的道德判断,主要取决于行为的结果。能导致奖励和快乐的行为则是"正确的";导致惩罚的行为则是"错误的"。处于前习俗水平的个体会服从那些能掌控奖惩的人;他们不一定会服从那些对结果无掌控力的人。因而,作为基础教育的老师,应该告诉小学生,班上恰当和不恰当行为会导致哪些结果,并始终如一地将其应用于实际。

1. 阶段一:逃避惩罚和服从

处于阶段一的个体(包括前面例子中的小杰)往往基于他们认为什么对自己最有利来作出道德决定,而完全不考虑其他人的需要和感情。对他们来说,只有招致惩罚的行为才是"错的"。处于阶段一的个体会遵守那些比他们更加强势的人所制定的行为规则,那些人可能是父母、老师,也可能是那些强势的同伴。如果违反规则不会被逮到,他们会去做。如果他们认为违反某些规则会逃避惩罚,那他们则会违反。简而言之,如果能够逃避惩罚,他们会做任何事。

在做道德决定时,处于阶段一的个体很少会考虑其他人想要什么或者有什么感受。"坏"的定义完全根据的是行为可能产生的物理或物质结果。

2. 阶段二:好处互换

科尔伯格常把这一阶段称之为"相对功利阶段"。处于这一阶段的个体开始认识到,其他人也有和自己一样的需要。他们有时候会通过提供互换的好处,来表达他们了解了对方的需要,比如,你帮我抓了背,我也帮你抓背。但他们常常试图在这些协定中获得更多的好处。对于处于阶段二的个体来说,"公平"指的是每个人都得到相同的机会,或者不管被分到什么,每个人得到的数量都是绝对一样的。所以,当你作为老师的时候,你会经常听到处于阶段二的学生抱怨"不公平",因为他们觉得自己吃亏了。

如同阶段一的个体,阶段二的个体关注的也是更加有形的行为结果,而不是更加抽象、更难以观察到的结果。例如,如果一个处于这一阶段的男孩想要欺负班上一位同学,他抑制住自己不这么做的原因,通常是他觉得这位同学可能会揍他,而不是他的欺负可能会伤害到这位同学的感情。科尔伯格将之前例子中小金对"海因茨偷药"的回答归类为阶段二的回答。小金已经开始认识到拯救其他人性命的重要性,但是否决定去做,还是最终取决于海因茨是否爱他的妻子。换句话说,还是取决于海因茨他自己的感受。

(二) 水平二:习俗道德(conventional morality)

少数小学高年级学生、某些初中生,以及许多的高中生会表现出习俗道德水平。习俗道德水平的特征是个体接受关于对错的社会习俗。即使没有对遵守的奖励,也没有对违反的惩罚,个体依然会遵守规定和社会准则。对规则和习俗的遵守某种程度上有些死板僵化。规则的恰当性和公平性很少会被提及。

1. 阶段三:棒小伙/好姑娘

处于阶段三的个体对什么是对错的判断,主要还是倚仗他们认识的人,尤其是一些具有权威的人,譬如父母、老师,以及受欢迎的同学。他们想要取悦其他人、得到他人的赞许;他们喜欢有人说他们是"棒小伙"或"好姑娘"。他们开始关心通过分享、信任,以及忠诚来维持人际关系。例如,他们相信"你想要别人怎么对你,你首先得怎么对人家",并把它奉为黄金准则。他们也相信说话算数、遵守承诺的重要性。

处于阶段三的个体能够设身处地地站在别人角度思考,作决定时能照顾到别人。他们也认识到,在决定某人是该担责还是无辜之前,也应该考虑他/她这一行为的意图和动机。在之前小强和小海的例子中,处于阶段三的个体会认为小海比小强更淘气,因为小海的行为的意图和动机更不被赞许——他是想背着他妈妈去偷吃饼干;而小强,尽管打碎了更多的杯子,但是他其实并不是更淘气的那一个,因为他的意愿是好的。

2. 阶段四:法律和秩序

处于阶段四的个体在决定什么是对错的时候,遵照的往往不是某个他们认识的人,而是把社会看作一个整体。他们明白保持社会的正常运转,规则是必须的,并相信他们自己有义务遵守法则。他们把这些规则看作是具体有形的,但是,他们尚未完全认识到,有的时候,违反某些法律比遵守它们其实更加"道德",比如那些种族隔离的立法,或者那些干涉少数人群基本人权的法律。不过,他们还没有认识到,当社会的需要发生改变时,规则也应该相应地改变。

(三) 水平三:后习俗道德(postconventional morality)

后习俗道德水平极少出现在进入大学前的学生中。事实上,绝大多数学生从未到达过这一道德推理水平。处于后习俗道德水平的个体已经发展出他们自己的一系列抽象的准则,来定义行为在道德上的对错。这些准则包含生命、自由,以及正义等典型的基本人权。处于后习俗道德水平的个体会遵守那些与他们自己的抽象道德准则相一致的规则，也会违背那些与自己准则不一致的规则。

1. 阶段五：社会契约

处于阶段五的个体将规则视作在民主协商的过程中确定的一种社会契约。在这一契约下，人们对如何才是恰当的行为方式达成一致意见。他们认为，这些规则是维持总体社会秩序和保护个体人权的必要机制，而不是因为它们是"法律"，而所有人都必须要绝对遵守。他们也认识到规则也是有弹性的，那些不在最大程度上有益于社会的规则可以也应该被改变。前例中小军对"海因茨的两难"故事的回答即为第五阶段思维方式的例子——小军认为，在那种情况下违反法律比遵守法律要更可取，因为只有这样才能保住那位妻子的性命。

2. 阶段六：普世的伦理原则

科尔伯格把第六阶段描述为只有极少数人才能达到的"理想"阶段。在这个阶段，个体遵守少数抽象、普世的准则。这些准则超越了具体、特定的标准和行为规则，所涵盖的内容是对人类尊严和基本人权的尊重、众生皆平等的信念、坚持司法正义和遵守法律程序。处于第六阶段的个体回应的是自己强烈的内在良知，而不是那些权威人物或具体的律法，他们会自愿违反有悖于自己伦理原则的那些律法。以下是马丁·路德·金（Martin Luther King，1929—1968）的《来自伯明翰监狱的一封信》的节选，它体现了道德推理的第六阶段。

"有人可能会问，你怎么能倡议违反某些法律，但却又遵守另外一些法律呢？答案即为事实：一个人遵守公正的法律不仅仅是法律上的责任，也是道德上的责任。同样，不遵守不公正的法律也是一个人的道德责任，而且应该公开不遵守，心甘情愿不遵守，并且愿意接受这样做遭受的惩罚。一个人不遵守他内心觉得不公正的法律，并通过接受惩罚来唤醒公众的良知，那他这一做法事实上是在表达对法律最高的敬意。能够让人类的人格得到升华的法律才是公正的，一个让人类人格遭遇贬损的法律是不公正的。"

一些学者已经发现，处于较高道德推理阶段的个体也倾向于表现出更多道德良好行为。例如，处于较高道德推理阶段的学生更可能帮助有需要的人，更可能不遵守那些可能给其他人造成伤害的秩序。但道德推理与道德行为之间的关系尚不明朗，而科尔伯格的理论仅强调道德思维，而不是道德行为，因而不足以让我们更充分地了解道德到底是如何发展的。

四、换位思考的发展：薛尔曼的理论(Selman's Theory)①②

在儿童作出道德决定或者表现出恰当的道德行为之前，通常需要具备站在别人的立场上思考的能力，即能够想象别人的想法和感受。不妨以案例 11 - 4 为例。

---

① Selman, R. L. The relation of role taking to the development of moral judgment in childien. Child Development. 1971, 42: 79—91.
② Selman, R. L. Taking another's perspective: Role-taking development in early childhood. Child Development. 1971, 42: 1721—1734.

案例 11-4　　　　　　　　　　　莉莉的两难

莉莉是一个喜欢爬树的8岁女孩,她是院子里爬树爬得最好的小孩。有一天她爬上一棵很高的树,在准备下来的时候不小心掉下来,所幸落在树下的灌木丛里而安然无恙。她的爸爸看到她掉下来了,非常担心。他要莉莉向他保证她从此以后再也不爬树了,莉莉作了保证。

在那一天的晚些时候,莉莉和她的朋友们遇见了笑笑。笑笑的小猫被困在一棵树上下不来。小猫需要立刻得到帮助,否则它就会从树上掉下来。莉莉是唯一有能力爬到树上把小猫救下来的人,但她记起她刚跟她爸爸作的保证。

莉莉当时是否知道笑笑对她自己的小猫的感受?

笑笑当时是否知道为什么莉莉很难决定到底爬不爬树?

如果莉莉的爸爸发现她又爬树了,莉莉认为,她爸爸会如何看她?

莉莉认为,她爸爸会理解她为什么又爬树吗?

要回答所有这些问题,你必须站在三个不同的人角度来思考:笑笑、莉莉、莉莉的爸爸。在向学生们讲述"莉莉的故事"并要他们从不同的角度看问题时,罗伯特·薛尔曼发现,随着孩子们的逐渐成长,他们站在别人角度看问题的能力也在不断提高。他将换位思考能力的发展描述为五个发展水平。这五个水平总结在表11-3中。

表 11-3　换位思考和亲社会行为的发展

薛尔曼的换位思考水平	艾森伯格的亲社会行为水平
水平0:自我中心角度 处于这个阶段的大多数是学龄前儿童,少数是小学低年级学生。他们无法站在别人的角度思考,并没有意识到其他人有一些跟自己不一样的想法和感情	水平1:自私和自我中心倾向 处于这个阶段的绝大多数是学龄前儿童,也有很多是小学低年级学生。他们没兴趣做那些助人不利己的事情。他们的亲社会行为主要是从利己的角度出发
水平1:主观换位思考 大部分小学中低年级学生处于这个阶段。他们意识到其他人也有有别于他们自己的想法和情绪,但他们对此的理解还是过于简单和单一	水平2:对"他人需求"的粗浅认识倾向 一些学龄前儿童和很多的小学生都处在这个阶段。他们表现出对他人生理和情感需要的关心,但他们的这种关心是简单的,缺乏对其他人处境的真正了解
水平2:第二人称、有回报的换位思考 许多小学高年级学生处在这个阶段。他们意识到,其他人对同一个情境可能会有复杂和矛盾的感情。他们也能够从他人的行为中明白人们有不一样的想法,每个人有时候会做一些他不想做的事情	水平3:赞同和刻板的"棒小伙/好姑娘"认识倾向 一些小学生和初中生会处在这一阶段。他们提倡的亲社会行为是因为它们是应该做的"对的"事情。如果他们出手相助,他们会更讨喜、更被赞赏。他们还会有关于什么是"棒小伙/好姑娘"以及"坏男孩/坏女孩"的刻板印象

薛尔曼的换位思考水平	艾森伯格的亲社会行为水平
水平 3：第三人称的、互惠的换位思考 许多中学生处于这个阶段。他们不仅能够站在自己和他人的角度看问题，还能够跳出两个人关系的范畴，站在外围看待整个事情。他们会自发地意识到自己和他人的需要都需要得到满足，因而能够明白合作、妥协和信任的好处	水平 4：同理心倾向 少数小学生和多数初中生处于这一阶段。他们会设身处地地考虑其他人的处境，会想要帮助其他有需要的人。他们看上去是真的在关心其他人的福祉
水平 4：社会性、象征性的换位思考 一些初中生和许多高中生都处在这个阶段。他们认识到，人们是环境的产物，过去的经历和当下的环境促成了人格和行为。他们开始发展出了对"无意识"的了解，认识到人们并不一定能意识到为什么他们要那么做	水平 5：内化的价值倾向 少数高中生会处在这个阶段。他们已经内化了助人的价值。拥有对尊严、权利和众生平等的信念。他们对帮助他人和改善整个社会环境有强烈的渴望

在薛尔曼看来，大多数学龄前儿童和幼儿完全无法站在任何人的角度思考，即他们处于零水平阶段，这可能与这个阶段的个体处于皮亚杰描述的前运算自我中心阶段有关。但个体到达小学阶段后，开始懂得人与人之间除了有不同的外貌特征外，还会有不同的想法和感情。不过，小学生看待其他人的视角还是比较简单和单一。例如，他们只会简单地认为其他人是开心的，或伤心的，或生气的。而且，他们倾向于将行为等同于情绪———一个快乐的人会笑，一个悲伤的人会哭，等等。他们对其他人行为的解读常常过于简单，我们从案例 11 - 5 中即可看到这一点。

案例 11 - 5　　　　　　　　阿德是个"让人讨厌的人"

阿德是小学二年级的一名插班生。新班级上有一部分男生公开嘲笑阿德的发型不同寻常，并且在午餐和操场上排挤他。放学后，其中有一名男孩对阿德的发型说了一些很伤人的话，阿德最后忍不住打了他一拳。这名男孩从此认为阿德是一个"让人讨厌的人"。

阿德班上那些欺负他的男同学是用一种非常简单、尚处于薛尔曼水平 1 的方式来解读阿德的行为。他们还无法知觉到阿德正在经历的一些感受。比如，来到一个新学校和新环境的焦虑、在他之前的学校很酷的发型却在新学校不受待见而带来的羞耻感，以及无法交到新朋友的挫败感。

到小学高年级时，学生们可能表现出换位思考的薛尔曼水平 2 的迹象。他们在这个时候会了解到，其他人对同一件事，可能有复杂、不一致的想法。他们也意识到，人们的想法不一定和他们的想法是一致的，他们会隐藏自己的真实想法。同时在这一点上，学生们也认识到行为背后意图的重要性。他们了解到，人们可能会去做一些他们并不是真的很想去做的事情。例如，处于水平 2 的孩子更可能会体谅前例中阿德的窘境，更可能认为，阿德的攻击性行为可能反映出了其他问题，而不是归结于他的本性。他们同时也认识到，阿德并不是真的想挥拳打人，那只是对那些无理辱骂的回击。

到了中学阶段,大部分学生处在了薛尔曼的换位思考的两个较高水平,他们在这个阶段能够站在局外人的角度看待人际关系。处于水平3和水平4的个体能够理解自己和他人的需要同时都要得到满足,因而了解到合作、妥协,以及信任的好处。所以,我们也不奇怪为什么孩子们在初中阶段表现出了互相分享和支持的友情关系。到了水平4,换位思考表现出了更多的内容——学生们开始认识到,一个人的行为很可能受到很多因素的影响,比如他的想法、情绪、当下的环境,以及过往的事件。而且人们当下并不一定清楚他们表现出的那些行为。因此,只有个体对人们行为、思维、情绪的真实复杂性有了充分的了解,才能达到水平4的换位思考阶段。

我们怎样才能促进个体达到较高水平的换位思考呢?有一个策略是,作为教师可以通过展现一些比学生当下换位思考水平更高一个水平的案例,来创建出失衡的状态。例如,对学前儿童,教师可以不断地向学生们指出班上同学的感受与他们自己的有哪些不同(水平1)。对于小学中低年级阶段的孩子,教师可以开讨论会让学生有复杂感受或者会造成学生想要掩藏自己感受的一些情境,例如来到一所新学校、第一次尝试一个有难度但是又好玩的运动,或者在一个很喜庆的日子却没有自己最爱的亲人在场(水平2)。对于中学阶段的孩子,教师可以和学生探讨心理学领域的更多内容,以至于学生可以开始以更多的角度来理解,每个人的行为其实都受到了他们各自身处环境的影响(水平4)。

另一个策略是给学生创造一些机会,让他们能体验到多角度的公平、合理观点。例如,对于小学高年级的学生,教师能够提供一些机会让学生们必须要通过更加紧密的彼此合作,才能完成一些课堂活动,以至于他们开始发现合作、妥协、信任的好处(水平3)。整个小学阶段的学生,都能倾听来自不同性别、民族、文化、宗教、政治观点的他人的观点,并从中获益。

当个体能够更好地换位思考时,他们也更可能表现出利他的行为,即他们更可能在班上表现出亲社会的行为,以及做出一些对社会有益的事情。

五、亲社会行为的发展:艾森伯格的理论①②

在大部分的文化中,大家都希望看到的儿童社会化的一个结果是,其亲社会行为的发展,如分享、帮助、合作,以及安慰,即那些可以提升其他人福祉的行为。如果人们在童年阶段,就体验到了偶尔把别人的需要放在自己需要之前所带来的好处和积极的感觉,那他们成年之后会更可能成为良好的市民。由于学校常常是儿童相处时间最多的社会环境,因此它同时也成为一个让孩子们学会亲社会行为的绝佳场所。

通常情况下,当孩子们年龄越大,他们会表现出更多的亲社会行为。例如,他们会随着年龄的增长变得更加慷慨。南希·艾森伯格等人1986年识别出关于亲社会行为的五个推理水平,能够帮助我们预测不同年龄的孩子可能会表现出怎样的行为。我们可以从表11-3中看到艾森伯格提出的五个亲社会行为水平的具体内容。

表11-3中换位思考的发展和亲社会行为的发展中的某些阶段是平行互通的。在学生

---

① 王美芳,庞维国. 艾森伯格的亲社会行为理论模式[J]. 心理学动态,1997,5(4):36—41.

② Eisenberg,Nancy. The Development of Prosocial Behavior. Academic Press (1 edition),2013.

还不能够站在别人角度换位思考的时候(薛尔曼的水平 0),他们只有在能够让自己获益的情况下才会表现出亲社会的行为(艾森伯格的水平 1)。当学生看待别人的视角还是单一、单维度的时候(薛尔曼的水平 1),他们对他人的需要表现出的关心也是简单和粗浅的,并不会对他人的处境有真正的同理心(艾森伯格的水平 2)。当学生逐渐认识到人类情绪和人际关系的复杂性时(薛尔曼的水平 2、3 和 4),他们也开始对其他人的处境表现出更多的同理心,更期望自己能够帮助同伴(艾森伯格的水平 3、4 和 5)。

那教师怎样才能促进学生有更多的同理心和亲社会行为呢? 显然,教师可以鼓励学生参与到一些亲社会行为中去,如让他们彼此合作与分享、安慰感情受伤的同班同学。当看到这样的行为,教师也要及时表达认可和嘉奖。当课堂上的内容让学生们逐渐意识到他们所处的国家和世界是一个多么广阔的空间时,教师可以向学生展现一些场景,让他们不仅仅局限于自己的需要,还有更多人的需要也应该被考虑。

科尔伯格、薛尔曼和艾森伯格等研究者的理论向我们展现了道德发展的各种阶段或水平。我们不妨将这三个理论整合起来,更全面地认识不同年级阶段孩子们具有的道德和亲社会特征:

1. 小学阶段

在小学阶段,大部分儿童更关心的是行为对自己造成什么后果。同时,他们也能从其他人的角度看待一件事情,只不过表现得很粗浅,尤其是在小学低年级阶段。某些小学生会表现出对班上同学的亲社会行为,但他们的想法还只是"好孩子就应该助人为乐"的刻板观念。

2. 初中阶段

在初中阶段,很多学生都处在科尔伯格的第二和第三阶段。那些在第二阶段的学生将可以接受的行为定义为任何可以逃脱惩罚的行为。例如,如果老师发现不了,那么抄同学的作业就没什么大不了的,哪怕独立完成这个作业有利于学到有用的技能。其他处在第三阶段的学生遵守内化的规则和群体准则,但是他们遵守规则和准则主要是为了获取老师、受欢迎且有影响力的同学,或者其他真实或想象中的权威人物的认可和赞许。许多初中学生能够以局外人的视角看待两个人之间的关系,因此,他们能够认可合作、妥协和互信的必要性。尽管很多初中生的亲社会行为依然是为了获取周围人的赞许,但是已经开始有一些学生能够真正对其他有需要的人感同身受,并作为其亲社会行为的驱动力。

3. 高中阶段

到了高中,大部分的学生的推理水平处在科尔伯格的习俗道德水平。他们对社会或者某一特定族群的关于对错的观念已经内化。但他们依然以一种相对刻板的方式来看待规则,把规则看作一种绝对和一成不变的存在,而没有认识到规则实际上是社会大众一致意见的产物,因而它应是可变的,目的在于保护人权、促进社会的发展。通过换位思考,很多高中生明白,一个人的行为、思想、情绪很多时候是过往经历和当下环境在一个很复杂的交互作用下的产物。而且大部分高中生都能够对其他人的需要有同理心,因而有意愿去帮助他人。少数高中生(处在艾森伯格的水平 5)甚至开始发自内心地想致力于维护和提升全人类的尊严、权利、平等。

第四节　小学生道德行为的促进

在所有我们讨论过的关于道德发展的理论中,我们都在强调一条发展轴,就像一条轴的两端,我们希望孩子们逐渐远离最左边的自我为中心,在向右边发展的过程中,逐渐增强换位思考的意识,逐渐提高帮助他人的意愿。那么,怎样加强小学生的道德行为,矫正其不道德行为呢?

一、在班级中促进道德发展

我们已经发现,处在道德发展早期阶段的学生,在决定自己的行为时,很大程度上是基于对各种行为后果的预测。在某些教学条件下,道德推理和行为的发展确实会发生变化,其中五种教学条件尤为重要:(1)一个有权威的环境;(2)某些行为不可接受的理由;(3)通过演练认识他人情绪;(4)道德和亲社会行为的榜样;(5)道德问题和两难处境。这五个条件的具体内容详见表11-4。

表 11-4　促进道德发展的教学条件

因素	教学含义	例子
一个有权威的环境	始终坚持学生们会表现出对他人的权利和需要的照顾和尊重,并且是在严格、但富有支持性的环境下这么做	在小学低年级班上教美术课时,给每个桌子放上一组美工工具,如蜡笔、剪刀、胶水,这样坐同一桌的孩子必须分享。给孩子们更多关于如何公平地分享材料的指导原则
某些行为不可接受的理由	当学生们表现出不道德或反社会的行为时,帮助他们认识到他们给其他人造成了痛苦和不便	如果一位小学生恶意损害他同学的作业,如家庭作业或者美工作品,教师需要指出来,他的同学是花了很多时间才完成作业的,而且坚持要做错的这位学生弥补过错
通过演练认识他人情绪	使用真实和虚拟的场景,鼓励学生去推断一个特定个体会怎样的感受	在小学生读一些经典文学作品的时候,偶尔要他们推测各种不同角色有怎样的情感状态
道德和亲社会行为的榜样	教师在道德和亲社会行为上以身作则;还给学生们展现其他的好榜样	在学校举行的义务募捐活动中,教师带头把自己和从亲戚朋友那儿收集到的衣物捐献
道德问题和两难处境	讨论一些在学校会发生的道德两难问题;也可以在课程中包含进一些道德两难问题	举行一场赞成或反对死刑的辩论,在辩论前还可以先让小学生自己去图书馆查找支持各自论点的资料

1. 营造一个有权威的环境

有权威的环境指的是一个具有接纳性和支持性的环境,在这一环境下,成年人对儿童的行为有着较高的期待和标准。个体在这样的环境下最有可能变得快乐、适应良好、自信。一个有威信的环境也能促进道德的发展,孩子们在这种环境下,对他人的需要更加敏感,更愿意为错误的行为承担责任。教师需要坚信,学生会考虑他人处境;会尊重他人的私有物;能够容纳多样的文化、宗教和政治观点。

2. 揭示某些行为不可接受的理由

惩罚虽然能让学生体验到不道德或者反社会的行为带来的后果,但是惩罚本身常常只是让孩子们关注到他们自己所遭受到的伤害和痛苦。为了促进道德发展,我们必须得让学生关注到他们的行为给别人带来的伤害和痛苦。因此,我们应该向小学生揭示某些行为不能接受的理由。其中一种方法为"诱导法",例如,我们可能描述一种行为是如何在躯体上("像你刚刚扯小丽头发那样扯你自己的头发,真的会很痛")或者情感上("你刚刚那样叫小军的名字,很可能伤害到小军的感情了")伤害到他人的。我们也可以向学生们展示,他们是如何给他人造成不便的("因为你把小丽的衣服弄坏了,所以她父母现在让她必须在家做家务,才能重新给她买件新衣服")。向学生解释其他人的立场、意图和动机也不失为另一种方法("刚刚你嘲笑的那个航模可能确实不如你自己做的那么漂亮,但是你知道么,小李花了好几个小时才把它做好,她很喜欢那个航模")。

诱导法是以受害者为中心的,它帮助小学生将注意力放到其他人的痛苦上,并认识到他们自己是这些痛苦的施加者。在对孩子们进行行为训练时不停地使用诱导法,尤其与对错误行为的轻微惩罚相结合,看上去能更好地施行规则,并有助于发展同理心、同情心,以及利他行为等亲社会心理。

3. 通过演练认识他人情绪

如果学生们自己能够识别他人的感受,那教师也就没必要太费心思去向他们解释其他人的感受了。但事实上,很多的学生,尤其是年纪较小的学生,缺乏正确判断他人情绪状态的能力。因此,在学前阶段,教孩子们将班上同学的"伤心"、"失望"或者"生气"等感受进行准确地命名,实际上会很有帮助。之后,教师也可以让学生们向彼此描述,当自己遭遇某种不好的对待时的确切感受。或者也可以问他们处在某种相同的情境下会有什么样的感受。而且,作为教师的我们,也应该向学生描述我们自己对任何不良行为的情绪反应。

4. 树立道德和亲社会行为榜样

(1)为小学生树立榜样。根据班杜拉的社会观察学习理论,当小学生看到其他人表现出道德良好行为时,他们更有可能表现出道德良好和亲社会行为。例如,当父母很慷慨、对他人很关心,那么他们的小孩也可能有类似的表现。出于同样的原因,当小学生看到他们的同伴作弊,他们自己也更可能会作弊。电视节目也会让小学生模仿亲社会或反社会行为。当孩子们看了强调亲社会行为的电视节目时,如《小猪佩奇》、《爸爸去哪儿》等,他们自己更可能表现出亲社会行为;当他们在电视上看到暴力场景后,他们也更有可能会表现出暴力行为。

(2)教师言传身教。当教师以身作则地表现出对他人感受的同情和关心时,这样的行为会感染到学生。相反,当教师表现出自我为中心,总是把自己的需要放在他人的需要之前,那学生也会学样。

(3)通过学习材料展现道德学习榜样。例如,在哈珀·李(Harper Lee)的小说《杀死一只知更鸟》中,上世纪30年代的美国亚拉巴马州还存在种族隔离和歧视。一位律师为一位显然被无辜定罪的非裔美国人做无罪辩护。在外界希望绞死这位无辜的黑人的巨大压力下,他的行为,无疑树立了一个为高尚道德原则而战的榜样。目前,亲社会行为的文学作品和课文更多的来自西方。而我国传统经典故事中,为了较高的道德信仰和准则去助人为乐的亲社会行为非常缺乏,因此,作为幼儿和儿童教育领域的学者,有必要更具有辩证批判精神,在我们的传统文化中继续摸索和开发出更适合当下主流价值观、更适合小学儿童、内容积极阳光的道德故事,以及更灵活的道德教育方法。

5. 设计道德问题和两难处境

科尔伯格提出,当儿童在他们所处的道德推理阶段,无法恰当处理道德两难问题时,其道德认知即可得到发展。对一些有争议的道德话题进行班级讨论,能够促进个体向更高级道德推理水平转化,提高换位思考能力。社会和道德问题在学校会经常出现,有时候这些问题常常与大部分班级里都会发生的学生不良行为有关。如撒谎、抄袭、偷窃、人际冲突等。有时候课文本身就含有道德问题,如《小蝌蚪找妈妈》、《纪念白求恩》都涉及助人为乐等。

社会和道德问题并不总是有对错的答案。然而,作为教师,我们可以用一些方法,让学生以各种不同的方式来进行一些话题的讨论:(1)营造一个充满信任、自由、宽松的班级气氛,小学生在这种气氛下可以毫无拘束地表达自己的想法;(2)帮助学生自己来鉴别一个道德两难问题的方方面面,包括涉及其中所有个体的需要和各自的立场;(3)帮助学生进一步探索他们那样思考的理由有哪些,以至于他们那些道德判断的原则基石可以得到澄清和检验。

二、促进有特殊教育需求的小学生的道德发展

有些学生毫无疑问会在道德发展方面有特殊的教育需求。例如,很多有特殊需求的小学生比他们的同班同学有更低的自尊。有精神发育迟滞的小学生相比起其他无障碍的小学生,对怎样才是符合社会要求的行为的理解力要更差。那些有情绪障碍和行为障碍的小学生,譬如那些有攻击暴力和破坏性行为史的学生,通常有更差的换位思考和社交问题解决能力,他们会把同伴的一些完全没有恶意的行为理解为敌意。表 11-5 中列举了有特殊需求的小学生的其他一些特征,以及能够促进他们道德发展的一些策略。

表 11-5 促进有特殊教育需求的学生的道德发展

有特殊需求的学生	这些学生可能表现出的特征	对他们有益的课堂策略
有特殊认知和学业困难的学生	与学业困难相关的低自尊 如果这类学生有学习困难或多动症(ADHD),则更容易受同伴压力的影响,也更难换位思考 ADHD 的学生尤其会存在社交技能和交友的困难	促进学业成就,如为他们的课堂学习任务提供额外的支撑材料和帮助 让学生有机会彰显他们擅长的事情 用诱导法促进他们的换位思考,例如让学生们关注到他们的行为是如何伤害到其他人的 弥补他们所有欠缺的社交技能
有社交和行为问题的学生	较差的社交技能 难以解决社交问题 容易被同伴拒绝,缺少朋友 对社交信号的曲解,如容易把无恶意的交往理解为敌意 对他人情绪状态的认识存在困难 对他人缺乏同理心 换位思考存在困难	清晰明确地教授社交技能,给他们机会去演练,并给予反馈 建立和强化可接受的班级行为规则 当良好行为出现时,指明并赞扬 教授社交问题解决的策略 给他们提供可以交新朋友的机会,如一些合作学习的活动 帮助学生认识到各种情绪的外在信号 用诱导法促进学生的同理心和换位思考

有特殊需求的学生	这些学生可能表现出的特征	对他们有益的课堂策略
在认知和社交功能有一般性迟滞的学生	通常低自尊 社交技能表现出典型的低龄化 在鉴别和解释社交线索方面存在困难 具体的、常常为前习俗水平的对错观念	促进学业和社交成就 教授社交技能，给他们机会去演练，并给予反馈 用具体明确的语言详细说明班级行为规则 当良好行为出现时，指明并赞扬
有躯体和感觉障碍的学生	较少的朋友，可能存在社交孤立 较少有机会发展良好的社交技能	尽可能创造机会让学生与同学交往 安排学生搭档来帮助他们完成因为残障而无法完成的任务 弥补他们所有欠缺的社交技能
认知发展超前的学生	高于平均水平的社交发展和情绪适应能力，但某些极度有天分的学生因为与其他学生太不一样，又可能在这方面存在困难 在学业方面有较高的自尊，男生比女生表现得更为明显 在提升和展现自我能力和被同伴接纳之间存在冲突，更多见于女生 某些学生有较超前的道德推理能力 相对同伴来说，在较低年龄阶段就开始关注道德和伦理问题 较高的换位思考能力	与他们谈论他们对自己特殊能力的关心 让学生们参与到伦理问题和道德两难问题的讨论 让学生站在社区、国家，甚至国际的视角下参与一些强调社会问题的项目

关于道德发展，本书强调三个主题。

1. 可接受的行为标准及其背后的理由

可接受的行为标准是什么，以及应该支持这些标准的理由，对于促进儿童发展是有必要的。适应良好的儿童通常也成长于一个具有权威的环境，这一环境为什么是良好的行为设立了规则，也能够对为什么规则是必要的、违反规则为什么要惩罚提供解释。违反规则要被惩罚，与此同时也要通过向学生描述他的错误行为给他人带来了哪些躯体或者情感伤害的方式来诱导，从而促进其道德发展。作为教师，我们应该清晰明确地跟小学生交流，校园里哪些行为是可接受和不可接受的，以及解释为什么某些行为不能被容忍。

2. 社会交往

社会交往不仅仅对小学生的认知和语言发展是有必要的，对其个人、社会和道德发展也是有必要的。例如，其他人对待自己的方式，可以显著地影响小学生的自我概念。在与他人，尤其是同伴的交往过程中，社交技能得到发展。与他人谈论一些有争议的话题和道德问题，能够帮助学生从其他人的视角看问题，为学生创建"失衡"的状态。这样的谈话对于换位思考和道德推理的发展是至关重要的。因此，课堂讨论和其他社交机会应该成为班级生活中不可或缺的、常态的一部分。

3. 温暖、支持的环境

在一个有温暖，又富有支持性的环境下，发展可以得到最有效地培育和促进。我们首先看到的是,在讨论具有权威的家庭教养方式时,一个充满爱但是又坚定的环境是多么的重要。我们也发现,在学生自我概念和自尊的发展中,积极反馈扮演着多么重要的角色。我们了解到,如果学生感觉他们能够自由且开诚布公地表达自己,那么在关于道德问题的班级讨论中,他们更可能表达自己的想法。

把学校仅仅当作学生学习学业、技能的地方,这样的想法实在太过天真。不管喜欢与否,你都无法否认,我们的学校,包括老师和班上的学生在内,在孩子们的个人、社会,以及道德发展中扮演着一个至关重要且影响深远的角色。我们绝不能忽视儿童发展过程中的这些重要的方方面面。

思考题

1. 科尔伯格的道德发展理论与皮亚杰的认知发展的阶段有何联系?
2. 不同年级阶段的儿童,在道德发展和亲社会行为上表现出哪些差别?

扫一扫二维码
轻松获取答案

样题

一、单选题

1. 科尔伯格把儿童的道德发展分为(　　)。
   A. 两种水平四个阶段　　　　　　　　B. 两种水平六个阶段
   C. 三种水平五个阶段　　　　　　　　D. 三种水平六个阶段

2. 下列哪一种情绪情感不是与道德发展息息相关(　　)。
   A. 荣誉感　　　　B. 羞耻心　　　　C. 负罪感　　　　D. 同理心

3. 工具性享乐主义定向是(　　)。
   A. 前习俗水平　　B. 习俗水平　　C. 后习俗水平　　D. 权威水平

4. 大部分小学生处在下列换位思考的哪一个阶段(　　)。
   A. 自我中心　　　　　　　　　　　　B. 第三人称、互惠的换位思考
   C. 主观换位思考　　　　　　　　　　D. 社会性、象征性的换位思考

5. 当教师在向孩子们表明某些行为不可接受的理由时,为了避免说教,下列哪一种方法是比较可取的(　　)。
   A. 绘图法　　　　B. 惩罚法　　　　C. 强化法　　　　D. 诱导法

6. 某人在判断行为的好坏时,关注的是行为的具体结果或与自身的利害关系,根据科尔伯格的道德发展理论,这种道德判断水平属于(　　)。
   A. 前习俗水平　　B. 习俗水平　　C. 后习俗水平　　D. 普遍伦理水平

7. 一个孩子帮妈妈洗碗,不小心打破了 5 个碗;另一个孩子在柜子上拿糖吃,打破了 1 个碗。谁犯的错要更大一些?这是皮亚杰研究道德发展阶段经常采用的方法,属于(　　)。
   A. 两难故事　　B. 对偶故事法　　C. 个案分析法　　D. 文献研究法

8. 品德形成的标志是(　　)。
   A. 道德信念　　　　　　　　　　　　B. 道德评价能力的形成

C．价值内化　　　　　　　　　　D．道德行为习惯的养成

9. 在科尔伯格的有关儿童道德判断发展阶段的研究中,契约、个人权利和民主承认的法律道德阶段属于(　　　)。

A．前习俗水平　　B．公正水平　　C．习俗水平　　D．后习俗水平

10. 当儿童为了得到家长的奖励而去做家务时,这名儿童的道德发展水平处在(　　　)。

A．前习俗水平　　B．习俗水平　　C．后习俗水平　　D．超习俗水平

11. 学生明知故犯,言行不一的主要原因是(　　　)。

A．道德情感异常　　B．道德行为不良　　C．道德意志薄弱　　D．道德认知缺乏

二、多选题

1. 小学低年级儿童对事物好坏的判断总是易受老师的影响,对儿童的这种行为的最适当解释是(　　　)。

A．儿童有模仿的天性

B．这一阶段的儿童绝对地尊重和顺从外在权威

C．害怕老师的批评

D．这一阶段的儿童道德判断处于皮亚杰的"权威"阶段

2. 品德的构成部分包括(　　　)。

A．道德意志　　　　B．道德动机　　　　C．道德情感　　　　D．道德认识

E．道德行为

3. 影响态度与品德学习的外部条件有(　　　)。

A．认知失调　　　　B．家庭教养　　　　C．定势　　　　　D．社会风气

E．同伴群体

4. 小学生很喜欢模仿影视剧中反面人物的行为,结果导致不良品德。为了避免类似的消极影响,根据班杜拉社会学习理论,下列做法不恰当的是(　　　)。

A．避免学生观看这类影片

B．对有模仿行为的儿童进行说理教育

C．影片中尽量少描写反面人物

D．影片中应使观众体验到"恶有恶报,善有善报"的道理

E．以上均不正确

5. 道德情感的内容主要有(　　　)。

A．爱国主义情感　　　　　　　　B．集体主义情感

C．义务感和责任感　　　　　　　D．事业感

E．自尊感和羞耻感

三、填空题

1. 一般认为,品德包括道德认识、道德情感、_____和道德行为几种心理成分。

2. 道德情感是伴随着_____而产生的一种内心体验。

3. 科尔伯格按照道德发展的方法是_____法,而皮亚杰采用的是对偶故事法。

四、名词解释

1. 相对功利阶段

2. 道德

3. 品德

五、简答题

1. 简述小学生品德培养的常用方法。

2. 品德心理结构对教育工作有哪些影响？

3. 如何帮助学生在道德认识的基础上形成道德信念？

六、论述题

如果你是小学教师,你会用什么样的方法来促进班级中的道德发展？

扫一扫二维码
轻松获取答案

进一步阅读的文献

1. [美]安尼塔·伍尔福克著. 伍新春,张军,季娇译. 教育心理学(第 12 版)[M]. 北京：中国人民大学出版社,2015.

2. 皮连生. 教育心理学(第四版)[M]. 上海：上海教育出版社,2011.

3. Brenda Munsey. Moral Development，Moral Education and Kohlberg [M]. Publisher：Religious Education Press，1980.

4. Melanie Killen，Judith G. Smetana. Handbook of Moral Development (2nd Edition) [M]. Publisher：Psychology Press，2013.

第十二章　小学教学设计心理

学习目标

1. 了解教学目标的内涵与目标设计的依据,理解教学目标设计的基本程序以及教学目标的表达方式。

2. 掌握教学内容的内涵、选择的依据与原则,理解教学内容的表现形式、教学内容选择的基本环节。

3. 了解教学媒体的发展阶段,掌握教学媒体的内涵与分类;理解教学媒体选择的依据与原则。

4. 掌握教学策略的内涵与分类、构成要素;理解教学策略的实施要求。

内容脉络

```
                         小学教学设计心理

  教学目标的设计                                  教学媒体的选择
  ·教学目标概述                                  ·教学媒体概述
  ·设计教学目标的依据                            ·教学媒体选择的依据
  ·教学目标设计的基本环节                        ·教学媒体选择的原则
  ·教学目标的表述方式

  教学内容的选择              教学策略的选择与运用
  ·教学内容概述              ·教学策略概述
  ·教学内容选择的原则        ·教学策略的分类
  ·教学内容选择的依据        ·教学策略的构成要素
  ·教学内容选择的基本环节    ·教学策略的实施要求
```

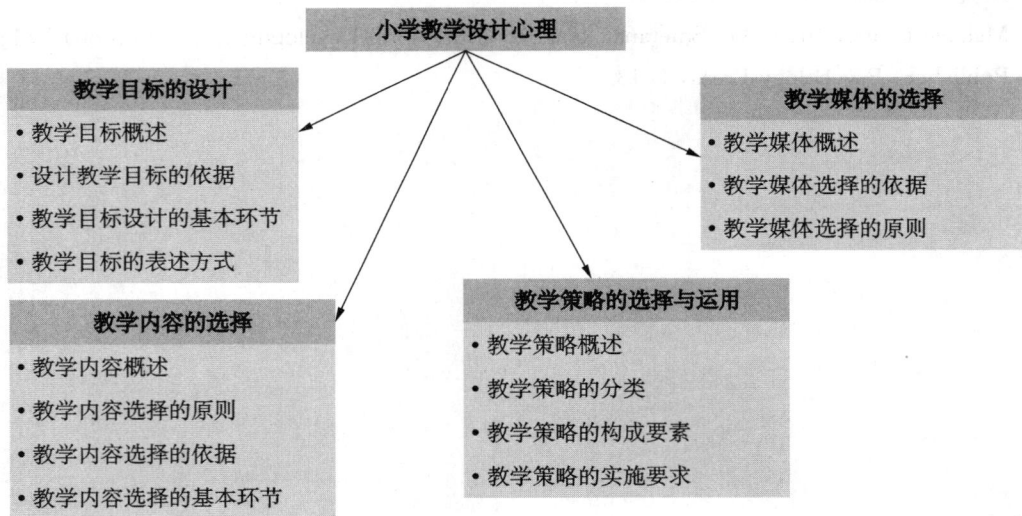

　　教学设计(instructional design)是教师在教学之前根据社会要求和学生特点,对教学的目标、内容、方法、媒体、程序、环境以及评价等要素进行系统谋划,形成教学思路和方案的导教促学的过程。

　　现代教学设计建立在科学的理论基础之上,这些理论以综合的方式在教学设计过程中得到不同的体现。由于教学目标的多元性、教学对象的多样性、教学策略的多变性以及教学情境的复杂性,教学设计既要尊重一定的科学原理、以科学理论为指导,又要追求科学再现与艺

小学教育心理学

286

术表现的辩证统一,因而教学设计十分注重灵活、变化、创新和生成。新课程教学设计要以"为了每一位学生的发展"为宗旨,即为学生全面和谐的发展、终身持续的发展、活泼主动的发展和个性特长的发展服务。

第一节　教学目标的设计

一、教学目标概述

(一)教学目标的概念

关于教育目标的概念问题,不同学者有着不同的看法。布卢姆认为:"目标就是预期的结果。"泰勒(R. Tyle)认为:"形形色色的行为方式的变化,就是教学目标。"国内有学者将教学目标定义为:"课程目标的进一步具体化,是指导、实施和评价教学的基本依据,是师生在学科教学活动中预期达到的教学结果、标准,既是教师教的目标,也是学生学的目标。"[1]也有学者认为:"教学目标在方向上对教学活动设计起指导、调控的作用,为教学评价提供标准和依据。"[2]

不难看出,无论是国内还是国外的学者,在对教学目标进行界定时关注的都是未来的结果。

> 　教学目标是人们对教学活动完成课程目标提出的要求,以期在学生身上引起相应的行为变化。

教学目标是教学活动的出发点和归宿,它支配、调节、控制着整个教学过程,任何教学活动都是围绕着某种教学目标展开的。

(二)教学目标的特点

1. 预期性

教学目标是师生在教学活动中达到的教学结果,即在教学活动之前,预见到教学活动可能促使受教育者身心发生哪些变化。教学目标以教学对象发展现状为基础,但又超越其发展现状,是经过努力可以达到的要求。布卢姆认为,有效的教学始于教师指导希望达到的目标是什么。预期要达到的教学目标是否明确、具体、科学,直接影响教师的教学实践是否有成效。

2. 生成性

教学目标虽然是对教学结果的一种预测,但是,这种预测并不是一成不变的,而是在教学结果的预测框架内保留有一定的生成空间。教学过程是具体的、鲜活的,在这个过程中充满着诸多不确定性,有很多种预想不到的事情会发生,这正是教学目标的生成过程。

3. 灵活性

教学目标可以因校、因课、因班制宜,由教师根据具体教学实际编制,内容水平可以有一定的弹性,留有余地,以便灵活掌握,获得最佳成效。教学目标的灵活性是由教学活动的复杂

---

① 汪霞. 小学课程与教学论[M]. 上海:华东师范大学出版社,2010:68.
② 李三福. 小学课程与教学论[M]. 长沙:湖南科学技术出版社,2008:15.

性决定的,同时又为教师开创性地开展教学工作提供了机会。灵活设计的教学目标,能更好地适应学生的学习特点,并通过教学目标的实现而获得相应的身心方面的发展。

4. 可行性

可行性是指教学目标不仅具有价值,而且便于达成。一般而言,教学目标清晰、明确、具体、可行,有利于在实践中顺利达成。经验表明,人们在确定和实现目标时,除了考虑目标的价值外,还要考虑目标实现的概率。若达成的可能性很大且易于操作,就会努力促成目标的实现,使目标的潜在作用得到最大限度的发挥;如果目标过于笼统且难度大,不利于达成,人们便会望而生畏、知难而退,目标本身也会失去其本身的价值。因此,教学目标必须具有可行性和现实性。

(三)教学目标的功能

1. 导向功能

导向功能是指教学目标对整个教学活动的指引、定向功能。由于教学目标是对教学活动预期结果的展望,教学目标必然会在一定程度上影响教学设计的方向,调控教学过程的有序进行,使师生在教学中能够紧跟教学目标的导向而排除一些无关因素的干扰,从而避免教学工作的盲目性,使教学工作高效进行。由于教学目标的方向性指引作用,决定了教学目标制定时一定要谨慎、科学。

2. 激励功能

激励功能是指教学目标能够激发教师教和学生学的积极性和主动性。确立确切、适当的教学目标,可以鼓励和激发教师工作与学生学习的热情。只有当教学目标真正被教师和学生所理解、接受,并在一定程度上满足了他们需要的时候,教学目标的激励功能才会得以发挥。

3. 评价功能

评价功能是指教学目标可成为衡量教学效果的尺度与标准。教学活动是以教学目标的制定作为起点来进行的,教学目标的实现也是教学活动的终点和归宿。教学活动的效果要通过检验教学活动目标的实现程度作为标准。如果一旦教学目标本身存在问题,就会导致教学评价的信度与效度的缺失,从而使得教学评价无法真正发挥作用。因此,实践操作要时刻注重对教学目标本身合理性的反思。

4. 聚合功能

聚合功能是指教学目标能够对教学系统内的其他要素进行优化、组合和协调,使整个教学系统能够发挥最佳的教学效果。构成教学的各个要素,不管是教师、学生,或是教学内容、教学方法、教学环境、教学手段等,无一不是为了教学目标的实现。因而教学目标是整个教学系统的核心,教学目标能聚合教学系统内的其他诸多要素而发挥整体的力量。

二、设计教学目标的依据

(一)学生

一切教育活动的出发点和终极目标都是指向学生发展的,因此,教师进行教学目标设计的首要依据是学生。以学生为依据设计教学目标时,可以从显性和隐性两个维度来分析:显性的信息即学生的年龄、家庭背景等;隐性的信息即学生的需要、学生已有的知识结构、学生和学生之间的人际关系等。其中,内隐的信息通过表面的观察不容易获得,只有通过教师和学生建立起信任的关系,通过师生之间真诚的对话、推心置腹的交流才能获得准确有效的信息。

(二)学科课程目标

学科课程目标既是课程总目标的反映和具体化,也是确定课堂教学目标的方向、依据和评价标准。从小学课程目标的功能来看,相对于儿童的学习和发展而言,课程总目标的一般教育功能和学科课程的特殊功能在儿童发展目标的追求上是一致的。因此,在确定教学目标的过程中,既要关注学科课程目标与课程总目标之间的关联度,又要充分考虑学科自身的特殊性,并思考在教学设计和课堂实施中如何落实课程目标。由此可见,教学目标的确立不仅要围绕学科课程目标而展开,还要考虑该课程的总目标。

(三)学校教学资源

学校教学资源包括教学材料、教师资质和课程实施的支持条件。从教学材料来看,教科书是最重要的教材,它按照课程标准的目标和内容规定与要求编写而成,为教师理解课程目标提供了一种最为直观的文本;从教师资质来看,教师的专业知识、专业技能和专业精神决定了教学目标的选择能否满足社会对学校教育的需求、能否适应学生学力水平的差异,以及教师能否选择适当的教学内容精心组织学生进行有意义的学习。从课程实施的支持条件来看,学校教学设施等硬件设备的配置以及社区、家庭和学校文化等课内外课程资源的开发与整合程度,也制约了课堂教学目标的选择和确立。

三、教学目标设计的基本环节

(一)明确教育目的

教育目的是一切教育活动的出发点和归宿,它是一切教育活动总的指导思想和要完成的根本任务,任何目标的制定必须以教育目的为准绳。在教育目的的指导之下,各级各类学校根据自身的性质与特点确定自己的培养目标。教学目标的制定必须首先以教育目的为指导,明确学校的培养目标,并在教学活动中贯彻教学目的,落实培养目标。

(二)确立目标基点

确立目标基点主要是指分析学生的身心发展规律与特点、社会的需求以及学科知识的情况。基点是制定教学目标的关键,它决定了教学目标发展的方向,是以学生需要满足为主,还是以社会需求的适应为主;是以知识的传授为主强调学科的知识体系,还是以社会适应为主,强调学生的生存技能。不同的教学基点,决定了不同的教学目标价值选择。

(三)决定目标形式

教学目标有多种表现形式,如"行为目标"、"变现性目标"、"认知性目标"等。制定教学目标时,需要在目标形式中作出选择。如果选择了其中一种形式,也就决定了教学目标的内容编排、选择以及目标的陈述方式等等。

(四)确定具体目标

目标体系与目标层次是相对应的。培养目标不一样,一定社会的要求不一样,目标达到的层次、程度也不一样,目标体系从而也就呈现出有先有后、有轻有重的多元化体系。必须根据确定的目标形式,对确定的教学目标,分层次进行具体描述,形成可操作的、内容具体的目标。

四、教学目标的表述方式

在实际教学实践中,很多教师对教学目标设计的依据、环节都把握得很好,也能从不同的维度对教学目标设计进行思考,但在表述的过程中却有时会出现逻辑不清、表述形式选择不当等问题。如前文所言,在设计教学目标时,选择恰当的表述方式是一个很重要的步骤,只有对教学目标表述形式进行合理地选择,才能保证教学目标设计的顺利进行。一般而言,教学目标的表述形式有以下几种:

(一)行为目标的表述方式

有一类教学目标要求学生在具体的行为方面有相应的变化,这一类教学目标在表述的时候往往参照马杰模式来进行。美国心理学家马杰(B. F. Mager)于1962年提出:规范的行为目标必须是具体的、明显的行为目标。究竟怎样才能实现教学目标的具体性和可操作性?对此马杰提出了行为目标的四个要素:谁(学习者),做什么(要求的行为),做到什么程度(要求的行为的水平,也就是可接受的行为的标准),在什么条件下(特定的、限制的、影响可接受行为的条件)。依照此四要素来表述行为目标,基本上已成为中小学教师的自觉行为。

> **案例12-1**   **行为目标的表述方式**
>
> 一名教师为一堂测验课进行教学设计时制定了这样的教学目标:"给予20个要填写形容词的未完成的句子,学生能在15分钟内分别写出形容词以完成句子。"
>
> 成分分析:
>
> 学习者:学生
>
> 行为:写出形容词
>
> 条件:20个要填写形容词的未完成的句子
>
> 程度:15分钟内完成

(二)认知性目标内外结合的表述方式

行为目标只考查了学生外显的、可观察的行为变化,对于学生内隐的心理变化无从体现。对此,格朗伦德(N. E. Gronlund)提出了更全面的表述方式。格朗伦德主张陈述教学目标时可分成两步进行。第一步,陈述一个教学的总目标,这个目标是学生预期的学习结果,这种学习结果包括学生的心理过程。第二步,在总目标下具体列出学生达到这个总目标能够表现出来的各种可观察的、外显的行为变化。

(三) 表现性目标的表述方式

　　表现性目标由美国学者艾斯纳(E. W. Eisner)提出,意在考查学生在某种具体情境中的富有个性化的发现。表现性目标只规定学生应该参加的活动,并不对学生应该达到什么样的目标作具体规定。表现性目标不能像行为目标一样,追求结果与预期目标的一一对应关系,而应该是一种美学评论式的评价模式。其对学生活动及其结果的评价是一种鉴赏式的评价,依照其创造性和个性特色检查质量与重要性。

　　以上三种教学目标表述方式,每一种都有自己的特点和适用范围。教师在进行表述时,要根据具体情境加以选择,并且在需要时要适当进行综合利用。

第二节　教学内容的选择

一、教学内容概述

(一) 教学内容的概念

　　从教学的角度来看,教学内容是根据教育目的、学生的认知特点,从人类长期的认识过程中积累起来的文明和文化的成果中选择出来的知识系统。它表现为各门学科中特定的事实、观点、概念、原理和问题,以及处理它们的方式,并在教学过程中,通过师生的相互作用与教学过程中的生成,学生所真正学习到、体验到的内容。

教学内容的选择是教学设计的基本环节之一,教学目标是教学内容选择的重要依据,只有选择和确定教学内容之后,教学活动的其他工作才能够得以顺利开展。

(二)教学内容的特征

1. 目的性

教育活动的目的性决定了教学内容的目的性。教学内容是按一定的要求为实现一定的目的选择和组织起来的。学校的教育目的、培养目标和教学目标必须通过一定的教学内容才能体现出来并得以实现。所以,教学内容是实现教学目标的基本保证。

2. 对象性

教学内容是教学主体认识和掌握的对象,也是连接教与学活动的中介。没有教学内容,教学活动就无法进行。教育活动中,教学内容被两个处于平等地位、具有不同特点的主体共同利用。教师虽然对教学内容是已知或知之较多的、系统的,但他还必须从教的角度,即从如何使学生掌握、运用并转化为学生个人素质和能力成长的角度重新研究、掌握和运用它,以实现教育目的。学生对教学内容是未知或知之甚少的、不系统的,他们对教学内容的掌握是为了认识世界,促进自身的成长。因此,教学内容的选择必须兼顾教与学两方面的可能与需要。

3. 主观性

教育活动的主要任务是实现人类文化的传承。人类文化是在人类长期的生产生活实践活动中积累起来的,是人类认识、改造自然、社会和人自身的思维的产物和精神成果,虽然其内容是客观的,但以主观的、意识的形式存在着。这种主观的知识形态是教学内容最主要的部分,占据着主导地位。

4. 基础性

基础教育乃至整个教育的目的都是为提高全体国民素质打基础或是直接服务于国民素质的提高。为了适应未来社会的需要和知识世界的迅猛变化,再加上教育的特定阶段教学内容容量的有限性,教育者不可能把全部文化科学知识都纳入其中,只能经过精选将其中一部分纳入教学内容体系。因此,教学内容应当而且只能是反映各门学科最本的、学生发展和社会生活所必需的基础知识、技能、经验和价值体系,即布鲁纳所指的结构性知识。

5. 科学性

教育的目的不仅是要促进学生身心的全面发展,而且要培养他们正确、科学的人生观、世界观和价值观。因此,应该把那些反映人类前进方向、事物发展规律和被实践证明是正确的知识纳入学校教育的内容体系中,只有这样才能保证其科学性。尤其基础教育阶段(含小学教育)的教学内容的选择,更应当保证知识的准确性和科学性。

(三)教学内容的表现形式

按照基础教育课程改革的要求,教学内容的表现形式分为课程计划、课程标准、教科书三个层次。

1. 课程计划

课程计划是课程设置的整体规划,它对学校的教学、生产劳动、课外活动等作出全面安排,具体规定学校应设置的学科、学科开设的顺序及课时分配,并对学期、学年、假期进行划分。课程计划是教育主管部门制定的有关学校教育教学工作的指导性文件,体现了国家对学校的统一要求,是组织学校活动的基本纲领和重要依据。

2. 课程标准

课程标准是规定某一学科的课程性质、课程目标、内容目标、实施建议的教学指导性文件,是教材编写、教学、评估和考试命题的依据,是国家管理和评价课程的基础。应体现国家对不同阶段的学生在知识与技能、过程与方法、情感态度与价值观等方面的基本要求,规定各门课程的性质、目标、内容框架,提出教学和评价建议。课程标准与传统的教学大纲相比,在课程的基本理念、课程目标、课程实施建议等几部分阐述得更详细、明确,特别是提出了面向全体学生的学习基本要求。

课程标准的结构,一般包括总纲和分科课程标准两部分。总纲规定学校教育的总目标、学科的设置、各年级各学科每周教学时数表和教学通则等。分科课程标准规定各科教学目标和教材纲要、教学要点和教学时间的分配、应有最低限度的教学设备以及教学方法和其他应注意的事项。

3. 教科书

一般认为,教学内容的主要表现形式是教材和教科书。长期以来,人们往往有着这样的误解,认为教材就是教科书。事实上,这是两个完全不同的概念。

(1)教材。广义的教材指课堂上和课堂外教师和学生使用的所有教学材料,比如课本、练习册、活动册、故事书等等,也包括教师自己编写或设计的材料和计算机网络上使用的学习材料;狭义的教材即教科书。教材的内涵主要从三个方面体现出来:一是为使学生形成特定的知识体系所勾勒出来的事实、概念、法则和理论;二是同知识紧密相关的、有助于各种能力的熟练形成的、系统习得的心理作业与实践作业的各种步骤、方法和技术;三是与知识和能力体系紧密相关的,奠定世界观基础的,表现为信念、世界观、价值观和道德观的认识、观念和规范。

教材的含义随着时代的发展而日渐丰富,教材不再是"事实性知识",不局限于教科书,而是指与教科书有关的丰富多彩的教学资源。日本学者清水厚实将教材的形式总结为以下五种:①教科书教材,即根据教科书制度特别认可的,兼具行政和专业权威性的教材;②图书教材,即用纸质印刷品表现和构成的教材;③视听教材,即借助各种视听媒体所构成的教材;④现实教材,即将周围的自然环境和社会现实转化而成的教材;⑤电子教材,即借助电子技术开发和应用的教材。

(2)教科书。教科书也称"课本",是根据课程标准编定的系统反映学科内容的教学用书,是课程标准的具体化。教科书是教学内容的主要依据,是实现一定教育目的的重要工具,是师生教与学的主要材料,是学生获取知识的主要来源之一。教科书一般包括:目录、课文、插图、习题、实验、注释等部分,课文是教科书的基本部分。在近代学校的发展过程中,教科书,尤其是义务教育范畴的教科书,完全由国家权力机构控制,体现出鲜明的政治性。因此,无论从教材编制的系统性上,还是从专家或行政权力的权威性上看,教科书都是学校教育中最重要的教材,或是教材的主体部分,是衡量一个国家或地区基础教育水准的重要标志。编写教科书的主要要求有:努力做到科学性与思想性统一;理论与实际结合;力求反映最新的科学研究成果,但又要相对稳定;形式上要求整齐美观、图文并茂、坚固耐用、便于携带。

二、教学内容选择的原则

(一)目标性原则

教学目标是教学设计过程中最首要的环节,对教学内容的选择起着指导作用。内容的选择必须依照目标来进行,即有什么目标,就有什么内容,让目标和内容能够一致。

(二)基础性原则

教育的基本任务是要使学生有效地掌握人类文化遗产中的精华,并充分发展学生的各方面的能力,以适应未来社会发展的需要。因此,所选的内容不仅应包括使学生成为合格的社会公民所必备的基础知识和基本技能,同时也应包括学生继续学习所必需的知识、技能和能力。当代社会信息量日益激增,只是更新速度加快,学生不可能在学校教育有限的时间内吸收全部的知识,因此,教学内容应选择学生终身学习所必须的基础知识和技能。

(三)心理性原则

教学内容是为特定教育阶段的学生而选择的,为学生的学习服务。内容选择必须考虑学生的需要与兴趣,适应学生的身心发展水平,这样才能便于学生更好地学习和掌握。

(四)生活性原则

学生是现实社会的一份子,是未来生活的主人。他们在校期间所学的内容将直接或间接影响到他们现在和未来的学习、生活和工作。所以,教学内容应考虑让学生了解社会,接触社会,掌握一些解决社会问题的基本技能,在选择教学内容时,应该尽可能地联系社会需要,以便学生所掌握的知识技能可以较好地发挥社会效用。

三、教学内容选择的依据

教学内容设计是课堂教学的蓝图。所谓教学内容设计,是指根据教学目标的主次轻重,将复杂的教学内容分解为较小的、易完成的教学单位。其目的在于确定教学内容的范围与深度,明确教什么;揭示教学内容中各项知识、技能、情感、态度、价值观以及过程、方法的关系,为教学过程安排奠定基础,即为"如何教"服务。教学内容作为教师教学实践的依据和学生学习的凭借,是达成教学目标与衔接各教学要素的主要媒介。

(一)立足学生实际,注意教学系统的和谐性

深入分析研究教学内容,教师对教材的处理、学习资源的利用必须建立在认真分析学生的特征和学科特点的基础上,所确定的教学内容知识点、能力点、创新点以及重点和难点应该

成为一个完整而又合乎逻辑的体系,既能满足学生发展的心理需要,又注意各学习单元之间的连贯性。不仅包含学科内容——概念、原理、事实的认知,还应挖掘和揭示教学内容所隐含的智能、教育因素等;不仅强调教学内容的学术价值,用知识的理性力量武装学生头脑,还应该强调情感的熏陶、习惯的养成、乐观进取精神的培养;不仅是为了有利于教师教学,更是为了有利于学生学习,实现教学内容与教师的"教"和学生的"学"和谐统一。

(二)贴近现实生活,注意内容的时代性

当前社会处在信息化、全球化、个性化的时代,知识经济已初露端倪,在这样一个讲效率的时代里,信息传播渠道、手段等都发生了很大的变化。面对时代的挑战,教学内容的选择与安排也应该与时俱进,体现时代性。所谓时代性,就是指一个事物发展的历史必然性、现实选择性和动态生成性。就教学内容而言,时代性可以从三个层面来认识:其一,当代社会生活的总体特点,主要包括经济生活、政治生活和文化生活的时代特点;其二,学生在社会生活影响下所形成的思想、品德、文化等素质的时代特点;其三,针对社会生活的特点和青少年素质的特点所形成的教学工作的时代特点。这三个层次的时代特点是相互联系、相互影响、相互作用的。作为一名教师,有责任在教学内容设计时适应社会生活的时代特点,在适应中超越,在超越中对教材进行创造性地理解并处理成适应学生学习的内容,同时对青少年的发展起着导向、动力和保证作用。在教学之前,认真钻研教材及相关学习资源,对提高教学效率和教学质量,发展学生智能,无疑会起到很大的推动作用。

四、教学内容选择的基本环节

在分析了教学内容选择的依据和原则以后,我们可以得出教学内容选择的基本环节。

(一)确定教学内容的价值观

确定教学内容的价值观,其核心问题是回答"什么是受过教育的人",以及培养目标是什么。对教学内容的选择,需要在科学、先进的教育价值观的指导下进行。

(二)确定教学目标

教学目标是课程目标的进一步具体化,也是教学内容价值观的具体化,这是选择教学内容的关键。

(三)确定教学内容的基本取向

不同的教学内容有不同的取向。教学内容的基本取向主要包括学习者的经验、当代社会生活经验和学科知识三个方面。只有处理好这三者的关系,才能使教学内容的选择合乎要求。

(四)确定具体的教学内容

确定教学内容,即在确定与特定教学价值观和教学目标的基础之上,从教材或其他信息

源选择相适应的教学内容要素。

第三节　教学媒体的选择

一、教学媒体概述

（一）教学媒体的概念

媒体,也称媒介,传播媒体,是指信息传播过程中,从信息源到信息的接受者之间携带和传递信息的任何物质工具。

> 教学媒体是为实现教育教学目的,介于教师的教和学生的学之间,携带、储存并传递知识、技能、情感等信息,影响师生信息相互交流的工具。简言之,教学媒体是指在教学过程中传输信息的工具。

一般而言,普通媒体要演变为教学媒体要能满足两大要求。一是硬件的改造,使它能满足教学活动要求,方便教师和学生使用;并能同时降低硬件成本,为较缺乏经费的教育部门所使用。二是软件的编制,要使该媒体所储存与传递的信息是教学信息,并且编制的原则与方法要符合教学活动的要求。如果上述两个问题可以同时得到解决,那么一种行之有效的新型教学媒体就能够得以产生。

（二）教学媒体的发展

教学媒体的发展大致可分为语言媒体、文字媒体、印刷媒体和电子媒体四个不同的阶段。

1. 语言媒体阶段

语言是人类最早所使用的交流媒体。语言的产生标志着人类在记忆和传递知识以及表达较复杂概念的能力方面,有了巨大的进步。语言的产生使人类群体之间彼此的交流有了可能,人们可以将自己掌握的知识和技能有效地传授给社会中的其他成员。

语言媒体主要有三个功能:(1)符号功能。语言是实物、现象的符号。(2)促进思维、表达思想的功能。语言能用来概括并形成概念,从而促进了思维能力的发展,扩大了认识范围,提高了认识能力。(3)交流功能。语言产生的目的就是为了交流信息,所以交流信息是语言的最基本的功能之一。

语言媒体的发展在促进人类社会及教育发展中起着重大作用,即使在发展了多种多样现代媒体的今天,语言媒体仍然具有其他媒体所不可替代的作用。因此,语言仍然是人类交际活动中最重要的一种媒体,也是教育传播中最重要的媒体之一。

2. 文字媒体阶段

人类在交流和传播方面的第二大成就就是文字媒体的产生,从语言到文字经历了几万年,文字是语言的书写符号,具有和语言同样的功能;文字的产生还使得语言得以保存。文字媒体的出现使书写和口头语言一样,成为了重要的教育传播工具,从此,人类除了口耳相授外,又可以利用书写文字来传达信息,这是教育方式的一次重大变革。

3. 印刷媒体阶段

随着纸张、印刷术的出现,图书成为了人类社会中另一种非常重要的传播工具,并逐渐成为了人们可以共享的知识财富。印刷媒体的出现,不仅使得信息可以大量复制、储存并广泛传播,教科书使得大规模公共教育成为可能;而且推进了 15 世纪的班级授课制度的出现,各种类型的学校相继开办,引发了教育的又一次重大变革,教科书也从此成为学校教育的重要媒体。从此,学生不仅可以向教师学习,也可以向书本学习,信息来源的渠道被大大地扩展了。

4. 电子媒体阶段

19 世纪末至 20 世纪初,科学技术得到迅速发展,其中电子技术的发展尤为突出,人们把以电子技术新成果为主发展起来的新传播媒体统称为电子媒体,电子媒体的发展大大提高了人类的传播能力和传播效率。

目前,电子媒体,比如幻灯、投影、电影、广播、电视、计算机和网络等都在教育教学领域得到了广泛运用。但是新的电子媒体虽然具有许多优势,却也无法完全取代传统教学媒体,语言媒体、文字媒体和印刷媒体在今后很长一段时间里将依旧是教学的重要工具。各种媒体都有自己的特点和优势,也有一定的局限性,在教学过程中应该互相补充、取长补短。

(三)现代教学媒体的分类

对教学媒体进行分类时的角度不同,分类的结果就会不一样。根据不同标准,教学媒体可以分为多种类型。根据印刷与否,可分为印刷媒体和非印刷媒体;从传递信息的范围来看,可分为有限接触和无限接触两类;从能否及时反馈信息来看,可分为单向传播媒体和双向传播媒体(如程序教学机器)两类;从传递信息与现实事物的关系来看,可分为实物型、模拟型和符号型三类;根据使用方式不同,又可分为教学辅助媒体(如投影仪、幻灯机)和学生自学媒体(如电视、程序教学机器、网络课程和网络教学材料);按媒体的物理特性,可分为电声媒体、光学投影媒体、电视媒体、计算机媒体。

一般而言,根据媒体出现的时间先后,教学媒体可以分为传统教学媒体和现代教学媒体。传统的教学媒体是指语言、文字、印刷物等历史悠久的传统媒介;现代教学媒体则是指自 20 世纪以来电子技术得以发展后产生的新兴传播方式。根据教学媒体所作用的感官和信息流向,可以将现代教学媒体进行如下划分:

1. 视觉媒体

视觉媒体是指主要作用于人的视觉通道的教学媒体,主要包括各类投影视觉媒体,如幻灯机及投影仪。这类媒体主要通过视觉将信息作用于受教育者,如幻灯机、投影仪、视频展台以及与它们配套的幻灯片、投影片等教学软件。

2. 听觉媒体

这类媒体主要通过听觉将信息作用于受教育者,如 CD 播放机、广播、录音机、收音机、语音实验室、扩音系统以及唱片、录音带、CD 唱片等。

3. 视听觉媒体

这类媒体可以同时作用于受众的视觉与听觉,比如电影、电视、录像机、摄影机、DVD 播放机、多媒体计算机、语音实验室中的视听器及与它们配套的录像带、视盘等。

4. 交互媒体

交互是在某种学习环境中,两个或两个以上的个体间进行的双向交流,其目的在于促进学习任务的完成或人际关系的构建。交互媒体就是在网络设计与教学过程中用于双方或者多方之间相互交流信息的相关多媒体技术或产品。如电子邮件、在线课程、网络课件、在线资源、在线讨论组等。

5. 综合操作媒体

综合操作媒体是一类不仅能提供视听刺激,还可以让学习者接触并根据需要亲自操作的教学媒体。计算机和多媒体网络是当前主要的综合操作媒体。

二、教学媒体选择的依据

为了达到预期的教学目标,高效地完成既定的教学任务,在丰富多彩、功能各异的教学媒体中选择哪一种或哪几种媒体的组合才最为合适、最为有效呢?下面是选择教学媒体所要考虑的几个基本依据。

(一)教学目标

每门课程、每个单元、每节课都有一定的教学目标,为了达到不同的教学目标常常需要使用不同的媒体去传递教学信息。比如要使学生知道某个概念,或理解某种原理,或掌握某项技能等,可选择图表、实物或三维动画等。为了激发兴趣、升华情感可选取音频和视频媒体。

(二)教学内容

不同学科的教学内容、性质不同,对教学媒体会提出不同的要求。如在语文、思想品德、历史等学科的教学中,可以借助于录像等视听媒体向学习者提供一定的情境,如图片、风光片、故事片等视听媒体,使学习者有亲临其境的感受,以加深它们对课文的理解和体会;在数学、科学、物理、化学等学科教学中,可提供实物模型、图表、动画等媒体。

(三)教学对象

不同年龄阶段的学习者对事物的接受能力不一样,选用教学媒体时必须考虑他们的年龄和心理特征及知识背景。另外,在两种效果接近的媒体中进行选择时,也可适当考虑学生的习惯和爱好。如,为小学生可多选择动画、投影、视频媒体,为中学生选择媒体可增加一些分析、综合、抽象、概括等理性认识的分量,重点应放在揭示事物的规律上。

(四)媒体特征

各种教学媒体具有不同的适用性。在实际应用中,只有最适用媒体,而没有最优媒体。只有充分了解各个媒体的优点和局限性,才能在使用中扬长避短,对它们进行综合应用。比如,能用实物观察的,就无须用图片和视频,能动手实验操作的,就无需用模拟教学。

（五）教学资源

教学中能否选用某种媒体，还要看当时当地的具体条件，其中包括资源状况、经济能力、师生技能、使用环境、管理水平等因素。因此，理论上的最适用媒体，不等于实际上的最适用媒体。

选择什么样的教学媒体、怎样运用这些教学媒体才能使教学更为有效，这是教学设计工作的重点和难点。在选择的时候，一定要把握住问题的关键，在坚持基本原则的前提下，兼顾其他因素。

三、教学媒体选择的原则

（一）可适应性原则

教学媒体的可适应性有三个方面的要求。第一，教学媒体对教学情境的适应。主要表现在：对教学媒体的选择要由教学活动在何种教学情境中进行的形式来决定。如我们是为集体授课而选择媒体。第二，教学媒体对学习者特征的适应。应考虑到同样是班级授课，小学低年级学生与中学高年级学生以及成人教育是有很大区别的。小学低年级学生由于抽象思维的水平远不及中学生，因此在选择媒体时，我们应首先考虑那些直观性强、表现手法简单明了、图像画面对比度大、易于区别事物的主要与次要部分之类的媒体。第三，对学习任务的适应。我们应该考虑根据任务的类型而选择合适的教学媒体。

（二）可利用性原则

该原则基于三个因素，一是教师利用媒体时，操作控制的难易程度；二是学习者对媒体使用时的参与程度以及学习者本人的操作难易程度；三是学习场所、办学单位提供利用该媒体的难易、方便程度。

（三）低成本性原则

亦称经济性原则，强调媒体组合不宜过于复杂，而以简洁实用、少而精、省时省力、易于操控为佳。媒体的利用除了考虑上述因素外，我们还应注意它的低成本性。第一，是媒体的购置、安装与制作成本。如进行某种教学内容的教学时，有多种媒体可供选择利用，首选的是那些能达到同样教学效果而购置与安装成本较低的媒体设备。第二，是媒体利用时的使用成本。假如挂图和投影媒体这两种媒体都具备且教学效果相当，考虑到使用成本，我们则选择了使用成本更低的挂图手段，而不选择需要消耗电能的投影媒体。就我国目前国情来说，经济实用尤为重要，要提倡因陋就简，勤俭节约，就地取材，用有限的经费迅速发展和推广多媒体教学。

（四）高效能性

任何一种媒体，在应用到具体的教学活动中去的时候，都有它的特殊功能和效果，没有一种媒体对任何一种教学情境、任何特征的学习者都相当适合，都能发挥最优的教学功能与效果。因此，对具体的教学环境、具体的教学形式与学习任务、具体特征的学习者，要有所区别，选择那些能够充分发挥媒体优越性和特殊的教学功能,起到良好教学效果的媒体。

使用教学媒体并不是我们的目的,我们所关心的是媒体使用之后到底能得到什么样的教学效果。在选择和使用媒体时,应该考虑效益比。教学媒体必须在一定的条件下,才能发挥出它应有的作用,而且这种作用也是有限的,所以我们只能利用媒体,而不能过分依赖媒体,更不能用媒体来取代教师的作用。

总之,教学媒体以其特有的优势,能创设情境、激发兴趣,反映事实、显示过程,示范演示、验证原理,直观呈现、突破难点,节省时间、提高效率。但是,在教学过程中,我们一定要因地制宜、科学选择、合理运用,不能一味地用媒体来代替学生的实践、代替学生的思维、代替学生的情感体验,更不能用媒体代替教师的指导、代替教师的人格魅力对学生潜移默化的影响。

第四节　教学策略的选择与运用

一、教学策略概述

按照新课程所倡导的教学观,教学不仅只是教师的教,还包括了学生的学。本节所研究的教学策略,包括了教的策略和学的策略两方面。教师教的策略可称为"教授策略",学生学的策略可称为"学习策略"。

(一) 教学策略的内涵

> 教学策略是指为了实现某种教学目标,根据教学的特定条件和学生的学习规律,合理选择和利用各种教学方法和教学资源,而制定的有效教学的具体实施方案。

1. 策略的内涵

在《现代汉语词典》里,"策略"一词被解释为:根据形势发展而制定的行动方针和斗争方式;讲究艺术,注意方式方法。在英文里的解释是:为了对付战斗中的敌人而实施军事命令的技术和艺术。中英文的解释都将策略与军事战略、战术联系起来,突出了策略的指向性、艺术性、目标性和计划性的特点。因此,从宏观角度考虑,策略具有战略的意思;在具体的情境中,它则是一种具体的施行技术和方法。

我们认为,策略不同于具体的方法,其立意要更高远一些。它是对具体行动的整体性考虑和规划,是为了达到某种目标而制定的一套总体实施方案。

2. 教学策略的内涵

从系统论的观点看,教学策略是指以一定的教育思想为指导,在特定的教学情境中,为实现教学目标而制定并在实施过程中不断调试、优化,以使教学效果趋于最佳的系统决策与设计。根据对策略的理解,教学策略是对教学活动的整体性规划和考虑,是为了达到教学目的而制定的一套总体实施方案。但在对教学论的研究中,人们对教学策略的定义是多种多样的,目前主要存在两种不同的倾向:一种是将教学策略看作是教学方法的总和;另一种是将教学策略理解为教学实施的总体方案,强调教学策略是对教学实施过程诸多因素的整体把握。

对于教学策略的内涵,可以作如下理解:(1)教学策略是有效教学的一种具体实施方案。(2)教学策略以学习策略为基础。(3)教学策略不同于一般的教学方法,它是将教学方法的选择置于更广阔的教学情境之中。教学策略的制定,除了考虑教学方法外,还应该考虑有效教学资源利用等问题,也就是说,教学策略的制定不同于一般教学方法的选用,更不是教学方法的总和。

(二)教学策略的基本特征

认识和了解教学策略的特征,可以有助于我们加深对教学策略的把握,更好地去选择和运用教学策略。一般来说,教学策略主要有五个特征。

1. 目的性与适用性

目的性是指运用教学策略实现教学目的的适合与有效程度。教学策略的选择与运用是为教学目标服务的,是以解决教学中存在的问题,掌握特定的教学内容,达到预定的教学目标,受到预期的教学效果为目标指向的。适用性是指教学策略与教学内容、教学主体、教学过程及其规律的契合程度。教学策略是否适用,取决于其反映教学过程规律的程度,取决于它遵循正确的教学原则的程度。当然,教学策略的适用性有一定的条件,符合这些条件,它才能发挥自己的作用;一旦符合它的条件发生变化,与其相应的手段、技巧就不再继续运用,而转向新的教学策略。

2. 共性化与个性化

共性化是指教学策略必须反映教学系统各要素的本质特征,遵循教学的基本规律。教学系统的要素是由教师、学生、教学内容、教学方法和教学环境构成的,其中主要因素就是教师、学生和教学内容。不同的教师面对不同的学生,采取的教学策略也会因人而异。每个教师在实际教学工作中,根据实际情况,在学习、借鉴、加工、吸收他人经验的基础上结合自己的个性及所处的环境,发展和创造出带有鲜明个性化色彩的教学策略,因此教学策略具有个性化特征。尊重共性,有助于教师把握教学的基本规律;发展个性,有利于教师创造性地开展工作。

3. 稳定性与变通性

教学策略一旦制定,在一定范围内能够广泛运用到相似的教学情境,即它具有相对稳定性。但在实施过程中,教学情境的复杂性、教学条件的多变性以及教师教学能力的差异性决定教学策略不是单一和固定不变的。教师根据不同的教学目标、内容和任务的要求,参照学生的现有知识水平,将最合适的教学方法、形式、手段等组织运行起来。同时,教师把整个教学的运行情况作为意识的对象,随着课堂情境的变化及时而恰当地进行调节。这种在稳定的基础上对教学策略进行调节与创造,就是教学策略的变通性。

4. 综合性与最优化

在实际教学活动中,教学过程的各个因素是综合地、共同地发挥作用的。构建和运用教学策略就是整体把握教学系统的各要素。所谓教学策略的"综合性",是指教师在制定或运用教学策略时,对教学活动的元认知过程、教学活动的调控过程和教学方法的执行过程以及构成教学系统的各要素进行全盘考虑与整体安排,达到各要素优化组合、合理构建,从而产生整体功能的特性。所谓"最优化"并非指特别的教学方法或手段,而是在遵循教学规律和原则的基础上,教师有意识地、科学地选择最适合于该具体条件的课堂教学和整个教学过程的教学策略。这是教师对教学系统各要素进行细致分析与综合、演绎和归纳的结果。其目的在于通过对最优教学策略的选择的安排,争取在现有条件下用最少的时间和精力,去获得事半功倍的效果。

5. 可操作性与可调控性

任何教学策略都是针对教学的每一具体目标而制定的,具有与之对应的方法、技术和实施程序,它要转化为教师与学生的具体行动,因此必须具备可操作性。同时,教学策略的建构与运行离不开教师元认知的参与,元认知实质上是教师对教学活动进行有意识地检查、评价、反馈调节和有意识地自我控制,尽可能地协调好教学活动各要素之间的关系,使教学活动达到最优化,使学生得到最好的发展。这种对自身认知活动的自觉意识和自觉调节活动就使得教学策略具有可调控性。它与各种形式的外在调控的不同之处,在于强调教师的自主管理和自我调节,建立在教师自愿和自主的基础之上。教师正确认识教学策略的可调控性,可以根据教学活动的要求,选择适当的解决问题的方法和手段,并且由于形成自觉的习惯,教师对教学策略的运用几乎不需要意志努力,就能够随机应变地进行自我反馈调控;同时由于自动化,教学策略的运行过程变得极为简捷,没有或极少有多余的步骤和环节,教师就能对自己的教学状况和学生的反应迅速作出评价和反馈,并能迅速地采取有效措施。

二、教学策略的分类

(一)理论性策略

在各种教育理论文献中,根据不同的理论建构起来的教学策略被称为理论性策略,归结起来,有以下七种。

1. 先行组织者策略

源于奥苏伯尔的意义学习理论。所谓先行组织者是指安排在学习任务之前呈示给学习者的引导性材料,它比学习任务具有更高一层的抽象性和包摄性。提供先行组织者的目的就在于用先前学过的材料去解释、整合和联系当前学习任务中的材料(并帮助学习者区分新材料和以前学过的材料)。其实施步骤是:呈现先行组织者,呈现学习任务和材料,扩充与完善认知结构(详见表 12 - 1)。

表 12 - 1　先行组织者教学策略表

教学过程		教 学 活 动
阶段 1	呈现先行组织者	阐明本课的目的
		呈现作为先行组织者的概念:确认正在阐明的属性,给出例子,提供上下文
		使学习者意识到相关知识和经验

教学过程		教学活动
阶段 2	呈现学习任务和材料	使知识的结构显而易见
		使学习材料的逻辑顺序外显化
		保持注意
		呈示材料
		演讲、讨论、放电影、做实验和阅读有关的材料
阶段 3	扩充与完善认知结构	使用整合协调的原则
		促进积极的接受学习
		提示新、旧概念(或新、旧知识)之间的关联

2. 概念形成策略

概念形成策略源于布鲁纳等人的理论研究。概念形成是指从例证的辨别出发,逐渐发现概念的属性这样一种学习方式。通过概念形成方式获得具体概念,要经过知觉辨别、提出假设、检验假设和概括四个阶段。一般说来,概念越复杂,检验和假设之间的往复次数越多。在这个过程中,越需要从外界寻找更多的正例和反例。正例有助于确证概念的本质属性,反例有助于剔除概念的非本质属性。概念学习属于发现学习的范畴,是个体自主学习常用的一种学习方式。

概念形成策略包括选择性策略和接受性策略两种。实施步骤:呈现实例,确认概念,强化练习,发展思维技巧。

3. 认知发展策略

该策略建立在皮亚杰的研究基础之上。运用原则为:儿童从实践中获得知识,教育活动以儿童为中心,教学必须是个别化的,社会交往起重要作用。教师以开发者、诊断者、认知冲突的创设者和促进者、社会交往的推动者等身份发挥作用。

4. 随机通达教学策略

随机通达教学(random access instruction)是指学习者可以随意通过不同途径、不同方法进入同样教学内容的学习,从而获得对同一事物或者同一问题的更为全面地认识与理解。这种随机通达的方法绝非传统教学的简单重复,而是每次进入都有不同的学习目的,都有着不同的侧重点,最终使学习者获得对事物全貌的理解与认识上的飞跃。

随机通达教学的基本思想源于建构主义学习理论的一个新分支"认知弹性理论"(cognitive flexibility theory),该理论是斯皮罗(R. J. Sprio)等人 20 世纪 90 年代在探讨了高级学习的基础上提出的。认知弹性理论是一种针对结构不良知识领域,以获得高级知识为目的的教学思想和方法。认知弹性理论的两个基本原理:只有在显示多元事实时才能以最佳方式对结构不良领域的现象进行思考;概念与案例构成多维与非线性的"十字交叉"形状,从不同方向得到一个映像或观念,可同时既加强新的观念,又加强作为出发点的原有概念。

5. 非指导性教学策略

非指导性教学强调人在发展中的自主能动的建构和生成能力,并认为积极的人际关系能够推动人的发展,使教师成为学生发展的伙伴和学习的促进者,激励教师围绕着有助于发展个人人格与长期的学习方式的目标来培养学生。它强调,不预设教学目标及教学重点、难点(学习目标由学生在课堂上自主确定);不预设线性的师问生答(问题答案由学生讨论后形成基本共识,而不是教师在教案中就规定学生怎么回答)。"非指导性"教案由三部分组成:教学设想、教学流程、课后补充。教学设想体现教师教学的基本理念和基本打算;教学流程展现教师对学生的引导(只引导,不明确指示),学生的具体活动;课后补充包括补充记录学生典型的课堂活动,补充记录教师的教学反思。

非指导性教学策略是以人本主义心理学为基础的,来源于"非指导性"的心理咨询理论。从学习观看,人本主义心理学反对传统的"无意义的学习",倡导"有意义的学习",认为教育的目标、学习的结果应该是使学生成为具有高度适应性和内在自由性的人。从教学观来看,教学中十分强调学生"自我实现"的作用,是一种典型的"学生中心论",即知行统一的教育目标观、有意义的自由学习观、学生中心的教学观。

6. 自我管理策略

教给学生改变行为方式的方法,主要步骤为:教给学生行为的原则和技巧;教给学生自我估计的步骤;制定自我管理、自我决断、自我指导计划;实施和修改自我管理计划;避免不良的随机行为。具体方法包括示范、督促、强化和指导。

7. 行为练习策略

又称"直接教学",是一种以教师为中心的策略,主要由教师来提供信息,在直接教学模式中,要针对学生感兴趣的问题展开开放自由的讨论,在教师的控制下快节奏、高度条理化。当要教的内容代表着后面的、需要的、与任务相关的知识,直接教学方式能最好地保证学生记住这些知识并在以后加以应用。其特点是建立一系列模式化的教师行为。实施步骤:明确课程目的、环节和内容;呈现新信息;控制练习时间;通过语言提示使学生掌握和运用新技能、新结构;个别指导;提供机会使学生独立练习。

这些策略中,前四种属于信息处理的范畴,后三种属于行为技术范畴。

(二)因素性策略

从教学策略的含义可以知道,教学策略主要涉及对教学内容、教学组织形式和教学方法以及教学资源等因素的选择、设计和组合。在实际操作中,不同的教学策略虽然千差万别,但是总的看来,则表现出对教学内容、教学组织形式、教学方法以及教学资源等因素的关注。也就是说,教学策略的制定一般是以教学过程的主要构成因素为中心,建立起一定的策略框架,并将其他相关要素有机地组织起来,形成一类相对稳定完整的教学策略。因此,可以根据居于中心地位的不同因素,将教学策略分为内容型、形式型、方法型和综合型四种主要类型。[①]

1. 内容型教学策略

教学过程中如何有效地提供学习内容是教学策略的核心。相关研究表明,人的学习,就

---

① 袁振国主编. 当代教育学[M]. 北京:教育科学出版社,1998:186—196.

个体接受输入的知识、经验而言,总是离散的、不连续的,即人的学习就是接受一个一个有限的知识点。这些知识点应该怎样建构并为学生内化? 这就是内容型策略要解决的实质问题。

内容型教学策略有强调知识结构和追求知识发生过程两种不同的类别,也就是结构化教学策略和问题化教学策略。结构化教学策略是强调知识结构教学的策略,主张抓住知识的主要部分,构建简明的知识体系。问题化教学策略认为,未来的学习着重于考虑和发掘问题,因此,及时培养学生的问题解决能力是教学的重心。

2. 形式型教学策略

形式型教学策略就是以教学组织形式为中心的策略。班级授课制是我国学校教学的基本组织形式。然而,为了更好弥补集体教学这种教学组织形式所存在的不足,以学生为中心的教学策略是一项十分有效的策略。学生增长知识的形式,既可以是以教师为中心的讲授,也可以是在教师引导下由学生自己去发现和获得。以学生为中心的教学策略,就是为适应学生个人学习方式而提供高度灵活的学习系统,在这个教学策略中,教师和学校起支持和辅助的作用,而不是决定的作用。实施这种教学策略,让学生都积极投入到学习中去,通过自主努力,分别去达到各自不同的目标。

3. 方法型教学策略

方法型教学策略是以教学方法和技术为中心的策略,这是一个包含着各种各样方法、技术、程序和模式的领域。我们可以通过试验性的比较和分析,揭示所有方法的共同要素和每一种方法各自具有的特点,建立起方法型教学策略的体系。尤其在当今社会,现代教育信息技术和互联网已经进入了学校,这为方法型教学策略提供了新的发展前景。

4. 综合型教学策略

综合型教学策略是指直接从教学目标、任务出发,对教学内容、教学形式和教学方法等进行有机整合、综合展开的一种教学策略,它更多地以教学经验为基础。其一是结合行为主义与认知派学习理论的教师主导取向,或称指导教学,其基本要点是:从过去的经验引导学生进行新的认知,教师系统地讲解学习内容,及时练习评价与反馈校正。其二是体现人本主义与认知结构理论的学生自学取向,其要点是:在教师引导下学生自主地发现学习,在合作学习中追求新知,寓求知于生活实践的教学活动。

三、教学策略的构成要素

(一)指导思想

指导思想是指构成教学策略所依据的理论基础,它能对具体的教学策略作出理论解释,是教学策略的灵魂。不同的教育思想、教学理念的指导,就会产生不同的教学策略。例如,灌输式教学策略和启发式教学策略就基于不同的指导思想。理论是行动的先导,有目的、有意识地学习教育教学相关的理论,以此作为构建教学策略的指导思想,能够减少因盲目而造成的失误,更好地发挥教学策略的作用,提高教学效率和质量。

(二)实施程序

实施程序,即教学策略按时间展开的逻辑活动步骤以及每一步骤的主要做法。教学策略是围绕一定教学目标而进行的程序化设计,必须考虑教师运用某一教学策略操作教学的先后次序,尽管这个次序是要随着教学情境的变化及教学过程的推进而不断调整和变换,但保持操作程序的基本稳定,有助于教师教学的有序化和科学化。

(三) 行为技术

行为技术,即教师运用教学策略的操作方法和技巧。制定出明确、易行的操作要领是实施教学策略的有效保证。操作技术是教学策略结构中最基本的要素,是教学策略最直接的手段。它存在并作用于教学过程的各个阶段,其实质在于保证教学活动的顺利进行。教学策略的操作性技术有多种,一般包括:

(1) 教师方面:教师在教学策略中的角色、作用或对教师的要求。

(2) 教学内容方面:包括教学策略的根据和教师对教学内容的处理。

(3) 教学手段方面:除平常教学所需的教学手段外,还包括运用策略中所需的特殊手段。

(4) 使用范围方面:包括本策略适用的学科性质、问题性质或年级层次等。

(四) 效用评价

效用评价是构成教学策略的重要因素,主要是对教师操作某一教学策略的行为进行调控和对实施这一策略所产生的效果进行评估。其实质是对影响教学活动的因素进行监督、调控的意向活动过程。主要的任务是激活与当前教学任务有关的所有因素,通过分析,识别任务的重点、难点,辨明个人的教学特点和确定使用方法的特性,预计可能产生的效果以及各种因素之间相互作用。通过评价,可以检测、调节甚至校正教学策略实施的结果和途径。评价标准在于它与教学目标的一致性、与教学对象的沟通性、与教学情境的协调性、与教学过程的同步性等。

四、教学策略的实施要求

(一)"三维"整合的教学目标

新课程对教学目标的定位具有三维性。从培养学生的创新精神、实践能力和促进学生身心健康出发,立足于学生的"综合素养"的培养,从"知识与技能、过程与方法、情感态度和价值观"三个维度建构,体现了新课程的价值追求。

要实现这种价值追求,一方面要继续重视传统课程所提倡的"基本知识、基本能力"的培养,在此基础上强调认知与情意的统一。另一方面,应赋予情感、态度、价值观以新的内涵:情感不仅涉及学习兴趣、学习热情、学习动机,更是指内心体验和心灵世界的丰富。态度不仅指学习态度和责任,更是指乐观的生活态度、求实的科学态度及宽容的人生态度。价值观不仅强调个人的价值、科学的价值、人类的价值,更强调个人价值与社会价值、科学价值与人文价值、人类价值与自然价值的统一,使学生确立对真、善、美的追求及人与自然和谐的、可持续发展的理念。情感、态度、价值观是课程与教学目标中的重要组成部分,必须通过教学设计渗透到课程与教学内容中去,贯穿到教学过程中去,使之成为课程与教学的灵魂。

案例 12 - 4　　　　　　　　**"三维一体"的教学目标**

一名数学教师在对小学二年级数学的教学内容"时,分,秒"进行教学设计时,制定了以下教学目标。

知识与技能:

1. 认识时间单位"秒",会分辨秒针;

2. 知道 1 分＝60 秒;

3. 会进行一些有关时间的简单计算。

过程与方法:

1. 通过丰富多彩的体验活动,从各个不同的层面感受秒;

2. 能够联系实际生活解决简单问题。

情感态度与价值观:

1. 树立珍惜时间的观念;

2. 懂得数学源于生活并用于生活的道理。

(二) 师生互动的教学过程

教学是教与学的统一,教学过程是师生交往、互动、共同发展的过程。传统课堂教学基本上是"传授—接受"的单线性、静态传输知识的活动,学生完全属于一种被动接受的状态。新课程要求师生间的影响是双向、交互的,同时,这种交互作用和影响又不是一次性的或间断的,而是一个循环和连续的过程。这是一个包括发生在多情境中的、具有多种形式、多种内容的"多元互动"体系。"多元互动"的"元"即"要素",是指跟学习有关而又能够相互作用的各种教学因素,包括教师、学生、教材、教学条件与环境等。而"互动"则是指用素质教育思想作为指导,充分利用各种跟学习有关而又能相互作用的教学因素,促使学生主动积极地学习与发展,进而达到高质量、高效率的教学效果的新型教学模式。这种互动的交往性、连续性和网络性避免了传统课堂教学大脑思维开发平面化发展的弊端,从而使学生大脑开发向"立体化"思维方向发展。这就要求教师的教学设计不拘泥于某些程式化的东西,在实施教学过程中开放地吸纳直接经验、富有弹性而灵活的成分及意料之外的体验,鼓励即兴创作,超越预定的目标要求,将"满堂灌"转变为师生双向互动的"协奏曲"。

(三) 主动积极的学习方式

新课程改革的具体目标之一就是要改变课程实施过于强调接受学习、死记硬背、机械训练的现状,倡导学生自主参与、乐于探究、善于合作的主动学习方式。根据脑科学的研究结果表明,大脑的基本机能是兴奋和抑制,在学习过程中,采用单一的学习形式、用单一的方法刺激,时间一长,不但不能引起兴奋,反而产生抑制。而主动学习、多种学习方法交替使用,就会使大脑接受的刺激经常变化,学习才会有高效率可言。

在教学设计中,如果能从根本上革除传统教学方式过分强调接受式学习、冷落和贬低发现与探究的弊端,实行主动积极的学习方式,特别倡导自主学习、合作学习、探究学习和综合实践,使学习方式真正多元化,真正体现"以学生为主体,以学生的发展为本"的理念,教学才会真正促进不同层次的学生均能够有特色地、可持续地发展。

(四) 注重发展的教学评价

新一轮课程改革要求改变课程评价过分强调甄别与选拔的功能,发挥评价促进学生发展、教师提高和改进教学实践的功能。受应试教育的影响,教师进行课堂教学评价常常用一个标准衡量学生,其唯一的目的是鉴别对错、区别优劣。这使得学生和教师仿佛成为了对立的两面,而不是获得共同发展。同时,教学评价在教学结束后进行,未能与课程、教学有机结合,未能有效地反馈信息,失去了主动调控的机制。这种评价方式用条条框框限制被评价者,在一定程度上剥夺了学生发展的空间。

现代教学设计强调发挥评价的诊断、反馈、改进、激励、强化等教育的发展功能,让学生在课程中自由发展。同时,通过深入有效地评价,及时强化和矫正课程与教学的信息,更好地实现课程目标,提高教学质量,促进学生提高自我意识、自我调节、自我完善,以评价促进学生的不断发展。

思考题

1. 简述教学目标设计的依据与基本环节。
2. 简要说明教学内容的选择应该符合哪些原则?
3. 简要说明现代教学媒体的分类以及选择的依据与原则。
4. 简要说明教学策略的内涵与特征,以及实施要求。
5. 阅读课文,回答问题。

"精彩极了"和"糟糕透了"

记得七八岁的时候,我写了第一首诗。母亲一念完那首诗,眼睛亮亮地,兴奋地嚷着:"巴迪,真是你写的吗? 多美的诗啊! 精彩极了!"她搂住了我,赞扬声雨点般落到我身上。我既腼腆又得意扬扬,点头告诉她这首诗确实是我写的。她高兴得再次拥抱了我。

"妈妈,爸爸下午什么时候回来?"我红着脸问。我有点迫不及待,想立刻让父亲看看我写的诗。"他晚上七点钟回来。"母亲摸着我的脑袋,笑着说。

整个下午我都怀着一种自豪感等待父亲回来。我用最漂亮的花体字把诗认认真真地誊写了一遍,还用彩色笔在它的周围描上一圈花边。将近七点钟的时候,我悄悄走进饭厅,满怀信心地把它放在餐桌父亲的位置上。

七点。七点一刻。七点半。父亲还没有回来。我实在等不及了。我敬仰我的父亲。他是一家影片公司的重要人物,写过好多剧本。他一定会比母亲更加赞赏我这首精彩的诗。

快到八点钟时,父亲终于推门而入。他进了饭厅,目光被餐桌上的那首诗吸引住了。

我紧张极了。

"这是什么?"他伸手拿起了我的诗。

"亲爱的,发生了一件美妙的事。巴迪写了一首诗,精彩极了……"母亲上前说道。

"对不起,我自己会判断的。"父亲开始读诗。

我把头埋得低低的。诗只有十行,可我觉得他读了几个小时。

"我看这首诗糟糕透了。"父亲把诗扔回原处。

我的眼睛湿润了,头也沉重得抬不起来。

"亲爱的,我真不懂你是什么意思!"母亲嚷道,"这不是在你的公司里。巴迪还是个孩子,这是他写的第一首诗。他需要鼓励。"

"我不明白,"父亲并不退让,"难道世界上糟糕的诗还不够多么?"

我再也受不了了。我冲出饭厅,跑进自己的房间,扑到床上失声痛哭起来。饭厅里,父母还在为那首诗争吵着。

几年后,当我再拿起那首诗,不得不承认父亲是对的。那的确是一首相当糟糕的诗。不过母亲还是一如既往地鼓励我。因此我还一直在写作。有一次我鼓起勇气给父亲看了一篇我写的短篇小说。"写得不怎么样,但还不是毫无希望。"根据父亲的批语,我学着进行修改,那时我还未满十二岁。

现在我已经有了很多作品,出版了一部部小说、戏剧和电影剧本。我越来越体会到我当初是多么幸运。我有个慈祥的母亲,她常常对我说:"巴迪,这是你写的吗?精彩极了。"我还有个严厉的父亲,他总是皱着眉头,说:"这个糟糕透了。"一个作家,应该说生活中的每一个人,都需要来自母亲的力量,这种爱的力量是灵感和创作的源泉。但是仅有这个是不全面的,它可能会把人引入歧途。所以还需要警告的力量来平衡,需要有人时常提醒你:"小心,注意,总结,提高。"

这些年来,我少年时代听到的这两种声音一直交织在我的耳际:"精彩极了","糟糕透了";"精彩极了","糟糕透了"……它们像两股风不断地向我吹来。我谨慎地把握住我生活的小船,使它不被哪一股风刮倒。我从心底里知道,"精彩极了"也好,"糟糕透了"也好,这两个极端的断言有一个共同的出发点——那就是爱。在爱的鼓舞下,我努力地向前驶去。

(本课文选自人教版《语文》第九册)

(1) 请根据教学设计的基本原理制定这篇课文的教学目标。

(2) 如果你是一名教师,你会采取什么样的教学策略开展教学活动?请联系实际谈谈自己的感受与体会。

(3) 结合教学设计的基本原理,设计本课的教学基本程序。

扫一扫二维码
轻松获取答案

样题

一、选择题

1. "学生能树立可持续发展观点。(1)能说出可持续发展的大概意思。(2)能运用所学的知识批判现实中破坏环境的思想和行为。（3）能指出不符合可持续发展思想的例子，并做出批判和评述。"这种表述方法属于（　　）。

    A．表意目标法　　　　　　　　　　B．认知性目标内外结合的方法

    C．行为目标表述法　　　　　　　　D．目标表述系统化的方法

2. 教学内容必须要选择学生所必需的知识与技能，这体现了教学内容的（　　）。

    A．目标性　　　　B．对象性　　　　C．科学性　　　　D．基础性

3. 由于各种教学媒体的适用性不同，我们在对教学媒体进行选择时必须要考虑到的一个依据是（　　）。

    A．教学目标　　　　B．教学内容　　　　C．媒体特征　　　　D．学校资源

4. 不同的教师面对不同的学生，所采用的教学策略是不同的。这体现了教学策略的（　　）。

    A．稳定性　　　　B．个性化　　　　C．变通性　　　　D．适用性

二、填空题

1. 作为小学教学目标表述的常用方法"行为目标表述法"是指具体教学目标中应包含四个要素，即_____、行为、条件和程度。

2. 一般认为教学内容的主要表现形式是教材与_____。

3. 根据教学媒体所作用的感官和信息流向，可以将现代教学媒体划分为视觉媒体、听觉媒体、视听觉媒体、_____、_____。

4. 教学媒体的发展可划分为语言媒体、文字媒体、印刷媒体和_____共四个阶段。

5. 教学策略的构成要素包括了指导思想、_____、行为技术和效用评价。

三、名词解释

1. 教学目标

2. 教学内容

3. 教学媒体

4. 教学策略

四、简答题

1. 请简述教学目标设计的基本环节。

2. 请简述教学内容选择的基本原则。

五、论述题

结合当今小学教育实际，谈谈如何在教学设计中恰当地选择教学策略。

扫一扫二维码
轻松获取答案

进一步阅读的文献

1. 高文.学习创新与课程教学改革［M］.广州：广东教育出版社，2007.

2. 李运林，徐福荫.教学媒体的理论与实践［M］.北京：高等教育出版社，2013.

3. 王策三.教学论稿［M］.北京：人民教育出版社，2005.

4. 裴新宁.面向学习者的教学设计［M］.北京：教育科学出版社，2005.

5. 赵健.学习共同体——关于学习的社会文化分析［M］.上海：华东师范大学出版社，2006.

小学教育心理学

第十三章　小学课堂管理心理

学习目标

1. 掌握课堂管理的含义,了解课堂管理的功能、影响课堂管理的因素。

2. 了解课堂时间管理的含义,理解课堂时间管理的分类;掌握提高小学课堂时间管理效率的办法。

3. 了解课堂情境管理的原则;掌握轻微、严重课堂不当行为的处理办法,掌握长期课堂不当行为的矫正措施。

内容脉络

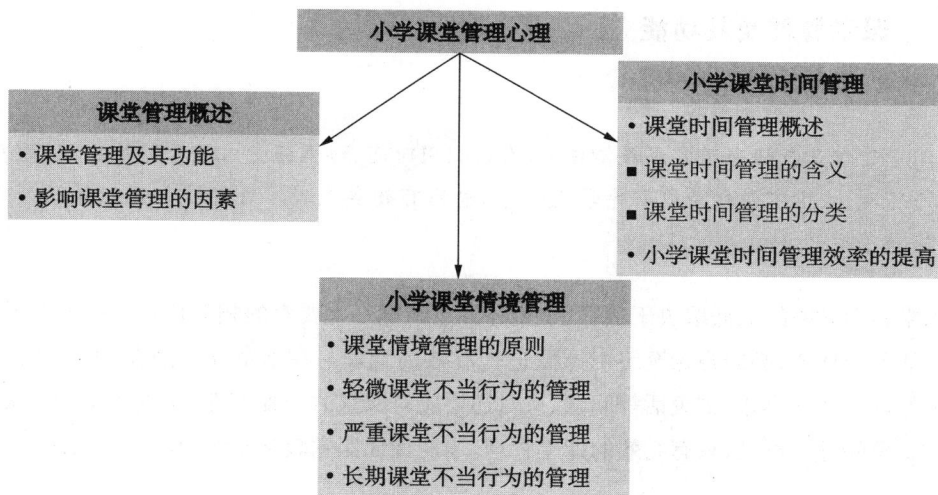

案例 13 - 1　　　　　　　　　　实习生王同学的困惑

实习生王同学被分配到某小学一年级,她的指导老师彭老师是一年级语文老师兼班主任。在实习一段时间后,王同学发现,她在课堂上大部分时间要用来管纪律,把学生的注意引到课堂上来。上课时有的同学在和同桌讲话,有的在课桌下面玩玩具,坐在窗户旁边的站起来趴在玻璃上看外面。还时不时有同学向她报告:"老师,他挤我!""老师,他刚刚把痰吐到地上了!""老师,他要上厕所了。"解决这些突发状况要花一定时间,因此,每次她备课的内容总是讲不完。更让她苦恼的是,她的管理方法效果不佳,有时也伤害了学生。在遇到不遵守纪律的学生时,她总是忍不住严厉呵斥或是用教鞭敲打桌子,以制止学生的不当行为。可维持不了多长时间，学生又开始捣乱了。看到学生纯真又惊恐的眼神，她开始自责，觉得自己不是一名好老师。

而指导老师彭老师在上课时，纪律却好很多，上课内容总能按计划讲完。即使有扰乱课堂秩序的行为，彭老师也能以学生能接受的方式处理。因此，学生们对彭老师是既惧又爱。王同学很热爱教师这个职业，也很爱学生。她很想知道，如何才能有效管理课堂，做到既不伤害学生，又能让教学正常进行。

课堂管理是学校教育教学管理的重要组成部分，它贯穿于整个课堂教学过程。良好的课堂管理能够保证教学目标的实现，并能促进教学质量的提高。因此，课堂管理是有效教学的重要组成部分，管理好课堂是开展教学活动的基石，教师必须不断地提高课堂教学管理技能。课堂管理涉及很多方面，本章主要探讨课堂时间管理和课堂情境管理的相关心理现象。

第一节　课堂管理概述

一、课堂管理及其功能

（一）课堂管理的内涵

> 课堂管理是教师为了完成教学任务，有效利用时间、协调课堂内的人际关系，创设良好的学习环境、减少不良行为以引导学生学习，进而有效实现教学目标的一系列教学行为方式和活动措施。

课堂教学效率的高低取决于教师、学生和课堂情境三大要素的相互协调。教师要顺利完成教学的各个环节，必须自始至终对课堂进行有效的管理。在本章开头的案例中，王同学上课时要处理学生开小差、讲废话等问题，有时还要应对课堂的突发事件，这些问题的解决都属于课堂管理问题。可见，只有有效的课堂管理，才能保证课堂教学持续、有序、有效进行。

（二）课堂管理的目标

课堂管理的目标是营造和维持积极的学习环境。一个有效管理的课堂，应能体现学生的发展需要，维持学生的学习兴趣、动机和参与程度。一般认为，有效的课堂管理要达到三个目标。

1. 争取更多的时间用于学习

课堂管理的一个重要目标是尽量争取更多的时间用于学习。学生用于学习的时间越多，学习成绩越好。这就要求教师在规定的教学时间里为学生争取更多的学习时间。为学生争取更多的时间用于学习，有直接的方法和间接的方法两种途径。间接的方法包括课堂管理的所有措施，而直接的方法与争取时间直接有关，重要的是教师不无故旷课、不迟到早退、上课时尽快进入课堂教学等。

2. 争取更多的学生投入学习

课堂教学过程中,教师应关注每一位同学,争取让更多的学生积极参与课堂教学,主动学习。苛文(Curwin)和曼德勒(Mendler)1998年指出,教师应该将他的精力和重点放在发展针对80％学生的组织策略和技巧上;对部分学生表现出的偶尔偏离,教师应该采用干预策略来使其行为重新限定在适当的、有利的方面;对极少部分学生的违反规则,教师应通过特殊的帮助来给予特殊的注意并加以矫正。

3. 帮助学生自我管理

通过教师的课堂管理,最终促使学生进行自我管理。学生的学习活动由外在的控制转变为自主调节控制。关于如何让学生对自己的课堂行为进行自我管理,丹波(Dembo,1994)建议,首先,让学生更多地参与课堂规则的制定;其次,用较多的时间要求学生反思需要某些规则的原因以及产生不良行为的原因;再次,应当给学生机会考虑他们将怎样计划、监视和调节自己的行为;最后,要求学生回顾课堂规则,并提出必要的修改建议。

(三)课堂管理的功能

1. 维持功能

维持功能是课堂管理的基本功能。是指在课堂教学中持久地维持良好的内部环境,有效地排除各种干扰因素,使学生充分地参与到学习活动中,以保证教学任务的顺利完成。在课堂教学时,常常会出现各种突发事件或矛盾干扰教学的进行,如学生对教师所讲授的教学内容提出质疑,课堂上学生发生冲突、争吵等。教师应及时恰当地处理,既考虑个别学生的感受,又能让其他学生的学习活动得以继续进行。

2. 促进功能

促进功能指教师在课堂里创设对教学起促进作用的、组织良好的学习环境,满足课堂内个人和集体的合理需要,激励学生潜能的释放,以促进学生的学习。首先,教师可以采取多样的教学方式丰富教学内容,引导学生积极主动参与课堂学习;其次,教师可以制定合理的课堂管理制度,对学生的课堂行为提出合理要求,养成学生的自律意识和行为规范。

二、影响课堂管理的因素

(一)教师的领导方式

教师的领导方式对课堂管理有直接的影响。普雷斯顿(Preston)将教师的领导方式划分为参与式和监督式两类,并认为这两类领导方式对课堂管理的影响不同。参与式领导的教师在课堂上更加注重创造自由的氛围,鼓励学生自由发表意见,在恰当的时候给予学生引导,而不把自己的意见强加给学生。而监督式领导的教师营造的课堂气氛较严肃,经常监督学生的行为有无越轨,喜欢指责、批评学生,对待学生较为冷淡,不注重和学生的情感交流。

(二)班级规模

课堂管理以班级为单位进行,因此班级的大小影响着课堂管理方式。首先,班级的大小会影响学生间的情感联系。集体越大,情感纽带的力量就越弱。当教师无法顾及到每位学生时,那些被忽视的学生往往成为班级管理的难点。其次,班级学生越多,学生间的个别差异就越大,越难以统一认识,课堂管理遇到的阻力也就越大。再次,班级的大小会影响交往模式。班级越大,学生之间交往的频率越低,相互间的了解就越少,集体规范的建立就越困难。相应地,对教师的课堂管理技能要求也就越高。最后,班级越大,学生由于受交往时空的限制,往往容易形成各种非正式小群体。而这些群体是否能处理得当又影响课堂管理是否有效。因此,班级规模不同,课堂管理的方式也需要相应发生变化。

(三)班级的性质与特点

除了班级规模外,班级的性质与特点也影响着课堂管理。不同的班级往往有不同的群体规范和不同的凝聚力,教师不能用固定不变的课堂管理模式对待不同性质的班级。对于凝聚力较强、群体规范较好的班级,教师可以利用其固有的凝聚力,充分发挥学生的自觉性和主动性,侧重于让学生自控自理。而对于那些纪律相对涣散、凝聚力较差的班级,教师则要更多地发挥权威作用,给予学生足够的监督和指导。因此,教师应该深入了解、研究所教班级的特点,运用促进和维持的高级技巧,获得理想的管理效果。

(四)对教师的期望

人们对教师在学校情境中执行任务往往有一种比较固定的看法。对教师的期望包括教师理应表现的行为及其所具有的动机和意向的期望,它形成于教师的长期交往方式和一般行为的结果。通常,学校领导、学生家长及学生本人对教师都会有期望。这种期望常常影响课堂管理。例如,有些学校对教师的创新管理持支持态度,给予教师很大的自主权,受这种期望影响的教师就容易创造出和谐、恬静和活跃的课堂气氛。相反,如果学校对教师的课堂管理提出了过多的限制性要求,教师的课堂管理受学校制度影响,不能随意施展,容易造成呆板、沉闷的课堂氛围。同样,学生对教师的行为也有不同的期望。有的学生期望教师公正客观,有的学生期望教师德才兼备。如果教师的表现与学生期望不一致,那么课堂里会出现不满的声音,这给教师管理课堂增加难度。因此,教师应该了解学生对自己的期望是什么,尽量让课堂管理方式与学生的期望一致。

第二节　小学课堂时间管理

一、课堂时间管理概述

(一)课堂时间管理的含义

早在 20 世纪初,西方学者就提出了课堂中教学时间的问题,认为课堂时间是影响课堂学业成就的一个重要因素。课堂管理的一个重要目标就是争取更多的时间用于教学。课堂时间管理指对课堂教学中单位时间的管理,包括时间的分配、时间的利用等,其本质是教师对教学时间的管理。

（二）课堂时间的分类

在进行课堂时间管理之前,首先要区分课堂时间的层次。它既可以使教师明确课堂时间管理的着眼点和任务,也可以使教师摆正课堂管理的位置,明确课堂管理的目标,正确有效地发挥课堂管理的功能。课堂时间的研究始于卡罗尔(Carrol),他在 1963 年发表的《学校学习的一种模式》成为教学时间研究的里程碑。后经布卢姆、威利(D. E. Wiley)和哈尼施费格(A. Harnischfeger)等学者的进一步细化研究,最终完善并形成了范围逐渐由宽变窄、递进嵌套的时间理论研究模型。广义的教学时间理论模型包括五个层级。[①]

1. 在校时间

在校时间,指学生在学校里度过的时间。通俗地讲就是"学生一年在学校学习的天数以及一天用于学习的小时数"。

2. 分配时间

分配时间,指按照课程计划规定的某一课程学习所需要的时间。也就是除去在校时间中用于午餐、午休、课间休息、集会等活动的时间,通俗地讲就是指"规定学生在一个学校一日上多少节课,一节课有多少分钟"。如我国小学三年级语文按照课程计划的分配时间是每周 7节,而小学科学是每周 2 节,每节 40 分钟。不同层次的学校、不同年级、不同课程,分配的时间有差异。一般来说,某一课程分配的时间越多,学生在该课程上取得的成绩就越好。

3. 教学时间

教学时间,指课堂中用于教授学科知识、概念和技能所用的时间。除去课堂时间中用于常规管理(如考勤、布置学习任务、安排学生分组等)、教学活动转换、维持课堂纪律等所耗费的与直接教学活动无关的时间,剩下的就是教学时间。而在实际教学活动中,有大量时间被教师用于非教学性活动。如有些教师在每堂课开始前考勤、检查作业花费了 5—10 分钟;有的教师因班上突发的纪律问题,影响整个教学进程;还有的教师在上午最后一节课,占用课堂时间让学生提前去食堂领取午餐,排队准备吃午餐等等。这些表现说明教师没有认识到教学时间的重要性。研究表明,教学时间的多少,直接影响学生的学习量。如果教师减少课堂上非教学活动的开展时间,完善课堂管理技能,学生的课堂学习时间就会相应增加。

4. 专注时间

在课堂上,教师所花费的教学时间并不完全等同于学生用于学习的时间,学生的学习时间还要考虑学生的参与度。专注时间是在教学时间里学生实际上专注于学习的时间,即学生参与学习活动的时间。它只是教学时间的一部分,除去了教学时间中学生用于完成与学习任务无关的交际活动、开小差及在班级中捣乱所耗费的时间。课堂教学是一个师生互动的过程,且学生是参与的主体。因此,教师除了使课堂时间最大化地用于教学,还要关注学生的参与性,使教学时间里学生最大化地参与学习。专注时间体现了教师"教"的能力,教师应选择适当的、吸引学生注意的学习活动,并使学生专注于其中。

5. 学术学习时间

学术学习时间是专注学习时间的一部分,具体地说就是指学生专注于适合自己水平的教

---

① 邓栩. 小学课堂管理[M]. 北京:北京师范大学出版社,2015:160—163.

学活动并达到较高掌握程度所用的时间。在学生的专注时间里,并不是每一分钟都被有效利用。有些学生的学习活动只是停留在表面,并没有真正投入和理解。如语文课上,学生虽然在朗读课文,但是摇头晃脑地唱读,并没有真正理解文字的意思。学术学习时间的多少揭示了学生学习的质量,反映了教学材料的难度与学习者能力水平之间的良好匹配,且学习活动以一种相当理想的方式进行的状况。

二、小学课堂时间管理效率的提高

课堂中的时间因素与小学生在课堂中的学业成就有着极其密切的关系。课堂教学效率的高低,取决于单位时间内小学生的学习程度,换言之,取决于教师课堂时间管理水平的高低。因此,加强小学的课堂时间管理,是促进有效教学的重要手段。

(一)优化课堂教学设计

课堂教学的总时长是极为有限的,要提高课堂时间的管理效率和水平,必须精心设计教学。合理、精心的教学设计可以避免课堂上内容重复和重难点阐释不足,从而有效地提高课堂教学时间的利用率。在进行教学设计时,教师应树立精确的课堂时间观念,合理安排教学环节。把每个环节所需的时间和教师与小学生投入的课堂时间精确地安排到每分钟,教师就可以更好地把握课堂时间,让课堂教学最大限度地发挥效益,从而减轻小学生的课业负担,促成教师和学生的少投入多产出。

(二)增加课堂教学时间

一节课40分钟,要经历课初、导入、课中、结课等几个环节。除了正常教学外,一些与教学相关的事务性工作、各个教学环节的转换、与教学无关的事件等都会占据一定时间。因此,为了使更多的时间用于教学,应尽量减少课堂时间的浪费。

1. 提前做好各种课前准备,为教学活动的顺利进行提供保障

首先,教师应做好教学准备工作。如将本节课的教科书、教案及其他教学用具如直尺、学习卡片等整齐摆放在讲台上;事先画好上课时需要用到的田字格,如有必要也可以事先书写课题;调试好多媒体设备等。其次,教师应检查学生的学习准备工作。除了自己做好准备工作外,教师应督促学生做好学习准备工作。如检查学生的教科书、文具盒、听课笔记本等是否整齐摆放在课桌上;与本节课无关的书本、物品是否放入课桌内;也可以聊聊与本节课相关的话题。如果少数学生还在沉迷于奔跑打闹的游戏,教师可以适当提醒学生稍作休息,提前结束兴奋状态。

2. 使学生迅速进入学习状态

(1)组织课初的学习环境,使学生尽快进入课堂

当上课铃声响后,许多学生并不会马上安安静静坐在座位上,有的学生刚从教室外游戏归来、跑进教室,有的学生虽然已坐好了但还在想着课间游戏,总之,上课之初学生注意力并不集中在课堂。如果教师在这时急于上课,教学效果往往不佳。因此,上课铃声响后,教师需要花简短的时间对课初学习环境加以组织,平定学生的兴奋状态,使学生尽快进入课堂。最常见的方式是上课礼仪式。教师和学生通过"起立,老师好"、"同学们好,请坐"等方式相互问

候,以此稳定学生的情绪。口令式也可集中学生的注意力。如教师说"一二三",学生回答"坐好了"。当多次练习形成条件反射后,在短时间内可以有效集中学生的注意力。但对于低年级学生而言,上课礼仪相对繁琐、活动大。有时本来安静的学生,可能因为起立、坐下的过程发生争执,如争抢座位间距,反倒扰乱了课堂秩序,增加了课堂管理难度。除此之外,教师还可以表扬某一组或表扬个别表现好的学生,将游离在课堂之外的个别学生拉回课堂。

（2）有效导入,使学生尽快进入教学情境

导入是在上课之始教师利用几分钟时间,通过一定活动将学生的注意力吸引到预定的教学任务和程序之中。有效导入能集中学生注意力、酝酿情绪、带入情境,不仅可以预防课堂问题行为,还可以增加学生学习的专注时间和学术学习时间。导入的形式及产生的效果,常因教学内容、教学对象、教师的教学风格不同而产生差异。常见的导入方式有以下几种。①以强调知识之间内在联系为主的方法。如审题导入、复习导入、检查预习导入、讲评作业导入等。这种方式使新旧知识、课题之间的联系紧密、逻辑性强。②以生动直观、联系实际为主的方法。如直观演示导入、案例导入、故事导入、情境导入、活动导入等。这种方式生动直观、联系实际,能调动学生学习的积极性。③以设疑、激发学生好奇心为主的方法。如悬念导入、问题导入等。这种方式利用学生的好奇心,通过产生疑问,激发学生解决问题、探究知识的兴趣。

案例 13 - 2　　　　　以设疑方式导入,使学生尽快进入教学情境

在"能被'3'整除的数的特征"的教学中,教师先板书出数字"30",让学生判断能否被 3 整除。接着在它的末尾分别添上数字,出现 305、3 051、30 525 等数,让学生很快判断能否被 3 整除,学生觉得很困难。

教师抓住时机说:"现在请同学们任意报一个多位数,我却能很快地判断出它能否被 3 整除。不信? 请哪位同学先报?"学生争先恐后地报数,教师一一作答。经过验证,结果完全正确。学生们疑惑地望着教师,急切想知道为什么。这时教师及时释疑:"其实,并不是老师会神算,而是因为我掌握了它的规律,这个规律就是'能被 3 整除的数的特征'。你们想掌握这个规律吗? 我们现在就来学习它。"

教师设置疑问,并以身示范,向学生展示"诀窍",使学生一进入课堂便为学习活动和学习内容所吸引,激发强烈的学习意向。

3. 有效管理教学活动的过渡

在一堂课中,教师并不是自始至终都从事同一个教学活动,根据教学需要教师会变换教学活动,如教师演示、教师讲解、小组讨论、学生练习等。小学生注意稳定性较差,为了适应他们的注意力,教学活动之间的变换相对来说更频繁。而教学活动变换的过程,也是课堂秩序容易被打乱的时候。因此,有效地管理教学活动的过渡,能节约时间用于课堂教学。

（1）准备过渡时教师应提前预警

为了让小学生做好过渡的心理准备,教师应留有足够的过渡时间。在准备结束一个教学活动时,教师应提前两三分钟给学生提示。如即将结束课堂练习这一活动时,教师给学生预警"再给大家两分钟时间完成这一题"。学生根据这一提示安排学习活动进度,为进入下一个教学活动做心理准备。

（2）过渡时教师应提出明确、具体的要求

教学过渡时小学生遇到的困难可能是没有做好心理准备，也可能是不知道过渡到下一阶段，自己具体要做什么。因此，教师应给出明确的信号，让学生明确现在进行的活动和将要进行什么活动。如课堂练习完成后，教师进行集体讲解时，给出明确要求："请大家停止练习，看黑板，我们一起来看看这道题该怎么做，没有做出来的同学也先停下笔。"而给予明确提示之前，教师需确保学生都能接收到这一提示，如拍拍手示意结束练习，听老师讲。

（3）教学过渡中教师应督促与检查

有时教学过渡不顺利，可能与教师没有对学生的过渡情况进行检查与反馈有关。教师应督促教学过渡的进程，检查教学活动的实施情况。且教学的督促和检查应顾及到每一位学生，教师需扫视全部，认真观察学生过渡阶段的活动，并用语言提示速度较慢的学生加快速度，对过渡较快的学生提出表扬，并为他们提供一些拓展任务或其他预留任务。

（4）顺利开展新活动

新活动的顺利开展也是教学过渡的一个部分。新活动的开始应简短、迅速，使学生快速进入下一个教学活动。且新活动应该充满吸引力，以便学生快速转换。

4. 避免课堂教学中断

教师应巧妙运用教育机智，果断处理课堂偶发事件，避免课堂教学中断。课堂中出现的意外事件或教师处理课堂中的问题行为，可能导致课堂教学的中断，造成学生课堂注意力的分散及课堂教学时间的浪费，这就要求教师充分运用教育机智，及时、果断地对问题行为作出处理。为了保证课堂教学有序、高效地进行，教师对违反课堂纪律、影响教学活动的现象加以批评、制止，是很正常的，但有的教师不注意时机、时间与方式，变手段为目的，因小失大，消耗了本属于教学的大量时间，影响了教学进度和效果。

> **案例 13-3**　　　　　　**对意外事件处理不当，引起教学中断**
>
> 王老师是五（4）班数学老师兼班主任。在一次数学课上，王老师声情并茂地讲着课，同学们都在兴致勃勃地听课。坐在第一组第7的李同学在上课10分钟后开始坐不住了，他前后晃动着自己的椅子试图打发时间。不料由于座位距离有限，在他晃动时，椅子挤到了后面陈同学的桌子。在李同学多次这样晃动后，陈同学觉得自己的领地受到威胁，开始反抗。他用手推着自己的课桌，不让课桌移动。谁知陈同学用力过大，课桌被推到前面，李同学的椅子被挤在两个课桌中间，李同学差点摔了下来。由于两名同学坐在最后面的角落里，王老师专心讲课，并没有目睹两名同学的争执。直到李同学生气地从椅子上站起来，揪着陈同学的衣服，两个人打起架来。
>
> 角落里的打架引起了王老师及全班同学的注意。王老师很生气，她停下讲课，走到两位同学面前，将他们拉开，并批评他们上课不认真。陈同学觉得自己很委屈，明明是李同学不认真听讲影响了他上课。他向王老师告状，把事情经过告诉了王老师。李同学也反驳，他差点受伤了。两名同学又争执起来。王老师呵斥两名同学，并对他们进行教育。当平息这件事情后，王老师又"杀鸡儆猴"，在全班同学面前重申课堂纪律的重要性。时间一

小学教育心理学

分一秒的过去,当王老师结束了对全班的教育,准备重新讲课时,下课铃响了。

课堂上发生了扰乱课堂秩序的行为,老师本应该快速平息,继续上课。而王老师却把大部分课堂时间花在课堂管理上,忘记了自己的教学目标。

(三)提高课堂教学时间的利用率

1. 把握最佳教学时间

有研究表明:课堂 45 分钟内,学生的生理、心理状态分为五个时区,呈波谷(起始时区 5 分钟)——波峰(兴奋时区 15 分钟)——波谷(调试时区 5 分钟)——波峰(回归时区 15 分钟)——波谷(终极时区 5 分钟)的起伏发展规律。根据这种规律,教学中应完成不同的课堂教学任务,解决关键问题。当学生的生理、心理状态处于波峰时,是教师传授知识、技能的最佳时间。教学内容的重点、难点应放在这段时间加以解决,紧张度、强度都可以更高。而当学生处于课堂疲劳的波谷时期,精神不佳、兴奋状态下降,应进行练习或较轻松的教学活动。

2. 增加学生的专注时间

课堂以学生为主体,提高教学时间的利用率,一定程度上就是提高学生的参与度。学生的专注时间直接决定学习效果。因此,教师应最大限度地调动学生的学习积极性,使学生的课堂学习时间尽可能多地变成专注时间。

(1)采取多样的教学形式,激发和维持学生的学习兴趣

如利用实物、教具、影像材料教学。小学四年级的数学广角"对策问题"这一内容,教材以田忌赛马作为案例进行讲解。一位教师在教授这一内容时,首先播放田忌赛马的动画片,再让学生讨论。动画片这一直观材料的引入,不仅使课堂气氛一下子活跃起来,也更容易让学生理解。

(2)重组教学内容,设疑置问,使学生保持对学习内容的探究状态

一些看似简单却又无法立刻解答的问题,能激发学生的求知欲。当学生面临挑战时,解决问题的欲望会加强。在小学五年级语文课《难忘的一课》教学时,教师提了一个问题"'我是中国人,我爱中国'这句话在课文中出现了三次,为什么同一句话作者要反复说呢?"带着这种疑问,学生再次学习课文时,为探究出答案,学习更加投入了。

(3)教学与实际生活相联系,使其明确学习的意义,专注于课堂学习

学习内容与实际生活联系起来,一方面有利于学生理解,另一方面当学生意识到所学知识能解决实际问题,学习的积极性会提高。如在数学教学中,以生活中的实际情形导入,学生容易进入教学情境,解与生活实际相关的应用题,学生的解题欲望更强烈。

(四)加强学生的时间管理意识

对每个学生而言,课堂时间都是一样的,但是听课的效果却千差万别。究其原因,除了每个学习者的智力基础、知识储备、学习方法和习惯等原因外,还与学习者有无明确的学习目标、是否有效的利用时间有关。因此,教师一方面要做好课堂教学时间的合理规划,另一方面要向学生强调课堂教学时间的重要性,让学生树立自觉利用时间的观念,而时间利用的自觉

性源于正确的学习目的。对学生提出的要求,只有在学生头脑中内化为需要时,才能产生自觉提高时间利用率的行为,否则只能是被动应付。

第三节　小学课堂情境管理

在课堂教学中,学生常常出现不遵守课堂秩序的行为。如做小动作、开小差、与同学打闹等,这些行为可能偶尔出现,也可能是某一学生的持续表现。虽然有些情况并不严重,但为了保证学习的正常进行,这些行为必须消除。因此,教师除了教学外,还要管理课堂出现的各种扰乱正常教学的情境。

一、课堂情境管理的原则

(一)以尊重学生为前提

教师对课堂情境的管理,是为了更好地为教学服务,为学生营造更好的学习环境,初衷是为学生的发展着想。因此,针对学生在课堂上出现的违纪行为,教师要本着关心、爱护、尊重学生的原则,创造一种互相信任、自然亲切的课堂环境。维护课堂秩序的同时,也要维护教师和学生的关系。正确友好地提醒学生注意当前的学习,而不是训斥、辱骂、体罚学生,伤害他们的自尊。如某一学生两次没有交家庭作业,教师主动询问"你两次没有交家庭作业了,我想知道是什么原因",而不是对学生进行人身攻击"没见过你这么懒的学生"。前者真正关心学生及其学习行为,后者是教师自身的情绪发泄。

(二)确保课堂教学不被中断

课堂情境管理目的是保证课堂教学有效进行,因此,课堂管理只是一种手段,而不是最终目的。在课堂里,教学应始终保持其中心地位。一方面,教师应不允许不当行为来干扰教学过程。为此,教师在教学之初可与学生约定课堂行为规范,约束学生的不良行为。在课堂教学中,教师应留心观察,预期可能发生的问题,并提早预防。另一方面,如果发生不当行为,教师对不当行为的处理应快速、及时,确保正常教学能得以继续。其实,纪律管理本身也可以引起课堂混乱,它使不当行为被关注,并使学生脱离教学本身的目的。

(三)保持一致性和公正性

课堂不当行为的产生是由多方面因素引起的,因此,课堂情境的管理不能只考虑课堂内部因素,还要与家庭、社会环境等联系起来。这就要求教师协调有关人员,行动保持一致性,以免因意见不统一矫正效果不佳。另外,教师对于不同学生表现出来的相同行为,或同一学生在不同时空表现出来的相同行为,在处理时应尽量保持一致性和公平性。规章制度一经制定,就必须实行。要使每个学生明确,破坏规章是不被允许的。教师的反复无常会让学生误以为教师偏心,有意为之,容易引起学生的不满和反抗。

二、轻微课堂不当行为的管理

一般来说,做小动作、开小差等只影响自己的学习,或短时间小声讲话没有干扰其他学生等学习的行为,我们视为轻微的课堂不当行为。科宁(Kounin, 1970)对有序和无序课堂的经典研究发现,当问题出现以后,两者的处理没什么不同,不同的是成功的管理者能较好地预防问题,洞察小问题,并把它们消灭在萌芽状态。科宁把这种能力称之为"明察秋毫",即教师要让学生知道,他注意到了课堂里发生的每一件事,甚至没漏下任何一件。这些教师可能通过非言语线索、言语信息,甚至忽视,处理轻微课堂不当行为。

(一)利用非言语线索

教师使用非言语线索能消除许多课堂不良行为,而不必中断上课。这些非言语线索包括面部表情、目光接触、手势、接近等。当轻微不当行为发生时,许多教师会自觉运用这些信息,甚至不用花费多少精力,不经意间就成功制止了学生的不当行为。

如两个学生在窃窃私语,教师只需看着这两名学生或其中某一名学生,用他严肃的表情告诉学生,我注意到你们了,请回到课堂中来,就会有很好的效果。但对于课堂上埋头认真玩玩具的学生,你的面部表情或者眼神他接收不到,那么慢慢靠近他,让他听到声音意识到老师注意到了我,从而将注意力转向课堂。如果他过渡沉迷于自己的玩具世界,你靠近他,他也无动于衷,那么走近他的座位,轻轻敲击课桌,或者轻轻拍他的肩膀,会是一个有效的办法。但对于某些学生,你与他的身体接触,会被他误解为老师在滥用权力,如认为老师打我,因此要谨慎使用。

(二)利用言语信息

有时所处的情景不太适合使用非言语线索。比如教师无法吸引学生的眼神,或者教师离学生较远,很难绕过几组学生走到行为不当学生身边。又比如有些情况下,可以使用非言语信息,但是并没有成功阻止学生的不当行为。在这种情形下,教师可以使用言语信息。这些言语信息包括点名、叫学生回答问题、使用幽默的言语、"我信息"、命令、提示规则等。

这些信息可以提示学生纠正自己的行为,同时让行为不当的学生自己决定该怎么做。如直接点名可以让学生回到课堂中来。对于一些自尊心较强的学生来说,教师直接点名会让他难堪,那么叫学生回答问题这种比较隐晦的提示方式,更容易让学生接受。教师甚至可以提前给予预警,让不当行为表现的学生回答下一个问题,如"李××,第五题的答案是什么?""林××,下一个问题你来回答。"使用幽默也是另一种提醒学生纠正行为的较柔和的方法。但要注意所用的幽默不能带有讽刺意味,不然会伤害学生的感情。

"我信息"是一种不直接下命令却能有效提示不当行为的方法。对于经常出现的不当行为,教师可能产生消极情绪。这时教师可以真实表达自己的感受,不掩饰自己的情绪及对学生的反应。但这种表达不应伤害学生的人格。许多教师喜欢通过"你信息"表达自己的不满情绪,如:"你怎么这么笨。""每次叫你回答问题你都不会,上课就知道开小差。"采取这种方式对待学生,容易引起学生的反感,不但不能有效解决问题,还会使问题复杂化,甚至引发冲突。相反,采用"我信息"能更真实表达自己的想法,同时不伤害学生。如:"你的作业没有做完让我觉得很意外,当看到这么不负责任的学习态度时,我觉得很难过。"戈登

（Gordon，1965）在《教师效能训练》一书中提到，"我信息"应该包括三个部分。[1] 第一，教师用非责备的方式客观描述不能接受的行为，如"当我正在上课的时候，有同学在讲话"；第二，讲出学生的行为对教师的影响，如"我就不得不重复讲的内容，这样很浪费时间"；第三，表达教师对这种影响的感受，如"我感到很灰心"。使用"我信息"主要是教师提示学生的恰当行为，而不是给学生直接的命令。这样能够避免教师的语言对学生产生人身攻击，更重要的是让学生意识到自己的不良行为给他人造成了麻烦，有助于提升责任感和自律感。告诉学生教师的真实感受，不会让学生有抵触或逆反情绪，而是让学生更容易改变他们的行为。

当然，教师也可以用命令或提示规则的方式直接告诉学生该如何做。在学生做出不当行为后，教师马上给予提示，延缓的提示是无效的，而且应该给予正面的提示表达对学生的期望。告诉学生应该遵守规则、做老师要求做的事，而不是关注学生正在做的错事。如发现学生开小差时，提示学生应该如何做，"王××，现在请做课本中的第五题"，而不是提示不当行为，"王××，别再搞小动作了"。当然，教师也可以用一种平和、友好的方法让学生自己说出正确的规则，然后遵守。但要注意的是，给予的提示应对事不对人。

（三）忽视不当行为

有些不当行为出现时，进行干预会比学生本身的行为更妨碍课堂秩序。这时忽视不当行为是最好的方法。如有的学生急于回答问题而忘记举手；有的学生偶尔开小差；有的学生在本应听教师讲解时却在继续私下讨论等。当然，这种忽视有可能让学生产生错觉，"老师没有发现我的不当行为或我的这种行为是被允许的"。因此，在忽视一些无关紧要的不当行为的同时，教师还应表扬学生与不当行为相反的行为，或表扬其他做出良好行为的学生。教师通过表扬良好行为，向学生传达"你应该如何做"这一信息。如对于急于回答问题而忘记举手的学生，教师就要在他举手回答问题时表扬他。表扬其他学生的行为，也会使一个学生做出这一行为。如王××在开小差，这时教师说："我很高兴看到这么多同学都在认真学习，李××做得不错，林××也专心致志"，最后，当王××也开始认真学习时，教师也应表扬他，"我看见赵××、刘××和王××都在全神贯注地做习题"。

案例 13-4　　　　　　　过分关注学生，强化了学生的不当行为

三年级学生小玲很想能引起老师对她的关注，一直难以如愿。这天上课时，小玲在教室里吵闹，老是影响上课，老师非常生气地训斥她："不要吵！你在干扰别人的学习！"但她并没有停止，而是继续我行我素，甚至有些变本加厉。

老师的本意是要给予小玲惩罚，终止她的不当行为，但训斥却对不当行为起到了强化作用。这让小玲发现，干扰课堂是能引起老师关注的一种有效方式。所以，这种行为在受到了老师的训斥后并没有停止，而是变本加厉。

---

① ［美］温斯坦等著. 梁钫等译. 小学课堂管理（第 3 版）［M］. 上海：华东师范大学出版社，2006：263.

三、严重课堂不当行为的管理

一些较严重的课堂不当行为也存在于小学课堂中,如在课堂上打架、违抗命令、辱骂同学或教师等。这时,非言语线索和言语信息不足以让学生确信教师对制定的行为规则是很严肃、认真的。而且有时不当行为非常严重时,这些浅层的回应并不适合。这种情况下,就有必要采取惩罚措施,且教师应该按照规则坚决执行惩罚。当不当行为发生时,无效的课堂管理者常提醒或警告学生,他要采取惩罚措施了,却并不实施。相反,有效的课堂管理者会迅速按照预期的规则来处理不当行为。当然,在颁布行为规则时,教师就应一并告知学生,如果违反将接受怎样的惩罚。避免学生产生侥幸心理,提高规则的威慑力。具体来说,面对严重不当行为,教师可以采取的措施有:①

(一)选择惩罚手段

使用惩罚的方式会让学生产生不愉快感,让学生付出代价,从而减少不良行为。在选择惩罚手段时,教师应考虑课堂情境管理的重要原则,尊重学生,而不用体罚、辱骂等伤害学生自尊的惩罚方式。常用的适用于小学生的惩罚手段有以下几种。

1. 表达失望

通常,表达失望不被认为是一种惩罚,但是如果学生确实喜欢他们的教师,或者教师在学生心中有一定威信,当教师觉得烦恼的时候,他们也会感觉糟糕。教师可以用严肃、悲伤的语气表达对学生不当行为的失望与惊讶,并指导学生考虑他们行为的后果。如教师对学生说"你对学习这种不认真的态度让我很失望"。

2. 剥夺权利

剥夺学生的某一权利,让学生为他们的不当行为付出代价,从而让学生意识到问题的严重性。如对于课堂上持续做出不当行为的学生,教师剥夺他下课自由活动的时间,或命其完成课堂上未完成的练习或老师额外布置的任务。

案例 13-5　　　　　对于严重不当行为,采取剥夺权利的方式

肖云是小学四年级的学生。他上课总是不遵守课堂纪律,经常干扰同学的学习。他多次承诺改,但很快又重犯。今天上课时,他趁李军站起来回答问题时不注意,抽掉李军的椅子使其重重地摔了一跤。老师严肃宣布,取消肖云很期待的和全班同学一起去春游活动的资格。

肖云的行为已对其他同学造成伤害,这时如果采取忽视的方式,不仅会纵容肖云,也会让其他同学不安。剥夺他的权利,减少一个愉快刺激,能减少不当行为。

---

3. 暂停

对于严重扰乱课堂秩序、打扰其他学生学习的学生,教师可以使用暂停技术,让他们暂时

---

① [美]温斯坦等著. 梁钫等译. 小学课堂管理(第 3 版)[M]. 上海:华东师范大学出版社,2006:266—268.

离开当前活动或情境,终止他们的某一不当行为。如对于课上打架的同学,请他们暂时到教室的某一个角落,直到他们准备好可以重新加入课堂学习。在使用暂停技术时要注意以下几点。(1)要考虑学生的性格特点。对于攻击性强或破坏性强的学生,暂停可能很有效,但是对于喜欢开小差的学生,暂停恰好给他们提供了发呆的机会。(2)要让学生了解他们被暂停的原因及暂停的规则。如因为扰乱了其他学生的学习,暂时离开课堂学习。直到他们确保其行为不会扰乱课堂秩序了,才能回到课堂来。有的教师只是愤怒地让学生离开座位,到教室的某一角落去,并没有向学生说明原因,这不利于学生的自我反省。(3)暂停的区域应该杜绝与其他人互动的可能,但也要确保学生安全,教师可以进行管理。有的教师以在座位区域内罚站或是站在黑板前面的方式,暂停学生的行为,这是不恰当的。这不仅干扰了后面学生的学习,而且简单的罚站并没有让学生离开当前情境,只会让其他同学更关注他。可行的暂停方式是让学生坐到教室角落的一个空座上。当然,教室外的走廊也不失为一个好的暂停区域。最后,暂停时间不能过长,至多不能超过 10 分钟。

4. 书面反思

为了让学生认识到不当行为的严重性,在不当行为发生后,教师可以让学生进行书面反思,陈述他们做了什么,当时这样做的想法,以及这样做为什么不好。而伤害到其他学生的不当行为,学生还应向被伤害的学生道歉。

5. 留堂

在下课后、午休时间以及放学后,教师可以让违纪学生单独留下来,这样就有机会与学生交流他们所做的不当行为,找出他们这么做的原因。

6. 联系家长

当学生反复地、习惯性地出现某些不当行为时,教师应及时联系家长。一方面,告知家长学生在校表现,引起家长重视,家校共同帮助学生,另一方面,与家长沟通,有时可以了解学生产生这一问题的原因。如不良的家庭氛围使学生缺乏学习动机。

所有这些惩罚方法的选择都要注意以尊重学生为前提,同时惩罚手段应该与不当行为直接相关。后面一点往往被教师忽视。如对于一个上课扰乱课堂秩序的学生,教师惩罚他放学后打扫教室卫生,而不是使用暂停技术,终止他的不当行为。这种惩罚方式与不当行为本身并没有直接联系,惩罚通常被认为是专制型教师在使用他的权力。因此学生并不会把惩罚和不当行为联系在一起,而是与惩罚者即教师联系在一起。不相关的惩罚起不到教育学生的作用,没有让学生意识到不当行为所引起的后果,而是促使他们去动脑筋怎么避免被教师发现。

(二)实施惩罚

当学生所犯的错误引起教师的反感,教师在实施惩罚的时候会带着不良情绪。教师可能会对学生大喊大叫,或是用言语攻击他们的人格。这样做的后果是伤害了学生的尊严,破坏教师与学生之间的良好关系。因此,在实施惩罚时,教师可以做到以下几点,避免这种情况发生。

1. 延迟处理

当学生的行为引发了教师的不满,教师非常生气时,可以延迟处理这一问题。如教师对学生说："你好好想想刚刚发生的事，下课了我们再来谈谈。"一方面，延迟的时间可以让教师对事件进行分析而不是当下发泄情绪，对学生的人格进行评价。让教师平复情绪，客观、理性地分析学生的不当行为，给出合理的处理措施。另一方面，学生有机会反思自己的行为，认识错误。

2. 私底下实施惩罚

学生的自尊心往往是非常强的，当众责罚可能会让一个学生的不当行为作为例子给他人以警示，但是这样也会激起愤怒和尴尬。有研究表明，被作为观察对象的五年级、七年级和九年级的学生认为被当众训斥是处理问题的最不能接受的方式。在实施惩罚时，低声细语地和学生说话，站得离学生越近，效果就越好。并且，在其他学生不知道的情况下，教师对表现不当行为的学生实施惩罚，能更好地保护学生的自尊心。

有时，教师希望通过施加群体压力的方式改正学生的不良行为，因而对全班实施惩罚。这种不公平的做法不但破坏了学生之间的关系，如受罚的学生对行为不当学生的憎恨，也会给学生传递一种信号，"反正都要受到惩罚，那就不用好好表现"。因此，因一人的错误而迁怒于全班同学，这种做法是不明智的。

3. 实施惩罚后，与学生重新建立积极关系

在实施惩罚后，教师可以向学生提出希望，表明自己对学生持积极看法；也可以在以后的课堂学习中表扬学生的某一行为，或者再次与学生沟通为什么要实施惩罚，如此，学生的不良情绪会减弱。

四、长期课堂不当行为的管理

对于学生长期出现的不当行为，仅仅用简单的言语、非言语信息，甚至惩罚，都不能有效改善。这时，教师应考虑采用行为矫正的办法，长期关注学生的不良行为，对每一次良好行为给予强化，最终使学生的不良行为得以消退。行为主义认为用强化的方式塑造学生的良好行为比惩罚不当行为更有效。在开始阶段需要始终一致地强化适当行为，但随着行为的改进，强化就可以给得越来越少，最后逐渐消失。当使用强化无法解决某一个严重行为问题时，可能需要使用一两种惩罚。①

（一）识别目标行为和强化物

要对学生实施行为矫正，首先要观察行为不良的学生，识别出该学生的目标行为，即不当行为。第一个被作为目标的行为应是最严重、最容易看出、最重要，且发生频率较高的行为，并关注是什么强化物在维持这一行为。

（二）设立基点行为

在确定学生的目标行为是什么之后，还要确定目标行为发生的频率。在此之前，需要界定目标行为的构成。例如，目标行为是"攻击同学"，那么教师应明确什么具体行为构成了"攻

---

① 陈琦,刘儒德. 当代教育心理学(第 2 版)[M]. 北京：北京师范大学出版社,2007：503—505.

击"，如用手打、用脚踢、辱骂等等。可以根据频率或时间来测量行为基点。如王××用手打了同学多少次。这时只需用数字记录频率。

（三）选择强化物和强化的标准

典型的强化物包括表扬、特权、奖品等。在课堂教学中，表扬对学生行为改善极其有效。有意忽视不当行为与表扬积极行为相结合效果更佳。除了表扬外，给低年级小学生以小红旗、小奖品也很有用。有的教师给学生的作业盖上印章，以表扬其作业做得不错。

强化物还有一种特殊表现形式就是代币。教师用代币，如分数、小红星等作为暂时强化物，强化学生的学习和积极课堂行为，当"币"达到一定程度时，可兑换学生想要的奖品。所需的代币随奖品的价值增加。不论对于个别学生的不当行为改善，还是班集体良好课堂行为的塑造，代币法都非常有效。一方面，它延迟了学生获得奖励的时间，让学生的积极行为持续时间更长，另一方面，在丰厚奖品（如全班春游）的诱惑下，为了挣得更多的币，学生会表现出更多的良好行为。久而久之，积极行为会成为一种习惯得以保持。

（四）观察行为并与基点作比较

评价强化使用的有效性是非常重要的。一个行为矫正往往持续一周、几周甚至一个月，如果在刚开始的一周后学生行为没有得到改善，那么就要尝试使用其他强化物，或考虑其他办法了。

（五）减少强化的频率

一个行为矫正程序实施了一段时间，如果学生的行为得到了改善，并且相对稳定在某一个新的水平上，那么强化的频率就可以减少了。刚开始，良好的行为每出现一次就给予一次强化，随着时间的推移，出现几次良好行为才给予一次强化，减少强化的频率有助于长时间维持新的行为，并把行为延伸到其他情境中去。

思考题

1. 什么是课堂管理？影响课堂管理的因素有哪些？
2. 如何理解课堂时间管理？
3. 如何提高小学课堂时间管理的效率呢？
4. 你知道哪些处理课堂不当行为的方法？请列举一二。
5. 请分析下列课堂管理的案例，说明教师在课堂管理中采用的有效管理方法或者存在的不足，并提出相应的改进办法。

这是一年级新生的第二节课，上课铃刚响，老师走进教室。一些孩子已经坐端正，更多的孩子仍在说话，老师手指着坐端正的孩子说："这几个小朋友真棒，这么快就记住了老师的话，上课铃声一响就坐好了。来，向他们学习。"其他孩子听了，为之一振，立刻双

手平放坐直了身体,个别孩子虽然双手放平,但身体仍半趴着。老师开始上课,可是才仅仅十分钟,学生趴下一片,老师又一次强调:"孩子们,坚持一下,你们已经是小学生啦,跟幼儿园小朋友可不一样,来,坐坐好。"大部分孩子听到鼓励又努力挺直了腰,这次保持了五分多钟,孩子们实在坚持不住,有的在座位上扭动身体,有的趴在那里,有的已经忍不住说了出来:"好累啊,什么时候下课啊?""上学好累啊,我实在坐不住,不好玩。"

样题

一、单项选择题

1. 课堂管理始终制约着教学和评价的有效进行,其功能在于(   )。
   A. 引导   B. 维持和促进   C. 反馈   D. 评价

2. 课堂中用于教授学科知识、概念和技能所用的时间,是(   )。
   A. 教学时间   B. 专注时间   C. 学术学习时间   D. 在校时间

3. 教师发现王××上课开小差时,对他说"王××,现在请做课本中的第五题",该教师使用了(   )策略。
   A. "我信息"   B. 提示   C. 接近   D. 叫学生回答问题

4. 对于课堂上持续做出不当行为的学生,教师不允许他下课自由活动。这采用了(   )策略。
   A. 表达失望   B. 剥夺权利   C. 暂停   D. 书面反思

二、多项选择题

1. 影响课堂管理的主要因素有(   )。
   A. 教师的领导方式   B. 班级规模
   C. 班级的性质   D. 对教师的期望

2. 教师为了增加课堂教学时间,可以采用(   )等方法。
   A. 提前做好课前准备   B. 使学生迅速进入学习状态
   C. 有效管理教学活动的过渡   D. 避免课堂教学中断

3. 一般来说,在进行课堂情境管理时,应遵循(   )原则。
   A. 以尊重学生为前提   B. 确保课堂教学不被中断
   C. 保持一致性和公正性   D. 保证教师的绝对权威

4. 教师在上课时,发现有两个学生在窃窃私语,较恰当的做法是(   )。
   A. 用眼神暗示他们认真听讲   B. 叫其中一个同学回答问题
   C. 一边讲课一边慢慢走近两名同学   D. 严厉训斥他们,要求他们站着听课

三、填空题

1. 普雷斯顿将教师的领导方式划分为参与式和_____两类,并认为这两类领导方式对课堂管理的影响不同。

2. 一般认为,课堂时间包括在校时间、_____、教学时间、专注时间和_____。

3. 教师可以采用非言语线索、言语提示、_____,处理轻微课堂不当行为。

四、名词解释

1. 课堂管理

2. 课堂时间管理

五、简答题

1. 简述课堂管理的目标。

2. 简述增加课堂教学时间的措施。

3. 简述增加学生的专注时间的措施。

六、论述题

对于长期出现课堂不当行为的学生,教师该如何矫正他的不当行为?

扫一扫二维码
轻松获取答案

进一步阅读的文献

1.〔美〕温斯坦等著.梁钫等译.小学课堂管理(第 3 版)〔M〕.上海:华东师范大学出版社,2006.

2.〔美〕卡洛琳·M·埃弗森,埃德蒙·T·爱弥儿等著.王本陆等译.小学教师课堂管理(第 8 版)〔M〕.重庆:重庆大学出版社,2014.

3. 邓栩.小学课堂管理〔M〕.北京:北京师范大学出版社,2015.

4. 学习考试用书研发中心.小学教育心理学〔M〕.北京:清华大学出版社,2013.